LSD
Y LA **MENTE** DEL **UNIVERSO**

"Chris Bache demostró una enorme valentía al embarcarse en 73 sesiones con altas dosis de LSD, las cuales forman el núcleo de este libro. Las percepciones y lecciones que trajo consigo son fascinantes y profundamente relevantes para poder responder a preguntas fundamentales sobre el significado y el propósito de nuestras propias vidas. *LSD y la mente del universo: Diamantes del cielo* es un verdadero diamante de Chris".

RICK DOBLIN, PH. D., FUNDADOR Y DIRECTOR EJECUTIVO DE LA
ASOCIACIÓN MULTIDISCIPLINARIA DE ESTUDIOS PSICODÉLICOS (MAPS)

"Chris Bache es un intrépido psiconauta, cuya odisea de 20 años ha producido una extraordinaria cosecha de visiones luminosas sobre la estructura más profunda de la realidad y la dinámica subyacente de la existencia humana. Prepárese para asombrarse, energizarse, purificarse, destrozarse, iluminarse y renacer, penetrando en el corazón de esta asombrosa revelación para nuestros tiempos".

DAVID LORIMER, DIRECTOR DE PROGRAMAS
DE LA RED CIENTÍFICA Y MÉDICA

"Este libro extraordinario fusiona el razonamiento crítico de la filosofía de la religión y las epifanías de la mente que provienen del acceso gnóstico directo a algunas de las estructuras más profundas del universo. El hecho de que estas epifanías imposibles se hicieran posibles gracias al LSD, un descubrimiento científico extraordinario que ahora está criminalizado, no hace sino aumentar el poder de la extraordinaria revelación de Chris sobre quiénes y qué somos en realidad".

JEFFREY J. KRIPAL, TITULAR DE LA CÁTEDRA J. NEWTON RAYZOR DE
FILOSOFÍA Y PENSAMIENTO RELIGIOSO DE LA UNIVERSIDAD RICE

"Cada tanto, surge entre nosotros un auténtico pionero. Con una inteligencia modesta, pero profunda, Chris Bache nos lleva con él en su valiente viaje a la profundidad del universo como un campo de realidad que trasciende todas nuestras creencias y consciencias. Con él experimentamos el intenso sufrimiento y el éxtasis de la realidad universal".

BARBARA MARX HUBBARD, AUTORA DE
EMERGENCE AND *CONSCIOUS EVOLUTION*

"Este libro es un viaje extraordinariamente rico y las percepciones cósmicas del profesor Bache representan un raro, pero profundo, regalo para la humanidad. Muy recomendable".

EBEN ALEXANDER, M.D., NEUROCIRUJANO Y
AUTOR DE *PROOF OF HEAVEN*

"Disponemos de numerosas pruebas históricas, transculturales y experimentales de que los psicodélicos pueden tener importantes beneficios terapéuticos y religiosos. Ahora tenemos un nuevo tipo de dato: las cuidadosas reflexiones de un eminente filósofo y teólogo sobre sus propias exploraciones psicodélicas intensivas y sistemáticas en los confines de la experiencia humana".

ROGER N. WALSH, M.D., PH. D., PROFESOR DE PSIQUIATRÍA Y COMPORTAMIENTO HUMANO EN LA UNIVERSIDAD DE CALIFORNIA EN IRVINE

"Una visión impresionante y edificante del cosmos y de la humanidad. Este texto revelador y transformador es un auténtico tesoro; leerlo es abrir un portal a la vasta y misteriosa belleza de la vida".

G. WILLIAM BARNARD, PH. D., PROFESOR DE ESTUDIOS RELIGIOSOS EN LA UNIVERSIDAD METODISTA DEL SUR

"Chris Bache ha viajado a reinos, en gran parte inexplorados, para indagar en los confines de la experiencia psicodélica y ha traído de vuelta conocimientos que se ganó arduamente y que hablan sobre nuestro mundo y nuestro momento en la historia. Sus memorias serán una guía para las generaciones venideras. Es una joya de libro".

DUANE ELGIN, AUTOR DE *THE LIVING UNIVERSE*

"Una obra fascinante e inspiradora de un intrépido explorador. Una rara visión de los reinos de la consciencia y la transformación que tales viajes pueden traer, incluyendo una visión reveladora de un futuro humano iluminado".

PETER RUSSELL, AUTOR DE *THE GLOBAL BRAIN*

"Apenas hay palabras para describir el poder y la importancia de este libro. Si te abres a la sabiduría de este extraordinario libro, que rompe paradigmas, cambiarás y percibirás grandes posibilidades para la humanidad. Una lectura esencial para una especie en la encrucijada".

STEPHEN GRAY, EDITOR DE *CANNABIS AND SPIRITUALITY*

"Las experiencias controladas con LSD de Chris Bache han sido meticulosamente registradas, analizadas y sintetizadas en este extraordinario libro, que amplía enormemente nuestra cartografía enteogénica conocida. Una lectura obligada para todos aquellos interesados en los psicodélicos, la psicología y los confines de la experiencia subjetiva".

DAVID LUKE, PH. D., COEDITOR DE *DMT DIALOGUES*

LSD
Y LA
MENTE DEL UNIVERSO
Diamantes
del cielo

Christopher M. Bache, Ph. D.

Traducción por Mercedes Rojas

Inner Traditions en Español
Rochester, Vermont

Inner Traditions en Español
One Park Street
Rochester, Vermont 05767
www.InnerTraditions.com

Inner Traditions en Español es un sello de Inner Traditions International

Título original: *LSD and the Mind of the Universe* publicado por Park Street Press, un sello de Inner Traditions International.

Nota al lector

La información contenida en este libro no debe interpretarse como una apología al consumo de sustancias psicodélicas, fuera del contexto de la investigación científica y la supervisión clínica legalmente autorizadas. Ni el autor ni la editorial asumen responsabilidad alguna por las consecuencias físicas, psicológicas, legales o de otro tipo, derivadas del uso de estas sustancias.

ISBN 979-8-88850-112-2 (impreso)
ISBN 979-8-88850-113-9 (libro electrónico)

Impreso y encuadernado en Estados Unidos por Lake Book Manufacturing, LLC.

10 9 8 7 6 5 4 3 2 1

Diseño por Priscilla Baker. Maquetación por Mantura Kabchi.
El libro fue tipografiado en Garamond Premier Pro con Avant Garde y Legacy Sans como tipos de fuentes de presentación.

Para enviar correspondencia al autor de este libro, envíe una carta por correo a la atención de Inner Traditions • Bear & Company, One Park Street, Rochester, VT 05767 y le remitiremos la comunicación.

Este libro fue posible gracias al generoso apoyo de Jonas Di Gregorio y Kristina Soriano, asesores de Psychedelic Literacy Fund.

Escanea el código QR y ahorra un 25 % en InnerTraditions.com.
Explora más de 2.000 títulos en español e inglés sobre espiritualidad, ocultismo, misterios antiguos, nuevas ciencias, salud holística y medicina natural.

Dedico este libro a

Stanislav Grof

y a

Christina Hardy

Sin Stan no se habría emprendido este viaje;

sin Cristina no se habría escrito este libro.

Índice

La alienación de la naturaleza y la pérdida de la experiencia de formar parte de la creación viva es la mayor tragedia de nuestra era materialista. Es la causa de la devastación ecológica y del cambio climático. Por lo tanto, atribuyo máxima importancia al cambio de consciencia y considero que las sustancias psicodélicas son catalizadores para ello. Son herramientas que guían nuestra percepción hacia áreas más profundas de nuestra existencia humana, para que volvamos a ser conscientes de nuestra esencia espiritual.

ALBERT HOFMANN
19 DE ABRIL DE 2007

Agradecimientos

Este ha sido un libro difícil de escribir en muchos niveles y quiero expresar mi más profundo agradecimiento a un círculo de amigos que me ayudaron a verle nacer. Cada uno de ellos aportó una sensibilidad única al manuscrito inicial y sus numerosas sugerencias mejoraron enormemente la narración. A un nivel más profundo, su amor y apoyo sostuvieron mi esperanza de que esta historia pudiera ser útil para otros. Mi más sincero agradecimiento a Manuel Aicher, Anne Baring, Jessica y Travis Di Ruzza, Duane y Coleen Elgin, Roger y Brenda Gibson, Bob Lyman y Kaia Svien, Amey Park, Janis Phelps, Richard Welker y Tom Zinzer. También quiero dar las gracias a Jorge Ferrer, Ralph Metzner y Richard Tarnas por sus útiles comentarios sobre el manuscrito. Un agradecimiento especial a Bill Roepke, con quien pasé muchos días repasando estos capítulos y discutiendo las experiencias que contienen. También quiero dar las gracias al equipo editorial de Inner Traditions por su enorme apoyo y ayuda para hacer de este un mejor libro.

Le debo a Stanislav Grof más de lo que puedo expresar. Sin la claridad de su erudición y el poder de su ejemplo personal, no habría emprendido este viaje ni habría tenido el valor de seguirlo hasta donde me llevara. Estaré siempre en deuda con él.

Por último, quiero dar las gracias a mi esposa y compañera, Christina Hardy, que ha creído profundamente en mí y en este trabajo. Ha sido mi compañera de vida en el largo viaje por la montaña psicodélica. No podría haberlo hecho sin ella.

Prólogo

Ervin Laszlo

Cuando el autor de este notable libro me propuso escribir un prólogo, como ya conocía su obra anterior, acepté encantado. Ahora que he leído el manuscrito, no me arrepiento de mi decisión. Me siento obligado a escribir un verdadero "prólogo", que no es un largo tratado, sino unas pocas palabras. No hace falta nada más, porque la información que se expone en estas páginas se sostiene por sí misma. Hay que comprenderla y asimilarla, no explicarla. Sin embargo, en vista de la controversia que rodea el uso de psicodélicos para obtener información sobre el mundo real, las condiciones intelectuales en las que se ha escrito este libro necesitan unas palabras de introducción. Este prólogo está dedicado a esta tarea.

Este es uno de los libros más perspicaces y significativos que he leído nunca. Pero para comprender su significado y respaldar su mensaje, hay que estar dispuesto a aceptar tres premisas:

Que hay una inteligencia detrás de las cosas que existen en el universo.

Que hay un propósito exhibido por esta inteligencia.

Que es humanamente posible acceder a algunos elementos de esta inteligencia y aprender algunos aspectos de su propósito.

Estas premisas se han debatido durante milenios y los debates suelen circunscribirse a los ámbitos de la teología y la espiritualidad.

Hoy, sin embargo, pueden plantearse en el contexto del nuevo paradigma que emerge en la ciencia. Si se plantean y debaten en este contexto, las objeciones habituales al uso de psicodélicos para obtener un conocimiento válido sobre el universo pierden su contundencia. Si nos sentamos con una mente abierta ante este cuerpo emergente de evidencias, reconocemos, como dice Bache, que nuestra mente es una ventana al universo y que, a través de ella, nos llega información, no solo sobre sus objetos y procesos físicos, sino también sobre la inteligencia que hay detrás de ellos y el propósito que ella exhibe.

Nuestra ventana al universo no es una estrecha rendija que solo permite la penetración de información física, como sostiene la ciencia dominante. En las condiciones adecuadas, nuestra ventana se abre a una información holográficamente completa, procedente de la inteligencia que impregna el universo. En su estado normal, nuestro cerebro no está preparado para descodificar toda esta información, ni siquiera la mayor parte. Está diseñado para descodificar solo aquellos aspectos y segmentos que son necesarios o útiles para nuestra vida inmediata. Sin embargo, en determinadas condiciones, se puede aumentar la receptividad del cerebro y ampliar estos aspectos y segmentos. Hay muchas maneras de hacerlo y es irrelevante qué medio se elija siempre que sea efectivo y no dañe el cerebro, el resto del organismo o la red de vida en la que el cerebro y el organismo están inmersos. Entre los diversos métodos para ampliar nuestro campo de consciencia, como la respiración holotrópica, la meditación y la danza en trance, Bache muestra que las sustancias psicodélicas son un método especialmente poderoso cuando se utilizan de forma segura y terapéuticamente estructurada.

Por supuesto, hay que distinguir la información válida y real de la información engañosa e ilusoria. Bajo la influencia de la psicodelia, obtenemos un flujo de información ampliado y la mayor parte de ese flujo sigue siendo considerado ilusorio por la mente moderna. Tenemos que tomar medidas para asegurarnos de que la información que captamos a través de la receptividad químicamente modificada de nuestro cerebro es genuina, incluso cuando va más allá de la comprensión moderna de la realidad y esta es la tarea de la reflexión filosófica crítica.

Con su ampliación del protocolo terapéutico al de exploración psicodélica, Chris Bache nos ha proporcionado una guía para recopilar información genuina de los estados profundos de consciencia inducidos por las sustancias psicodélicas.

Seguir su protocolo no garantiza la verdad de las tres premisas enunciadas anteriormente. Se trata de premisas, no de conclusiones. Sin embargo, hay razones de peso independientes para suponer la validez de estas premisas, como he argumentado en mis libros recientes, en particular, en *La naturaleza de la realidad* (2016) y *El cosmos creativo* (2017).

Cuando reconocemos la validez de estas premisas, nuestra mente se vuelve más receptiva a la información que nos llega en estos estados expandidos. Al hacerlo, percibimos capas cada vez más profundas de la realidad y nos acercamos a la comprensión del propósito de nuestra existencia. Esto queda ampliamente ilustrado en la fascinante y valiente investigación de Bache sobre los profundos dominios de la consciencia que se abren bajo la influencia del LSD.

Ervin Laszlo es filósofo, científico de sistemas y fundador del ThinkTank Club de Budapest. Dos veces candidato al Premio Nobel de la Paz, ha publicado más de setenta y cinco libros y más de cuatrocientos artículos y trabajos de investigación. Vive en la Toscana.

Prefacio postdata

Durante la gran pausa impuesta por la pandemia mundial, la cual comenzó poco después de que *LSD y la mente del universo* saliera a la venta en 2019, di un paso atrás y observé mi obra a través de los ojos de algunos de sus primeros lectores, quienes mantuvieron correspondencia conmigo. Además de sentirme profundamente conmovido por sus respuestas, he recogido aquí algunos pensamientos como una especie de epílogo al libro, además de algunas observaciones posteriores a la publicación que resultan ser un buen prefacio para los nuevos lectores.

La pregunta "¿Qué es aquello que puede experimentar el ser humano?" siempre ha tenido implicaciones revolucionarias y, sin embargo, temo que con este nuevo libro esté llevando a los lectores a sus límites. Es más, casi que quisiera disculparme por la naturaleza extrema de las experiencias que aquí relato. Soy plenamente consciente de que les estoy pidiendo a los lectores que se tomen en serio prácticas que incluso los pensadores progresistas podrían considerar profundamente difíciles de manejar: trascender el tiempo lineal, extraer fragmentos de la intención creativa del cosmos, fundirse en el conocimiento colectivo de la humanidad, convertirse en luz. Comprendo lo escandalosas que suenan estas afirmaciones.

Si hubiera publicado este estudio después de solo 10 o 15 sesiones psicodélicas, las experiencias habrían sido más moderadas y más fáciles de integrar en nuestros modelos de realidad. Por otra parte, si hubiera trabajado con dosis más bajas de LSD o con psicodélicos más suaves como la psilocibina, los resultados habrían sido más acordes con los datos que surgen en los protocolos terapéuticos del renacimiento psico-délico actual. Pero este no es el caso de *LSD y la mente del universo*. Para bien o para mal, la historia que cuento aquí procede de 73 sesiones de LSD totalmente interiorizadas, trabajadas con 500-600 microgramos y realizadas a lo largo de veinte años. A pesar de que hoy en día sincera-mente no recomendaría un régimen tan extremo, me atengo a lo que surgió en este viaje y pido a mis lectores que se unan a mí y contemplen el corazón y la mente de nuestro extraordinario universo.

Exploración cosmológica vs. despertar espiritual

Un protocolo así de extremo requiere una ampliación significativa de nuestras expectativas. Me he dado cuenta de que algunos lectores tien-den a interpretar mi narrativa dentro de categorías que les resulten fami-liares, como el *uso terapéutico* de los psicodélicos para sanar la psique personal o el *uso espiritual* de los psicodélicos para acelerar el despertar espiritual. Pero lo que ha impulsado mayormente mi trabajo es la *explo-ración cosmológica,* y esta se trata de una tarea bastante diferente que nos pide que consideremos posibilidades más radicales.

A veces, los entrevistadores de pódcasts han sondeado mis prime-ras sesiones, que tienen imágenes dramáticas y argumentos coloridos, como en el capítulo "Iniciación al universo", pero pasan por alto las sesiones posteriores, las cuales están comparativamente vacías de con-tenido y, por tanto, son más difíciles de captar, como en el capítulo "Luz diamantina", a pesar de que estas últimas experiencias las con-sidero mucho más valiosas. A veces la gente se centra en la cantidad de sufrimiento registrada en el libro, como si indicara que algo ha ido mal, en lugar de ampliar su percepción de la enorme longitud del viaje que posibilita el protocolo que utilicé, con sus muchas puertas y su espiral repetitiva de muerte y renacimiento. La muerte del ego sigue dominando el debate a expensas del reconocimiento de otras formas de muerte que tienen lugar en los niveles más profundos de la iniciación.

Comprendo esta tendencia a ceñirse a lo más familiar. Como alguien que luchó durante años por entender sus propias experiencias, soy consciente del reto que supone encontrarse con lo radicalmente desconocido. Y, sin embargo, esto es lo que debo pedir a mis lectores, porque esta es precisamente la importancia filosófica de la revolución que han iniciado los psicodélicos. Al amplificar nuestra percepción consciente, nos acercan lo lejano. Si amplificamos solo un poco nuestra consciencia consciente, el material que se eleva tiende a proceder del territorio familiar de nuestro inconsciente personal; pero si amplificamos nuestra consciencia de una forma más poderosa se pueden abrir puertas en lo más profundo de la mente del universo.

En los inicios, algunos estudiosos culparon a los psicodélicos de ser un "atajo" demasiado fácil hacia la experiencia mística, pero, al exponer sus argumentos, se centraron en el viaje recreativo y no en su uso terapéutico, en el que se realiza el duro trabajo de involucrar a la sombra. En una práctica psicodélica sistemática, en la que el objetivo no es entrar en contacto de refilón con estos dominios extáticos, sino permanecer en ellos de forma constante durante horas, con una cognición clara y una absorción activa, no existen atajos. De hecho, si algo me preocupa de este método es que *acelera e intensifica* el proceso de purificación por el que pasan más lentamente los practicantes espirituales que utilizan métodos convencionales.

Pero esta comparación se queda corta, pues, una vez más, la exploración cosmológica resulta una tarea distinta del despertar espiritual. El intenso protocolo que adopté, quizá de forma imprudente, me llevó más allá de la iluminación para adentrarme en el horno de la creación y, por tanto, la purificación que exigió fue mayor. Comprendo a los maestros espirituales que se apartan de mi relato diciendo que tanto sufrimiento "no es necesario para el despertar espiritual", y tienen razón. Uno no tiene que trascender el tiempo, disolverse en la realidad arquetípica o volver al nacimiento del universo para darse cuenta de su naturaleza esencial o descansar en la condición de no dualidad y vacuidad. Se trata de iniciativas distintas, pero que se refuerzan mutuamente.

Analogía con el sol

Mientras busco una analogía que aclare la diferencia entre el despertar espiritual y la exploración cosmológica, recurro a nuestro sol. La temperatura del centro de esta estrella alcanza más de 27 millones de grados; sin embargo, para el momento en que su luz llega a la tierra a 94 millones de millas de distancia se ha enfriado hasta el rango templado que nos saluda cada mañana. De su luz brota toda la vida de nuestro planeta. En esta analogía, el despertar espiritual podría compararse con esa apertura al sol (abrirse al don de la vida que trae consigo, despertar al reinado de toda la vida que existe en este planeta, reflejar la luz de su abrazo sin perjuicios y aprovechar la enorme capacidad generativa del sol en cada oportunidad). Uno se relaja en nuestra naturaleza solar compartida bajo las diferencias de especie. Es una analogía limitada, lo admito, pero que subraya la luminosidad de vivir en el aquí y en el ahora, conociendo el vacío y la interdependencia de todas las formas de vida, y descansando en esa presencia que ni viene ni va, ni empieza ni acaba.

La exploración cosmológica no pasa por alto estas verdades, sino que se vuelca a explorar esta luz de una forma más profunda. En esta exploración dejamos atrás la tierra y nos dirigimos al centro del sol. Al entregar nuestros cuerpos y límites, nos disolvemos en su calor abrasador hasta que finalmente *nos convertimos en* el sol y conocemos aquello que solo puede alcanzarse a través de este devenir. *Nos convertimos en* la energía que llena estos planetas y todo lo que hay en ellos; los rodeamos con nuestros brazos, y los nutrimos con nuestro resplandor. Luego, si tenemos suerte, llegamos más lejos. Al entrar en el núcleo de nuestra estrella local, podemos expandir aún más *nuestra conexión con las galaxias* donde experimentaremos el universo entero como un único tejido vivo de energía. Cuando el efecto de la medicina sagrada desaparece, volvemos a nuestra vida tranquila en nuestro planeta natal. La misma vida, el mismo sol, pero mucho ha cambiado.

No discuto con quienes creen que es mejor pasar los años en la tierra cultivando la iluminación que explorando la estructura profunda del cosmos. Puede que tengan razón, y yo mismo lo he pensado muchas veces. Se trata de elecciones personales que reflejan el karma y las circunstancias de cada uno. Solo pido que se reconozca la singularidad de estas iniciativas. La exploración cosmológica puede apoyar el despertar espiritual, pero sirve para algo más que un despertar. Sirve a nuestra necesidad de comprender nuestro universo, de participar conscientemente en sus maravillas y de experimentar el amor y la inteligencia extraordinarios que lo hicieron nacer y que le infunden a cada segundo. Sirve a nuestra necesidad de comprender cómo funciona la vida, por qué es tan dura, cuál es la utilidad de nuestro sufrimiento y qué se está construyendo aquí. Afronta el peligro y el sufrimiento para aprender cómo funciona el ciclo del renacimiento, adónde nos lleva la reencarnación y en qué punto se encuentra la humanidad a lo largo de su viaje evolutivo. Y, por último, sirve a nuestra hambre de volver a la fuente de la que procedemos, de recordar plenamente lo que somos, de conocer la profunda paz y quietud del regreso al hogar.

Visto así, no creo que los niveles de sufrimiento por los que pasé en mi viaje sean desproporcionados en relación con el proyecto más amplio. Los retos inherentes a la exploración cosmológica no me parecen más arduos que las penurias que soportan los alpinistas u otros exploradores. Si llegamos a tales extremos por las alegrías terrenales, ¿no es razonable hacerlo por las alegrías cósmicas?

Interiorizar las experiencias temporales

La práctica espiritual pretende facilitar un cambio permanente en nuestra consciencia, pero el camino psicodélico es un "camino de inmersión temporal". Nuestra estadía en la gran expansión no es permanente. Para algunos, esto hace que la vía psicodélica sea una vía inferior y una distracción del verdadero despertar. Puede serlo, lo admito, pero no tiene por qué serlo. El hecho de que las experiencias realizadas en la exploración cosmológica sean temporales no las hace irrelevantes para el despertar espiritual. Al contrario, nos invita a apreciar cómo incluso las experiencias temporales pueden ejercer una influencia duradera en nuestra vida.

Es posible que no lleguemos a materializar plenamente nuestras experiencias visionarias inmediatamente después de terminar una sesión, pero estas modifican la trayectoria de nuestra vida. Incluso la inmersión temporal en la condición permanente puede cambiar nuestra vida. Según mi experiencia, si la práctica psicodélica se centra en el *contacto limpio* y el *recuerdo fuerte*, y si mantenemos adecuadamente nuestras experiencias, empiezan a funcionar como extraños atractores que nos arrastran a una intimidad permanente con la vida a través de la elevación de la consciencia que aportan.

Creo que la mejor estrategia es cultivar la práctica psicodélica y la práctica contemplativa simultáneamente, ya que los puntos fuertes de una equilibran los defectos de la otra. Una práctica espiritual diaria puede enraizar las oleadas extremas de energía y perspicacia que nos invaden en una sesión. A la inversa, experimentar la vitalidad innata de toda la existencia, incluso durante unas horas en una sesión, puede enraizarnos más profundamente en nuestro cojín.

¿Podemos confiar en estas experiencias?

Ahora bien, ¿podemos fiarnos de estas experiencias? Estas pueden ser extremas y llegar mucho más lejos de la realidad tal y como normalmente la conocemos, así que ¿cómo podemos estar seguros de que son lo que parecen ser? Algunos lectores se han sentido tan sorprendidos por la escala ontológica de mis experiencias que les han buscado explicaciones más aceptables. Quizá no sean más que simples reverberaciones que emergen de las profundidades de mi subconsciente, o del inconsciente colectivo de nuestra especie; quizá fueron alimentadas de mi formación como profesor de religión y, por tanto, solo representan una extravagante profecía autocumplida de mis expectativas espirituales. Dos críticos ponderados han planteado estas cuestiones en intercambios claros y sinceros[1].

---

1 Ward, Geoff. "The agony and the ecstasy: through hell to get to heaven on a life-changing psychedelic odyssey". *Medium*, 18 Nov 2019; Ring, Kenneth y Bache, Christopher. "Are deep psychedelic experiences trustable? An exchange between Ken Ring and Chris Bache". *Medium*, 10 de junio de 2020.

Si las experiencias psicodélicas profundas son dignas de confianza es una cuestión crucial y compleja que merece una respuesta más larga de la que puedo ofrecer aquí. He abordado esta cuestión en *Dark Night, Early Dawn*, en una sección cuyo equivalente en español sería: "La garantía epistémica de la experiencia psicodélica"[2], y en mis respuestas a los dos escritores mencionados anteriormente[3]. Aquí solo hay espacio para unos pocos puntos rápidos.

Aunque conocía bien las religiones del mundo, empecé mi trabajo psicodélico como agnóstico profundamente convencido, con una fuerte inclinación atea, y bien versado en el auge de la ciencia y el eclipse de la religión en la mente moderna. Siete años de estudio me llevaron a abandonar la religión por completo. Mi tesis sobre la lógica de la metáfora religiosa concluyó que nuestro lenguaje finito no nos permite hablar con precisión de lo infinito, que todo debate sobre lo divino es como iluminar las estrellas con linternas. Estas eran las expectativas que traía a mi trabajo psicodélico.

A medida que profundizaba en mi práctica, mis sesiones no dejaban de sorprenderme, llevándome a un territorio que iba más allá de lo previsto en las tradiciones religiosas que había estudiado o en la visión científica del mundo que había interiorizado. Estaban los paisajes transtemporales del tiempo profundo, el paso de un modelo de transformación personal a otro colectivo, los detalles inesperados del cuerpo-mente unificado de nuestra especie y las visiones inquietantes del futuro de la humanidad.

La experiencia psicodélica es participativa

No pretendo sugerir que mis experiencias psicodélicas fueran independientes de mi condicionamiento personal y cultural. Al contrario,

---

2 2000: 26–31.

3 Bache, Christopher. "A response to Geoff Ward's review on *LSD and the Mind of the Universe*". *Medium*, 31 de julio de 2020; Ring, Kenneth y Bache, Christopher, "Are deep psychedelic experiences trustable? An exchange between Ken Ring and Chris Bache". *Medium*, 10 de junio de 2020.

inspirándome en las ideas de Jorge Noguera Ferrer en *Revisioning Transpersonal Theory*, sostengo que toda experiencia psicodélica es participativa. Esto significa que nuestro ser evoca de formas complejas la parte del universo que experimentamos en estos estados. "El enfoque participativo", escribe Noguera Ferrer, "presenta una comprensión basada en la acción de lo sagrado que concibe los fenómenos, experiencias y percepciones espirituales como *acontecimientos cocreados*"[4].

Pero el corolario de la visión participativa es el siguiente: cuantos más condicionamientos hayamos soltado cuando se produce esta comunión, más abiertas y de mayor alcance serán las experiencias que puedan surgir. Nuestro condicionamiento histórico es el punto de partida de esta conversación, no su punto final. Del capítulo uno de *LSD y la mente del universo*:

> Tal y como yo la he experimentado, la consciencia es un océano infinito de posibilidades experienciales. Cuando tomamos estas sustancias amplificadoras, dejamos caer la mente en un océano y ella actuará como un cristal que cataliza un determinado conjunto de experiencias a partir de su infinito potencial. A medida que estos encuentros nos van sanando, purificando y transformando, el cristal de nuestra mente cambia. En sesiones posteriores, cataliza experiencias aún más profundas de este océano. Si repetimos este proceso muchas veces de forma sostenida, se produce una secuencia de iniciaciones en niveles sucesivamente más profundos de consciencia y se despliega una comunión visionaria cada vez más profunda[5].

Así que, aunque reconozco que mi condicionamiento personal desempeñó un papel en lo que surgió en mis sesiones, y ciertamente en cómo las interpreté, la pregunta clave se convierte en la siguiente: ¿logré disolver suficientemente el condicionamiento de mi vida anterior a mis sesiones *y dentro de ellas* para ver más allá de los filtros de mi historia

---

4 Noguera Ferrer, Jorge. "Participatory Spirituality and Transpersonal Theory: A Ten-Year Retrospective". *Journal of Transpersonal Psychology*, 2011: 2.

5 2019: 30.

personal y cultural? Si uno examina los detalles de mi viaje, creo que descubriremos que mis sesiones rompieron con más frecuencia mis suposiciones de lo que las reforzaron. De formas que superan cualquier intento de enumeración, el patrón general es que mi formación profesional y mis expectativas personales se hicieron añicos y se reelaboraron repetidamente en cada oportunidad en la que profundicé en mis sesiones.

Más allá de esto, el que uno considere estas experiencias como dignas de confianza dependerá en gran medida de dos cosas: si se reproducen en el trabajo de otros psiconautas y la calidad de las propias experiencias. Al referirme a "replicado" quiero decir que las estructuras, categorías y percepciones de mis experiencias también aparecen en las sesiones de otras personas. Aquí señalaría la amplia coincidencia entre mis experiencias y las experiencias psicodélicas que Stanislav Grof ha recopilado y publicado de cientos de sujetos. Puede que yo haya sobrepasado los límites experienciales con el protocolo extremo que adopté, pero la correspondencia entre mis informes y los suyos es clara.

Pero quizá lo que tiene más peso epistémico aquí es el carácter distintivo de las propias experiencias. Muchas de nuestras expectativas arden en estas profundidades incandescentes cuando nos adentramos en lo más real. Cuando te abres repetidamente a niveles coherentes de experiencia visionaria, cuando las lecciones que allí surgen son asombrosamente claras y coherentes, y cuando el conocimiento te lleva al éxtasis trascendente y de vuelta, no puedo evitar creer que aquí hay algo digno de confianza. No cambiaría una hora de inmersión en la luminosidad diamantina por años de experiencias verificables en el tiempo-espacio, tan grandes son la verdad y el poder de este encuentro, pero sé que esta evaluación resonará con más fuerza entre quienes hayan entrado personalmente en estos estados que entre quienes no lo hayan hecho.

Todavía nos encontramos en las primeras fases de la cartografía de los extraordinarios potenciales que estas sustancias desbloquean en nosotros. Con el tiempo, dejaremos de utilizarlas para curar las heridas de la vida, como hacemos ahora, y empezaremos a utilizarlas para explorar los fundamentos de la vida misma. Si mis conclusiones sobre *LSD y la mente del universo* parecen radicales hoy, lo parecerán menos en los años venideros.

73 días

Poco después de comenzar mi carrera como profesor universitario en el noreste de Ohio, tomé una decisión que cambió el curso de mi vida. Entre 1979 y 1999, decidí tomar LSD setenta y tres veces en sesiones cuidadosamente planificadas y estructuradas terapéuticamente. Lo hice para explorar mi mente y la mente del universo de la forma más profunda y sistemática posible. Este libro trata de lo que ocurrió en esos setenta y tres días y explica por qué fueron importantes.

Desde la Antigüedad, hombres y mujeres se han reunido bajo el cielo nocturno para tomar sustancias que les ayudara a entrar en comunión con su ser interior y con la vida que recorre todas las cosas. Se han sentado en oración y silencio, en busca de sanación y guía para poder volver a sus vidas como mejores personas y más alineados con las corrientes más profundas de la vida. Estas sustancias eran consideradas "sagradas", pues eran la puerta de entrada a la dimensión espiritual de la existencia. También las llamaban "medicina" porque podían curar la herida que causa el olvido de comprender quiénes y qué somos realmente. Desde antes de que comenzara la historia escrita, el camino de la medicina sagrada ha sido uno de los muchos caminos espirituales que los seres humanos han tomado para encontrarse a ellos mismos, a los demás y a lo divino.

Sin embargo, en mi rincón del planeta, la mayoría de estos medicamentos fueron ilegalizados en 1970. Clasificados oficialmente como alucinógenos, se declaró que carecían de valor médico o terapéutico. Las poderosas visiones que desencadenaban se consideraban distorsiones de la realidad y, por tanto, carecían de valor filosófico. Cuando se aprobó la Ley de Sustancias Controladas, los psicodélicos se convirtieron en una puerta cerrada, no solo para los psicoterapeutas, sino también para los filósofos.

Adelantémonos a 2014, un año decisivo en el regreso de las sustancias psicodélicas a la investigación científica e intelectual respetable. Hasta ese año, se habían publicado un conjunto de estudios heroicos sobre los usos terapéuticos del MDMA, la psilocibina, el LSD y la ibogaína para tratar el trastorno de estrés postraumático, la adicción a las drogas y la depresión causada por el cáncer. Periódicos y revistas comenzaron a informar sobre estos estudios, y citaban con frecuencia los esfuerzos precursores de la Asociación Multidisciplinaria de Estudios Psicodélicos (MAPS, por sus siglas en inglés) para reabrir la investigación psicodélica como un campo legítimo de investigación científica. Luego, en febrero de 2014, *Scientific American* publicó un editorial histórico con el título "End the Ban on Psychoactive Drug Research". El subtítulo continuaba: "Es hora de dejar que los científicos estudien si el LSD, la marihuana y el éxtasis pueden aliviar trastornos psiquiátricos". Ese mismo año se publicaron dos importantes libros sobre el uso de sustancias psicodélicas. El primero fue *Acid Test*, del galardonado periodista Tom Shroder, que describía el resurgimiento de la investigación sobre la terapia psicodélica y las vidas que se estaban sanando. El segundo fue *Seeking the Sacred with Psychoactive Substances*, una antología en dos volúmenes sobre los usos espirituales de las sustancias psicodélicas a lo largo de la historia, editada por el psicólogo y teólogo J. Harold Ellens. Pronto les seguirían otros dos importantes libros sobre el renacimiento de la investigación psicodélica: *Sacred Knowledge* (2016), de William Richards, y el superventas *Cómo cambiar tu mente* (2018), de Michael Pollan.

Está claro que se está produciendo un giro cultural en torno a las sustancias psicodélicas. Investigadores de la Universidad de Harvard, la Universidad Johns Hopkins, la UCLA, la Universidad de Nueva York, la Universidad de Wisconsin, la Universidad de Nuevo México y la Universidad de Alabama están llevando a cabo investigaciones legalmente autorizadas sobre el potencial terapéutico de las sustancias psicodélicas. También se están llevando a cabo investigaciones sobre estas sustancias en Inglaterra, Canadá, Alemania, Suiza, Israel, España, México y Nueva Zelanda. En San Francisco, el Instituto de Estudios Integrales de California ha creado el Centro de Terapia e Investigación Psicodélicas para formar a la próxima generación de investigadores certificados. En Brasil, los psicólogos han documentado el impacto social positivo que la ayahuasca ha tenido en las iglesias de Santo Daime y União do Vegetal. En 2017, la conferencia de ciencia psicodélica de MAPS atrajo a un récord de 2.700 asistentes. A medida que la ciencia sustituye lentamente a la política como árbitro para definir si los psicodélicos tienen valor terapéutico, parece que, poco a poco, volvemos a unirnos a nuestros antepasados bajo el cielo nocturno y, replicamos este antiguo camino en la consulta del terapeuta moderno.

Si esta tendencia continúa, apenas será cuestión de tiempo para que documentemos lo que muchos de los primeros investigadores psicodélicos descubrieron hace décadas: que estas sustancias, además de curar las heridas psicológicas de la vida, tienen una notable capacidad para iniciarnos en una experiencia más profunda del propio universo. Estamos a punto de redescubrir que las sustancias psicodélicas no solo tienen un **gran valor terapéutico**, sino también **filosófico**.

Me formé como filósofo de la religión y es, sobre todo, el significado filosófico de las sustancias psicodélicas lo que me ha fascinado. Específicamente su capacidad para romper la barrera sensorial y abrirnos al paisaje más profundo de la consciencia. Mi interés por las sustancias psicodélicas comenzó en 1978, cuando leí por primera vez *Realms of The Human Unconscious*, de Stanislav Grof. Tenía veintinueve años, acababa de terminar mis estudios de posgrado y buscaba un rumbo para mi investigación una vez terminada mi tesis. Cuando leí el libro de Grof, me di cuenta inmediatamente de la relevancia de su trabajo para las preguntas fundamentales que me había planteado como filósofo. Preguntas sobre si la vida tiene sentido y propósito, si los seres humanos sobreviven a la muerte y si existe una inteligencia consciente que opere en y a través del universo. En ese libro, Stan destilaba décadas de investigación clínica con cientos de sujetos y miles de sesiones psicodélicas. En una lectura, me convenció de que, cuando el LSD se toma en un entorno terapéutico estructurado, puede utilizarse de forma segura para explorar nuestra consciencia y obtener resultados beneficiosos. Además, el autor sugería que, en este entorno, podríamos llegar a conocer no solo nuestra propia mente, sino también la mente del universo. Esta última afirmación fue la que más llamó mi atención. Tenía que ver lo que esta sustancia podía enseñarme sobre nuestro universo.

El problema, por supuesto, era que mi cultura acababa de declarar ilegales las sustancias psicodélicas. No podría conservar el trabajo que amaba, ni seguir formando parte de la comunidad académica, si trabajaba abiertamente con ellas. Harvard lo había demostrado al despedir a Timothy Leary y Richard Alpert en 1963. Ya para 1970, la era de la investigación psicodélica activa había terminado. Ante estas circunstancias, tomé una difícil decisión. Decidí aprender los métodos de Grof para trabajar con LSD, de manera terapéutica, y así poder explorar, en privado, mi propia consciencia.

Para ello, gran parte de mi vida tuvo que pasar a la clandestinidad. En mi vida pública, continué mi trabajo como profesor del Departamento de Filosofía y Estudios Religiosos de la Universidad Estatal de Youngstown, e hice las cosas que suelen hacer los profesores. Impartí cursos, formé parte de comités, hice publicaciones y, con el tiempo, llegué a ser considerado un miembro razonablemente valioso de mi comunidad, al menos en lo que se refiere a becas, premios y amistades. Mientras tanto, en mi vida personal entré en un círculo de secretismo y comencé un intenso viaje interior que duró veinte años.

Me jubilé de mi universidad en 2011 después de treinta y tres años de servicio. Toda mi carrera profesional transcurrió entre el momento en que las sustancias psicodélicas fueron declaradas ilegales y el momento en que *Scientific American* pidió que se levantara su prohibición. Si hubiera esperado a que mi país recuperara estas sustancias, como parece estar haciendo ahora, habría perdido una oportunidad que solo se presenta una vez en la vida. Dadas las cuestiones legales que rodean al LSD, solo ahora, años después de poner fin a mi largo proceso de autoexperimentación y de retirarme del servicio universitario activo, tengo por fin la libertad de hablar abiertamente de mi trabajo psicodélico.

Espero que, cuando las sustancias psicodélicas vuelvan a ser objeto de un discurso público respetuoso, la gente comprenda la decisión que tomé en 1979. Espero que el hecho de haber vivido una vida socialmente responsable y comprometida me brinde un poco de credibilidad cuando cuente la insólita historia que sigue. Espero que los lectores vean que los poderosos estados de consciencia que pueden desencadenar las sustancias psicodélicas también pueden integrarse en la ajetreada vida de un padre de familia. Y, por último, espero que las personas que hayan tenido experiencias terroríficas con sustancias psicodélicas encuentren fuerza al saber que uno puede entrar en dominios aterradores y volver ileso, e incluso fortalecido.

Ahora se ha reanudado la investigación legalmente autorizada sobre sustancias psicodélicas, pero probablemente pasarán años antes de que se permita a los investigadores explorar las dimensiones más profundas de la consciencia que han ocupado la mayor parte de mi vida adulta.

En la actualidad, la investigación psicodélica se centra en la sanación de la psique personal y en la exploración de las vías neurológicas y bioquímicas que activan estos psicotrópicos. Estos son pasos importantes en la recuperación de estos poderosos agentes, pero, como Grof y otros investigadores demostraron hace décadas, curar las heridas de la psique personal es tan solo la primera etapa de un viaje mucho más largo. A medida que la psique personal se desvanece, emerge un horizonte más profundo. Tenía que averiguar qué podía descubrir allí y hasta dónde podía llevar esta nueva frontera.

Llegué a este trabajo como un neófito psicodélico con un profundo escepticismo de lo trascendente. Fui criado en el sur profundo, fui a un instituto católico y estudié Teología en la Universidad de Notre Dame. La psicodélica década de los 60 para mí pasó desapercibida. Mientras ampliaba mis horizontes intelectuales en la Universidad de Cambridge y luego en la Universidad de Brown, lo más lejos que llegué a experimentar con sustancias fue al fumar un poco de hierba. A pesar de mis tempranas raíces religiosas, cuando terminé mis estudios de posgrado era un agnóstico con inclinaciones ateas, bien versado en el auge de la ciencia y el eclipse de la religión en la mente moderna. Esencialmente, había estudiado mi manera de salir de la religión por completo. Mi tesis sobre la lógica de la metáfora religiosa concluía que nuestro lenguaje finito simplemente no nos permite hablar con precisión sobre el infinito y que toda discusión sobre Dios es iluminar las estrellas con linternas. Tanto por mi formación como por mis antecedentes, soy la última persona de la que se esperaría que hubiera escrito el libro que ahora tienen en sus manos. Pero entonces llegó el LSD.

No hay manera de suavizar lo que voy a compartir aquí, con ustedes; es una historia radical que desafía muchas de las convicciones más profundas de nuestra cultura sobre la realidad. Al inicio de mi carrera, me rechazaron artículos en revistas profesionales porque sus editores sencillamente no podían creer que las experiencias psicodélicas que yo analizaba, a partir de la investigación de Grof, fueran posibles. Escribieron comentarios al margen como: "¿Cómo es posible que un ser humano experimente esto? ¿Lo dice metafóricamente?". Al carecer de experiencia personal en estos ámbitos, los editores no podían comprender cómo los límites de la experiencia podían estirarse hasta límites tan extremos. Comprendo sus reservas. Si yo hubiera estado en su lugar, probablemente habría pensado lo mismo. Estos primeros rechazos me enseñaron que, antes de que pudiera empezar siquiera el debate filosófico sobre la experiencia psicodélica, la gente tendría que entender mejor su funcionamiento interno. Esto requeriría mucho más que argumentos y notas a pie de página. Requeriría compartir y exponer, con franqueza, las propias experiencias psicodélicas como primer paso para una conversación más amplia.

LSD y la mente del universo son las memorias de un explorador psicodélico. Es la historia del viaje de una persona a la mente del cosmos. He intentado contarla de la forma más concisa posible, centrándome en el viaje en sí y reduciendo al mínimo la discusión teórica. Me apoyaré en otros autores para ofrecer al lector la historia y la ciencia de las sustancias psicodélicas, su psicofarmacología y sus aplicaciones clínicas. Comparto aquí mis experiencias psicodélicas no porque piense que son especiales o únicas, pues no lo son, sino porque, al considerarlo todo, son el regalo más valioso que puedo ofrecer a la conversación sobre este tema.

He reflexionado sobre estas experiencias durante muchos años y he intentado comprender sus complejos patrones. Al final, creo que las propias experiencias pueden ser más valiosas que cualquier cosa que yo diga sobre ellas. La interpretación puede cambiar con el tiempo, pero la experiencia perdura como medida de lo que es posible. Sitúo estas experiencias al lado de las muchas otras de las que informa la comunidad psicodélica, tanto de manera impresa como a través de internet, en las extensas Bóvedas de Erowid. El panorama psicodélico es tan vasto que ninguna persona puede abarcarlo todo. Está claro que nuestra fuerza radica en nuestra visión colectiva y en la superposición de nuestras percepciones.

Por último, este libro tiene dos títulos. Lo que los tibetanos llamarían un título externo y un título interno. *LSD y la mente del universo* es su título externo, el cual describe el tema a tratar: la exploración de la mente del universo, a través de sesiones de LSD cuidadosamente realizadas. *Diamantes del cielo* es su título interno y el que describe su esencia más íntima, puesto que, en el centro de la mente del universo, se logra entrar en la luz diamantina, cuya claridad es infinita.

Espero sinceramente que la historia de este viaje sea útil para otros, incluso para aquellos que nunca han tomado una sustancia psicodélica. Al final, lo importante no es el método de exploración, sino lo que este método nos muestra sobre el extraordinario universo en el que vivimos.

UNO

El camino de la
inmersión temporal

El anhelo apasionado del corazón humano siempre ha sido ir más allá de las fronteras de lo conocido, traspasar las limitaciones de nuestro entendimiento, ampliar el horizonte de la consciencia. Tal vez sea esta nuestra libertad más fundamental y esencial.

ANNE BARING, *THE DREAM OF THE COSMOS*

En este capítulo inicial, quiero describir con franqueza cómo trabajé con el LSD, además de compartir algunas observaciones básicas sobre el proceso psicodélico. A pesar de que la investigación se está reanudando, aún hay mucha información errónea y desconfianza hacia las sustancias psicodélicas en nuestra cultura. Al poner mis cartas sobre la mesa, por adelantado, espero crear un campo que sea lo más claro posible para la historia que sigue. Los lectores que no estén familiarizados con la literatura psicodélica obtendrán una sólida comprensión de cómo funciona este método de investigación, mientras que los que la conozcan bien verán cómo la he adaptado y personalizado.

Comprenderé que algunos lectores decidan saltarse estos preliminares y pasar directamente a las sesiones, pero, si lo hacen, espero que vuelvan a leer este capítulo más adelante. Las experiencias que voy a compartir en este libro van tanto más allá de lo que la mayoría de la gente cree posible, que es importante sentar unas bases sólidas para ellas. Eso es lo que pretendo hacer con este capítulo. En mis cursos en la universidad, mi estrategia era siempre: empieza despacio, construye fuerte y llega lejos. Aquí aplico la misma estrategia, y entiendo que esto es lo más lejos que alguna vez le he pedido a alguien que me acompañe.

7

El protocolo terapéutico

Nunca he tomado ácido y he ido a un concierto, nunca he pasado la noche alucinando con amigos. Cuando tomé LSD durante esos setenta y tres días, entré en un espacio cuidadosamente construido y dedicado a la autotransformación. Estaba aislado del mundo exterior, en mi casa o en el despacho privado de mi esposa y protegido de toda interrupción. Estaba tumbado en una colchoneta en el suelo, rodeado de cojines, con antifaces y auriculares. La música se seleccionó cuidadosamente para acompañar las fases de apertura y cierre. Música suave para recibir la droga, música potente y evocadora mientras se genera el **impulso**, música expansiva para las horas pico y música suave para el largo y lento retorno.

Los que han hecho un trabajo serio de viaje conocen bien el escenario. Recomiendo prepararse con una práctica centrada, como el yoga o la meditación, eliminar las distracciones externas para que se entienda que lo que se está afrontando viene enteramente desde el interior, delegar la responsabilidad del cuidado y seguridad a alguna otra persona, tomar la medicina y abrirse a lo que surja en la experiencia. Seguí el mismo procedimiento en todas mis sesiones. Siempre empezaban por la mañana temprano y duraban todo el día, unas ocho horas. Todos eran viajes en solitario; no trabajaba en grupo. Esto permitía adaptar cada sesión individualmente para seguir hacia donde me llevara la experiencia. Mi cuidadora era una psicóloga clínica de gran talento que, además, era mi mujer. Carol aprendió el protocolo terapéutico estudiando la literatura psicodélica conmigo. Que nuestra pareja sea nuestro cuidador tiene sus ventajas, como también sus inconvenientes. Pero a nosotros nos funcionó bastante bien. Aprendimos sobre la marcha y siempre estaré agradecido con Carol por el apoyo que me dio en este trabajo.

El núcleo del protocolo terapéutico es ampliar poderosamente el inconsciente, para permitir que sus patrones emerjan en la consciencia y poder rendirnos por completo a lo que se presente en esta experiencia*. A través de la participación sin restricciones de la experiencia interior, los patrones aumentarán en intensidad hasta llegar a un umbral crítico. Estos mismos patrones seguirán apareciendo en una variedad de formas, hasta

---

*Grof describe el LSD como un "potente amplificador inespecífico del proceso bioquímico y neurofísico del cerebro. Parece crear una situación de activación general no diferenciada que facilita la aparición de material inconsciente" (2005).

que alcancemos un clímax de expresión (alguna Gestalt interior se comprende conscientemente o se drena algún depósito de dolor) para que se resuelvan de manera espontánea. La energía atrapada en estos patrones se libera y la psique queda libre para fluir hacia estados de consciencia más expansivos durante el resto de la sesión. Si este proceso se repite muchas veces, empiezan a emerger patrones más profundos. Por muy inescrutables que sean en ese momento, también pueden disolverse mediante un compromiso sin defensa y, una vez que lo hayan hecho, se seguirán abriendo nuevos mundos de experiencia*.

El uso de un protocolo que combine el aislamiento protegido, la concentración interior y la inclusión de música profundamente evocadora llevará el estado psicodélico mucho más allá de lo que uno podría experimentar si solo toma LSD dentro de un entorno recreativo. No estoy menospreciando los viajes de aquellas personas que han utilizado sustancias psicodélicas de esta manera, ya que es evidente que muchos han tenido experiencias que les han cambiado la vida. Simplemente estoy señalando que permanecer en contacto con el mundo exterior cambiará el patrón de las experiencias que surjan. Estas tenderán a ser menos profundas, menos catárticas y menos reveladoras.

Una vez finalizada la sesión, se pasa a trabajar en la evaluación crítica. Las experiencias psicodélicas pueden ser extraordinariamente conmovedoras y complejas. Para no dejarse arrastrar por ellas o simplemente dejarse llevar por su novedad es importante dar un paso atrás y evaluarlas críticamente. ¿Qué ha ocurrido realmente en la sesión de hoy? ¿Qué significa? ¿Qué lecciones debo sacar de ella? Las sesiones tienen muchas capas y ellas se entretejen en largos ejercicios superpuestos que hacen avanzar un tema y luego otro de forma (a veces) entrecortada.

En nuestras sesiones dialogamos con una inteligencia infinita, que nos habla desde diferentes profundidades y en días distintos. La sabiduría que proviene de los diversos niveles de consciencia tiene inflexiones diferentes que reflejan puntos de partida y conjuntos de suposiciones heterogéneos. Lleva tiempo trazar la estructura de estas secuencias para reconocer la lógica de un todo mucho más amplio.

---

*Mi manual para llevar a cabo mis sesiones psicodélicas fue *Psicoterapia con LSD* (2005), de Grof. Tres excelentes libros recientes sobre terapia psicodélica, su historia y su renacimiento son: *Allies for Awakening* (2015) de Ralph Metzner, *Sacred Knowledge* (2016) de William Richards y *Cómo cambiar tu mente* (2019) de Michael Pollan.

Parte del discernimiento crítico también significa ser brutalmente honesto con uno mismo. Debemos ser conscientes de nuestros defectos si queremos evitar la inflación psíquica, que es el mayor peligro de trabajar con sustancias psicodélicas. Las sustancias psicodélicas nos dan acceso temporal a realidades que van más allá de nuestra capacidad ordinaria. Es demasiado fácil pensar que, por haber tenido una experiencia profunda, nos hemos convertido en una persona profunda. Incluso cuando las sustancias psicodélicas nos permiten experimentar la persona en la que estamos en proceso de convertirnos, tenemos que afrontar el hecho de que aún no nos hemos convertido en esa persona, ni hemos interiorizado plenamente las maravillosas cualidades que podemos haber tocado temporalmente.

En las manos de un filósofo

Aunque el protocolo terapéutico de Grof fue la base de mi práctica psicodélica, quiero subrayar que no lo hice como clínico, sino como filósofo. Mi objetivo principal no era buscar la sanación, sino la comprensión de nuestro universo. Quería experimentar el universo tan profundamente como pudiera y saber lo que yo era en el fondo de mi ser, debajo de todas las capas de condicionamiento social y psicológico. Me veía a mí mismo siguiendo un método filosófico que en los tiempos modernos se remonta a *Las variedades de la experiencia religiosa* de William James. Allí, en el contexto de su extenso análisis de la experiencia espiritual, James describe sus propios autoexperimentos con óxido nitroso que lo llevaron a su famosa observación:

> Una conclusión se impuso en mi mente en ese momento, y mi impresión de su verdad ha permanecido inamovible desde entonces. Es que nuestra consciencia normal de vigilia, lo que llamamos consciencia racional, no es más que un tipo especial de consciencia. A su alrededor, y sutilmente separadas de ella, yacen formas potenciales de consciencia enteramente diferentes. Ningún concepto del universo puede ser definitivo en su totalidad, lo cual deja estas otras formas de consciencia bastante desatendidas (James [1902] 2002, 300–01).

Con el uso disciplinado de sustancias psicodélicas, los filósofos tienen ahora la capacidad de atravesar la puerta que James abrió y explorar el territorio que él vislumbró brevemente. En este sentido, estamos asistiendo al nacimiento, no solo de nuevos conocimientos sobre la consciencia, sino también de una nueva forma de hacer filosofía. Este nuevo método filosófico puede resumirse en tres pasos básicos:

1. Superar sistemáticamente los límites de la experiencia en sesiones psicodélicas cuidadosamente estructuradas.
2. Hacer un registro completo y preciso de la experiencia inmediatamente después de cada sesión.
3. Analizar críticamente la experiencia, al contrastarla con otros campos del conocimiento y con las vivencias de otros exploradores psicodélicos.

Al avanzar y retroceder sistemáticamente entre los estados de consciencia ampliados psicodélicamente y nuestra consciencia ordinaria (en donde estas experiencias pueden ser digeridas y evaluadas), el discurso filosófico se amplía y profundiza. Es difícil exagerar la importancia de esta transición histórica. Gracias a las sustancias psicodélicas, estamos entrando en una nueva era de la filosofía*.

Las sesiones de LSD
como vía de despertar espiritual

Como muchos de mi generación, al principio me sentí atraído por los psicodélicos porque me interesaba la iluminación. Llevaba varios años practicando la meditación y me había encontrado con los bloqueos habituales que aparecen en las primeras fases de la práctica sentada. Pensé que, si realizaba algunas sesiones de LSD con fines terapéuticos, podría superar esos bloqueos más rápidamente y acelerar mi despertar espiritual. Elegí trabajar con LSD porque era el principal psicodélico con el que Stanislav Grof había realizado sus primeras investigaciones y confiaba en lo que veía en ellas. Tanto las tradiciones espirituales orientales como occidentales que había estudiado hacían hincapié en la muerte del yo

---

*Describo este nuevo método filosófico en *Dark Night, Early Dawn* (2000, capítulo 1).

como puerta de entrada a la liberación y esto parecía ser coherente con el énfasis de Grof en la muerte del ego.

Desde una perspectiva histórica, las sesiones de LSD que están terapéuticamente estructuradas son una variante moderna de un antiguo camino espiritual que ha sido bien documentado por los estudiosos*. Desde los ritos de los misterios eleusinos de la antigua Grecia hasta las ceremonias de peyote de los nativos americanos y las iglesias de ayahuasca del Brasil actual, los seres humanos han estado ingiriendo sustancias que amplifican la consciencia durante miles de años y todos han llegado a la misma conclusión: estas sustancias son sacramentos que nos ayudan a reconectar con el universo. Vistas en este contexto, las sesiones de LSD que están terapéuticamente estructuradas no son un fin en torno a la práctica espiritual, como pensaron algunos de los primeros estudiosos, sino una forma particularmente intensa de práctica espiritual, con sus propias características y desafíos distintivos†.

---

*Véase *The Long Trip* (1997) de Paul Devereux, *Sacred Vine of Spirits: Ayahuasca* (1997), editado por Ralph Metzner, *Seeking the Sacred with Psychoactive Substances* (2014), editado por J. Harold Ellens, *Entheogens and the Future of Religion* (1997), por Robert Forte, y *Cleansing the Doors of Perception* (2000), por Huston Smith.

† Cuando Aldous Huxley publicó *Las puertas de la percepción,* el relato de su primera experiencia con peyote en 1954, se desencadenó un acalorado debate entre teólogos que duró quince años. La profunda similitud de los "subidones" psicodélicos con los "subidones" místicos llevó a algunos a celebrar que los abridores de mentes iniciaban una nueva era de espiritualidad, mientras que otros criticaban lo que consideraban un juego de manos del "misticismo instantáneo". Sus detractores afirmaban que el "misticismo químico" era un falso atajo hacia la iluminación, un intento de eludir la práctica espiritual seria y de conseguir espiritualidad a bajo precio. Huston Smith adoptó una postura mediadora, al reconocer el carácter místico genuino de ciertas experiencias psicodélicas, pero cuestionó su relevancia para el desarrollo espiritual a largo plazo, ya que no parecían tener el poder de permanencia de las experiencias provocadas por métodos más tradicionales.

Este debate terminó en un punto muerto a finales de la década de 1960 por varias razones; la más importante fue que se hizo evidente que no entendíamos ni la psicodelia ni el misticismo lo suficientemente bien como para decidir las cuestiones que se planteaban. Después, en 1970, las sustancias psicodélicas se declararon ilegales, lo que hizo que todo este tema se volviera discutible. Los ecos de este debate siguen apareciendo en obras como *Zig Zag Zen*, editado por Badiner y Grey (2002), que plantea una discusión entre budistas y sustancias psicodélicas sobre los méritos y deméritos espirituales de los psicodélicos.

Lo sorprendente de este primer debate, desde la perspectiva actual, es que solo abordaba las experiencias del viaje y no el uso terapéutico de los psicodélicos. Por lo tanto, no

En mis cursos universitarios, a menudo llamaba al camino de la medicina sagrada el **camino de la inmersión temporal** y lo contraponía al **camino de la meditación**. Mientras que la meditación es una vía de autoaclaración que permite que los laicos de la mente se abran gradualmente, la vía de la medicina sagrada cultiva oleadas de consciencia intensas pero temporales. Al amplificar nuestra consciencia presente, el camino de la medicina nos abre rápidamente a una comunicación más profunda con el universo. Esto es bueno y sanador, pero también puede ser delicado porque es fácil sobrestimar el poder de permanencia de estos ejercicios dramáticos. Mediante el vocabulario de Abraham Maslow, podemos sobrestimar el valor de nuestras **experiencias cumbre** y subestimar el reto que supone alcanzar **experiencias de meseta o base**, que son más estables. O, como nos recuerda Ken Wilber, los **estados** de consciencia no son **etapas** del desarrollo espiritual. Si el objetivo último de la práctica espiritual es la transformación permanente de nuestra consciencia, entonces el lado débil de las sustancias psicodélicas es su naturaleza temporal. El LSD nos sumerge en intensos ejercicios espirituales, nos mantiene allí durante un tiempo y luego nos devuelve. Está claro que no podemos quedarnos donde hemos ido; intentarlo sería una estrategia errónea. Debemos aceptar estas limitaciones y trabajar con ellas. Pero, ¿cómo podemos trabajar con estos estados temporales de forma que favorezcan nuestra transformación permanente?

Según mi experiencia, hay dos claves para ello: la valentía y la conexión a tierra. En primer lugar, debemos tener el valor de enfrentarnos a las experiencias negativas que puedan surgir en nuestras sesiones. Abrirse a la dicha está bien si eso es lo que ocurre, pero cuando surge la sombra es cuando el trabajo se hace duro. En un entorno terapéutico, los retos a los que uno se enfrenta pueden proceder de muchos niveles de nuestro ser. Más allá de los que son propios de nuestro inconsciente personal, hay retos que vienen del útero, de encarnaciones anteriores y del inconsciente

---

(*cont.*) abordaba el lado doloroso del proceso psicodélico, como la confrontación con los propios bloqueos psicológicos que suele producirse en los entornos terapéuticos. Como resultado, en gran medida ha quedado obsoleta por el trabajo de los terapeutas psicodélicos. El libro *Sacred Knowledge* (2016) de William Richards ilustra maravillosamente el carácter profundamente espiritual de las experiencias psicodélicas que a veces surgen en contextos terapéuticos. Para más información sobre este temprano debate, véase Huxley (2017), Zaehner (1961), Clark (1964; 1969), Havens (1964), Pahnke y Richards (1966) y Smith (1964; 1967). Para una evaluación de este debate, véase Bache (1991).

colectivo. En este trabajo, podemos enfrentarnos a barreras que no sean tan ajenas que impidan poder ver cómo constriñen nuestra consciencia hasta después de haber llegado a lo que hay más allá de ellas, y esto requiere compromiso y determinación.

La segunda clave es la conexión a tierra. Sin una conexión profunda, las experiencias intensas pueden ir y venir, pero a la larga servirán de muy poco. En primer lugar, la conexión a tierra se consigue estableciendo un entorno sólido el día de la sesión. Pero una transformación profunda requiere algo más. Para que el cambio sea duradero y se arraigue en nuestras vidas, también debemos crear un **contenedor** que guarde nuestras experiencias entre una sesión y otra, que nos permita recordarlas, reflexionar sobre ellas y poner en práctica sus lecciones. Si no lo hacemos, nos veremos arrastrados a perseguir nuevas experiencias antes de haber digerido completamente los regalos que ya hemos recibido.

Mi práctica psicodélica se basaba en mis compromisos a largo plazo como marido, padre y profesor universitario. Estos fuertes lazos eran los cimientos de mi vida y me mantenían arraigado a la tierra, mientras absorbía los cambios extremos de consciencia que este viaje desencadenaba. Después de cada sesión, siempre había niños que cuidar y platos que fregar. Por muy profundamente que me disolviera en el cosmos el sábado, el lunes por la mañana estaba de vuelta en el aula impartiendo mis cursos.

Para extraer todo el valor transformador de estas poderosas experiencias debemos integrarlas, no solo en nuestra mente, sino también en nuestro ser físico, emocional y social. Esto requiere que nuestra práctica psicodélica se base en un conjunto más amplio de actividades transformadoras, conocidas por los practicantes espirituales de todo el mundo. Para mí, estas incluyen: (1) la práctica ética del servicio compasivo, (2) la práctica psicológica de la autoindagación y (3) la práctica física del cuidado del cuerpo. Y quisiera resaltar esta última porque, aunque normalmente se habla de las experiencias psicodélicas como estados de consciencia, también son estados profundos del cuerpo. Los estados de apertura mental son estados de apertura corporal que afectan profundamente nuestro sistema energético físico y sutil. A la lista, añadiría una más: (4) una práctica espiritual diaria. Cuanto más tiempo llevo trabajando con psicodélicos, más convencido estoy de que la práctica diaria de la meditación es vital para aprovechar las oleadas de energía y perspicacia que nos atraviesan en un día de sesión.

Aunque mi motivación inicial para trabajar con sustancias psicodélicas fue el despertar espiritual, en el camino se abrió una segunda vía que superó el proyecto de iluminación. Esto sucedió debido al poder del protocolo psicodélico particular que adopté, así que permítanme primero describir este protocolo para luego describir esta segunda vía.

Sesiones de dosis bajas versus sesiones de dosis altas

Cuando logré ubicarme, después de varias sesiones de dosis bajas (200 microgramos [µg]), opté por un régimen de trabajo con dosis altas de LSD. Para quienes no estén familiarizados con la diferencia que existen entre la terapia con dosis altas y bajas de LSD, quisiera resumir, brevemente, la descripción que Grof hace de estas dos modalidades terapéuticas y, a continuación, describir el protocolo que adopté.

Terapia psicolítica
La **terapia psicolítica** con dosis bajas (75–300 µg, normalmente alrededor de 200 µg) activa el inconsciente de forma más suave, lo que permite que se produzca un despliegue gradual de la psique. Con esta dosis, la psique libera sus secretos y dolores por capas. La reacción emocional y otros mecanismos terapéuticos se intensifican, lo que exige un compromiso flexible y dinámico con el terapeuta. Los primeros trabajos de Grof en el Instituto de Investigación Psiquiátrica de Praga consistían principalmente en terapia psicolítica, con sesiones a intervalos de una o dos semanas. Se hacían entre quince y cien sesiones; la media era cuarenta.

Terapia psicodélica
La **terapia psicodélica** de altas dosis (300–500 µg) es una forma muy diferente de uso psicodélico. En esta modalidad terapéutica, la consciencia se amplifica mucho más y la estrategia consiste en traspasar el nivel psicodinámico y provocar una experiencia de muerte del ego y de trascendencia. En lugar de trabajar los problemas personales capa por capa, la terapia psicodélica trata de evocar un estado de éxtasis en el que se disuelven los límites entre el yo y el universo, lo que permite reconectar con la realidad espiritual y adquirir una nueva perspectiva de la propia vida. La interacción verbal durante la sesión se reduce al mínimo. Este protocolo terapéutico se describe a veces como el enfoque de la "dosis única abrumadora". En el

Hospital Spring Grove de Baltimore, donde Grof y sus colegas trabajaban con pacientes terminales, la terapia psicodélica de dosis alta se limitaba a tres sesiones*.

Exploración psicodélica

El protocolo que personalmente adopté representa una tercera opción que denomino **exploración psicodélica**. Cuando estaba haciendo este trabajo, no me veía a mí mismo desarrollando un nuevo protocolo, sino simplemente haciendo un curso extendido de terapia psicodélica. Sin embargo, cuando llegué al final de este viaje y miré hacia atrás, me di cuenta de que se trataba de algo diferente. Lo que ocurría en mis sesiones iba más allá de la terapia psicológica tal y como se practicaba originalmente. En lugar de intentar precipitar una única experiencia intensa de trascendencia, este protocolo generaba una espiral, cada vez más profunda, de iniciación en el universo. Esta espiral de iniciación abría nuevas oportunidades, pero también presentaba nuevos retos que iban más allá de los encontrados en la terapia psicodélica.

Tal como su nombre lo indica, la exploración psicodélica consiste en una **serie extendida** de sesiones, con altas dosis de LSD plenamente internalizadas. Trabajé con 500-600 µg. Aunque este protocolo incorpora las prácticas y procedimientos de la terapia psicodélica (aislamiento físico, interacción verbal mínima y música intensamente evocadora), el elevado número de sesiones lo convierte en una experiencia diferente. Una forma de pensar en este tercer protocolo sería: "Esto es lo que sucede si llevas la terapia psicodélica tan lejos como puedas llevarla".

Sobre el tema de la dosis, quiero señalar que este protocolo no es representativo de las tendencias actuales en la investigación psicodélica, centradas en el trabajo con dosis mucho más pequeñas y sustancias más suaves. Ningún estudio psicodélico autorizado por el gobierno federal propone trabajar con dosis tan altas de LSD y creo que esto es algo bueno, porque es importante que la investigación psicodélica avance lenta y cautelosamente en esta nueva era. Al mismo tiempo, el valor de avanzar poco a poco no niega los conocimientos y experiencias que surgieron utilizando este protocolo más agresivo. Confío en que el público entienda las diferentes circunstancias históricas en las que realicé este trabajo y las distintas oportunidades que presentaba.

*Grof, *Realms of the Human Unconscious* (1976, 20-25). En *Psicoterapia con LSD*, Grof enumera el intervalo de dosis para la terapia psicodélica algo más alto, de 300-1.500 µg (2005).

También quiero advertir encarecidamente a cualquiera que esté considerando adoptar este protocolo que se lo piense mucho antes de hacerlo. Cuando empecé este trabajo, supuse que, si las sesiones de altas dosis de LSD podían realizarse de forma segura de una a tres veces, el número de sesiones podría aumentarse sin incrementar el riesgo. Sin embargo, lo que descubrí fue que, aunque mi trabajo siempre se mantenía dentro de los márgenes de seguridad, aumentar el número de sesiones lo convertía en una labor mucho más exigente de lo que había previsto. Hicieron falta todos mis recursos internos para gestionar lo que se desarrollaba en este viaje.

En su libro *Allies for Awakening*, Ralph Metzner no recomienda trabajar con dosis tan altas de LSD. Según el autor, cuando las dosis alcanzan este nivel, la consciencia aumentada se convierte en respuestas disociadas y/o disfóricas para la mayoría de las personas. Una respuesta disociada es aquella en la que el individuo se queda prácticamente en blanco y no es capaz de recordar o describir la experiencia, incluso aunque esta haya sido agradable, incluso dichosa. Una respuesta disfórica es aquella en la que la resistencia innata a perder el control desencadena una lucha intensa y posibles reacciones paranoides o esquizoides. El trauma de sentirse abrumado anula cualquier percepción o visión positiva que se pueda tener.

Metzner intenta alejarnos de los turbulentos años 60, en los que 500 µg se consideraban la medida de la "verdadera iniciación" y Terence McKenna promovía "dosis heroicas" para quienes querían "captar realmente el mensaje". Metzner cree que este enfoque de "mientras más, mejor" trajo consigo demasiados traumas y, como mínimo, hizo perder mucho tiempo sin producir ganancias terapéuticas duraderas. Es mejor trabajar más despacio para poder ir integrando las experiencias. En consecuencia, Metzner recomienda para el consumo de LSD un rango de dosis terapéutica entre 50 y 200 µg, lo que se mantiene esencialmente dentro de los límites de la terapia psicolítica*.

Hay mucha sabiduría y experiencia clínica en las recomendaciones de Metzner. En un entorno terapéutico en el que el objetivo es la transformación personal, puede ser aconsejable mantenerse dentro del rango de

---

*Metzner (2015, 73–86), Shulgin y Shulgin (1991; 1997) y Trachsel (2012) coinciden con Metzner en que el rango de dosis efectiva de LSD es de 20–200 µg. Ott (1993) da un rango de dosis más alto de 50–500 µg. En el libro *Handbook for the Therapeutic Use of Lysergic Acid Diethylamide-25: Individual and Group Procedures* (1959), Blewett y Chwelos también hablan de un rango de dosis más alto de 300–600 µg.

50–200 µg. Este nivel de activación deja más del equipo psicológico intacto, por lo que las sesiones son menos amenazadoras y más fáciles de asimilar. O si el propósito del trabajo psicodélico es la iluminación espiritual tal y como se concibe clásicamente, éste trabajo se realiza mejor cerca de donde el ego vive en el mundo, y esto significa trabajar con dosis más bajas*. Está claro que trabajar con dosis bajas también es muy recomendable.

Al mismo tiempo, creo que hay un papel legítimo para trabajar juiciosamente con altas dosis de LSD, en sesiones cuidadosamente controladas y llevadas a cabo en un entorno seguro y protegido. Si bien es cierto que las dosis altas tienden a desbordar las defensas psicológicas y a destrozar la identidad egoica, el hecho de que esto conduzca a la disociación y a la disforia depende en gran medida de cómo se afronten las sesiones. El desmantelamiento de los propios límites psicológicos es una experiencia aterradora y desgarradora, tanto física como psicológicamente, pero, **si se está preparado para este desmantelamiento y se le hace frente**, puede ser manejable y beneficioso.

Según mi experiencia, si las sesiones con altas dosis se gestionan de forma responsable y concienzuda, no generan experiencias tan profundas que no se puedan recuperar, ni tan aterradoras que no se puedan manejar. Se puede aprender a trabajar de forma productiva a estos altos niveles, con un buen recuerdo y una buena integración, pero requiere disciplina y práctica. Seré totalmente sincero sobre los retos a los que me enfrenté al utilizar este protocolo y dejaré que los lectores saquen sus propias conclusiones†. Debido a que es extremadamente exigente trabajar a estos altos niveles, este protocolo claramente no es aconsejable para muchas personas. Además de los criterios habituales utilizados para seleccionar sujetos para sesiones psicodélicas, deben tomarse precauciones adicionales*. Trabajar a estos niveles se convierte más

---

*Véase el ensayo de Stolaroff "Are Psychedelics Useful in the Practice of Buddhism" (1999), en el que analiza las ventajas de integrar dosis bajas de LSD (25–50 µg.) en la práctica sentada.

†Según mi experiencia, el trabajo sistemático con dosis elevadas de LSD no conduce a la derivación espiritual, es decir, a la derivación o evasión de problemas emocionales no resueltos, heridas psicológicas y tareas de desarrollo inconclusas. Aunque uno pueda atravesar la capa psicodinámica de la consciencia en las primeras etapas, entrar repetidamente en el estado psicodélico atrae, tarde o temprano, asuntos pendientes a las sesiones. Esta es una diferencia notable entre la terapia psicodélica, donde las sesiones son pocas y la exploración psicodélica, donde las sesiones son muchas. Para más información, véase el capítulo 10.

en un intenso viaje de exploración cósmica y menos en una cuestión terapéutica. En consecuencia, requiere algo de la constitución de un explorador:
capacidad para soportar condiciones altamente estresantes, extremadamente
desorientadoras y profundamente ambiguas. Además, las circunstancias vitales y los sistemas de apoyo deben ser lo suficientemente fuertes como para
aguantar semejante tarea. Nadie emprende un viaje así solo.

Aunque creo que trabajé de forma responsable y productiva con estas
altas dosis de LSD, quiero aclarar que no es un protocolo que recomiende
y, si hoy tuviera que volver a empezar este viaje, lo haría de otra manera.
En retrospectiva, creo que me presioné más de lo necesario y quizá más de
lo prudente. Con los conocimientos que hoy tengo, intentaría ser menos
duro conmigo mismo e incorporaría a mi trabajo más cantidad de sesiones
y dosis más bajas. Dado que el LSD tiende a ser una sustancia psicodélica de
"gran altitud", que empuja el techo cosmológico, buscaría equilibrarlo con
sustancias más "centradas en el cuerpo" como la psilocibina y la ayahuasca.
Sin embargo, cuando estaba haciendo este trabajo, estaba solo, sin personas mayores que me dijeran cómo navegar por estas profundidades o que
me aconsejaran cuándo ir más despacio y cuándo seguir adelante. Era un
método nuevo y un territorio sin explorar y tuve que ir descubriendo sobre
la marcha.

Sesiones de LSD como viaje
de exploración cósmica

Inicialmente decidí trabajar con altas dosis de LSD, porque me resultaba
difícil encontrar más días disponibles para el viaje interior con un matrimonio y dos carreras. Simplemente quería explorar al máximo cada sesión.
Sabía que las sesiones serían más difíciles, pero la literatura espiritual que
había leído describía que el condicionamiento kármico de una persona es,
en última instancia, finito. Por ello pensé que podría superar el mío con
rapidez, mediante este método intenso de transformación, arrancando trozos más grandes de karma en cada sesión. Pensé que, si me enfrentaba a
mi sombra concienzudamente y podía soportar la intensidad del trabajo,

---

*Sobre los criterios de selección, véase Grof, 2011; Johnson, Richards y Griffiths, 2008,
608-9; y Carhart-Harris y otros, 2016, 1381. No creo que este protocolo sea apropiado,
por ejemplo, para alguien con una historia de trauma o abuso, ya que su poder disrup-
tivo puede reactivar viejas heridas de forma contraproducente.

llegaría antes a mi objetivo de liberación personal. Más tarde, después de que este modelo implosionara por las razones que expondré en el capítulo 6, seguí trabajando con dosis altas porque le había cogido el gusto. Me llevó a donde quería ir y más lejos de lo que imaginaba.

La elección de trabajar con dosis altas resultó tener enormes consecuencias para lo que se desarrolló en este viaje. Amplió radicalmente, no solo la **profundidad de consciencia** alcanzada, sino también la **amplitud de consciencia** que se activaba en cada sesión. No se trataba simplemente de comer la misma comida kármica en menos bocados, como había pensado ingenuamente. Dado que la red de la vida es un todo integrado desde el principio, trabajar con altas dosis de LSD activa porciones más amplias de esta red. Trabajar a estos niveles cambió no solo la profundidad de mis experiencias, sino también quién o qué las estaba experimentando realmente y cuál era la "unidad de trabajo" de la experiencia en una sesión. En estas condiciones de gran energía, el tamaño del paciente literalmente se expande. Lo que quiero decir con esto quedará más claro a medida que avancemos.

Aunque empecé este trabajo con el objetivo de lograr la liberación, con el tiempo, empecé a darme cuenta de que en mis sesiones ocurrían muchas cosas ajenas a este proyecto. Al tercer año, me vi arrastrado hacia extensos ejercicios de purificación, que parecían centrarse en la psique colectiva más que en mi psique personal, como si el objetivo hubiera pasado de ser mi liberación personal a la de toda la especie humana. Después, el poder de la energía catalizadora desatada por este protocolo me hizo atravesar una barrera experiencial tras otra, y amplió repetidamente el territorio de compromiso. Con el tiempo, mis sesiones se convirtieron en un viaje de descubrimiento cósmico periódicamente doloroso, pero firmemente extático. En este viaje, me invitaron a explorar el universo de formas que iban mucho más allá de mi proyecto original de despertar espiritual.

No es que abandonara mi compromiso con la liberación espiritual, pues siempre formó parte del trabajo, pero este viaje generó experiencias demasiado profundas como para convertirlas en un "estado despierto" estabilizado a mi regreso. Se trataba de algo diferente, de un **camino diferente** con un **objetivo diferente**. Uno no tiene que trascender el tiempo, disolverse en la realidad arquetípica o volver al nacimiento del universo para darse cuenta de su naturaleza esencial o descansar en la condición de no dualidad y vacío. Se trata de tareas distintas que se refuerzan mutuamente.

Toda mi vida he sentido un apasionado deseo de comprender cómo funciona nuestro universo. ¿Por qué nuestras vidas son como son? ¿Por qué hay tanto sufrimiento en la vida? ¿Existe una inteligencia mayor que actúa en el universo? Y, en caso afirmativo, ¿con qué fin?, ¿cuál es el propósito y el proyecto de la existencia? En el actual paradigma materialista de nuestra cultura, que reduce todo a la materia física, estas preguntas se consideran fuera del alcance del conocimiento genuino. Como consecuencia, los intentos de responderlas se consideran tareas puramente especulativas. En mis sesiones, sin embargo, se me dio la oportunidad de explorar estas cuestiones en ejercicios de profunda instrucción experiencial, coreografiados por una extensa inteligencia. Pude ver cosas que me asombraron y me dejaron paralizado y se me permitió experimentar cosas que replantearon por completo mi comprensión de la existencia. ¿Qué filósofo podría rechazar una oportunidad así?

A medida que profundizaba en este viaje, me encontré a mí mismo entrando en una espiral de amor con esta inteligencia, que es un ser tan vasto que solo se describe mediante el vocabulario de lo divino, incluso cuando las propias sesiones demostraban, repetidamente, lo limitadas e infantiles que han sido nuestras concepciones históricas de la divinidad. Estoy de acuerdo con Jonathan Goldman, que al hablar de la ayahuasca dijo: "Los rituales del Daime no pretenden ser una 'experiencia', sino más bien proporcionar una oportunidad de interactuar íntimamente con un ser divino de inteligencia, compasión, claridad y poder espiritual inimaginables"*. No conozco los límites de este ser y dudo incluso en llamarlo "ser". Tal y como yo lo he experimentado, es el tejido mismo de la existencia. Pienso en él como la inteligencia generadora de nuestro universo, la mente del cosmos que a la vez es fuente trascendente y cuerpo manifiesto de la existencia, más allá de todas las categorías de él o ella, pero infinitamente más que cualquier ello.

Como sabía que solo podía mantener la intimidad más profunda con esta inteligencia durante unas pocas horas al día y que no tenía ningún control sobre qué sesión se convertiría en uno de esos días mágicos, seguí adelante. Cuando se abría la comunión, era tan intensa que al final del día me sentía sumamente realizado y al mismo tiempo dolorosamente afligido por no poder quedarme con este ser amado.

---

*Alverga 1999, xxxi.

Cada uno debe elegir un nombre para el "Absoluto", un título que se aproxime a su verdad, poder y belleza. Aunque en este libro utilizaré muchos términos para describirlo, en el fondo de mi corazón le llamo "mi Amada". Una vez estrechado en su abrazo, una vez disuelto en su radiante esplendor, fui de ella para siempre. Seré suyo hasta mi último aliento y después de él. Si mi descripción se inclina hacia lo femenino, se debe a dos cosas: la historia específica de la creación que surgió en este viaje y el amor que el reencuentro con esta realidad despertó en mí*.

Dos fases de una sesión

Por el protocolo que adopté, cada una de mis sesiones solía tener dos fases. Primero una fase de limpieza, seguida por una fase extática. La primera, o las dos primeras horas, solía dedicarlas a algún tipo de limpieza y purificación intensas. Este proceso alcanzaba su punto álgido y, a continuación, la sesión pasaba a una fase de éxtasis durante el resto del día.

La división entre la fase de limpieza y la fase extática era una línea a través de la que se deslizaban muchas variaciones. A veces, me movía de un lado a otro de este límite. Incluso varias veces en una misma sesión. En ocasiones, pasaba una sesión entera en la fase de limpieza y la sesión siguiente se abría, inmediatamente, al éxtasis. Cuando esto ocurría, las dos sesiones funcionaban como dos mitades de un todo mayor, aunque estuvieran separadas por varios meses.

Hasta donde pude determinar, la profundidad de la fase extática de mis sesiones estaba influida por tres factores. El primero es la profundidad de la purificación que había tenido lugar durante la fase de limpieza de la sesión. Normalmente, cuanto más profunda era la purificación en la primera mitad de la sesión, más profunda era la experiencia visionaria en la segunda mitad. El segundo factor era la profundidad de la purificación que había tenido lugar en todas mis sesiones anteriores. Es natural

---

*Aunque a veces hablo de esta realidad como de lo divino y utilizo un lenguaje personal, no soy teísta. En mis manos, "divino" no se reduce al Dios de nuestras tradiciones monoteístas. Mis compromisos metafísicos van en la dirección del monismo y el panenteísmo. Mi Dios es el cosmos. Veo toda la realidad, tanto la física como la espiritual, como la manifestación de una inteligencia y un poder únicos, cuya naturaleza está más allá de nuestra capacidad de comprensión plena, pero no más allá de nuestra capacidad de experimentar hasta cierto punto.

esperar un encuentro más profundo a las cincuenta sesiones de un viaje que a las cinco. El tercer factor es un poco más difícil de describir. Existe un **impulso energético** que se acumula en las sesiones si se trabaja de forma constante durante un largo período de tiempo. Es un poder tangible que se acumula y te impulsa a través de avances periódicos, de forma parecida a como un atleta en entrenamiento desarrolla un poder que le lleva periódicamente a niveles máximos de rendimiento. Me llevó años de trabajo sostenido el poder acumular la energía suficiente para entrar en los niveles de realidad, en los que estaba entrando en las últimas fases de mi trabajo. Por esta razón, hoy no podría volver a ese territorio en una sesión, por muy alta que fuera la dosis que tomara. Me llevaría años generar la energía necesaria para volver a entrar en esos poderosos dominios.

Puede haber otro factor que influya en lo que surge en nuestras sesiones. Dado que nuestro sistema solar está en constante movimiento, la variable de la configuración planetaria cambia de forma, sutilmente, de un día para otro y de un mes para otro. En una colaboración de muchos años, Stan Grof y Richard Tarnas han propuesto la audaz hipótesis de que las experiencias de las personas en estados profundos, no ordinarios, se mueven en sincronía con los ritmos de nuestro sistema solar. Utilizando historias de casos, Grof ha argumentado que la astrología natal y de tránsito, puede iluminar e incluso predecir el tenor de la sesión psicodélica de un día determinado*. Se trata de un tema demasiado amplio para abordar en su totalidad en estas páginas, pero, en aras de fomentar este debate, daré mis datos de nacimiento y las fechas correspondientes a todas mis sesiones en el apéndice II, al final del libro.

El arte de recordar

Mientras que el tema del *set* (actitud – estado interior) y el *setting* (entorno) ha sido muy discutido en la literatura psicodélica, encuentro que se presta menos atención al tema del recuerdo sistémico después de que una sesión ha terminado. No sé por qué ocurre esto, ya que he descubierto que hacer un registro preciso de cada sesión puede suponer un reto importante. Esto puede deberse a las altas dosis con las que trabajaba, pero creo que también se debe a un problema mayor.

---

*Grof 2009; 2012.

El LSD genera un aumento potente, pero temporal, de la sensibilidad de la mente. Nuestro condicionamiento habitual se interrumpe y nuestro campo de consciencia se amplía espectacularmente. Pero, sucede que, al cabo de unas horas, nuestra consciencia vuelve a sus patrones familiares. Si no tomamos medidas para registrar con exactitud nuestras experiencias, tan pronto como regresemos, nuestro recuerdo de ellas tiende a desvanecerse. Lo que fue abrumadoramente poderoso un día se vuelve ligeramente más tenue al siguiente y aún más tenue un mes después. Conservar el recuerdo de nuestras experiencias con el mayor cuidado posible completa el círculo de aprendizaje y sienta bases más sólidas para nuestra próxima sesión.

Envidio a artistas como Alex Grey, Pablo Amaringo y Martina Hoffmann, que han plasmado sus experiencias psicodélicas en impresionantes obras de arte. Yo no tengo ese don. Soy escritor y pinto con palabras. Por lo tanto, parte de mi protocolo para trabajar con LSD ha incluido escribir un relato detallado de cada sesión en un plazo de veinticuatro horas. Descubrí que, incluso si esperaba apenas unos días, el recuerdo era más borroso y la transcripción menos completa, así que aprendí a no esperar.

Para grabar mis sesiones, a menudo tenía que escribir al límite de mi entendimiento, ya que me esforzaba por describir experiencias que en aquel momento me resultaban profundamente misteriosas. Tuve que estirar repetidamente el lenguaje para describir realidades que iban más allá de lo que había conocido. Las experiencias psicodélicas son cognitivamente evasivas. Cuanto más te sumerge una sesión en un territorio nuevo y desconocido, más difícil resulta describirla con detalles precisos. Para ayudar en este proceso, desarrollé una estrategia.

Cuando describo una sesión, escucho la música que utilicé en ella exactamente en el mismo orden en que se reprodujo. Toco cada pieza una y otra vez hasta que siento que he captado la esencia de la experiencia que tuve con esa misma música y, entonces, paso al siguiente segmento. Al día siguiente de una sesión, todavía conservas los márgenes porosos. Al escuchar la música en este estado de porosidad, con mis funciones verbales restablecidas, descubrí que era capaz de volver a entrar a través de los márgenes de mi experiencia y plasmarla por escrito con mayor eficacia. A esta parte del proceso la llamé "estar al borde del pozo".

En esos valiosos días en los que entraba en un nuevo nivel de consciencia, a veces era difícil recordar. Mis escritos tenían más lagunas. A veces solo podía recordar fragmentos de una serie de experiencias especialmente profundas y el resto desaparecía en las sombras. Las experiencias eran tan distintas que mi mente no podía retenerlas todas. Sin embargo, aprendí que, con la repetición, el recuerdo y la comprensión, la retención mejoraba. Cuando volví al mismo nivel de realidad en sesiones posteriores, pude retener las experiencias de forma más completa. Mi sistema se estaba aclimatando al nuevo territorio y era capaz de recordar cosas que antes había olvidado. Las piezas empezaron a encajar en patrones más coherentes y los significados se hicieron más claros. Como resultado, los relatos de mis sesiones se volvieron más completos.

Este es un punto epistemológico importante. Con **persistencia y práctica, la cognición puede entrenarse para funcionar en estas condiciones inusuales y novedosas.** Las experiencias profundas no vienen dadas sin más; debemos entrenarnos para recibirlas y aferrarnos a ellas. Nunca se insistirá lo suficiente en este punto. Esto es especialmente importante si se quiere incorporar el trabajo psicodélico a cualquier esfuerzo crítico.

En este contexto, quiero mencionar que creo que la inefabilidad está a menudo sobrevalorada como marca de una experiencia mística genuina. En el libro *Las variedades de la experiencia religiosa*, William James hizo de la inefabilidad una de las cuatro marcas de la experiencia mística y se ha estandarizado en el cuestionario desarrollado por Walter Pahnke y Bill Richards. Esta interpretación se hace eco de la opinión de Dante en el Paraíso, donde escribió:

> *En el cielo que más su luz recibe estuve,*
> *y vi unas cosas que no puede*
> *ni sabe repetir quien de allí baja;*
> *porque mientras se acerca a su deseo,*
> *nuestro intelecto tanto profundiza,*
> *que no puede seguirle la memoria*
>
> CANTO I: 4-9.

Si bien es cierto que el lenguaje vacila ante lo trascendente, hacer de la inefabilidad una virtud cardinal de la experiencia mística, casi sugiere que lo trascendente quiere permanecer en la opacidad. Mi experiencia, sin embargo, es que lo divino quiere ser conocido. Creo que el olvido y el hecho de no poder articular, incluso en un estado extático, son ante todo un síntoma de haber alcanzado los límites de la experiencia. Si no puedes describir dónde has estado, probablemente te has perdido. Aunque siempre se pierden trozos de experiencia al adentrarse en un territorio nuevo, se recuperan en sesiones posteriores y, con el tiempo, se aprende a hacer que las piezas encajen. Debemos agotarnos luchando por encontrar las palabras adecuadas antes de rendirnos al silencio. El conocido estudioso de la mística Walter Stace también tenía grandes reservas sobre esta "supuesta inefabilidad" porque, según él, los místicos describen sus experiencias, a veces de forma bastante extensa*.

El núcleo de este libro procede de mi diario psicodélico, de unas cuatrocientas páginas de relatos de sesiones. Con una sincera reverencia a Carl Jung, este diario es mi "Libro rojo", pero sin las imágenes. Es el registro de mi experiencia más profunda del universo, el texto primario que para mí está por encima de toda interpretación y reflexión posterior. Una vez que he escrito una sesión, no la cambio ni la edito. He aprendido que intentar mejorar el relato puede distorsionar algo contenido en el lenguaje crudo original, así que lo dejo como está. Siempre que cite este diario en los capítulos siguientes, utilizaré un único tipo de letra. También numeraré las sesiones. Numerarlas simplemente facilita el seguimiento de las etapas del viaje, a medida que se desarrolla.

Definir la conversación

Las sesiones psicodélicas son tan multidimensionales y multitemáticas que aislar una narrativa en ellas puede ser todo un reto. Los temas de los niveles personales y transpersonales de la realidad se entrelazan de forma compleja. Los escenarios se repiten a lo largo de muchas sesiones y su trama se complica a medida que se añaden más capas. En los capítulos que siguen, no quiero simplificar en exceso esta complejidad, ni hacer que las sesiones parezcan más sencillas de lo que realmente fueron. Al mismo tiempo, necesito consolidar lo que ocurrió para presentarlas de una manera razonablemente eficaz. He tenido que tomar decisiones sobre lo que es importante compartir de ellas y lo que puede omitirse. Para transmitir los elementos más importantes de este viaje, he hecho algunas podas juiciosas.

---

*Stace 1960, 78–80.

Al trabajar con estas dosis altas, descubrí que las percepciones de mi vida personal tendían a aparecer al principio y al final de la sesión, cuando salía y volvía a mi vida en el mundo físico. Durante las horas centrales, cuando la sesión estaba en su punto álgido, solía operar más allá del rango de la realidad personal, al menos después de las primeras quince sesiones (aproximadamente). Esto no significa que el elemento personal estuviera completamente ausente, ya que a veces se me mostraba la relevancia personal de tal o cual enseñanza y, a veces, se dedicaba una sesión entera a la sanación o instrucción personal. Pero, en general, había una marcada diferencia entre el contenido de las horas pico de una sesión y el contenido de sus horas iniciales y finales. La siguiente imagen puede ayudar a comprender este punto.

Figura I. Picos de la sesión
(imagen de Jason Bache, Nerds Ltd.)

Estas curvas en forma de campana representan una serie de sesiones. Las he dibujado superpuestas para subrayar su continuidad temática. Los círculos más grandes, en la parte superior de las curvas, marcan las horas de máxima intensidad visionaria; los círculos más pequeños en la parte inferior marcan las experiencias más suaves, esas que tuvieron lugar durante el despegue y el regreso a la consciencia ordinaria.

He recopilado la historia que cuenta este libro, a partir de esas experiencias visionarias que tuvieron lugar dentro de los círculos ubicados en la parte superior de estas curvas. Dejaré por fuera las experiencias que tuvieron lugar dentro de los círculos más pequeños, cuyo contenido era más personal y se refería a mis circunstancias inmediatas. Aunque estas experiencias fueron valiosas personalmente, no son lo suficientemente significativas, desde el punto de vista filosófico, como para justificar que se compartan con el mundo. Sobre todo, cuando hay tantos temas más amplios que debatir.

LSD y la mente del universo es ante todo una **narración cosmológica** y no terapéutica. En una narración terapéutica, los detalles personales son importantes; mientras que, en una narración cosmológica, no lo son tanto. Por supuesto, todo este viaje fue profundamente personal y lo asumo como tal, pero mi historia personal no es importante para los fines de este libro, ni es esencial para la información que sí quiero transmitir. Cuando uno va más allá de los bancos de arena de la psique personal y se adentra en el océano de la psique profunda, empieza a surgir la historia más. amplia y filosóficamente interesante.

Si prestamos atención, notaremos que los sueños se construyen unos sobre otros. Lo mismo ocurre con las sesiones psicodélicas, cuando se practican sistemáticamente. Al menos así fue en mi caso. A lo largo de los años, mi experiencia visionaria se fue profundizando metódicamente. Creo que la estandarización de los procedimientos que utilizaba en mis sesiones (misma persona, mismo escenario, misma sustancia y dosis, mismo lugar y mismo proceso de documentación) contribuyó a la estabilidad y continuidad de mi conversación visionaria. Adentrarse paso a paso en una gran profundidad permite que nuestras facultades cognitivas se estabilicen en cada nivel, antes de pasar al siguiente. De lo contrario, la enormidad del encuentro nos engulliría por completo y qué conseguiríamos sino un éxtasis pasajero que poco llega a construir.

Desde esta perspectiva, cuando intentamos comprender experiencias psicodélicas concretas, creo que es importante situarlas en el contexto de todo nuestro viaje. En una investigación psicodélica sostenida, nuestras sesiones siempre están haciendo avanzar nuestro aprendizaje. A veces abren nuevos caminos, a veces aclaran y comentan lo que ocurrió en sesiones anteriores y, a veces, vislumbran hacia dónde iremos después. Además, los distintos niveles de la realidad se rigen por reglas diferentes. Las palabras adquieren significados diferentes a medida que se profundiza en el proceso. Si sacamos una experiencia de su contexto, su significado se reduce a la mitad. Permítanme dar un paso atrás, para explicar esto con el debido detenimiento. La recopilación y el análisis de las experiencias de un gran número de personas aportan un importante conjunto de conocimientos y para ello es necesario sacar las experiencias de su contexto original. Esta ha sido una de las inestimables contribuciones de Stan Grof. Al trazar, fenomenológicamente, el mapa de las experiencias psicodélicas, no de cientos, sino de miles de personas, Stan ha establecido la validez ontológica del territorio transpersonal. Cuando seguimos a una persona a través de este territorio, surge un conjunto diferente de percepciones. Sin esta base de datos colectiva, el viaje del individuo podría considerarse una mera fantasía privada. Sin embargo, con el trasfondo de esta base de datos colectiva, el seguimiento de un individuo a través de este terreno pone de manifiesto ciertas características del proceso psicodélico con mayor nitidez: las múltiples etapas de la iniciación, la espiral de muerte y renacimiento cada vez más profunda, y la dinámica participativa de la revelación psicodélica. Para este trabajo el contexto es vital. Cada una de estas perspectivas complementa y refuerza a la otra.

Dinámica participativa de la revelación

Cuanto más pienso en la extraordinaria gama de experiencias que se abrieron en mi viaje, más aprecio la compleja dinámica de la revelación psicodélica. En estos estados, utilizamos la consciencia para explorar la misma consciencia. Entonces, se produce una danza fascinante entre la mente que explora y la mente más amplia que es explorada.

Toda revelación psicodélica es interactiva. Todo lo que vemos y aprendemos en estos estados visionarios está moldeado de forma sutil por lo que somos en el momento del contacto. Esto no significa que las visiones que experimentamos sean meras proyecciones de nuestra psique personal, como si no pudiéramos estar experimentando algo que realmente existe en el cosmos. Más bien significa que **todo encuentro visionario es participativo**. Nuestro ser evoca la parte del universo que experimentamos en estos estados y, mientras más condicionamientos hayamos soltado al momento en que se produce esta comunión, más abiertas y de mayor alcance son las experiencias que se presentan*.

Tal y como yo la he experimentado, la consciencia es un océano infinito de posibilidades. Cuando tomamos estas sustancias amplificadoras, dejamos caer la mente en un océano y ella actuará como un cristal que cataliza un determinado conjunto de experiencias a partir de su infinito potencial. A medida que estos encuentros nos van sanando, purificando y

---

*He aprendido mucho sobre la dinámica participativa de la experiencia transpersonal de mi amigo, y colega del Instituto de Estudios Integrales de California, Jorge Ferrer, quien ha argumentado persuasivamente en su libro *Revisioning Transpersonal Theory* (2002), y en una serie de artículos, que toda experiencia espiritual es participativa. "El enfoque participativo presupone una participación inactiva de lo sagrado que concibe los fenómenos, experiencias y percepciones espirituales como acontecimientos cocreados" (Ferrer 2011b, 2; véase también Ferrer 2011a, Ferrer 2013, Ferrer y Sherman 2008).

transformando, el cristal de nuestra mente cambia. En sesiones posteriores, cataliza experiencias aún más profundas de este océano. Si repetimos este proceso muchas veces de forma sostenida, se produce una secuencia de iniciaciones en niveles sucesivamente más profundos de consciencia y se despliega una comunión visionaria cada vez más profunda. Cada segmento de esta comunión tiende a continuar donde se detuvo el segmento anterior. A veces hay una continuidad muy estrecha entre las sesiones, a veces es más amplia, pero siempre está ahí entretejida con el compromiso.

En este contexto, vale la pena mencionar que esta puede ser una de las ventajas que brinda la larga duración del efecto del LSD (una ventana de tiempo más grande), en comparación con otros psicodélicos de acción corta, como el 5-MeO-DMT*. El LSD no te lanza a través de las muchas capas del cosmos tan rápidamente como lo hace el 5-MeO-DMT, pero la ventana de ocho horas del LSD invita / impulsa/ fuerza a pulir la consciencia que explora mientras es impactada / instruida / sanada por la consciencia que, a su vez, está siendo explorada. Una sesión de LSD funciona despacio, pero funciona bien. Nos da tiempo para comprometernos y cambiar con las realidades que encontramos[†].

Plataformas de experiencia

La historia que cuento en este libro habla sobre el acceso a estados de consciencia cada vez más profundos y, a través de ellos, la experimentación de niveles de realidad también cada vez más profundos. Dado que el universo está integrado holográficamente, las experiencias de gran profundidad pueden abrirse en cualquier punto del camino, por lo que no quiero evangelizar sobre la progresión lineal. Son muchas las variables que influyen en lo que surge en las sesiones de una persona en un día

---

*El 5-MeO-DMT es un psicodélico de la clase de las triptaminas que es de cuatro a seis veces más potente que la DMT. Se encuentra en una gran variedad de árboles y arbustos de América Central y América del Sur y en el veneno blanco lechoso del sapo *Bufo alvarius*, nativo del suroeste de Estados Unidos y el noroeste de México. Cuando se fuma, sus efectos aparecen en 30 segundos, alcanzan su punto álgido entre 1 y 15 minutos y duran hasta media hora. Cuando se inhala, tiene una ventana de acción más larga (Oroc 2009; St John 2015; Metzner, 2015).

†Esto se hace eco de la observación de Rick Strassman que expone que la experiencia con DMT, intensa, pero de corta duración, no producía en general un impacto duradero en sus sujetos (2014).

determinado*. Dicho esto, según mi experiencia, al estandarizar el mayor número posible de estas variables, el universo se reveló en general por etapas. Cada una de estas etapas tenía sus características y dinámicas distintivas. Las considero diferentes plataformas de experiencia. En mi viaje, pasé sistemáticamente de una plataforma a otra a lo largo de muchos años.

No creo que el orden en que surgieron estas plataformas en mis sesiones refleje necesariamente una norma universal e intercultural. Además de la variabilidad individual ya mencionada, existen diferentes secuencias de iniciación en distintas tradiciones espirituales de todo el mundo y una considerable variedad de opiniones sobre lo que se consideran los niveles más profundos de la realidad. En este libro, simplemente señalo las etapas en las que el universo me acogió, sin sugerir que sean normativas para otras personas en otros entornos. También sé que no exploré estas plataformas en su totalidad. Hay muchas cosas que no vi en mi viaje y que otros sí han visto. Al final, creo que perforé un profundo "agujero" en el universo, y penetré en muchos de sus niveles, pero sin experimentar todo el territorio asociado a ellos.

Seguiré a Stan Grof al describir estas plataformas de experiencia como los **niveles psíquico, sutil y causal** de la consciencia. Ken Wilber utilizó por primera vez estos términos, junto con el de la "no dualidad", en *El proyecto Atman* (1980) para identificar lo que él creía que eran las cuatro etapas del desarrollo psicoespiritual. Con base, en gran medida, en fuentes hindúes y budistas, Wilber veía estas cuatro etapas como peldaños evolutivos que culminaban en la realización espiritual no dual[†]. Aunque Grof hace referencia al modelo de Wilber, no utiliza estos términos para clasificar las etapas del desarrollo espiritual, sino más bien para distinguir los

---

*En *Psicoterapia con LSD*, Grof describe algunas de estas variables. "Para comprender la naturaleza de la reacción con el LSD en toda su complejidad, tenemos que discutir no solo el efecto farmacológico real de la droga, sino también los factores extrafarmacológicos más importantes: el papel de la personalidad del sujeto, su estado emocional y su situación vital actual, la personalidad del guía o terapeuta, la naturaleza de la relación entre el sujeto y el guía, y todo un complejo de factores adicionales a los que se suele hacer referencia como *set* y *setting*" (2011).
†Véase también Wilber 2001. El modelo de Wilber ha gozado de una amplia difusión, pero también ha suscitado críticas. En *Revisioning Transpersonal Theory* (2002), Ferrer presenta una crítica de los relatos perennialistas de la espiritualidad y critica el enfoque de Wilber, en particular por ser rígido, jerárquico y privilegiar indebidamente la realización espiritual no dual como la cumbre última del desarrollo espiritual.

diferentes estados de consciencia que surgen en las sesiones psicodélicas y de respiración holotrópica. Es decir, su descripción es fenomenológica y no jerárquica. En este contexto, distingue entre consciencia psíquica baja y alta, sutil y causal, y da ejemplos de cada una de ellas, extraídos de sus extensos archivos*.

Al igual que Grof, utilizaré estos términos para identificar los estados de consciencia, sin respaldar un modelo específico de desarrollo espiritual. Aunque mis experiencias psicodélicas se desarrollaron en este orden general, hubo muchas variaciones a lo largo del camino. También utilizaré estos términos para referirme a los diferentes niveles de realidad de los que uno toma consciencia a través de estos estados. Es decir, acepto la premisa de que los estados sutiles de consciencia revelan niveles sutiles de realidad, los estados causales revelan niveles causales y así sucesivamente. Este es el gran valor de entrar en estos estados, pues, a través de ellos, accedemos a las dimensiones más profundas de la existencia†.

Como es de esperar en una cosmología participativa, cada uno de nosotros experimentará estas plataformas de experiencia de forma diferente. Permítanme, por tanto, compartir algunas observaciones sobre lo que estos términos significan para mí personalmente, como punto de partida para la historia que sigue.

En el **nivel psíquico** de la experiencia transpersonal, la consciencia se expande más allá de la realidad física hacia la realidad no física o espiritual, pero nuestra experiencia de esta realidad todavía tiende a estar limitada por los condicionamientos que se arrastran desde nuestra experiencia espacio-temporal. Dentro del espacio-tiempo, por ejemplo, experimentamos la vida como un compuesto de seres separados y la experiencia transpersonal a nivel psíquico tiende a reflejar esta suposición. En este nivel de consciencia, a menudo nos experimentamos como seres espirituales distintos que están en compañía de otros seres distintos. Hay una cualidad "atomística" en la experiencia, una cualidad "centrada en el alma", y es que el alma que experimentamos en este nivel tiende a ser el yo espiritual de nuestra vida anterior, nuestro "yo desencarnado", como a veces se le llama.

---

*Grof habla de estos niveles de consciencia en muchos lugares, como *Psicolota transpersonal* (1988), pero de forma más completa en *La psicología del futuro* (2014).
†He experimentado la consciencia no dual como una característica inherente de la consciencia causal y, por lo tanto, no la trato como un estado de consciencia separado.

En el **nivel sutil** de consciencia, el condicionamiento de la realidad física se eclipsa a mayor profundidad y empezamos a abrirnos a la arquitectura más profunda de la vida. Siempre he pensado que "sutil" es un nombre extraño para este nivel de consciencia, porque en realidad no tiene nada de sutil. Todo lo contrario. En este nivel, empezamos a sentirnos atraídos por las realidades más amplias y las estructuras más fundamentales de las que forman parte nuestras vidas individuales. La realidad sutil se asemeja a las vigas de acero de un rascacielos, pues es la estructura más profunda que sostiene las habitaciones individuales del edificio terminado.

En el nivel sutil de la consciencia, podemos experimentar la consciencia colectiva de nuestra especie y de otras especies, o incluso las fuerzas arquetípicas que crean el espacio-tiempo y todo lo que este contiene. En este nivel, el alma personal de nuestra vida presente puede abrirse al alma mayor de nuestro yo reencarnante (que es como generalmente utilizaré el término "Alma" en este libro, a menudo escrito con mayúsculas para marcar esta distinción). El nivel sutil de consciencia abarca una amplia gama de fenómenos, pero lo que todos tienen en común es que reflejan los bloques de construcción más fundamentales de la existencia. Se sigue experimentando un mundo dividido en partes, pero las partes son más grandes y básicas que en el nivel psíquico.

En el **nivel causal** de la consciencia, el mundo de las partes separadas empieza a ceder ante una experiencia del universo que se mueve como una entidad única. Hay muchas formas de experimentar este vasto dominio, pero para mí la característica de la consciencia causal es la unidad. Los indicios de la unidad también aparecen en niveles inferiores de consciencia, ya que es una verdad primaria con muchas variaciones. Pero, hay algo distintivo en la experiencia de la unidad en el nivel causal, donde madura en una vívida experiencia de transparencia ontológica y totalidad abarcadora. No hay ningún punto de referencia fuera de esta unidad desde el que se pueda obtener una perspectiva de ella, ya que es la totalidad de la existencia. Como dijo sucintamente Plotino: "Todo respira junto". O como lo describió Sri Aurobindo: "En esta visión de las cosas, el universo se revelará en su unidad y totalidad como manifestación de un ser único. La naturaleza como su poder de manifestación, la evolución como su proceso de autorrevelación gradual en la materia"*.

*Aurobindo 1987, 211.

La segunda característica del nivel causal que destaca para mí es la luz. La luz puede entrar en el nivel sutil de la consciencia, pero se hace más potente en el nivel causal. A medida que la experiencia de la unidad se refina en los niveles causales más profundos, la experiencia de luz también se refinará. Si el reino causal inferior es el dominio del Dios único, el reino causal superior es para mí el dominio de la luz diamantina. A veces tengo la impresión de que el dominio de la luz diamantina se encuentra incluso más allá del nivel causal, pero no insistiré en este punto.

Al final, todas estas categorías no son más que etiquetas de aproximación y conveniencia. Se puede dividir el espectro de la realidad espiritual de muchas maneras y no tengo ningún interés en defender un mapa cosmológico versus otro. De hecho, sería absurdo pensar que podemos hacer justicia a la vasta extensión de la realidad espiritual mediante solo tres o seis categorías. Se trata simplemente de divisiones generales que utilizaré para enmarcar algunas de las transiciones de mi viaje.

Clamando al cielo

La historia visionaria que cuento en este libro no es una historia de huida hacia la trascendencia, sino de profundización de la presencia sagrada en la tierra. Puede que esto no resulte evidente en la fase inicial, o a mitad de la historia, pero quedará claro al final. Y menciono esto, porque las religiones clásicas de la Era Axial* son en su esencia enseñanzas de ascensión. Este arquetipo está muy arraigado en nuestra cultura. Tanto las religiones occidentales como las orientales afirman historias de una salvación "hacia arriba y hacia afuera", mientras que sitúan el objetivo final de la vida en algún paraíso espiritual fuera del planeta. Bien sea el cielo cristiano, el jardín islámico o la tierra pura budista. Incluso los bodhisattvas budistas, que prometen seguir regresando a la tierra para liberar a todos los seres sensibles, profesan lograr este objetivo en el **paranirvana**, la "iluminación final" o la iluminación sin cuerpo.

Considero que Sri Aurobindo tenía razón cuando dijo que estas cosmologías reflejan una comprensión incompleta de la existencia. Reflejan la profundización del contacto de la humanidad con el universo espiritual, el

---

*El término Edad Axial procede del filósofo alemán Karl Jaspers para identificar el período comprendido entre los siglos VIII y III a. C., durante el cual surgieron las principales religiones del mundo actual.

cual tuvo lugar hace unos tres o cuatro mil años atrás. Una vez que empezamos a tener **acceso experimental** a la dicha de este universo madre, a través de la meditación, el yoga y las sustancias psicodélicas, es casi imposible no llegar a concluir que "pertenecíamos" a este universo madre, más que a aquí. Pero pensamos que la tierra no era nuestro "verdadero hogar" y que habíamos "caído" del paraíso por algún tipo de error cósmico. Nuestro entusiasmo por estas teologías del retorno es comprensible dado su contexto histórico, pero en el contexto de la comprensión dramáticamente ampliada del universo que emerge de la ciencia, combinada con nuestra experiencia psicodélica cada vez más profunda, estamos empezando a ver que estas teologías reflejan un modelo incompleto del cosmos.

La realidad de un universo espiritual que rodea a nuestro universo físico es una gran verdad. Pero es solo una verdad a medias. La otra mitad es la larga gestación evolutiva del universo físico **dentro** de este universo espiritual y la infusión progresiva del universo madre en el universo hijo, a lo largo de un vasto marco temporal. La inteligencia creadora que dio origen al espacio-tiempo y a todo lo que hay dentro de él piensa en términos de magnitudes que empequeñecen nuestros horizontes. Nos estamos despertando en un jardín que se ha estado construyendo durante miles de millones de años y al que aún le faltan miles de millones de años más. Desde esta perspectiva, el propósito del despertar espiritual no parece ser el de escapar de la existencia física, como proponían las primeras religiones, sino despertar cada vez más y completamente dentro de la existencia física y participar en su continuo surgimiento. Si al principio esto nos parece decepcionante, puede que estemos subestimando cómo podría ser el gozo intenso del proyecto divino en este planeta.

La asimilación de la consciencia sagrada y la activación y estabilización de nuestras capacidades innatas es el largo y paciente trabajo de la reencarnación y creo que también es el largo trabajo de la práctica psicodélica. Al menos, después de que pase la emoción inicial del descubrimiento. En nuestras últimas sesiones, ya no corremos a explorar un universo "ahí fuera", sino que "clamamos al cielo", al introducir estados superiores de consciencia en nuestro ser físico, y mezclar alquímicamente el cielo y la tierra en el recipiente de nuestro cuerpo humano. Cuando el **nirvana** (iluminación) y el **samsara** (existencia cíclica) son realmente uno (cuando la transparencia total vive en el mar del cambio perpetuo), entonces el cielo se realizará en la tierra y no sentiremos la necesidad de ir a otra parte.

El sufrimiento de la muerte y el renacimiento

Permítame concluir este capítulo abordando una última cuestión importante. Lo que más me preocupa a la hora de compartir mi viaje visionario con los demás es que la gente se asuste por la gran cantidad de sufrimiento que contiene. Me preocupa que juzguen duramente el método psicodélico o que tengan miedo del universo invisible. Ambas cosas son lo último que quiero que ocurra. Para evitarlo, pensé en atenuar el dolor y diluir su papel en la trama, pero hacerlo sería deshonesto. Puede que cometa errores al contar esta historia, pero me comprometo a dar una versión honesta de lo que ocurrió en mis sesiones. Es importante, por tanto, que comprendamos el papel que desempeña el sufrimiento en el proceso psicodélico, concretamente el sufrimiento de la muerte y el renacimiento. También es importante que reconozca qué parte de este sufrimiento se debe a mi decisión personal de forzarme tanto como lo hice. Permítanme empezar diciendo que estoy profundamente y para siempre agradecido por haber emprendido este viaje. No cambiaría estos setenta y tres días por ningún tesoro de la tierra. Los considero los días más importantes de mi vida.

El dolor que sentí en ellos lo pagué voluntariamente y me compensaron con creces, a través de las bendiciones que me devolvieron. Nuestro instinto natural es evitar el dolor. Apartamos la mano del fuego, para retirarnos instintivamente de lo que nos hace daño, y esto es bueno. Pero **en el contexto de una sesión psicodélica**, el dolor es algo que aprendemos a abrazar. Forma parte de un proceso de purificación y, por lo tanto, el dolor se convierte en nuestro aliado en el trabajo. Se aprende a invertir el instinto de evitar el sufrimiento y a abrirse a él, no porque nos guste sufrir, sino por procurar buscar lo que hay más allá de él. Padrinho Sebastião, uno de los fundadores de la religión del Santo Daime, lo expresó muy bien cuando dijo: "Mira. El sufrimiento es lo mejor que existe para limpiarse. Sufrimos, pero cuando salimos del otro lado decimos: ¡Gracias a Dios!... Como aquella anciana de las últimas obras: cuanto más sufría, más daba gracias por la belleza"*.

Enfrentarse a nuestra sombra personal es siempre un trabajo desafiante, pero para comprender el sufrimiento más profundo que emerge en este viaje debemos entender el papel que desempeñan la muerte y el

---

*Alverga 1999, 166–67.

renacimiento en una práctica psicodélica prolongada. La experiencia de morir y renacer es una de las dinámicas centrales del trabajo psicodélico con enfoque terapéutico. La muerte no es una metáfora ni una representación simbólica, sino la pérdida agonizante de todo lo que conocemos como real y verdadero, el espasmo de nuestro último aliento, la rendición aterradora. La muerte tiene muchas formas y tamaños. Puede entrar suavemente, derritiendo lentamente nuestra resistencia, o atravesar la puerta violentamente con el golpeteo de los tambores. En cualquier caso, si queremos experimentar las corrientes más profundas del cosmos, tarde o temprano la muerte nos llamará.

Pero, ¿por qué?, ¿por qué debemos morir psicológicamente y renunciar a todo lo que conocemos para acceder a estos niveles más profundos de la realidad? La respuesta se reduce a un principio simple. Tal y como somos ahora, somos demasiado pequeños para abarcar estas vastas dimensiones de la existencia. Nuestra capacidad de experiencia cósmica está limitada por nuestro condicionamiento dentro del espacio-tiempo. En el trabajo psicodélico profundo, **uno aprende convirtiéndose**. Esto es especialmente cierto cuando se trabaja con altas dosis de un potente psicodélico como el LSD. No podemos transportar el yo egoico a estas profundidades donde puede "tener una experiencia" de cómo funciona el mundo allí. Para conocer el universo en estos niveles, debemos **convertirnos** en ciudadanos a la altura de estos rangos. Debemos **convertirnos** en los niveles mismos. Para ello, nuestro yo más pequeño debe dejar de ser el contenedor de nuestra experiencia. Debe morir. Renunciar a todo es simplemente el precio de heredar todo lo demás.

Como el universo es infinitamente profundo y tiene muchas capas, uno se enfrenta a muchas muertes en este viaje. La muerte del ego es solo la primera. La muerte y el renacimiento es un ciclo que se repite múltiples veces, porque el universo tiende a entregar sus tesoros en capas. A la muerte del yo egoico les siguen otras muertes a niveles más profundos, más difíciles de describir porque el terreno es menos familiar, pero no menos exigentes de atravesar.

Como he mencionado antes, hay un aspecto energético en este ciclo de iniciación. En mi experiencia, cada paso más profundo en nuestro universo multidimensional es un paso hacia un campo de energía más intenso. Los estados de consciencia más **profundos** son estados de energía más **elevados**. Esta es una sensación inconfundible y un principio ampliamente reconocido en las tradiciones espirituales. Uno puede tener un contacto esporádico con niveles profundos de realidad sin que esto resulte evidente, pero, para tener una **experiencia estable** de un nivel determinado de realidad, uno debe aclimatarse a su energía. Al igual que al escalar una montaña debemos aclimatarnos a las condiciones atmosféricas de las elevaciones más altas, aquí debemos adaptarnos a las condiciones energéticas de los niveles más profundos de la realidad. Al escalar una montaña, nos estamos adaptando a niveles más bajos de oxígeno y, en el trabajo psicodélico, nos estamos adaptando a niveles mayores de energía y esto activa intensos procesos de purificación.

Tardé muchos años en comprender esta espiral de purificación e iniciación. Los fenómenos que describiré en este libro encajan coherentemente en este modelo y pocos tienen sentido sin él. La espiral de muerte y renacimiento es el ciclo de combustión que impulsa la obra.

Entonces, ¿por qué hay tanto sufrimiento en esta historia? No es que el universo quiera que suframos como el precio que debemos pagar para poder conocerlo; es que hay un cierto sufrimiento inherente en mudar repetidamente nuestra piel psicológica para entrar más profundamente en él.

Pero también hay una segunda variable en juego y es la velocidad con la que arrancamos estas pieles. Lo impacientes que estamos por conocer el universo a estas profundidades. Si elegimos una forma de práctica transformacional en la que nuestro condicionamiento se libera lentamente, el resultado es una serie de iniciaciones más pequeñas, repartidas a lo largo de un período de tiempo mayor, quizá incluso muchas vidas. Por el contrario, trabajar con una sustancia psicodélica como el LSD es un ejemplo de práctica transformadora que desencadena un proceso de purificación acelerado, que nos brindará un acceso más rápido a estas realidades. Pero hay un precio a pagar por este acceso acelerado. Este costo es la intensificación del proceso de muerte y renacimiento.

Si presionaba el método psicodélico más de lo que a veces era prudente y sufría más por ello, no era culpa del universo ni del método sino mía. Una vez que descubrí que podía entrar en el cielo abrazando el infierno, entonces abrazar el infierno se convirtió en una práctica fundamental del trabajo. Más aún cuando encontré el camino al cielo de los cielos, el lugar en donde se guardan los diamantes. Ningún infierno es demasiado terrible de soportar, si abre la puerta a este paraíso.

Y, sin embargo, al escribir esta última frase, algo en mí retrocede. Puede que esta haya sido mi verdad, pero al empezar a compartir la historia de mi viaje descubro que no puedo desearle a nadie el sufrimiento de algunas de las pruebas que yo tuve que pasar. Si no hubiera otro modo de llegar al paraíso, no habría otra alternativa, pero hay otros caminos más lentos y por eso aconsejo una entrada más suave en la gran expansión. Ahora reconozco que el protocolo que adopté representa una forma extrema del camino de la medicina sagrada. La historia que sigue, por lo tanto, **no** es representativa de lo que ocurre en este camino si se elige la opción más lenta y gentil. No necesitamos pasar por pruebas tan extremas para volver a nuestros sentidos espirituales.

Afortunadamente, he sobrevivido a los entusiasmos de mi juventud y he salido intacto de este viaje. Si me esforcé más de lo que a veces era prudente, también recibí una gran ayuda en el camino por parte de un universo que parecía deleitarse en ser visto de cerca y tan profundamente por uno de sus hijos. De hecho, las horas que pasamos juntos le parecieron tan valiosas como a mí. Esta es la historia que me gustaría compartir con ustedes.

DOS

Cruzando la frontera del nacimiento y la muerte
Sesiones 1–10

Antes de empezar, el viaje te pertenece.
Después de empezar, tú le perteneces al viaje.

MALIDOMA SOMÉ,
THE HEALING WISDOM OF AFRICA

Al comenzar el relato de este viaje, lo primero que tengo en mente es a cuántos niveles de consciencia pediré al lector que me acompañe durante los próximos capítulos. En este sentido, la historia que sigue es muy diferente de algunos de los primeros relatos influyentes sobre la experiencia psicodélica. Aldous Huxley escribió su hermoso libro *Las puertas de la percepción* después de un solo viaje con mescalina y solo llegó a tomar psicodélicos diez veces a lo largo de su vida*. Del mismo modo, cuando el gran historiador de la religión Huston Smith publicó su recopilación de reflexiones sobre sustancias psicodélicas llamado *Cleansing the Doors of Perception*, solo había tomado LSD unas seis veces. Después de eso, dijo: "La utilidad parecía bajar rápidamente y los bajones aumentaban", lo que le llevó a adoptar el consejo de Alan Watts: "Cuando recibas el mensaje, cuelga el teléfono"†. Este libro trata precisamente de lo que ocurre si no cuelgas el teléfono.

Cuando decides mantener la conversación, sin colgar el teléfono, un viaje largo comienza. La duración de este viaje, con sus numerosas escalas, me ha ayudado a decidir qué es lo que amerita ser compartido sobre estas

---

*Huxley 1977, 188, nota al pie de página.
†Walsh and Grob 2005, 228.

primeras sesiones y qué no. Las experiencias espirituales que afloraron en estas sesiones, por ejemplo, fueron tan escasas (comparadas con las que surgieron después) que, aunque fueron importantes para mí en su momento, ahora apenas parecen dignas de mención. Y, sin embargo, estas primeras sesiones también fueron importantes, porque prepararon el camino para todo lo que vino después.

El LSD desencadena estados de consciencia tan radicalmente distintos de los que experimentamos en nuestra vida cotidiana que tenemos que aprender a trabajar con él. Al igual que un atleta que practica un deporte extenuante, tenemos que entrenarnos para la prueba. No solo nuestra mente tiene que adaptarse a las capacidades ampliadas que despierta el LSD, sino también nuestro cuerpo. Nuestro sistema energético sutil tiene que acondicionarse y fortalecerse para sostener los enormes flujos de energía que evoca el estado que desencadena esta sustancia psicodélica. Cuando recuerdo estas primeras sesiones, me parece que funcionaron como un entrenamiento intensivo, que me preparó física y psicológicamente para el largo viaje que me esperaba. También me deconstruyeron existencialmente, llevándome a mi primera muerte y renacimiento.

Dado el énfasis que se pone hoy en día en las aplicaciones terapéuticas de las sustancias psicodélicas, puede sorprender saber que mis primeras sesiones no implicaron mucho trabajo de sanación personal. Hubo algo, pero no mucho. Si hubiera estado trabajando con dosis más bajas, probablemente habría tenido acceso a más cantidad de trabajo personal, pero cuando empleas dosis de LSD tan altas la tendencia es a caer rápidamente por debajo del inconsciente personal. Esto es a lo que Stanislav Grof llama el nivel perinatal de consciencia. En lugar de poner el foco sobre las heridas individuales que hemos acumulado en la vida, se viaja mucho más profundo para hacerle frente a una herida universal, compartida por todos los seres humanos: la destrucción segura de todos y de todo lo que amamos y nos importa, incluidos nosotros mismos.

Este capítulo pretende cruzar el nivel perinatal de consciencia, cruzar la frontera del nacimiento y la muerte. Porque el nacimiento y la muerte definen los límites de nuestra existencia física. Llegamos aquí naciendo y nos iremos al morir. Para entrar en lo que hay más allá de la consciencia espacio-temporal, primero debemos atravesar la membrana de nuestra consciencia física. Esta primera etapa del viaje duró dos años y medio y diez sesiones.

Para ayudarme a recordar e interiorizar mis sesiones, empecé a darles nombres que reflejaban la esencia de cada una. Apenas veía uno de los nombres, me venía a la mente el contenido de toda la sesión. Los nombres que di a estas diez primeras sesiones son:

S1   ¿Qué soy?
S2   Felicidad infantil
S3   Confesiones al universo
S4   Sintonización cósmica
S5   Sobrecarga
S6   Destilación de mi vida
S7   Tejido sin costuras
S8   Convulsiones extremas
S9   Las chicas del vecindario
S10 La matanza de los niños

Cuando cite una sesión completa en los capítulos siguientes, indicaré su nombre en la parte superior. Pero no compartiré las sesiones a través de extractos breves o medianos. En los pocos casos en que sea útil dar un título a un extracto, lo acompañaré del número de sesión entre paréntesis.

Tomando estas primeras sesiones en su conjunto, lo que destaca para mí de ellas son cuatro cosas:

• la forma en que el universo me acogió y fortaleció antes de destrozarme,
• la intensa purificación de mi cuerpo que exigieron,
• la confrontación con la muerte y el morir, y
• el eventual colapso de mi identidad física en la muerte del ego.

La bienvenida

En mis cuatro primeras sesiones, el universo me acogió y me enseñó las reglas de este nuevo juego, luego me enraizó y fortaleció antes de pedirme que empezara el trabajo realmente duro.

En mi primera sesión, me quedé absoluta y completamente detenido. Mi vida se convirtió en un rompecabezas gigante que se deshacía en gravedad cero. Observé, impotente, cómo las piezas de mi vida se deshacían y se mezclaban en confusión con poderosas energías que se elevaban debajo de mí. Me estaban desarmando y no podía hacer absolutamente nada por impedirlo.

Durante mucho tiempo no pude recordar quién era por más que lo intentara. No recordaba a qué me dedicaba, si tenía estudios o no, ni qué aspecto tenía físicamente. Ni siquiera podía recordar cuál era mi sexo. Me invadió el pánico. Me desesperé por recuperar mi identidad. Busqué frenéticamente en mil espejos, pero no encontré nada familiar, ningún rastro de mi identidad anterior (S1).

Más tarde, durante la sesión, recuperé la continuidad de la memoria, pero el asunto estaba claro. No iba a poder controlar lo que ocurría en estas sesiones. Ni siquiera podía controlar algo tan básico como mi propia memoria. La entrega absoluta que exigía este viaje me sacudió profundamente. En mi diario escribí:

Había leído relatos sobre la muerte del ego y me había sentido atraído por el reto y la promesa de liberación, pero ¿en qué estaba pensando? ¿Creía que podía morir sin morir de verdad? De repente, esto ya no era un experimento. Me sentí bajo ataque. La muerte del ego no es una experiencia que "yo" pueda tener, que me libere, que me permita encontrar más satisfacción en la vida. En esta muerte, nada sobrevive (S1).

Al esforzarme para aprender esta dura lección desde el principio, la sesión me ahorró mucho tiempo y energía a futuro, cuando las cosas se desmoronaron. Experimentar la capacidad del LSD de interrumpir radicalmente mi consciencia ordinaria me obligó a prepararme para la verdadera magnitud del trabajo que tenía por delante.

En la segunda sesión, surgió el lado más cálido de la acogida al abrirme directamente a los recuerdos de mi primera infancia. Mis dedos retrocedieron a la torpe coordinación de un recién nacido y me inundaron sentimientos de paz en los brazos de mi madre. No hubo ninguna lucha por nacer, ningún recuerdo del nacimiento. Simplemente caí directamente en lo que Grof llama la matriz perinatal básica I, una matriz de memoria que almacena nuestros primeros recuerdos de ser amados y cuidados.

> *Durante dos horas experimenté una paz extraordinaria. Hubo momentos de reflexión, pero la mayor parte del tiempo la pasé absorto en una tranquilidad absoluta en brazos de mi madre. Completa paz de "ser" antes que cualquier "hacer". Las perturbaciones espontáneas de la posición o de los sentimientos se alejaban repetidamente (S2).*

Me parece interesante que esta paz se antepusiera a cualquiera de las otras matrices perinatales, como si se tratara de una bendición concedida gratuitamente y no ganada.

La tercera fue otra sesión suave en la que entré en un terreno de atenta consciencia interior. Mientras observaba mi vida, empecé a sentir que afloraban recuerdos dolorosos de mi infancia y me di cuenta de que tenía la oportunidad de liberarme de muchas cargas personales que había estado llevando. Recurriendo a mi formación católica, tal vez, me encontré haciendo una "confesión al universo".

> *Durante más de dos horas, permanecí tumbado en silencio, enfoqué varias partes de mi vida y dejé que surgieran los problemas. Experimentaba, aceptaba y liberaba cualquier recuerdo que surgiera. Después de mucho tiempo, empecé a comprender grandes patrones causales que se extendían desde mi primera infancia hasta la adolescencia y los primeros años de la edad adulta. Al aceptarlos con comprensión, se resolvieron espontáneamente. A medida que esto continuaba, empecé a sentirme psicológicamente más ligero, profundamente descansado y entregado sin ser juzgado (S3).*

La cuarta fue mi primera sesión de dosis alta y, en consecuencia, el ritmo aumentó notablemente. Comenzó con algunos elementos perinatales fuertes (los cuales retomaré a la brevedad), pero lo que más me llamó la atención fue la experiencia de ser juzgado y considerado digno. Lo que siguió fue un proceso de profunda sintonización. Este patrón de crisis, seguida de resolución y realineación, se repetiría en muchas sesiones posteriores.

Sesión 4

Comenzó con episodios difíciles de dolor y purificación. Fuertes sacudidas espasmódicas y convulsiones. Cuando vomitaba, tenía la sensación de vomitar venenos.

Finalmente me llevaron a un momento de juicio. Una voz preguntó: "¿Vemos ahora lo que hay dentro?". En sesiones anteriores, las preguntas habían sido: "¿He sido lo bastante bueno?", "¿He aprobado?", "¿Era real?". Estaba aterrorizado porque, en el fondo de mi corazón, no estaba seguro de que las noticias fueran buenas. Entonces la voz dijo: "Conocemos tus dudas y temores. Ahora, ¿vamos a ver qué sale de ti en lo más profundo?". Respondí afirmando un "sí" y me aparté con aprensión. Una serie de puertas se abrieron hasta que una larga pausa señaló el comienzo de mi juicio. Toda mi existencia pendía de un hilo y yo no podía influir en el resultado.

Para mi total sorpresa, aparecieron magníficas escenas de la belleza de la naturaleza. El océano que se precipitaba sobre una playa. Un arroyo cristalino. Un águila volando. Montañas nevadas. El cielo. El sol. Me sobrecogía la gracia de todo aquello. Estas vistas simbolizaban lo que yo era simplemente por el hecho de estar vivo.

Luego me llevaron a través de una serie de experiencias diseñadas para alinearme más profundamente con esta realidad. Mi cuerpo adoptó una postura de equilibrio perfecto: piernas juntas, dedos de los pies en punta, pecho expandido, brazos extendidos a 90 grados de los costados. Me estaba sintonizando, como un diapasón humano, con una energía que, en un nivel, era puro amor y, en un nivel más profundo, el fondo silencioso de toda diversidad. Al sintonizarme, me estaba sanando. En las primeras etapas, esta sanación tomó la forma de ser amado y la textura del amor cambió a medida que la sanación se profundizaba. Un niño en el abrazo de una madre, un hombre elegido por una mujer, un amigo reflejado en compañía, un buscador de la verdad amado por un universo que se deleita en ser conocido.

Pronto la biografía quedó atrás y la sanación adoptó una forma más elemental. A través de los detalles de mi vida, llegó al núcleo de mi ser y me conectó directamente con el universo.

Un "cable eléctrico" de energía pura de unos veinte centímetros de diámetro se enchufó en la parte inferior de mi estómago y poderosas corrientes de energía fluyeron hacia mí y por todo mi cuerpo. Mientras palpitaba con esta energía, sentí que me curaba y me completaba. Sentí que me perfeccionaba.

Aunque estas cuatro primeras sesiones me hicieron trabajar, parecían centradas en fortalecerme para lo que se avecinaba. Primero me enseñaron a renunciar al control. Luego me llevaron directamente a la paz de la infancia, seguida de un ligero trabajo de limpieza a nivel psicodinámico. Luego vino la gracia de ser juzgado como un ser digno, sin otra razón aparente que simplemente existir, seguida de una profunda infusión de energía sanadora. Ahora empezaba el trabajo duro.

El dominio perinatal

En cuanto pasé a trabajar con dosis más altas, durante la cuarta sesión, las sesiones me dejaron caer en el lado duro del encuentro perinatal. Muchos lectores sabrán lo que esto significa por haber leído los libros de Stan Grof. Para los que no, resumiré su concepto del nivel perinatal de consciencia al final de este capítulo (véase la página 56). El dominio perinatal es un territorio complejo que Stan ha cartografiado con gran perspicacia terapéutica, con lo que ha demostrado la influencia que el trauma no resuelto del nacimiento puede tener en nuestro desarrollo psicológico posterior. En lugar de hacer aquí un recuento completo de esta dinámica, permítanme dejarlo hasta aquí.

En el modelo de Grof de la psique, el dominio perinatal es un nivel de consciencia que se encuentra entre la psique personal y los niveles transpersonales de consciencia. Es a la vez el sótano del inconsciente personal y la puerta de entrada a los estados espirituales. Entrar en este dominio desencadena una confrontación extremadamente realista con la muerte que, a menudo, se combina con revivir el propio nacimiento y una variedad de descargas físicas y emocionales intensas. Esta confrontación existencial con la muerte y los límites de la existencia física impulsa una pregunta fundamental: ¿tienen nuestras vidas un verdadero significado y propósito en el esquema más amplio de las cosas o somos solo los productos aleatorios de un universo ciego e indiferente? Al enfrentarse sistemáticamente a estas pruebas físicas, psicológicas y existenciales, se trabaja a través de una serie de cuestiones fundamentales que culminan en el colapso total de la propia identidad física, seguido del renacimiento en la realidad espiritual.

Mi experiencia del dominio perinatal reflejaba fielmente la descripción que Grof hace de él en *Realms of the Human Unconscious*. Cuando entré en este territorio, mis sesiones se llenaron de sensaciones fetales, ataques convulsivos, intensas confrontaciones con la futilidad de la existencia y muchas experiencias de muerte. Me sentí como si yo fuera la propia descripción de lo perinatal y agradecí profundamente por tener el mapa de Grof de este confuso dominio. Durante las cuatro primeras sesiones, estas experiencias habían sido relativamente leves, pero esto cambió radicalmente en la quinta sesión.

Esta fue la primera vez que pude utilizar música, lo que llevó la experiencia a un nuevo nivel de intensidad, subrayando el importante papel que desempeña la música para ayudarnos a entregarnos con mayor plenitud al estado psicodélico. Comenzó con sensaciones fetales incómodas, ansiedad creciente y espasmos convulsivos. Luego, la música me llevó a una espiral de negatividad que se intensificó rápidamente. Me vi envuelto en un poderoso torbellino de experiencias negativas. Mi último pensamiento consciente fue "¡vórtice perinatal!", perdí el control y desaparecí en la vorágine.

Una media hora más tarde, de repente, me invadió una urgente sensación de peligro. En medio del caos, sentí que algo que estaba haciendo ponía en peligro a mi mujer y a mi perro, quienes estaban en casa conmigo. Estaba a punto de ponerme peligrosamente violento o algo así. No sabía cuál era el peligro, pero sabía que tenía que parar antes de que resultaran heridos. Con este pensamiento, de repente volví a estar "sobrio" y salí del flujo psicodélico. Me quité los auriculares y me senté, negándome a usarlos de nuevo a pesar de los esfuerzos de mi cuidadora (S5).

Cuando más tarde reconstruí lo sucedido, me sentí frustrado. La abrumadora agresión me había desequilibrado y había exteriorizado la amenaza a mi ego, al proyectarla sobre mi entorno. La próxima vez estaría mejor preparado. Y lo estuve. Nunca más volví a perder el equilibrio.

La violencia de esta sesión fue tan contrastante con la paz de la sesión anterior que comprendo por qué las personas que se enfrentan a pruebas similares pueden pensar que han tomado un "mal ácido". Y es que este fue el mal viaje proverbial. Sin embargo, estos dos conjuntos de experiencias son compañeros íntimos en este trabajo. Las experiencias positivas nos fortalecen y nos ayudan a afrontar los niveles más profundos de perturbación que afloran en el proceso psicodélico, aunque en este caso en particular mi fracaso fue estrepitoso. Este patrón de experiencias positivas alternadas con experiencias negativas se hizo recurrente en los años por venir.

El encuentro perinatal se hizo más intenso a partir de ese momento. Los síntomas físicos fueron especialmente severos. Grof describe estos síntomas en *Psicoterapia con LSD*:

> Los sujetos pueden experimentar un dolor agonizante por horas, con contorsiones faciales, jadeando y descargando enormes cantidades de tensión muscular en temblores, sacudidas, sacudidas violentas y complejos movimientos de torsión. El rostro puede adquirir un color púrpura oscuro o palidecer y el pulso puede llegar a mostrar una aceleración considerable. La temperatura corporal suele oscilar en un amplio rango, la sudoración puede ser profusa y las náuseas con vómitos en proyectil son frecuentes (Grof 1980, 72).

Aunque estaba mentalmente preparado para estas experiencias, me sorprendió lo violentas que fueron. Tal vez fueron las altas dosis con las que trabajaba; no lo sé. En las primeras horas de cada sesión, experimentaba feroces espasmos eléctricos que estallaban en mi cuerpo, a veces acompañados de hiperventilación y secreciones nasales. Las convulsiones me atravesaban y me hacían rebotar sobre la colchoneta. Sentía como si alguien me clavara una picana en el estómago. La sensación era desgarradora, como si tuviera arcadas durante horas. Me familiaricé con los vómitos.

Grof entiende estas convulsiones como la forma que tiene el cuerpo de deshacerse de grandes cantidades de estrés fisiológico. El cuerpo se purifica tan rápidamente que la descarga, literalmente, lo hace convulsionar. Esta fue también mi experiencia. Las convulsiones perinatales fueron difíciles de sobrellevar, pero rompieron mi armadura muscular, lo que dejó mi cuerpo más abierto y estructuralmente realineado. El efecto fue como recibir una revolcada de adentro hacia afuera.

La purificación es uno de esos asuntos de "págame ahora o después me pagarás más". En el budismo tibetano, los monjes deben hacer **ngöndro** antes de que se les permita recibir las iniciaciones superiores que engendran la realización. El ngöndro incluye cuatro prácticas preliminares que preparan al cuerpo y a la mente para recibir las enseñanzas avanzadas. Parte del ngöndro consiste en realizar cien mil postraciones de cuerpo entero mientras se recitan oraciones y mantras. Estos ejercicios fortalecen y purifican el cuerpo y su sistema de energía sutil. Por otra parte, si se pasa rápidamente a estados superiores de consciencia, como suele ocurrir en las sesiones de LSD, el cuerpo entra, espontáneamente, en un proceso de purificación gracias a la fuerza de este estado de consciencia. Págame ahora o después me pagarás más. En cualquier caso, entrar en estados de consciencia más profundos requiere purificar el sistema psicofísico.

A medida que las experiencias perinatales negativas se iban acumulando durante las siguientes sesiones, también lo hacían las experiencias positivas que surgían durante la parte extática del proceso. En una sesión, experimenté la vida como un tejido vivo de inteligencia atómica, molecular, celular, humana, social y planetaria que estaban entrelazadas. Este primer contacto con el tejido de la unidad fue solo un aperitivo metafísico de experiencias más profundas que vendrían después, así que, por ahora, no dedicaré tiempo a ello. Sin embargo, me gustaría compartir una experiencia de este período porque habla de la razón de ser de este libro en su conjunto. Esta sesión me ayudó a abandonar mi formación académica convencional y a adoptar las sustancias psicodélicas como un nuevo método de investigación filosófica.

 ### Sesión 6

La limpieza intensa duró horas, las convulsiones se alternaban con períodos de profundos sollozos por mi dolor y el sufrimiento de la humanidad. Hubo períodos de hiperventilación aguda y jadeos. Varias preguntas y reflexiones existenciales se plantearon en distintos momentos. Finalmente, sentí que llegaba a un punto de ruptura. Acurrucado en posición fetal, me sumergí en el dolor y me vi impulsado por un vórtice que me arrastró a una inmensa amplitud. En esta amplitud me encontré rodeado de todo el conocimiento y la experiencia que había acumulado hasta ese momento de mi vida.

Esta información se orquestó, con la velocidad del pensamiento, para enseñarme cosas. La sutileza y la complejidad de esta instrucción me dejaron sin aliento.

Lo que siguió fue una destilación espiritual de mi vida. Mi vida se dividió en sus componentes esenciales y fue examinada desde múltiples perspectivas. Recibí orientación personal en varias áreas que profundizaron y replantearon mi comprensión de la existencia. Una de ellas se refería a mi trabajo como académico o, como lo llamaron durante la sesión, como "profesional del conocimiento".

Al elevarme en el espacio, experimenté a exploradores en diferentes campos del aprendizaje como parte de una vasta entidad cooperativa. Con una visión que se extendía a lo largo de la historia, me sentí parte de una comunidad de exploradores que iban apareciendo en diferentes lugares, con distintos conjuntos de habilidades. Pude notar que, sin mi ansiedad habitual, yo estaba mucho menos desarrollado que la mayoría de estos exploradores. Sentí que me acogían como a un principiante en un proceso que había durado eones. Esta experiencia de compañerismo me hizo sentir increíblemente lleno, y se vaciaron las viejas preocupaciones del ego.

Revisé sistemáticamente los compromisos intelectuales que había adquirido en mis estudios universitarios y de posgrado y experimenté la profunda responsabilidad que siento hacia mi linaje filosófico e intelectual. Examiné todas las disciplinas del saber que había asimilado y vi que muchos de sus conflictos derivaban de su selectividad. Al examinar la evolución del pensamiento occidental, me sorprendió una y otra vez su carácter fragmentario y la vehemencia con que los fragmentos se habían defendido como el todo. Sabía que mi propio trabajo compartía estas limitaciones.

Al ir más lejos, entendí que un enfoque puramente intelectual de la filosofía solo produciría resultados limitados. Comprendí que el camino que estaba siguiendo representaba un enfoque fundamentalmente diferente de la filosofía. En este camino, primero se amplía la experiencia y luego la reflexión crítica aclara y evalúa. Sentí que me liberaba de una enorme carga de responsabilidad ante mi tradición académica. Si intentara defender cada avance a satisfacción de mis colegas, me quedaría atrapado en la polémica para siempre. Estas ideas clarificaron mis lealtades y me pusieron en sintonía con una serie de responsabilidades más elevadas. Mi vida consistía en forjar un nuevo camino para la filosofía.

Muerte del ego

El proceso perinatal fue haciéndose más intenso con cada sesión, hasta que finalmente desencadenó un colapso total de mi realidad personal en las sesiones 9 y 10. No reviví los detalles de mi nacimiento físico, como algunos han relatado que hicieron en esta fase. En mi caso, los componentes físicos retrocedieron ligeramente a medida que la crisis existencial alcanzaba su punto más álgido.

Hay muchas formas de romper el control que el ego del cuerpo-mente ejerce sobre nuestra consciencia. Por dura y resistente que sea la coraza psicológica de nuestro ser físico, resulta que no es tan difícil de desmontar cuando te planteas lograrlo. Las dos últimas sesiones de esta serie desbloquearon mi vida con una eficacia devastadora. Me partieron como una ramita, al obligarme a convertirme en todo lo contrario de lo que siempre había sabido que era. Empecé estas dos sesiones como un hombre blanco, educado y obsesionado con el sentido de la vida. Sin embargo, no fue así como las terminé.

La novena sesión comenzó con los dolores, convulsiones y vómitos habituales. Al cabo de una hora, algo empezó a atraparme. Al principio era solo algún aspecto que parecía interesante; luego me enganchó y no me dejó ir. Estaba atrapado en vidas que no eran la mía, obligado a convertirme en lo contrario de lo que era e incapaz de experimentar la vida de otra manera.

Era insoportable. Me despojaban de mi masculinidad y me atrapaban en la vida de las mujeres. Me convertí en innumerables mujeres de todas las formas y tamaños. Mujeres sin educación y pobres. Mujeres de color que esperaban sin expectativas en la lavandería. Mujeres en la pobreza, entrenadas en el arte de vivir por lo que veían en la televisión. Estaba completamente absorto con mi maquillaje, mi casa y el melodrama de la vida vivida en su nivel más superficial.

La esterilidad intelectual era insoportable y la pérdida de mi identidad sexual era aterradora, con capas de angustia metafísica y existencial (S9).

Era el infierno perfecto para un hombre académico educado en la Ivy League. El problema no eran las mujeres, por supuesto, ni la raza, ni la pobreza; era el férreo control que ejercía sobre mí, mi identidad física y social, que me decía que "yo" no era nada de eso.

Luché contra lo que estaba ocurriendo con todas mis fuerzas. Luchaba por mi vida psicológica, suplicaba que se detuviera esta inversión de mi realidad. Sentía aquello como una tortura, pero ni siquiera contaba con los elementos básicos de mi identidad para ayudarme a superar la prueba.

Después de horas de lucha, estaba en una especie de punto muerto con las mujeres que se habían apoderado de mi vida. No me había rendido ante ellas, pero me estaban agotando poco a poco. Sentía que los efectos del LSD comenzaban a debilitarse y sabía que podía aguantar hasta el final de la sesión si así lo decidía. En medio de este callejón sin salida, mi cuidadora cometió un error que me empujó a la rendición final. Hablaré sobre este error en el próximo capítulo, donde haré un relato más completo de esta sesión. "Me rindo", me reí. No puedes vencer a las chicas del barrio. Lo único que puedes hacer es unirte a ellas. Me dejé llevar y me permití convertirme plenamente en mujer.

En cuanto lo hice, sentí que me invadía una alegría serena. Enseguida me sentí cómodo en mi nueva piel, tanto que me pregunté: "¿Por qué tanto alboroto? ¿Por qué no iba a querer experimentar **esto**?". Me quedé mucho tiempo con las mujeres. Me llevaron dentro y fuera de la vida de muchas de ellas. Fue una aventura extraordinaria. Por el camino, me di cuenta de lo monótonamente "masculina" que había sido mi forma de vivir: mi agresivo deseo de saber, desmontando y volviendo a montar, mi insensibilidad ante las texturas más suaves de la vida, mi voluntad de confrontación y de batalla intelectual. Estos impulsos parecían unilaterales y ciegos en la medida en que ignoraban la calidad de la vida misma. Las mujeres, cuyas vidas yo estaba experimentando se sentían más cercanas a la tierra. Conservaban y profundizaban la vida.

Juntos, las mujeres y yo nos reímos de todo lo que me habían hecho pasar. Cuando la sesión se acercaba a su fin, volví a las experiencias más difíciles del día. Esta vez, las mujeres que me habían torturado se presentaron ante mí una a una, hacían una reverencia para luego disolverse en polvo de oro. Todo el mundo se había presentado y había desempeñado su papel al servicio de un bien mayor.

La segunda mitad de mi muerte y renacimiento llegó ocho meses después, en la décima sesión. El *set* y la sensación de la novena sesión se restablecieron de inmediato, y una vez más me hicieron convertirme en mujer. Esta vez, sin embargo, no luché contra la experiencia, sino que comencé a fluir y explorar diferentes aspectos de sus vidas.

Entonces el dolor empezó a llegar a través de esta experiencia femenina. En una vorágine creciente, experimenté cien formas de morir como mujer, representadas con todo lujo de detalles. En un nivel la experiencia era la herida mortal de corazones jóvenes, en otro era la muerte física. "Tantas formas de morir". Sentí que me ablandaban con una oleada tras otra de muerte. Después de una breve pausa, comenzó un nuevo y terrible escenario: la matanza de los niños.

 ## Sesión 10

Primero lo vi a lo lejos, mientras se acercaba a mí como una tormenta que barre el océano. Luego se precipitó sobre mí, me atrapó en su furia. La matanza de los niños. Los bebés y los niños estaban siendo asesinados, mutilados y destruidos. Sus pequeños cuerpos eran despedazados por los guerreros y arrojados a montones junto a la carretera. Era un horror indescriptible.

Yo era una anciana oriental que gritaba a los soldados, les golpeaba el pecho, intentaba que se detuvieran. "¡Carniceros!", grité. "¡Alto! ¡Alto!". Pero ellos me apartaban sin miramientos y seguían en lo suyo, descuartizaban a los niños, les aplastaban la cabeza contra las piedras, los despedazaban con sus propias manos. Miles de pequeñas vidas perdidas cada minuto.

Mi agonía era inimaginable. Ahora no era una mujer, sino miles. Mi angustia en aquel momento era la angustia de todas las madres que se habían interpuesto entre sus hijos y los destructores de vidas, los que hacían la guerra, los que lanzaban bombas, los que creaban pobreza. Me sentí impotente al no poder detenerlos. Grité y golpeé el suelo con los puños, lloraba por mis hijos. No podía hacer nada. Ninguno de nosotros podía hacer nada.

Entonces, en el vertiginoso remolino de angustia, escuché una pregunta. "¿Ya estás muerto?". Estaba tan absorto intentando detener la matanza que al principio no escuché. Luego se repitió. "¿Ya estás muerto?".

"¡¿Muerto?!" grité. "¡Salven a los niños, por favor! ¡Sí, estoy muerto! Pero por el amor de Dios, ¡salven a los niños!".

Suplicaba frenéticamente. Suplicaba. En la confusión de tantas muertes, ¿dónde estaba la mía? No la encontraba y me confundía. Había un dolor terrible, entre mi deseo de salvar a los niños y mi muerte, pero no podía separarlos. Lo único que sabía era que, por encima de todo, quería salvar a los niños, que mi dolor por ellos era enorme y que no me importaba nada sobrevivir.

Entonces, de repente, se produjo un cambio. Se abrió una pausa y me encontré diciendo: "No sé cómo morir siendo mujer. Muéstrame cómo morir". Ahora todo se volvió muy quieto y silencioso. Me tumbé en una elevada meseta del desierto bajo un cielo nocturno. Al hacerlo, caí a través de mi cuerpo físico en una corriente de experiencia que fluía por debajo. Era el lado positivo de la experiencia de las mujeres. El cuidado que prestan al momento más tranquilo del día. Su mirada atenta a los estados de ánimo de los niños, sensible a los pequeños cambios que yo nunca había notado. Su fuerza interior.

Desde aquí me llevaron a una larga estancia en el mundo de las mujeres, bajo el brazo de la gran madre, donde probé una amplia gama de experiencias femeninas y las conocí más íntimamente de lo que nunca soñé posible. Ningún aspecto de la vida de las mujeres me estaba vedado. Concebí con pasión, caminé pesada con mi hijo y amamanté a mi recién nacido. Recé al amanecer y me reí con mis hermanas de nuestros maridos. Duraba horas. Era plenamente mujer. Era hermosa.

En algún momento, cuando se me pasó el efecto del LSD, recuperé mi identidad masculina. Es un ajuste cómodo, porque me gusta ser un hombre, pero mi masculinidad nunca más me definiría tan completamente como lo había hecho antes.

Por razones que describiré en el capítulo 5, creo que la reencarnación es un hecho básico de la vida y por eso creo que todos hemos vivido vidas masculinas y femeninas. Desde esta perspectiva, no hay nada realmente extraño para nosotros en el "sexo opuesto". En el ciclo del renacimiento, cambiar de sexo es tan sencillo como cambiarse de ropa. Pero no creo que estas dos sesiones consistieran en recuperar recuerdos de mis vidas anteriores como mujer. No lo sentí así. El mensaje no era: "Aprópiense de sus vidas femeninas". El mensaje era: "A dónde vas, el género no existe. Déjalo ir". Al verme obligado a convertirme en mujer y en un tipo concreto de mujer, mi consciencia terrenal se hizo añicos y se abrió a un mundo de experiencias más amplio.

Mi primera idea de la décima sesión fue que representaba una profundización de la muerte de mi ego, y creo que es cierto. Al profundizar en mi experiencia del mundo de las mujeres se completó la destrucción de mi ego masculino y el hecho de poder experimentar la vida de tantas mujeres fue una gracia que me cambió la vida. Ojalá todos los hombres tuvieran el privilegio de vivir lo que yo esos dos días.

Pero otras partes de la sesión no encajaban con esta interpretación. ¿Por qué el asesinato de los niños? ¿Qué tenía que ver este calvario concreto con la muerte del ego de Chris Bache, más allá de obligarme a soportar un horror especialmente brutal? Para mí no tenía sentido que se tratara simplemente de una variante de la muerte del ego, pero en aquel momento no disponía de información suficiente para verlo de otro modo. Solo años más tarde, después de muchas otras sesiones, recibí la información que me faltaba y que me permitió comprender el proceso más amplio que se estaba desarrollando. Les compartiré este entendimiento ahora, pero solo tendrá sentido más adelante.

Aprendí que la terrible experiencia de la matanza de los niños me sirvió para activar un compromiso que había adquirido antes de nacer. Al desgarrarme el corazón, esta experiencia atroz puso en marcha una compasión que yace en lo más profundo de mí. Invocó en mí el compromiso que había asumido en esta encarnación de ayudar a poner fin a la violencia que asola a la humanidad, al interponerme entre ella y la siguiente generación. Los budistas dirían que fue un ejercicio para despertar la **bodichita**, el deseo de salvar a todos los seres sensibles. Para mí, fue un recordatorio del trabajo de mi vida. Tras la muerte de mi identidad terrenal, mi compasión se despertaba y se centraba en salvar a los niños, porque estaba a punto de comenzar una nueva fase.

Adenda:
el nivel perinatal de consciencia

Grof habla del nivel perinatal de consciencia en muchos lugares*. El siguiente resumen de este concepto está tomado de mi libro *Dark Night, Early Dawn*, con los títulos añadidos para esta presentación.

Confrontación con la muerte

El motivo dominante del nivel perinatal es la confrontación con la muerte. Una confrontación tan realista que los sujetos, a menudo, pierden la noción de estar en una sesión terapéutica y llegan a creer que realmente están muriendo. Esta prueba les obliga a experimentar todos los miedos y resistencias que rodean a la muerte y a enfrentarse a la fragilidad, la no permanencia y el sufrimiento, todas características inherentes a la existencia humana. La crisis existencial resultante puede llegar a ser tan extrema que las personas trasciendan los límites de su vida individual y comiencen a experimentar el sufrimiento de grupos enteros de personas, llegando, en algunos casos, incluso más allá de la experiencia humana. Paradójicamente, esta confrontación con la muerte a menudo se entrelaza con el revivir, igualmente vívido, del propio nacimiento. Los aspectos específicos a veces han sido verificados por miembros de la familia o médicos asistentes (cordón umbilical retorcido, parto de nalgas, fórceps, maniobras de reanimación, olores, sonidos e iluminación).

Así pues, el nivel perinatal combina nacimiento y muerte, experiencias personales y transpersonales de una forma compleja y difícil de diseccionar. La relación exacta de la experiencia perinatal con el nacimiento biológico sigue siendo incierta. Por una parte, el contenido de estas experiencias no puede reducirse al recuerdo del nacimiento biológico, mientras que, por otra parte, muchos de los síntomas físicos que se manifiestan parecen derivarse del propio nacimiento. Además, tanto los síntomas físicos como su correspondiente contenido experiencial, parecen formar cuatro grupos que pueden modelarse a partir de las cuatro etapas consecutivas del nacimiento biológico.

---

*Realms of the Human Unconscious, 1976, 95–153; *Psicoterapia con LSD*, 2011; *The Adventure of Self-Discovery*, 1988, 98–127; *La psicología del futuro*, 2014.

Sistemas COEX

Para explicar estos patrones, Grof introdujo los conceptos de sistema COEX y matriz perinatal básica (MPB). Un sistema COEX (abreviatura de "sistema de experiencia condensada", en inglés) es una constelación específica de recuerdos (y fantasías) de muchos períodos de la vida de un individuo marcados por una carga emocional y un tema en común. Para explicarlo a través de una analogía sencilla, imaginemos que tomamos una novela y resaltamos las numerosas experiencias del protagonista con distintos colores, según su contenido emocional: rojo para la ira, verde para los celos, amarillo para el miedo, etc. Si separáramos todas las páginas del libro y las organizáramos en pilas distintas, con base en el sistema de color, cada pila representaría un único sistema COEX. Las capas superficiales de un sistema COEX están formadas por experiencias más recientes o superficiales de esa emoción concreta. A medida que se profundiza en el sistema, las experiencias tienden a ser más antiguas y básicas. En el centro de cada sistema hay una experiencia central o un conjunto de experiencias que representan la perturbación primaria, la experiencia semilla en torno a la cual se agrupan las posteriores

Las cuatro matrices perinatales

Una matriz perinatal básica es un sistema COEX cuyo núcleo está anclado en la experiencia fetal, especialmente en la del nacimiento. Según Grof, las cuatro fases del nacimiento llegan a constituir cuatro matrices básicas en las que se almacenan recuerdos posteriores de experiencias psicológicamente similares. Nuestra experiencia de nacimiento no resuelta y no integrada se transporta en estas matrices. Siempre está ahí, bajo la superficie y fuera de la vista, pero moldea de forma sutil y penetrante cómo experimentamos el mundo, e incluso influye en qué partes del mundo atraemos hacia nosotros. Además, cuando uno vuelve a conectar con la memoria de su nacimiento, preservada en estas matrices, también obtiene acceso experiencial al inconsciente colectivo y a otros reinos transpersonales que contienen material similar. Por lo tanto, cuando una de las matrices perinatales emerge en una sesión psicodélica, se manifiesta como un depósito multinivel de experiencia y percepción que siempre va acompañado de una carga emocional abrumadora.

Para pasar a lo específico, Grof define las cuatro etapas del nacimiento biológico como:

1. Existencia intrauterina antes del inicio del parto.
2. Parto antes de la dilatación del cuello uterino.
3. Parto después de la dilatación del cuello uterino.
4. Expulsión final a través del canal del parto y separación de la madre.

Antes del parto, el feto tiene experiencias de "útero bueno" o "útero malo", según la calidad del apoyo prenatal prestado a la madre. En la primera fase del parto, el feto experimenta una agresión bioquímica y física, pero, como el cuello del útero no está dilatado, no tiene por dónde escapar. Esto hace que el feto se encuentre, literalmente, en una situación de "no escapatoria". En la segunda fase, el cuello del útero se dilata, lo que crea una posible salida del dilema. Aquí comienza una lucha heroica para atravesar el canal de parto. En la última fase, culminan las agonías del parto, seguidas de la liberación repentina y la separación de la madre.

Los temas prototípicos de las cuatro fases del parto, como matrices para almacenar recuerdos posteriores, son los siguientes (esta lista no es exhaustiva):

1. Útero bueno: satisfacción de necesidades importantes, amor satisfactorio, disolución de límites, dicha unitiva y oceánica. Útero malo: experiencias de malestar, disgusto, ansiedad, paranoia, ficción.
2. La agresión violenta e injustificada contra el inocente e indefenso, la desesperanza, la culpa, la soledad indescriptible, el absurdo de la existencia humana, la trampa sin salida, la soberanía de la muerte.
3. Lucha titánica: crisis de vida o muerte (pero no absolutamente desesperada), experiencias de alta energía de varios tipos: furia asesina, éxtasis volcánico, excitación sexual, sadomasoquismo.
4. Experiencia de muerte y renacimiento: aniquilación total del individuo seguida de la irrupción en un nuevo nivel de existencia; liberación repentina, amor profundo, iluminación espiritual.

Las experiencias (y fantasías) infantiles y adultas que se aproximan a estos temas se agrupan alrededor del núcleo perinatal relevante en nuestra memoria, con el resultado de que cada constelación acumula energía a través del tiempo y llega a influir en el comportamiento.

Cuando un sujeto en una sesión psicodélica se involucra en una matriz perinatal, entonces la experiencia será multidimensional pero temáticamente coherente. Él o ella pueden experimentar simultáneamente una o más fases del trauma original del nacimiento, traumas similares reales o imaginarios de la vida posterior, tanto de naturaleza física como psicológica y, además, conflictos y percepciones espirituales y filosóficas temáticamente congruentes.

Muerte y renacimiento

El proceso de muerte y renacimiento nunca se completa en una sola sesión. Son necesarias muchas en las que se aborden repetidamente los mismos temas antes de agotarlos. El patrón habitual es que un sujeto que trabaje a este nivel acabe experimentando una crisis perinatal importante centrada en una de las fases descritas anteriormente. Al ceder a la crisis y resolverla, la persona suele entrar en experiencias transpersonales positivas durante el resto de la sesión, aunque el contenido perinatal puede reaparecer en el futuro. Si el proceso continúa a través de sesiones en serie, una experiencia final de muerte-renacimiento acabará por agotar por completo todo el contenido perinatal. Mediante un uso copioso de casos, Grof ha demostrado que el compromiso sistemático con este material traumático puede disolver las matrices perinatales, lo que elimina permanentemente su influencia en el comportamiento del individuo. En sesiones posteriores, el sujeto pasa directamente a la experiencia transpersonal a medida que continúa el viaje en la consciencia. Grof ha descubierto que **cada persona que alcanza este nivel en su trabajo adopta una interpretación espiritual de la existencia, independientemente de su condicionamiento psicosocial previo.** Esto incluye a tipos tan poco místicos como ateos acérrimos, escépticos, marxistas y científicos de orientación positivista*.

*Bache 2000, 52–58. Sobre la aparición del dominio perinatal en contextos no psicodélicos, véase Bache 1981; 1985; 1991; 1994; 1996.

TRES

Un día de sesión

Los lectores de uno de los primeros borradores de este libro me pidieron que describiera un día típico de sesión para que pudieran tener acceso a lo que realmente ocurre. La siguiente narración es mi intento de hacerlo. Es el trasfondo de la sesión 9 y, por tanto, se solapa ligeramente con el capítulo anterior. He entretejido partes de la sesión 10 en la narración para presentar un relato más completo. Así es un día de sesión.

Cerré la puerta tras de mí y subí las escaleras hasta mi estudio, ubicado en el tercer piso. Pasé por delante de la desbordante librería del rellano, agaché la cabeza donde el techo caía a poca altura y doblé en la esquina para entrar en mi refugio: una larga habitación de color crema con techos bajos que se inclinaban hacia paredes de metro y medio de altura, en sus dos lados más largos. La colchoneta y los cojines del sofá cama del salón llenaban el centro de la habitación. A través de la gran claraboya de la izquierda, vi las copas de los árboles suavemente iluminadas por el sol de las primeras horas de la mañana.

Miré mi reloj. Había tomado mi dosis hacía diez minutos y solo tenía tiempo para una comprobación más antes de cerrarlo todo. Una manta verde reposaba doblada cerca de una esquina de la colchoneta y un gran cuenco de aluminio y una toalla en la otra. Carol ya había colocado su asiento y su bloc de notas junto a la casetera, junto con su merienda para más tarde. La comida tenía buen aspecto. Como siempre, me había saltado el desayuno y tenía hambre, pero lo último que necesitaba ahora en el estómago era comida.

Las cintas del día estaban apiladas junto a la casetera. La noche anterior había elegido la música y hecho un cuadro detallado de las opciones para cada fase de la sesión. Había anotado cuánto duraba cada pieza y su nivel de intensidad en una escala del 1 al 5. A primera hora de la mañana, dejé listas las cintas para que, al reproducirlas en la casetera, comenzaran en la canción indicada. Ese detalle ya estaba solventado. Lo último que quieres durante un cambio de cinta es quedarte colgado en un silencio atroz de treinta segundos. Auriculares, antifaces, toallas... todo estaba aquí.

Carol a veces piensa que me preocupo demasiado por estos detalles. Puede que tenga razón. No me encuentro bien esta mañana. Las palabras agudas que nos dijimos en el dormitorio pasaron por mi cabeza. Las estúpidas tensiones, sin motivo, casi habían hecho que canceláramos la sesión. Al menos ahora entendíamos el patrón. Solo estrés antes de empezar. Odio estas últimas horas.

Conecté los auriculares y estiré los cables, me preguntaba qué me depararía el día. ¿Sería el dolor peor que la última vez? ¿Dónde atacaría y qué me pediría? Estaba el lado extático, por supuesto, las visiones y las enseñanzas, pero al principio de una sesión siempre es el dolor lo que más recuerdo.

Ya había meditado, para pedir orientación y renovar mis compromisos. Me puse un poco de loción en la cara y en las manos, un pequeño agradecimiento a mi cuerpo por lo que pronto le haría pasar. Formaba parte de mi ritual para ayudar a crear un estado de ánimo positivo, como llevar siempre mi ropa vieja favorita. Pequeñas cosas que habían llegado a importar. En aquel momento me preguntaba si los demás tendrían sus propios rituales de autoayuda.

Me tumbé y jugueteé con los antifaces y los auriculares hasta que ambos estuvieron bien ajustados y cómodos. La voz de Willie Nelson inundó mi cabeza. Últimamente suelo empezar con Willie. Su voz tiene la sabiduría de los golpes duros, suavizada por la amabilidad y el humor. Alivia las primeras olas y me ayuda a centrarme a medida que aumenta la energía. A los quince minutos de empezar, me pregunté qué pensaría Willie si supiera dónde estaba cantando hoy. "Café Psicodélico. Mentes destrozadas mientras esperas". Me reí. Eso es muy "triposo". Está empezando. ¿Dónde está ella? Carol ya debería estar aquí.

Me tranquilicé volviendo a poner música, confiaba en que mi línea de apoyo estaría en su sitio antes de que me viniera abajo del todo. Unos minutos después, oí abrirse la puerta y los pasos de Carol en la escalera.

Se sentó a mi lado y me dio un pequeño apretón en el hombro.

"Siento haber tardado tanto" me dijo. "Tuve que hablar con Stephanie sobre la medicina de Jason. ¿Cómo estás?".

"Estoy bien" dije, mientras giraba mi rostro hacia ella, aún con los ojos cerrados. "Está empezando. Un poco más de tiempo y luego escalaremos. ¿Todo bien abajo?".

"Todo está bien. Ella se ha llevado a Jason a su casa. Anda y buena suerte".

Al poco tiempo volví a sentir cómo apretaba mi hombro. Todo lo de esta mañana estaba perdonado. Toqué su mano y volví a la música. El dolor de oídos del pequeño Jason. Qué lejos me parecía ya aquel precioso mundo. Estaba empezando.

Me dolían los dientes y me sentía mal. Ya no había forma de estar cómodo. Me sentía como si tuviera un malestar gripal, cuyos síntomas se desplazaban por todo el cuerpo. Primero me dolía el estómago, luego los hombros, luego las piernas, ahora el cuello y la cabeza. Odio esta fase. Me había metido 600 μg de LSD en el cuerpo y lo sentía esforzarse bajo la aceleración. Demasiada energía a la que adaptarse tan rápido. Tal vez alguien invente algún día el LSD de liberación prolongada. Eso ayudaría. Pobre cuerpo. Estiré los brazos y las piernas y arqueé la espalda, intentaba aliviar el mareo. Ningún alivio. Maldita sea, me dolían los dientes.

"Hora de irse", dije en voz alta. "Pongamos este espectáculo en marcha".

Después de una pausa breve la voz de Willie desapareció y la "Cabalgata de las valquirias" ocupó su lugar. "Genial", pensé, mientras mi mente empezaba a fragmentarse en el flujo arremolinado. "Esto va a ser divertido".

Ese fue mi último pensamiento "racional". Ya no podía resistir más. La cordura tal y como la conocía no volvería en ocho horas. Ahora todo se disolvía en el caos. Ahora solo había angustia sin lógica.

Después de cambiar la música, Carol lo vio alejarse cada vez más de ella y del mundo que habían construido juntos. Se sentó a su lado, pero en realidad no le gustaban las sesiones. Odiaba el sufrimiento. Odiaba verlo así, acurrucado, gimoteando, mientras solo Dios sabía qué le hacían. Nunca sabía en qué estaba absorto mientras ella se sentaba con su cuerpo. Tan severo e impredecible.

"¿Por qué lo hace?", se preguntó. "¿Por qué no puede conformarse con los métodos más lentos? Es demasiado impaciente", se respondió. "¿Sabe realmente lo que le hacen estas sesiones? ¿Son realmente tan seguras como él insiste? ¿Cómo puede ser seguro experimentar tanto dolor en un solo día? A veces, cuando intenta contarme lo que le ha pasado, se queda a medias, incapaz de decir más".

Estaba hecho un ovillo, con los brazos cruzados sobre el pecho y las manos dobladas en ángulos agudos. Sus dedos colgaban torpemente, temblorosos, descoordinados. A juzgar por su cuerpo, estaba en una especie de espacio fetal. Ella lo anotó en su diario. Cambiaba de posición como si intentara evitar algo, pero todos sus esfuerzos parecían fracasar. Se retraía físicamente y luego se desplomaba en la quietud, mientras emitía sonidos de quejidos, de estar abrumado.

Hiperventiló durante períodos breves, y expulsó un líquido espeso por la nariz y la garganta, sin parecer darse cuenta de que ella se lo limpiaba. Entonces empezaron las convulsiones.

Ella odiaba las convulsiones. Sin previo aviso, el cuerpo de él se sacudía bruscamente, le daba vueltas, le hacía rebotar sobre la colchoneta. Ella se levantó y lo arrastró de vuelta al centro, lo rodeó de cojines para que no se hiciera daño si uno de los espasmos grandes lo lanzaba más lejos de lo habitual. Entre espasmo y espasmo, respiraba deprisa, como si hubiera corrido cien yardas. Gemía, susurraba algo. Ella se inclinó hacia él, pero no pudo oír las palabras.

Las convulsiones duraron más de una hora. Pequeños descansos se interrumpían una y otra vez. Había leído los libros y conocía la teoría. Convulsiones perinatales, el cuerpo que descargaba tensiones profundas, olas de estrés que abandonaban su sistema. Tal vez tenía que ser así, pensó, pero era tan ajeno a su naturaleza que no podía entender por qué alguien se sometería a ello.

De repente, su cuerpo empezó a retorcerse más rítmicamente y se incorporó a gatas, sobre las manos y las rodillas. Ella saltó y agarró el cuenco, lo metió por debajo de su cabeza justo a tiempo para atrapar su vómito. Él se agitó como si vomitara algo más que el líquido transparente que salía de su boca. Terminó y ella le limpió la cara mientras él caía de espaldas sobre la colchoneta.

No dejes que empiece a hablar. Vuelve a ponerle los auriculares y los antifaces y mándalo dentro. Arrinconado en la cama, aceptó pasivamente sus cuidados, apenas consciente de que ella se movía a su alrededor. Cuando ella volvió a ponerle los auriculares en las orejas, él los agarró y los apretó contra su cabeza, como si intentara extraer de ellos más energía.

En mi interior, estaba encerrado en una lucha de vida o muerte, atrapado en un infierno privado y esculpido con una precisión de pesadilla. Me obligaban a convertirme en lo contrario de lo que era, vivir vidas que no eran la mía y me volvían incapaz de experimentar la vida de otra manera.

Era insoportable. Me despojaban de mi masculinidad y me atrapaban en la vida de las mujeres. Me convertí en innumerables mujeres de todas las formas y tamaños. Mujeres sin educación y pobres. Mujeres de color que esperaban sin expectativas en la lavandería. Mujeres en la pobreza, entrenadas en el arte de vivir por lo que veían en la televisión. Me absorbía por completo la vida experimentada en su nivel más superficial. La esterilidad intelectual era insoportable y la pérdida de mi identidad sexual era aterradora, con capas de angustia metafísica y existencial plegadas. Luché contra lo que me ocurría con todas mis fuerzas, pero, cuanto más me alejaba de ello, más me apretaba.

Empecé a gritarle para que se detuviera. Largos gritos lastimeros. "¡Nooooo! ¡Nooooo!".

Carol saltó y cerró las ventanas.

"¿Qué demonios está pasando?", pensó. "Si sigue así, alguien va a llamar a la policía".

Cogió una almohada y le tapó un poco la cabeza, lo suficiente para amortiguar sus gritos, pero sin interferir con su respiración.

"Para, por favor" susurró, aunque sabía que él no podía escucharla. "Para, por favor".

Por dentro, no podía hacer que parara, así que seguí gritándole. Le mostraba todo el dolor que me causaba, le rogaba que parara, pero no me hacía caso. ¿Por qué no paraba? Podía ver mi angustia, podía ver exactamente lo que me estaba haciendo, pero no paraba. El dolor de épocas anteriores de mi vida se mezclaba con lo que estaba ocurriendo. Las burlas en la escuela, la muerte temprana de mi padre.

Siempre había guardado silencio ante estas lesiones. Ahora gritaba mi rechazo a todas ellas.

Me quité los auriculares y me senté.

"¡Tengo que parar!", dije jadeando. "Solo un minuto. Voy a volver, pero tengo que recuperar el aliento".

"¡No!", dijo Carol con firmeza, y siguió con el acuerdo que habíamos establecido. "Tienes que volver dentro y ver qué está pasando".

Volvió a ponerme los antifaces y los auriculares. Intenté protestar, pero no pude defenderme. Por supuesto... ella tenía razón.

De vuelta al interior, las mujeres se abalanzaron sobre mí inmediatamente. Cuanto más las rechazaba, más fuerte lograban agarrarme. Una oleada tras otra de experiencia femenina me envolvió. A veces experimentaba cómo las partes de mi personalidad emergían en el flujo, pero ahora en forma femenina. Era atroz sentir partes de mi vida que me eran tan familiares pero despojadas de su masculinidad

Encontré en el flujo dolorosos retazos de vida tan universales que no pude evitar abrirme a ellos. Me convertí en una joven que asiste a una fiesta el sábado por la noche, arreglada, aunque sabía que nadie me sacaría a bailar. En otro escenario, me convertí en una niña afroamericana de doce años en su mundo extracurricular, moría sola en la cama de un hospital, sin poder contactar con mi mejor amiga. Nadie sabía que me estaba muriendo. Solo lo sabrían después de muerta, cuando ya fuera demasiado tarde. Lloré ante el miedo y la tristeza de aquella chica. "Hay tantas maneras de morir", dije en voz alta. "No hay que ir muy lejos para encontrarlas". Carol lo anotó mientras se percataba de que mi voz ahora tenía cierto tono femenino.

Después de horas de lucha, estaba en un punto muerto con las mujeres que se habían apoderado de mi vida. No me había rendido ante ellas, pero me estaban agotando. El gran número de experiencias femeninas que estaba teniendo me estaba haciendo sentir, de a poco, más cómodo con el hecho de sentirme mujer. Pero seguía resistiéndome a la rendición final. No sabía cómo se iba a resolver esto.

En medio de este callejón sin salida, Carol puso accidentalmente la cinta equivocada, uno de esos pequeños milagros sincronizados que, a veces, ocurren en una sesión. De repente, me vino a la cabeza la voz grave de Louis Armstrong: "Nadie sabe los problemas que he visto. Nadie conoce mi dolor". La sacudida de su voz profunda ponía las palabras perfectas a mi angustia y rompió mi resistencia. "Me rindo", me reí. "No puedes vencer a las chicas del barrio". "Lo único que puedes hacer es unirte a ellas", dijo una voz. Me dejé llevar y me permití convertirme plenamente en mujer.

Desde aquí me llevaron a una larga estancia en el mundo de las mujeres, bajo el brazo de la gran madre, donde probé una amplia gama de experiencias femeninas y las conocí más íntimamente de lo que nunca soñé posible. Ningún aspecto de la vida de las mujeres me estaba vedado. Concebí con pasión, caminé pesada con mi hijo y amamanté a mi recién nacido. Recé al amanecer y me reí con mis hermanas de nuestros maridos. Duraba horas. Era plenamente mujer. Era hermosa.

Más tarde aquel día me quité los auriculares y los antifaces, volví lentamente a la realidad compartida. Vi a Carol que me observaba desde el otro lado de la habitación. Nunca la había visto como ahora. Se me llenaron los ojos de lágrimas al sentir de nuevo su feminidad. Qué poco la había entendido antes. Cuánto tenía que recuperar.

"¿Está todo bien?", preguntó al ver mis ojos llorosos.

"Sí. Todo está bien", le confirmé. "Es solo el desbordamiento".

"¿Quieres comer algo?".

"¿Qué hora es?".

"Las cuatro y treinta. Han pasado ocho horas y media".

"Sí. Estaría bien comer algo", dije rascando mi cabeza con ambas manos.

Carol se levantó y caminó hacia las escaleras; se detuvo en la parte superior.

"Voy a llamar a Stephanie para ver cómo está Jason. ¿Algún mensaje?".

"Dile que los quiero a todos".

Me miró extrañada, sabía que ella no tenía que entender. "Estoy deseando saber qué significa eso", dijo y desapareció escaleras abajo.

Siempre me chocaba volver y darme cuenta de que nadie sabía dónde había estado todo el día. Las sesiones eran tan potentes, ¿cómo podían ser tan privadas?, ¿y cómo iba a poder describirle a alguien lo que había pasado? Cuando escribo sobre las sesiones, nunca puedo transmitir toda su intensidad y realismo. Las experiencias son tan concentradas. Con tantas capas. Y llegan hasta el hueso.

Volvió treinta minutos después con un pequeño plato de uvas, anacardos, piña seca y pasas cubiertas de algarroba. Buena comida primaria para comer con las manos. Bueno, vale, las pasas cubiertas de algarroba no eran muy primarias y... ¿La piña?, ¿quién sabe? Pero comer con los dedos siempre resulta natural después de una sesión.

Después del ligero tentempié, Carol se fue a recoger a nuestro hijo y yo bajé las escaleras para limpiarme y quitarme el sudor. Me tambaleaba, me agarraba a las paredes para mantener el equilibrio. Funcionaba, a duras penas, cuando caminaba despacio. Los efectos del LSD se habían desvanecido, pero me movía en un campo saturado por los acontecimientos del día. La ducha caliente fue maravillosa. Al volver a conectar con mi cuerpo, noté que mi postura había cambiado. Estaba un poco diferente, más alineado y equilibrado sobre los pies. El pecho un poco más abierto, los hombros más bajos. Sabía que este reajuste de postura no duraría. A lo largo de la semana siguiente, iría desapareciendo lentamente a medida que se reafirmaran los viejos hábitos musculares. Pero los músculos no volverían completamente a su estado inicial. Poco a poco, mi cuerpo se iba reestructurando. De pie bajo el agua que corría, miré mi futuro. Qué bien me sentía así de abierto al mundo.

En nuestro dormitorio, los objetos ya no eran solo objetos, sino pistas rebosantes de significado. Todo lo que veía contaba una historia sobre dónde lo habíamos conseguido y cuándo, quién se lo había regalado a quién, cuánto lo habíamos disfrutado desde entonces o no. Todo representaba algo dentro de uno de nosotros o de ambos, alguna necesidad, algún capricho vacacional. La historia de cada objeto fluyó hacia mí con el telón de fondo del día, y revelaba detalles que no había visto antes.

En una o dos ocasiones, los recuerdos de la sesión me invadieron y me obligaron a hacer una pausa para tranquilizarme. Es hora de volver arriba antes de que la ventana se cierre del todo. Vestido con ropa limpia, subí al estudio. La habitación estaba desordenada. Almohadas y mantas revueltas, cajas de casetes por todas partes. Qué aspecto más acogedor. Siempre estaba así después de una sesión. Solo tardé unos minutos en colocar las cosas en su sitio. Pronto estaba tumbado, mirando por la claraboya, recordando los detalles del día, intentando reconstruir la secuencia exacta de los acontecimientos. Más tarde, Carol y yo repasábamos sus notas y compartíamos impresiones del día, pero solo ligeramente. Mis funciones verbales nunca se recuperan del todo en veinticuatro horas y tenía mucho que ordenar. Pasé la mayor parte de la noche atando cabos y me dormí poco antes del amanecer. Para entonces ya tenía una idea general del día. Otra pieza del mosaico. Otro paso hacia el interior de mi alma.

CUATRO

El océano de sufrimiento
Sesiones 11–17

> *La inmensidad oceánica de la alegría surgirá cuando*
> *todos los seres sean liberados.*
> *¿No será esto suficiente?*
> *¿No satisfará?*
> *El deseo de mi propia libertad, ¿qué es eso para mí?*
>
> SHANTIDEVA, *THE WAY OF THE BODHISATTVA*

Me he resistido a empezar este capítulo durante semanas, preocupado por lo que voy a pedir al lector que soporte, temeroso de que algunos puedan encajar estas experiencias en teologías primitivas del infierno, reforzar historias de castigo y condena, cuando en realidad esta es una historia de rescate y liberación. Algunos amigos me han aconsejado que atempere el relato, que quienes no hayan entrado en esos reinos infernales no podrán entenderlos, que la gente se asustará y se contraerá. Pero no voy a seguir sus consejos. Más bien voy a pedir al lector que me siga hacia el sufrimiento profundo. Esto lo hago por tres razones. En primer lugar, sencillamente, así fue el viaje y prometí un relato honesto. Segundo, estas experiencias nos ofrecen importantes perspectivas sobre el funcionamiento del inconsciente colectivo de la humanidad. Y tercero, espero que, al seguirme en este infierno, puedas participar más plenamente en el cielo que le sigue.

En las sesiones que siguieron a la matanza de los niños, entré en un terreno de angustia colectiva que era más desafiante que cualquier cosa a la que me había enfrentado antes y mucho peor que cualquier cosa que pudiera imaginar. Era completamente diferente de las crisis personales

68

que me habían precedido. Sesión tras sesión, volvía al mismo paisaje y me adentraba sistemáticamente en su caos. Llegué a llamar a este dominio el océano de sufrimiento, porque era un vasto mar de furia y dolor, enorme en alcance e intensidad.

En la segunda mitad de esas mismas sesiones, me vi envuelto en una serie de aventuras extraordinarias que describiré en los dos capítulos siguientes. Es esta combinación de grandes angustias y bendiciones lo que hace soportables estos dolorosos episodios. Una vez aprendido el ritmo, se aprende a confiar en el ciclo. Si nos abrimos completamente a lo que surja en la experiencia, por difícil que sea, y dejamos que nos lleve a donde ella quiera, la prueba irá creciendo hasta que alcance su máxima expresión. Cuando se haya agotado por ese día, la experiencia pasará a dominios transpersonales positivos durante el resto de la sesión.

La culminación es la clave que impide que este sufrimiento se instale en nuestros sistemas como un trauma. Si llevamos cada ronda de sufrimiento hasta su finalización, llegará la paz. Lo que nos llevamos de la sesión es el ciclo completo: dolor seguido de resolución y paz. La forma en que se afrontan estas experiencias marcará la diferencia en cómo, después, ellas vivirán en nosotros.

Creo que es mejor agrupar estas primeras experiencias del océano de sufrimiento en lugar de hacerlas sesión por sesión. Sin embargo, concentrarlas en unas pocas páginas puede hacer que parezcan peores de lo que realmente fueron, si eso es posible. En la práctica, el océano de sufrimiento se dividía en sesiones de unas horas cada una, separadas por meses, en los que tenía tiempo para digerirlas y prepararme para la siguiente. Una vez que supe lo que me esperaba, las mañanas previas eran tensas. Como una mujer que va a dar a luz o un soldado que va a la batalla, mi atención se centraba profundamente en mi interior mientras me preparaba para lo que estaba a punto de ocurrir. Carol lo llamaba "entrar en el túnel". Comenzaba horas, a veces días, antes de una sesión.

El encuentro con el océano de sufrimiento duró catorce sesiones repartidas en dos años de trabajo. Este trabajo fue coherente de principio a fin, a pesar de que interrumpí mis sesiones durante seis años, en mitad de esta serie, por razones que explicaré en el próximo capítulo. Desde el punto de vista de las propias experiencias, esta interrupción de seis años fue un simple bache en el camino que no cambió nada. Pero, en términos de tiempo calendárico, hubo un año del océano de sufrimiento antes de la interrupción de seis años, y un año después, cada uno de los cuales contenía siete sesiones.

Seguiré este orden al contar la historia, dividiéndola en estas dos mitades. Además, dividiré las sesiones del primer año en su fase de limpieza y su fase extática. Aunque parezca complicado, será más fácil contar la historia de esta manera. Así pues, en este capítulo describiré lo que ocurrió en la fase de limpieza del primer año del océano de sufrimiento y, en el siguiente, lo que ocurrió en la fase extática. Después retomaré la historia al otro lado de la pausa de seis años y describiré el rumbo que tomó el océano de sufrimiento a partir de ese momento*.

El océano de sufrimiento

El sufrimiento que voy a describir fue difícil de sobrellevar. Pero, como me fue absorbiendo de a poco, tuve tiempo para adaptarme a él. Me llevó repetidamente a mi punto de ruptura, mas los puntos de ruptura estaban hábilmente tramados, controlados por algo o alguien que nunca vi, pero que siempre sentí. Esta profundización gradual se puede observar en los detalles de las sesiones que siguen. No entendía la razón de estas pruebas, pero las experiencias eran tan coherentes que sentí que en ellas operaba una lógica profunda. Cuando llegué a la sesión 24, recibí una explicación completa que hizo que todo cobrara sentido†.

Las experiencias descritas a continuación provienen de cinco sesiones que tuvieron lugar entre 1982 y 1983. Durante esos mismos años, obtuve la titularidad en mi universidad y me concedieron, por primera vez, un premio como profesor distinguido. Menciono esto solo para reforzar el punto de que, incluso cuando se vuelven muy intensas, siempre que estén bien gestionadas, las sesiones no llegarán a socavar nuestra capacidad de funcionar de forma competente en el mundo.

---

*En publicaciones anteriores, escribí sobre un marco temporal más largo para el océano de sufrimiento (2014; 2015). Sin embargo, al escribir este libro, he llegado a reconocer ciertas diferencias estructurales en sesiones que antes había agrupado. Creo, por tanto, que la ventana más estrecha dada aquí es más precisa.

†A estas alturas ya había empezado a utilizar música de culturas lejanas para la parte de limpieza, especialmente cantos indígenas. Descubrí que estas intensas cadencias ceremoniales y tonalidades desconocidas favorecían una apertura más profunda que la música clásica occidental.

Sesión 11

Los espasmos eléctricos eran intensos y me disparaban por toda la colchoneta. La música tiraba de mis espacios más oscuros. Mi angustia psicológica creció hasta que me encontré atrapado en una cámara musical de los horrores. La tensión era insoportable.

La música cambió a cánticos rituales tribales, ritmos respiratorios complejos combinados con gritos, gruñidos y arcadas. Al dejarme llevar por estos sonidos, sentí que entraba en un dominio primitivo que escapaba por completo a cualquier marco de referencia moderno. Se suspendieron todas las asociaciones familiares. A mi alrededor y a través de mí, se arremolinaban temibles energías negativas, elementales y bárbaras. Flotaba en un campo de fuerzas negativas. Poco a poco fui perdiendo el miedo, a medida que había menos "yo" presente para reaccionar a las experiencias. Al disolverme en este campo, me vacié de todas las asociaciones personales y, vacío de todo excepto de estos sonidos antiguos, me perdí en otro mundo, en otro tiempo.

 Sesión 12

La angustia se espesó hasta convertirse en un terrible horror representado a mi alrededor con un ensañamiento psicodélico. Al principio solo presenciaba los acontecimientos, pero a medida que moría mis límites se dilataban y me veía arrastrado hacia el caos. Entonces "yo" estaba siendo asesinado, vapuleado y mutilado. Las formas del horror eran tantas que no se pueden describir. Ante los cánticos, todo era posible. Destripamientos por montones, mutilaciones, miles de muertes. Formas arremolinadas de horror tan superpuestas que no se distinguen las imágenes. A medida que los horrores se sucedían, perdí la orientación y la coherencia. Las brutalidades inimaginables lo desmantelaban todo. Me sentí tan abrumado que caí en un estado de sobrecarga total.

Sesión 13

Cuando empezó, recordé la tortura de la sesión anterior, lo profundamente que había penetrado en mi psique, sin dejar ningún rincón inexplorado. Todo lo que podía usarse en mi contra había sido usado. Volví a sentir lo mismo y me estremecí.

Los horrores eran más intensos que en la sesión anterior, más contundentes y rápidos. Eran tan complejos, multidimensionales y multitemáticos que apenas puedo describirlos. Era la guerra, el salvajismo, la destrucción, la matanza, la angustia. Era una sensación claramente europea y premoderna. Al intentar describirlo, me recuerda al infierno descrito por Dante, pero acelerado increíblemente y superpuesto muchas veces. Parecía durar horas. Cuando la música cambió al "canto del mono" balinés, todo se intensificó y se descontroló aún más. Me estaban invadiendo, asaltando, destrozando y tirando a un lado miles de veces. No podía hacer nada, ninguno de nosotros podía hacer nada. No había escapatoria.

 Sesión 14

Los horrores eran implacables. Ritmos indios que me martillaban sin cesar. Un dolor terrible. Seguía buscando algo comparable a las sesiones anteriores, en las que el dolor al menos tenía una vaga apariencia de forma, algo que pudiera ver. Pero esta vez el dolor no tenía forma reconocible de ningún tipo. Comenzó como el dolor de otros, pero experimentado mucho más de cerca que antes. Pronto se convirtió en todo mío.

El calvario se hacía cada vez más profundo. Llegaba a un punto de ruptura y el dolor me destrozaba, la resistencia era imposible. Entonces el dolor cobraba lentamente un nuevo impulso y me sumía en una agonía más profunda, me llevaba más allá de límites que minutos antes había creído imposibles de sobrepasar. Un crescendo de tortura me llevaría a un nuevo punto de ruptura, me derrumbaría y el proceso se repetiría.

La música cambió a poderosos cánticos. Estaba agonizando. Los cánticos me rodeaban y me arrancaban aún más dolor. Seguía y seguía. El dolor era tan terrible que perdí la noción. No sé qué pasó después. Después de una eternidad, el dolor terminó de alguna manera. En medio de suaves acordes de instrumentos indios y de cuerda, mi dolor se calmó.

✦ Sesión 15

No sé cómo describir lo que he vivido hoy, los lugares en los que he estado, la destrucción de la que he formado parte, el dolor abrasador y el tormento de miles y miles de seres, y yo con ellos, todos torturados hasta nuestro punto de ruptura y luego más allá, y un poco más allá. No eran individuos, sino oleadas de personas. Las torturas no son específicas. Destrucción y dolor, destrucción y dolor. No quería creer que existieran regiones de un horror tan indescriptible, pero existen.

El sitar y los tambores me desgarraban, me sumían en niveles de angustia cada vez más primitivos. Al pasar por niveles anteriores, llegué a un nivel que solo puedo comparar con el mismísimo infierno. Un dolor atroz. Un horror indescriptible, más allá de cualquier imaginación. Me perdí en un salvajismo desenfrenado que no tenía límites. Era ciencia ficción rabiosa. El mundo de los condenados. Las peores imágenes de las religiones del mundo que muestran las torturas del infierno apenas tocan la superficie. Y, sin embargo, el tormento limpia el ser. Te arranca cada trozo de carne del cuerpo hasta que has muerto mil veces y ya no puedes morir más. Entonces encuentras la manera de morir un poco más.

Sé que no es fácil entrar en estas experiencias, incluso como testigo. Si me he equivocado al traerlos aquí, les pido disculpas. No intento pedir su misericordia al compartirles estas escenas. Yo viví estas experiencias y estoy bien y fuerte. Las comparto para pedirles que entren en el misterio conmigo.

El enigma del océano de sufrimiento

¿Qué era este dominio en el que había entrado? Entre las sesiones 11 y 15, me sumergí sistemáticamente en un paisaje cada vez más profundo de violencia y angustia colectiva, pero ¿qué es este paisaje?, ¿de dónde procede y qué representa?

Permítanme, en primer lugar, prescindir de lo que confío que es una interpretación inadecuada: que estas experiencias representan alguna crueldad o rabia reprimida, que se encuentra oculta en mi inconsciente personal o que tal vez sean la venganza psicológica por hechos que realmente he cometido. A ambas sugerencias respondo simplemente que no soy ni tan cruel, ni tan violento. Nunca he sentido rabia de este tipo y una represión de esta magnitud seguramente dejaría huellas. Tengo mis defectos, por supuesto, pero nada que pueda explicar un sufrimiento así.

Una interpretación más plausible proviene de Stan Grof, quien ha visto surgir patrones similares de sufrimiento colectivo en muchas sesiones psicodélicas que ha supervisado. Los resume de la siguiente manera:

> Un sujeto puede experimentarse a sí mismo como miles de soldados que han muerto en los campos de batalla de todo el mundo, desde el principio de los tiempos; como las víctimas torturadas de la inquisición española, como prisioneros de campos de concentración, como pacientes que mueren de enfermedades terminales, como individuos ancianos decrépitos y seniles, como madres y niños que mueren durante el parto, o como reclusos maltratados en salas de manicomios (Grof 1976, 116).

Grof entiende estos episodios como grupos de recuerdos del inconsciente colectivo que se incorporan al proceso personal de muerte-renacimiento en el nivel perinatal de consciencia. Dado que la dimensión perinatal se encuentra en la interfaz de la consciencia personal y transpersonal, la experiencia perinatal puede entretejer material tanto de la psique personal como de la psique colectiva. Grof cree que estos episodios de sufrimiento colectivo son, en esencia, una filtración del inconsciente colectivo debido a su resonancia con algún aspecto de la muerte del ego personal. Es decir, considera que la muerte del ego es la experiencia central y que estos grupos de experiencias colectivas se sienten atraídos por este núcleo, porque son paralelos a algún aspecto de esta muerte. Si esto fuera una ópera, el ego-muerte cantaría el papel principal y estas experiencias colectivas serían el coro*.

La psique colectiva parece organizar sus recuerdos de forma paralela a como lo hace el inconsciente personal. Grof ha demostrado que nuestro inconsciente personal organiza sus recuerdos en grupos de experiencias que proceden de distintos períodos de nuestra vida, pero que comparten un tema emocional común. Como vimos en el capítulo 2, él llama a estos **grupos de experiencias** condensadas sistemas COEX. Las experiencias psicodélicas presentadas en este capítulo sugieren que el inconsciente colectivo organiza su vasto almacén de recuerdos de forma similar. Parece reunir los recuerdos de la humanidad en **gigantescos grupos de memoria** que provienen de diferentes personas y diferentes períodos históricos, pero que comparten un tema emocional común. Yo he denominado a estos grupos de memoria colectiva como sistemas META-COEX. La estructura de un sistema META-COEX es paralela a la de un sistema COEX personal, pero funciona a una escala mucho mayor y en un nivel de consciencia diferente: el nivel sutil.

Cuando estaba pasando por estas experiencias, significaba mucho para mí saber que otros exploradores habían pasado por pruebas similares. Me indicaba que lo que estaba ocurriendo en mis sesiones formaba parte de un patrón más amplio. Dada la gran base de datos en la que Grof basaba sus observaciones, al principio adopté su interpretación de estos episodios. Me pareció intuitivo que estos patrones de resonancia pudieran surgir entre los niveles personal y colectivo de la psique.

Mi hipótesis de trabajo fue que estas pruebas colectivas representaban una profundización de la muerte de mi ego personal (que constituían una fase difícil de mi viaje espiritual **individual**) y que simplemente tenía que superar para liberarme por completo. Esta suposición se vio forzada por el hecho de que, entre las sesiones, mi ego (aunque suavizado) seguía intacto.

---

*La interpretación de Grof parte de la base de que el inconsciente colectivo de nuestra especie conserva los recuerdos de los seres humanos a lo largo de la historia. Comparto esta creencia, al igual que muchos pensadores transpersonales. Rupert Sheldrake ha recogido pruebas de esta hipótesis en su estudio de la resonancia mórfica y la causalidad formativa (1981; 1988; 1991). Ervin Laszlo ha ido más lejos al proponer que todo el universo recuerda conscientemente su experiencia (2004; 2009; 2014; 2016).

Con muchos de sus defectos e idiosincrasias. Entonces razoné. Si la muerte del ego ya se había completado dentro de mis sesiones, ¿no debería estar más liberado fuera de ellas? El hecho de que no estuviera completamente liberado en mi vida cotidiana sugería que aún quedaban fragmentos de ego vivos dentro de mí, los cuales potencialmente impulsaban estas pruebas. Supuse que cuando mi proceso de muerte del ego estuviera completo, estas pruebas colectivas se detendrían porque ya no habría un núcleo de muerte del ego, pendiente, al que se pudieran unir.

Y, sin embargo, seguía teniendo mis reservas sobre esta interpretación. Estas experiencias eran tan extremas, y de tan vasto alcance, que me resultaba difícil verlas como un aspecto secundario de un proceso más primario. Como algo que se introducía en mis sesiones desde la psique colectiva a través de la resonancia, hasta la muerte de mi yo personal. Y aunque había ciertos paralelismos estructurales con mis experiencias perinatales anteriores, aquí faltaban muchos componentes de esa dinámica supuestamente "central". Las sensaciones fetales que habían estado presentes en sesiones anteriores habían desaparecido y las descargas fisiológicas se estaban desvaneciendo. Tampoco sentía la misma angustia existencial intensa de sesiones anteriores. El reto consistía, simplemente, en abrirme repetidamente a vastos campos de sufrimiento y violencia de la humanidad. Esto se sentía como una dinámica en sí misma, y no como el eco de una dinámica.

En vísperas de detenerme

Cuando entré en las dos últimas sesiones de esta serie sabía que iba a interrumpir mi trabajo durante un período de tiempo desconocido. En la decimosexta sesión ocurrió algo inesperado. Cuando todo se desintegró en su caótico flujo, el dolor se intensificó en un frenesí tan extremo que se transformó en la orgía de arrebato de un *bhakta*. Justo cuando el sufrimiento alcanzaba un punto febril, el pensamiento de la divinidad centelleó en mi mente y me rendí por completo. Atrapado por las fuerzas elementales, me convertí en un devoto que cantaba a la divinidad en trance extático. Era inmenso y me tocaba como una trompeta. Mi consciencia era el instrumento y mi vida, la melodía*.

---

*Grof ha observado este giro paradójico del dolor extremo al éxtasis en sesiones que ha supervisado (1988). Esta fue la única vez que ocurrió en mis sesiones.

Esta erupción de devoción "bhaktiana" me tomó por sorpresa porque era completamente diferente de mi enfoque habitual de la espiritualidad, el cual siempre ha tenido un carácter más mental. De los cuatro caminos espirituales del hinduismo —*jnana* (conocimiento), *karma* (servicio), *raja* (meditación) y *bhakti* (devoción)— el *bhakti* es el camino con el que menos me he identificado y, sin embargo, aquí estaba.

En la decimoséptima sesión, la consciencia que había detrás de mis sesiones pareció cambiar su mensaje en previsión de la interrupción que se avecinaba. No tengo ninguna duda de que eso fue lo que ocurrió. En esta sesión, el sufrimiento colectivo volvió con toda su fuerza hasta saturar por completo mi experiencia.

> *La angustia, siempre tan difícil de describir, me rodeaba y me saturaba. Me perseguía sin tregua. No podía escapar del tormento. Me seguía a todas partes, me rodeaba por completo. Recuerdo que, en un momento, busqué mi muerte entre todo el dolor. Toda la angustia parecía carecer de sentido sin mi muerte para orientarme. Pero no había ningún refugio en el que pudiera recogerme, ni siquiera el de mi propia muerte. El único "yo" que existía eran cientos de fragmentos de ser y todos ellos sufrían (S17).*

Sin embargo, esta vez me negaba a rendirme al dolor y rechazaba todo lo que me ocurría. Al final, me acorralaron contra un muro psicológico y me dijeron que, si persistía en rechazar el sufrimiento, estaría dando la espalda a la humanidad y a la vida misma. No preocuparse parecía ser el último repliegue existencial de la vida. Con múltiples escenarios que hacían eco de este estribillo, me enfrentaba a la elección absoluta de abrirme, o no, a este dolor. En ese momento, mi "no" se convirtió en un "sí". Esta transición se sintió como una conversión en el sentido religioso más profundo.

> *En medio de un sufrimiento terrible, me encontré diciendo: "¡Sí! Puedo marcar la diferencia. ¡Sí! Acepto la responsabilidad". Estaba aceptando la responsabilidad por la angustia y por intentar marcar la diferencia en las vidas que me rodeaban. Este cambio fue fundamental y llegó a profundidades que ahora no puedo comprender, y*

me impactó de un modo que no puedo resumir. Parecía una elección
libre sobre los cuestionamientos más básicos.

Con esta aceptación, el tormento, de pronto, cambió a temas
positivos. Temas de niños pequeños: emoción feliz, juego encantado,
alegría abandonada a sí misma. Muchos escenarios de maravillas
y aventuras infantiles. Este fue el comienzo de un "nuevo camino".
Contrastaba con las experiencias negativas anteriores, en todos los
aspectos. Era sencillo en lugar de caótico, compartido en lugar de
individual, fresco en lugar de repetitivo. Me sentía limpio y reno-
vado (S17).

Mientras interrumpía mis sesiones, se me había solicitado el compromiso
de reanudarlas en algún momento en el futuro y así fue. Sin importar el
océano de sufrimiento, mi trabajo con él no había terminado.

No lo vi entonces, pero ahora entiendo que la visión de los niños
felices en esta sesión era la contraposición de la visión de la matanza de
infantes que había marcado mi entrada en el océano de sufrimiento. La
alegría de los pequeños era el resultado de algo que había tenido lugar
dentro de aquel oscuro mar, aunque ese proceso aún estaba incompleto.
En lugar de ser asesinados violentamente, ahora empezaban a heredar una
vida positiva. Sentí que tocaba algo profundo en el futuro de la humanidad, lo que me recordaba que este trabajo era para las generaciones que
aún no habían nacido.

CINCO

El tiempo profundo y el alma
Sesiones 11–17

Cuando una persona afirma "recordar el futuro", ¿debemos remitirla rápidamente a un centro psiquiátrico o respetar la validez potencial de un conocimiento experimental que aún no podemos comprender?

WILLIAM RICHARDS, *SACRED KNOWLEDGE*

El océano de sufrimiento era una prueba terrible de soportar, pero cada vez que salía de él entraba en una realidad impresionante y embriagadora, un dominio en el que las reglas del tiempo habían cambiado. Cuando volvía a mi consciencia ordinaria, después de cada una de estas sesiones, tenía que preguntarme: "¿Son reales estas experiencias? ¿Sucedió realmente lo que creo que acaba de suceder?". La respuesta era siempre la misma: "Sí. Esto es real. Es verdad. ¿Pero cómo?". Dentro del espacio-tiempo, dividimos nuestra experiencia en pasado, presente y futuro. El pasado es memoria, el presente es realidad y el futuro es proyección. Sin embargo, dentro de estas siete sesiones, el pasado, el presente y el futuro se fundieron en lo que primero llamé "tiempo completo" y más tarde llamaría el "tiempo profundo".

Una experiencia muy diferente al tiempo que conocemos. Cuando entré por primera vez en el tiempo profundo (en la sesión 11) las experiencias me resultaron tan extrañas que no pude retenerlas una vez terminada la sesión. Experiencias que horas antes me habían cautivado por completo se perdieron entre la niebla de la oscuridad. Como no tenía ningún punto de referencia en mi consciencia ordinaria en el que anclarlas, mi mente simplemente las desviaba. Al día siguiente de la sesión, volví a escuchar la música y conseguí componer una narración parcial a partir de los fragmentos que había rescatado. En los meses siguientes recuperé otras piezas. Al despertarme a mitad de la noche o escuchar música espaciosa, de repente, algo se abría en mi mente y aparecía otro trozo de la sesión que estaba claro e intacto. No podía contener las lágrimas. A medida que continuaban las sesiones y me adentraba una y otra vez en este nuevo paisaje, me familiarizaba más con él y era capaz de retener más de mis experiencias allí. Aprendí a permanecer despierto en el tiempo profundo.

¿Qué quiero decir con tiempo profundo? Me refiero a una dimensión de la realidad en la que se han suspendido las reglas del tiempo lineal y en la que se pueden experimentar **diferentes lapsos de tiempo** como presentes de manera simultánea. Pasado, presente y futuro coexisten en un horizonte temporal más amplio. El tiempo profundo no es atemporalidad ni eternidad; no es trascender el tiempo por completo. Es una experiencia diferente. Tampoco es viajar en el tiempo como a Hollywood le gusta imaginarlo; ni tampoco avanzar y retroceder en el tiempo a través de deslumbrantes agujeros de gusano. Lo que estoy describiendo es un cambio en el **orden temporal**. Es una experiencia transtemporal, una forma distinta de ser consciente con respecto al tiempo.

Aunque costó un poco acostumbrarse, las experiencias en sí no fueron confusas. Al contrario, eran excepcionalmente claras y coherentes. La fantasía crea futuros alternativos a su antojo. Lo que yo experimenté no era fantasía. Cuando volvía al tiempo profundo en esas siete sesiones, regresaba siempre al mismo campo de experiencia, una metarealidad estable que abarcaba toda mi vida. Esto era "las cosas como son". Era la realidad expandida, conocida desde una perspectiva más profunda. Era real.

Comprendo lo absurdo que puede sonar esto a mis colegas con formación científica, o a cualquiera que no haya experimentado personalmente estos estados de consciencia. Si hay algo constante en nuestras vidas, sin duda es que solo podemos experimentar el presente, que el futuro está cerrado para nosotros y el pasado es un eco que se desvanece. No intentaré convencer al lector de la posibilidad del tiempo profundo mediante complicados argumentos sobre la permeabilidad del tiempo a nivel cuántico. Los físicos pueden postular la existencia de partículas que entran y salen del espacio-tiempo desde el campo del punto cero, mientras que los teóricos de la relatividad pueden calcular lo que le ocurre al tiempo dentro de la feroz compresión de los agujeros negros. Pero nuestra experiencia cotidiana del tiempo es tan consistente que la "flecha del tiempo" se da por supuesta en nuestro universo. En cualquier caso, los datos aportados por la ciencia no bastarían para legitimar los cambios radicales de perspectiva temporal que se produjeron en estas sesiones.

En lugar de defender la veracidad de estas experiencias desde un punto de vista teórico, me limitaré a exponer mis experiencias y dejaré que los lectores hagan de ellas lo que quieran. Debo mencionar que estas experiencias transtemporales y personales fueron precursoras de excursiones aún más profundas en el tiempo que siguieron en años posteriores. A partir de ese momento, el tiempo se hizo más poroso en mis sesiones.

El filósofo que hay en mí dice que sería más seguro hablar únicamente de diferentes formas de **experimentar** el tiempo, sin sugerir que podemos sacar de estas experiencias conclusiones sobre cómo se comporta realmente el tiempo en el universo. Como si este paréntesis fenomenológico hiciera estas experiencias más aceptables para la mente moderna*. El problema, sin embargo, es que esta distinción tiende a evaporarse dentro de las propias sesiones. Cuando se experimenta el tiempo profundo, es prácticamente imposible no llegar a la conclusión de que se está experimentando algo real y que tiene lugar en el universo, independientemente de que uno lo sepa. Cuando uno se encuentra dentro de estas diferentes envolturas temporales, queda claro que el universo tiene diferentes modalidades temporales incorporadas y que hay diferentes capas en **su** experiencia del tiempo, por muy poco ortodoxo que esto pueda sonar a nuestros oídos educados. Como resultado de estas experiencias, he llegado a creer que hay, de hecho, muchas capas en el tejido del tiempo en el cosmos. No pretendo entender cómo funciona esto. Solo sé, y me basó en experiencias repetidas, que el tiempo lineal es cómo se comporta el tiempo dentro del espacio-tiempo. A medida que uno se desplaza hacia los "bordes" del espacio-tiempo, las reglas cambian.

Los nombres de las sesiones abordadas en este capítulo (y en el anterior) son:

Bracketing (epojé) es el acto de suspender todos los juicios sobre el mundo natural y centrarse en el análisis de la propia experiencia. Es una forma de reducción fenomenológica promovida por Edmund Husserl ([1931] 2014) y otros fenomenólogos para "ver las cosas como son".

S11 El gran roble nº 1
S12 El gran roble nº 2
S13 Ladera del karma nº 1
S14 Ladera del karma nº 2
S15 Descenso al infierno
S16 Carol y yo
S17 El compromiso del sí

Mi vida como un todo

La experiencia visionaria siempre tiene lugar en un contexto, por lo que quiero mencionar que las siguientes sesiones tuvieron lugar durante un período difícil de mi vida. Las cosas eran difíciles en el trabajo, ya que estaba luchando por aceptar un empleo que no satisfacía muchas de mis expectativas profesionales. Sumado a ello, Carol y yo estábamos experimentando un persistente patrón de conflicto que la terapia de pareja no había sido capaz de resolver. Era una época de incertidumbre, de cuestionarme las decisiones que había tomado y de sopesar mis opciones. Tenía treinta y tres años.

Fue en esta coyuntura cuando estas siete sesiones me proporcionaron una experiencia de mi vida como un todo completo, como una totalidad de principio a fin.

Entrando al tiempo profundo (S11)

A medida que la feroz limpieza retrocedía y la Quinta sinfonía de Beethoven comenzaba su majestuosa entrada, una visión de mi vida comenzó a desplegarse. Era tan vasta en alcance y profundidad que no habría podido asimilarla de no haber estado tan profundamente desarmado gracias al trabajo de sesiones anteriores.

La visión inicial era del espacio profundo, de galaxias que giraban en silenciosa rotación, incontables estrellas suspendidas en amplios brazos galácticos, retratos de las diferentes magnitudes de tiempo con las que funciona el universo. Al acercarme a ellas, empecé a dilatarme, a hacerme más grande y expansivo. Estaba siendo absorbido por aquello a lo que me acercaba. Fue una sensación extraordinaria. Cambió por completo mi modo de experimentar.

Hoy era como si fuera joven y viejo a la vez. Era toda mi experiencia vital con el tiempo colapsado, como si alguien hubiera dado la vuelta a mi vida y mirado a lo largo de ella, como si mirara a través del tubo de cartón de las toallas de papel absorbente. Visto de cabo a rabo, el tiempo desaparecía y aparecía mi alma y el ser que había debajo de las etapas de mi vida. Las relaciones duraderas resaltaban en relieve. Vínculos con personas, con ideas, con tareas vitales. Personas que había encontrado y que me habían encontrado a mí. Ideas que han circulado a mi alrededor a lo largo de toda mi vida, volviendo una y otra vez en formas diferentes. Yo era mi pasado, mi presente y mi futuro, uno solo, de una forma que me resultaba segura, ya que la duda no era posible.

Aún más difícil de transmitir que el enigma del tiempo es la extrema saturación de detalles de este modo de experiencia, la riqueza extraordinaria de capas y capas de información. Estos detalles se unieron para formar una "lectura profunda" de mi vida. La autoridad de esta lectura era incontestable; su verdad era obvia. Era como si todas las pruebas estuvieran presentes. Esta forma de saber no se parecía a nada que hubiera experimentado antes. Era un conocimiento que no era lineal, sino total. No era una conclusión, sino ver las cosas en su totalidad. Era una profundidad de visión tan rica que llamarla "visión" sería una mentira. Era más un "estar sintonizado" que un ver. Eran texturas saturadas de experiencias de distintos períodos de mi vida, los cuales estaban orquestadas sinfónicamente.

En estas experiencias, no solo vi y observé mi vida futura, sino que la saboreé. Me convertí en mi yo superior y sentí su textura. No se trataba de tener una edad concreta o de ser mayor en un sentido vago y generalizado. Estaba experimentando el residuo destilado de toda mi experiencia vital condensada en el ahora. Con otra persona, era ser consciente y apreciar toda su historia juntos. Era ver sus vidas sucediendo y habiendo sucedido simultáneamente. Conmigo mismo, era sentir las corrientes de mi vida, conociendo sus temas esenciales. Era experimentar el flujo más amplio de mi vida con el tiempo borrado y los escenarios históricos colapsados en mi "persona completa".

A medida que estas visiones continuaban a lo largo del siguiente año, cada sesión se basaba en la anterior. Las visiones eran estables y se desarrollaban sistemáticamente. Las secuencias se repetían y se desarrollaban con mayor detalle y énfasis. A veces me encontraba cosas que había visto en sesiones previas, pero que no había podido recordar del todo. Ahora era capaz de aferrarme a la experiencia completamente para poder absorber la enseñanza que venía con ella.

Observo con interés que Carl Jung tuvo una experiencia sorprendentemente similar de dilatación del tiempo en una serie de experiencias visionarias extáticas en 1944, cuando estaba en el hospital recuperándose de un ataque al corazón. En su autobiografía, *Recuerdos, sueños, pensamientos*, escribió:

> Solo puedo describir la experiencia como el éxtasis de un estado no temporal en el que presente, pasado y futuro se convierten en uno. Todo lo que ocurre en el tiempo se había reunido en un todo concreto. Nada estaba distribuido en el tiempo, nada podía medirse por conceptos temporales... Uno está entretejido en un todo indescriptible y, sin embargo, lo observa con total objetividad (Jung [1969] 1989, 295-96).

El gran roble y la ladera del karma

La visión global que comunicaba esta destilación transtemporal de mi vida era la de un roble. Siempre me han gustado los árboles. Cuando crecía en las afueras de una pequeña ciudad de Misisipi, el bosque que había detrás de mi casa había sido mi patio de juegos y mi refugio. Ahora experimentaba toda mi vida como un enorme roble.

Todos los momentos de mi vida estaban plasmados en su enorme sustancia. Sus giros y vueltas contenían los detalles de toda mi vida: pasado, presente y futuro. Las grandes ramas eran relaciones y temas que habían comenzado pronto y recibido mucha energía, mientras que las pequeñas ramitas y hojas de sus bordes eran mi experiencia vital más reciente antes de la muerte (S11).

Saturando el roble había muchas experiencias de linaje familiar, de niños nacidos y aún por concebir. No puedo describir lo conmovedora que fue esta pieza en particular. Fue ver realizado uno de mis sueños más profundos, tanto que hasta ahora únicamente había sido parcialmente consciente de su existencia. Era como si las visiones me dijeran: "Este es tu campo de desafíos. Este es tu destino kármico. Todo lo que necesitas para tu desarrollo está aquí. El amor universal por ti comienza con el amor paternal perfeccionado".

En las sesiones que siguieron, la visión del roble se amplió hasta convertirse en una visión de árboles que crecían uno al lado del otro en una ladera. La llamé "la ladera del karma". Era una visión de nuestra familia ampliada. La hermana de mi mujer y su marido recientemente habían decidido trasladarse desde otro estado para vivir más cerca de nosotros. El vínculo entre las hermanas era muy fuerte. Aunque se trataba de una decisión reciente, en estas sesiones vi que estaba arraigada en una intencionalidad más profunda y antigua. Nos habíamos "plantado" uno al lado de los otros muchos años antes, pero era ahora que esa intención más profunda empezaba a manifestarse en el espacio-tiempo. El destino estaba actuando en nuestra unión.

Esta era nuestra ladera. Estas eran las personas; este era el lugar. El escenario estaba claro y las relaciones estaban establecidas. Solo quedaba profundizar en la experiencia con plena integridad, fuerza y una sabiduría que crecía lentamente (S14).

A través de todas estas experiencias, fluía una profunda sensación de que las circunstancias de nuestras vidas estaban siendo moldeadas por fuerzas que iban más allá de nuestra consciencia inmediata. Nuestras vidas estaban "grabadas en el universo". Había muchos mensajes sobre el arraigo, la vinculación y la edad.

Experimenté a estas personas con una profundidad de perspectiva y aprecio que normalmente solo surge tras toda una vida juntos. Era como si estuviera viendo lo que había sido. Mis sentimientos hacia ellos tenían la textura de la retrospectiva, de la visión de conjunto. Mirando hacia atrás desde el futuro, los conocía a ellos y a mí mismo

con una profunda percepción, mientras que, mirando hacia delante,
me sentía abrumado por la gracia de habernos reunido (S14).

Nuestros destinos entrelazados eran parte de un desarrollo más amplio y había poder en este despliegue. En lo personal, el mensaje era: "Sigue la pendiente natural de tu vida. La lucha no es necesaria". Las circunstancias de mi vida estaban siendo moldeadas por procesos más profundos de lo que mi ego consciente podía seguir. Mi bienestar residía en confiar en estas circunstancias y responder lo más profundamente posible.

En una sesión, estas percepciones se desarrollaron en una enseñanza más generalizada sobre el karma.

La lección principal era el karma y el karma era simplemente la
fuerza puesta en movimiento a través de innumerables elecciones
que llegan a constituir la historia. La historia en cualquier momento
tiene un impulso tan grande que debe completarse en el mañana. El
karma era la fuerza de este impulso a través del tiempo, el impulso
de individuos y de naciones. La energía que se inicia debe comple-
tarse a sí misma. Lo que reunimos a nuestro alrededor debe expre-
sarse a lo largo del tiempo (S15).

Como dato histórico, nuestras dos familias vivieron cerca la una de la otra durante muchos años en dos ciudades distintas de Ohio. Durante ocho de esos años, nuestras casas estuvieron contiguas en la misma calle. Allí criamos a nuestros hijos en el seno de una familia muy unida; celebramos cumpleaños, fiestas y las distintas etapas de la vida. Se forjaron fuertes lazos que han perdurado hasta hoy.

Enraizado en el tiempo

En estas siete sesiones, experimenté toda mi vida destilada hasta su núcleo. Esto no significa que viera todos los detalles de mi futuro. De hecho, desde entonces han sucedido algunas cosas que me habría gustado conocer. En cambio, lo que experimenté fue el núcleo del ser en el que me había convertido y me estoy convirtiendo en esta encarnación. Lo que experimenté me convenció de que las circunstancias de mi vida estaban llenas de manera deliberada de propósito e intención. Me sentí profundamente arraigado a un trabajo significativo y a unas relaciones importantes.

Siento que por fin comprendo lo que soy y dónde estoy en mi vida. Me siento arraigado en un lugar definido, con gente definida, en una etapa temprana de una vida rica. También estoy agotando la paciencia por estar incompleto. Todo lo que veía sería mío, pero tenía que ser paciente. No era necesario luchar contra el ritmo de mi despliegue (S11).

Estas visiones también contenían muchas ideas sobre las personalidades de los miembros de la familia que se reunían, pero las pasaré por alto porque son asuntos privados que no contribuyen a la historia más amplia que estoy contando. Mencionaré solo uno de ellos por la singular importancia que personalmente considero que tiene.

En una serie de visiones, vi que los conflictos que mi esposa y yo habíamos estado teniendo tenían su origen en una diferencia en nuestra "edad del alma". La edad del alma no es más que una metáfora del desarrollo espiritual arraigada en una visión de reencarnaciones del mundo. Se considera que las "almas mayores" están más desarrolladas espiritualmente que las "almas jóvenes", presumiblemente por haber vivido más vidas en la tierra. En mis sesiones, vi que Carol era espiritualmente mayor que yo, con una mayor sensibilidad espiritual y una capacidad más desarrollada para la práctica contemplativa. Yo me veía más joven, como si acabara de salir de vidas de mediana edad y solo ahora estuviera entrando en la sabiduría temprana. Carol ya sabía cosas que yo apenas estaba aprendiendo.

Cuando compartí estas ideas con Carol, ella las aceptó. Dieron sentido a muchos de los patrones que habíamos estado experimentando en nuestra relación. Cuando ella y yo nos abrimos a la percepción de que nos encontrábamos en diferentes etapas de nuestros respectivos viajes espirituales, nuestra relación cambió. En lugar de intentar atraer al otro a nuestra propia realidad experiencial o encontrarnos en un punto intermedio que nos frustrara a ambos, empezamos a pensar de forma más creativa en cómo podríamos vivir constructivamente con nuestras diferencias, en lugar de luchar contra ellas. Esto no resolvió mágicamente las tensiones que sentíamos, pero abrió nuevas posibilidades.

Las dos últimas sesiones de esta serie me llevaron a profundizar aún más en cuanto a mi relación con Carol y fui aconsejado de mantenerme en ella. Esto me sorprendió, porque las tensiones entre nosotros habían crecido tanto que, sinceramente, pensé que íbamos camino del divorcio. Sin embargo, en las sesiones me aconsejaron que no me moviera y me lo tomé muy a pecho. Me alejé de la idea de la separación y volví a entregarme a Carol. Juntos buscamos la manera de vivir como la inusual pareja que éramos.

Diecisiete años después, tras veinticuatro enriquecedores años juntos, Carol y yo decidimos poner fin a nuestro matrimonio. Esa dolorosa decisión nunca me hizo replantearme mi decisión previa de quedarme con ella. Creo que esta elección reflejaba mi verdad más profunda en ese momento concreto de mi vida y estoy agradecido por los consejos que recibí en mis sesiones.

Reencarnación del alma

Me han dado un nuevo mito para entender mi vida, el cual sustituye el mito de la historia familiar interpretada psicodinámicamente. Este nuevo mito conlleva una comprensión más profunda del karma y un mayor sentido de la responsabilidad (S12).

Mis notas de estas sesiones están llenas de referencias a una "intencionalidad más profunda", a "fuerzas causales que se arquean a través del tiempo" y a "lo dado de nuestras vidas". Mi comprensión de la vida se ampliaba y profundizaba. Estaba recibiendo un nuevo mito sobre el funcionamiento de la vida. Como profesor de estudios religiosos, me di cuenta de que este nuevo mito era, en realidad, uno antiguo, aunque yo no supiera mucho de él en aquel momento. Era el mito de la reencarnación y el alma. En los años siguientes, el tema de la reencarnación entró y salió muchas veces de mis sesiones, como principio general y como recuerdo personal de algunas de mis vidas anteriores. Debido a su presencia recurrente en mis sesiones, permítanme que me aparte un momento y diga algo sobre la reencarnación.

Tras años de estudio, he llegado a aceptar la reencarnación como un hecho natural de la vida. No lo acepto por fe, sino sobre la base de sólidas pruebas empíricas. Hace cincuenta años, estas pruebas no existían; hoy sí. El descubrimiento de niños de todo el mundo que tienen recuerdos activos de sus vidas anteriores más recientes, recuerdos que han sido documentados y verificados a través de una cuidadosa investigación, se erige como uno de los grandes logros de nuestro tiempo. En mi opinión, Ian Stevenson, profesor de psiquiatría en la Universidad de Virginia de 1967 a 2001 y miembro de la Fundación Carlson, ha demostrado más allá de toda duda razonable, y después de décadas de meticulosa investigación, que la reencarnación es cierta. Stevenson ha tenido sus detractores, por supuesto, pero su trabajo ha podido más que ellos*.

La investigación de Stevenson requiere algo más que pequeños ajustes en los límites de nuestro pensamiento. Desafía los supuestos básicos de nuestra cultura sobre el funcionamiento del mundo. Desafía la creencia de la ciencia convencional en el materialismo reductivo que reduce la mente al cerebro, y hace imposible la supervivencia de la consciencia tras la muerte de este órgano y desafía la creencia cristiana de que solo vivimos una vez y luego llegará el juicio final. Dada la naturaleza rompedora de paradigmas del trabajo de Stevenson, es probable que pasen décadas, quizá incluso generaciones, antes de que la evidencia que él y sus colegas han reunido se registre plenamente en nuestra cultura. Como las placas tectónicas, la reencarnación es una idea difícil de ver al principio, pero que una vez vista lo cambia todo.

Tras estudiar los casos de Stevenson durante muchos años y leer cientos de casos de terapia sobre las vidas pasadas, publicados por reputados psicólogos y psiquiatras†, he llegado a ver la reencarnación como un componente vital y elegante de nuestro universo **autoevolutivo**. Es algo que hace la naturaleza. Para mí, la reencarnación es parte de la genialidad de la evolución, una octava superior de la evolución y su punta de lanza en los seres humanos. En la evolución, la naturaleza hace crecer **especies enteras**; en la reencarnación, la naturaleza ha encontrado una forma de hacer crecer **individuos** dentro de determinadas especies. La evolución hace avanzar en el tiempo el **aprendizaje colectivo**; la reencarnación hace avanzar en el tiempo el **aprendizaje individual**.

---

*Stevenson 1974a; 1974b; 1975-1983; 1987; 1997. Sobre las críticas a Stevenson, véase Edwards, 1988; 1996. Sobre la réplica de sus críticos, véase Almeder 1992 y Tucker 2012.

†Cranston y Williams 1984; Fiore 1979; Lucas 1993; Netherton y Paul 1978; Ten Dam 1990; Wambach 1978; 1979; Weiss 2014; Whitton y Fisher 1993; Woolger 1988. Para más casos, véase Bowman 1997; 2001; Leininger, Leininger y Gross 2009; Snow 1999.

Si no comprendemos el ciclo del renacimiento, reducimos nuestras vidas a pedazos y nos perdemos la visión general de lo que realmente está ocurriendo. Sería como sacar un capítulo de una novela compleja y tratar de dar sentido a lo que está ocurriendo. Sin un contexto más amplio, no podemos comprender el significado profundo de los acontecimientos ni las consecuencias de las decisiones que tomamos. Mientras insistamos en considerar que vivimos una única vez en la tierra, haremos que nuestras vidas sean completamente inescrutables, sujetas al capricho arbitrario o a la "inescapable voluntad de Dios". Pero cuando empezamos a comprender el ciclo del renacimiento y observamos las curvas de aprendizaje, generadas a lo largo de la historia por las elecciones que hacemos, nuestro marco de referencia se amplía. El escenario del aprendizaje se abre, las responsabilidades se profundizan y emerge la línea temporal del alma. Solo una vez que hemos realizado esta transición podemos empezar a comprender la verdadera escala de nuestra participación en el universo. Formamos parte de su viaje evolutivo, no solo durante unas décadas, sino durante incontables siglos.

Por supuesto que esto no significa que entendamos **cómo** se produce la reencarnación o cuál es la física del renacimiento. Aún somos principiantes. En este punto, todavía no podemos decir qué es el alma o de qué está hecha, además de luz. Funcionalmente, el alma no es una entidad estática o cerrada. Sabemos que es un sistema dinámico abierto, siempre cambiante en el tiempo y siempre interconectado con otros sistemas vivos. Pero esto sigue dejando muchas preguntas importantes sin responder. Si aún no podemos explicar cómo es que nuestros pensamientos y sentimientos actuales surgen en nuestra red neuronal biológica o, a través de ella, ¿cuánto vamos a poder decir sobre la consciencia que es anterior y posterior al cuerpo? Es posible que podamos identificar algunas de sus capacidades basándonos en un examen cuidadoso de nuestros recuerdos profundos, pero describir cómo aparece y desaparece realmente, cómo interactúa con nuestra biología y composición genética y cómo codifica su aprendizaje previo en este cuerpo-mente físico y lo abandona con su nuevo aprendizaje intacto, son detalles que quedan fuera de nuestro alcance actual. Estoy seguro de que avanzaremos en el futuro, pero tendremos que plantearnos otras preguntas antes de que se produzcan los avances que buscamos. Tendremos que ir más allá de nuestra fijación reduccionista actual sobre la materia y pasar a una fenomenología más compleja de la consciencia y a una metafísica más sutil y multidimensional.

Independientemente de cómo acabemos conceptualizando la composición del alma, su historia es, en esencia, la historia de una consciencia individual (cuya fuente última es la inteligencia creadora del cosmos) que se mueve sistemáticamente de un lado a otro (en un largo viaje de autodesarrollo) entre el universo físico y un metauniverso circundante. El pulso del alma es el de la reencarnación. Nuestra consciencia se estrecha al nacer y se expande al morir. La reencarnación es una danza en la que nuestras vidas terrenales emergen y regresan a nuestra alma; la consciencia mayor que conserva cada pensamiento, cada lágrima, cada alegría que experimentamos en la tierra y entre nuestras vidas terrenales, al plegar, elegantemente, todas nuestras experiencias en su resplandor en continua expansión. La reencarnación ofrece a la consciencia individual un tiempo ilimitado para aprender de sus errores y desarrollar sus capacidades innatas. Bien entendida, la reencarnación es una genialidad, como todo lo que vemos en nuestro universo. Desde las supernovas hasta el ADN. Se trata de una visión de la vida en la que podemos medirnos con las estrellas y no desfallecer.

Yo no entendía nada de esto hasta que viví, por primera vez, las experiencias relatadas en este capítulo. Aunque Ian Stevenson me había convencido de que la reencarnación era un hecho de la vida, pronto vi que su investigación no contenía una visión adecuada de las complejidades del ciclo de renacimiento, ni explicaba cómo funcionaba el sistema en su conjunto*. Después de pasar por estas siete sesiones, empecé a leer la extensa literatura sobre la reencarnación de fuentes contemporáneas y clásicas. Fue entonces cuando descubrí el campo de la terapia de vidas pasadas y a los psicólogos que ayudaban a sus pacientes a curar heridas enraizadas en su historia más profunda. Después de estudiar esta literatura y la investigación de Stevenson durante seis años, escribí *Lifecycles*, en donde intenté integrar la mejor investigación objetiva sobre la reencarnación, sumada a enseñanzas de las antiguas tradiciones de sabiduría y reflexiones sobre algunas de las implicaciones más amplias del renacimiento.

---

*Abordo las limitaciones de la visión del mundo de Stevenson y la naturaleza constrictiva de sus datos en *Dark Night, Early Dawn* (2000), capítulo 2, *"Beyond Reincarnation"*.

Los peldaños

Aunque el objetivo principal de la parte extática de estas siete sesiones era experimentar la totalidad de mi vida, en los bordes se producía un burbujeo metafísico más profundo. Allí, las percepciones personales se convertían con frecuencia en percepciones metafísicas que parecían intentar transmitirme una imagen más amplia de cómo funcionaba la vida. Esta visión se fue acumulando durante años. En los confines de mi consciencia, este paisaje más amplio a menudo no estaba claro. Las experiencias en sí eran claras, pero los patrones que se formaban a partir de ellas no lo eran para mí. Era como si me estuvieran metiendo en la cabeza un rompecabezas gigante, sección por sección, y me asignaran la misión de averiguar cómo encajaban las piezas.

Este descenso en la comprensión refleja el hecho de que estas experiencias provenían de un nivel de consciencia más profundo que las experiencias personales descritas anteriormente. Por ello, situaría las experiencias de mi vida como un todo completo en el nivel psíquico de consciencia. En ellas, el tiempo se había vuelto poroso, pero las experiencias seguían centradas en mi vida presente y en las personas cercanas a mí. Estas otras experiencias parecían provenir del nivel sutil de consciencia. Mi consciencia aún no se había estabilizado lo suficiente en este nivel para asimilar plenamente un paisaje más amplio.

Daré tres breves ejemplos de estas experiencias. Aunque menos completas en sí mismas, estas "primeras tomas" fueron peldaños hacia las experiencias más completas que siguieron. Así es como se aprende en estos estados: capa a capa, pieza a pieza. Puedes detenerte donde quieras y quedarte con los tesoros que ya te han dado, pero, si sigues, siempre está la promesa de recibir mucho más.

 Tocando el centro de mi ser (S14)

En una poderosa serie de imágenes centradas, sentí que me sintonizaba con un centro profundo dentro de mí. Las visiones geométricas que había tenido en sesiones anteriores volvieron y se remodelaron. La ruptura de los cuadrantes geométricos significaba que se trataba de un centro vivo. Desde este centro, me conocía a mí mismo. En este centro, yo era yo mismo. Seguí diciendo: "¡Así que es eso!". Eso

es lo que nos ha faltado y absolutamente teníamos que tener. De eso han tratado todas las historias.

Toqué el centro de mi ser y aprendí que controlo el flujo de su energía creadora hacia mi vida. Sentí que descubría algo verdadero sobre todos los seres humanos. La idea clave era que tenemos la válvula de control en nuestras manos. La locura del mundo y la mía propia se resolvieron al tocar nuestra fuente. Así que de eso se trata. De alguna manera, esto parecía destilar algo sobre cómo se creaba mi experiencia en el mundo. Al abrir esta válvula, mi energía se unió a la energía del universo y pude ver fragmentos de su rica diversidad. Se desplegaron patrones complejos que me mostraron la interacción de varias partes dentro del todo.

Las sacudidas de la no existencia (S15)

Al fluir en la energía del universo, de repente todo se apagó y luego se encendió de nuevo. Todo lo que es, de repente no era y ¡POW! entonces volvía a ser. Esto sucedió repetidamente. El universo seguía desvaneciéndose. Las sacudidas eran un guiño para pasar del ser al no ser.

En la cesación del universo, todo el esfuerzo, el anhelo y el sufrimiento del mundo fueron arrojados de repente a una nueva perspectiva. Esta era la sustancia de Dios. La pregunta no es: "¿Por qué lo hacemos?". La pregunta es: "¿Por qué lo hace Dios? ¿Por qué Dios se despliega como universo? ¿Para qué lo hace?".

En este florecimiento de la vida, Dios parecía conocerse a sí mismo. "O es esta masa de vida o es esto otro". Y ¡POW! volvía la nada. O el convertirse en nuestro universo infinitamente rico, o el vacío.

Entonces "Dios" me preguntó: "¿Es todo para nada? ¿No hemos aprendido nada?", y se volteó como si reflexionara sobre su fracaso. Esto me destrozó y lloré. El no ser y el ser eran dos modalidades diferentes de Dios. En la elección del ser, se desplegaba la totalidad de la vida tal como es, con todos sus misterios, dolores y placeres. Todo parecía estar relacionado con el aprendizaje. "¿No hemos aprendido nada?". Me sentí destrozado por la inmensidad de la aventura de Dios por conocerse a sí mismo. Todas las galaxias habían seguido girando mientras yo estaba hoy en el infierno. Los soles estallaban para convertirse en supernovas y todo eso era él. No había nada que no fuera él. "¿No hemos aprendido nada?". Me silenciaron.

Campos autogenerados de experiencia (S16)

Participé en una larga serie de lecciones que eran repetidas de sesiones anteriores, pero ahora estaban expuestas de forma más completa. Me llevaban a través de una progresión y luego volvían sobre ella varias veces, donde la veía desglosada cada vez con más detalle. Aunque esto se cuenta brevemente, ocupaba mucho tiempo.

La esencia de la enseñanza era esta: somos campos de energía que se autogeneran en un universo vivo. Generamos energía al hacer elecciones y el universo responde a esta energía. Así, de forma compleja y sutil, siempre estamos creando nuestra propia experiencia. Vi que esta retroalimentación funcionaba en varios niveles simultáneamente. Algunos ciclos duraban minutos, otros años, otros toda la vida.

Controlamos el flujo de energía que sale y vuelve a nuestra vida. Lo que nos llega de fuera se origina en nuestro interior. Cuanto más nos movemos hacia nuestro centro y nos implicamos en los niveles más profundos de nuestro condicionamiento, más conscientes somos de ser la fuente de nuestra experiencia. Si mi energía es clara, mi experiencia será clara. Únicamente al alcanzar el centro propio se puede llegar a ser completamente incondicional y libre.

Deteniendo mi sesión

Cuando emprendes un curso de práctica con sustancias psicodélicas, puedes sacar fuerzas de tus sesiones incluso cuando te llevan a terrenos difíciles y desafiantes. Desarrollas un conocimiento interior de que estas experiencias son auténticas y el proceso digno de confianza, aunque el panorama general no resulte tan claro. Sin embargo, tus seres queridos no tendrán la misma seguridad interior. Si no emprenden ellos mismos el camino psicodélico, deben aprender a confiar en que estas experiencias son fiables y no engañan.

No es fácil cuando tu marido, cuyas debilidades conoces demasiado bien, no deja de sumergirse en estados extremos de consciencia, para volver hablando de trascender el tiempo y con penetrantes visiones de su relación. ¿Qué hacer cuando él se sumerge más y más en el infierno, para luego ser catapultado a un cielo que ni siquiera él comprende del todo? Está todo el tiempo trabajando solo con sus libros y su ingenio para guiarse, sin ancianos ni red de seguridad. ¿Es posible que estas experiencias le estén haciendo daño? ¿Podrían estar perjudicando a sus allegados?

Mi mujer nunca sintió la vocación de adentrarse conmigo en la senda psicodélica. La forma natural de ser de Carol era profundamente contemplativa y sigue siéndolo. Encontraba todo lo que necesitaba en su cojín de meditación. Así que nunca entró en la *kiva* de la práctica psicodélica conmigo, nunca me dejó cuidar de ella como ella cuidaba de mí y, después de cuatro años, ya había tenido suficiente. En mis sesiones seguían surgiendo más percepciones indómitas con las que ella no se sentía cómoda. Era profesora adjunta de psicología clínica en los hospitales de la Universidad Case Western y quería que dejara mi trabajo con sustancias psicodélicas. O dejaba las sesiones o se acababa nuestro matrimonio. Como las sesiones me habían aconsejado preservar nuestra unión, sentí que no tenía más remedio que hacer lo que se me solicitaba. Así que, con los reinos infernales que aún se agitaban en mi interior, con mi mente aún intentando digerir el tiempo profundo y los atisbos que me habían dado de la realidad más amplia más allá del mundo físico, detuve mis sesiones.

Adenda:
otros casos de visión de futuro

La afirmación de que es posible experimentar el propio futuro en estados de consciencia a los que se llega con sustancias psicodélicas representa tal desafío para nuestro pensamiento que pensé que podría ser útil examinar brevemente otras dos circunstancias en las que la gente parece vislumbrar su futuro. La primera es cuando la gente está a punto de morir (experiencias cercanas a la muerte) y la segunda es la hipnoterapia de vidas pasadas. Aunque cada una de ellas puede ser controvertida por sí misma, son una fuente de observaciones fascinantes que, combinadas con la experiencia psicodélica, refuerzan un sentido de lo posible que merece nuestra atención. También profundizarán en la historia de la reencarnación iniciada aquí.

Previsualizaciones de la vida en experiencias cercanas a la muerte

Durante muchos años, impartí en mi universidad cursos que incluían la investigación de experiencias cercanas a la muerte. El autor predilecto para adentrar a los estudiantes en este campo era Kenneth Ring. Ring pasó su vida profesional en el Departamento de Psicología de la Universidad de Connecticut, donde ahora es profesor emérito. Fue cofundador y expresidente de la Asociación Internacional de Estudios Cercanos a la Muerte y editor fundador del *Journal of Near-Death Studies*. Ken es también un magnífico escritor y un buen amigo. Sus libros trazan el territorio de la investigación de las experiencias cercanas a la muerte (ECM) con gran claridad y perspicacia*.

Ring informa que a un pequeño número de personas que han tenido ECM profundas se les ha mostrado **la vida que vivirán** si deciden regresar. Ring lo denomina "salto adelante personal". Esto suele ocurrir cuando están experimentando la revisión de su vida, un revivir extremadamente detallado y vívido de toda su existencia hasta el momento presente. En su caso, sin embargo, la revisión continúa en una visión previa de la vida. Ring presenta varios casos interesantes en su libro *Heading Toward Omega*.

Uno de estos casos es el de una mujer que estuvo a punto de morir en 1959 por un desgarro del cuello uterino mientras daba a luz a su hijo menor. En medio de su ECM, pudo ver cómo sería su vida futura si continuaba por el camino que llevaba. En el recuento de su vida, se vio a sí misma de mediana edad; vivía en una ciudad concreta, con sus hijos ya mayores. Dijo:

Estaba en la cocina mezclando una ensalada, vestida con un traje de la tela "mil rayas" de algodón. Mi pelo tenía vetas plateadas, mi cintura se había engrosado un poco, pero seguía en buena forma para ser una mujer mayor. Sentía una gran tranquilidad con mi

*Ring 1980; 1984 y Ring y Valarino 1998.

aspecto y estaba de buen humor, reía con mi hija mayor mientras preparábamos la cena. La hija menor (la recién nacida) se había ido a algún sitio con otros niños. Mi marido acababa de salir de la ducha y caminaba por el pasillo envuelto en una bata. Había engordado más que yo y su pelo era bastante plateado. Nuestro hijo estaba cortando el césped, pero los dos retoños solo estaban de visita. No vivían con nosotros.

Subrayó que no se trataba de una visión, sino de una experiencia vívida. Le llamó especialmente la atención la agudeza de sus sentidos.

A medida que iba conociendo cómo sería nuestra familia en el futuro, podía ver, oír y oler. Me llamó especialmente la atención el olor de la ensalada que estaba preparando (de pepino) mezclado con el de los árboles que crecían alrededor de la casa y el del pasto recién cortado. También podía detectar mi propia colonia y el jabón de la ducha que mi marido acababa de utilizar (Ring 1984, 184–85).

Ella informó a Ring que, muchos años después de su ECM, la visión que había tenido de su futuro se hizo realidad tal y como la había visto.

Ring entiende que estos "recuerdos futuros" son destellos de los **guiones de vida** de estas personas, el resultado probable de la trayectoria vital en la que se encuentran. En su opinión, estas visiones previas presentan un futuro condicional porque, en algunos casos, los individuos han sido capaces de actuar sobre lo que vieron para cambiar el resultado de los acontecimientos venideros. En un caso, una mujer que se había visto a sí misma luchar en un automóvil que se hundía tras un accidente de tráfico pudo tomar medidas para evitarlo*. Ring es muy consciente de los problemas que plantea la verificación de estos informes y habla de ello en profundidad. En raras ocasiones, afirma, las circunstancias permiten corroborar externamente la experiencia interior de la persona†.

---

*Ring 1984, 187–89.
†Ver el fascinante caso de Belle en Ring 1984, 190–92.

Terapia de vidas pasadas y el anillo del destino

Michael Newton era un hipnoterapeuta tradicional especializado en la modificación de la conducta para diversos trastornos emocionales. Una serie de pacientes lo llevaron poco a poco a un lugar al que no quería ir: el mundo de las vidas pasadas. Sin embargo, como buen terapeuta, seguía a sus pacientes hasta el origen de su dolor, el cual a veces resultaba ser un trauma que había tenido lugar en una vida anterior. De ahí pasó a aprender las complicaciones de la terapia de vidas pasadas. En este contexto hizo un descubrimiento sorprendente. Descubrió que, bajo hipnosis, sus pacientes podían recordar no solo sus encarnaciones anteriores en la tierra, sino también las experiencias vividas entre ellas. Sus clientes le contaban sus experiencias en el más allá.

Comenzó a explorar sistemáticamente estos recuerdos de la vida después de la muerte, y refinar sus métodos durante décadas de ensayo y error. Descubrió que las descripciones que sus clientes hacían de este ámbito eran notablemente coherentes e independientes de su educación previa. Cristianos conservadores, científicos laicos y ateos informaban de lo mismo: un mundo espiritual con orden, estructura y dirección. Con el tiempo, escribió una serie de libros sobre lo que le contaban y empezó a formar a otros terapeutas en lo que denominó "regresión espiritual"*.

La visión del más allá que se desprende de la obra de Newton es compleja y llena de matices. Si la reducimos a lo esencial, es más o menos así. Después de morir, nuestra consciencia se traslada a un universo espiritual donde nuestra primera tarea es procesar los logros y fracasos de nuestra vida que acaba de terminar. Este autoexamen tiene lugar con la ayuda de otros seres, rodeados de amor y aceptación total y sin la protección de excusas interesadas o defensas del ego. El proceso puede ser doloroso o feliz, según el calibre de las elecciones que hayamos hecho durante nuestra vida. No se trata de ser juzgados y castigados, sino de aprender de nuestros errores y victorias. Después de este período de interrogatorio, viene un largo período de descanso reparador y de contacto renovado con nuestra "familia del alma". Nuestra familia del alma es un círculo interno de compañeros con los que permanecemos estrechamente conectados a lo largo de todas nuestras encarnaciones en la tierra. En este punto, sabemos que somos algo más profundo que nuestra recientemente encarnada personalidad. Somos nuestra alma, la totalidad integrada de todas nuestras vidas terrenales.

* Newton 1995; 2000; 2009.

En este universo espiritual, las almas existen en una amplia variedad de condiciones que reflejan su etapa de desarrollo. Todas estas condiciones son dichosas, si se comparan con la vida en la tierra. Además, no existe el infierno. Es posible que experimentemos episodios de intenso sufrimiento durante nuestro interrogatorio, al experimentar el dolor que causamos a otros, pero Newton informa de que no hay condena eterna en la otra vida, ni pozos de fuego. En su lugar, existe la rendición de cuentas combinada con la oportunidad de seguir aprendiendo y creciendo en diversos entornos. En todos los niveles de este universo espiritual, los estudiantes veteranos ayudan a los principiantes. Es su trabajo y hacerlo es motivo de alegría para ellos*.

En el mundo que describe Newton, la vida es una larga espiral de aprendizaje. Cada vida en la tierra se equilibra en este intermedio entre vidas, con períodos de descanso y reposición. Cuando llega el momento adecuado, el alma comienza el proceso de elegir su próxima encarnación y esta es la razón verdadera por la que presento aquí el trabajo de Newton. Los pacientes de Newton le hicieron saber que la elección de una encarnación es algo que se hace con mucho cuidado. Con la ayuda de los mentores espirituales y de acuerdo con las almas con las que se compartirá esta encarnación, se elige conscientemente la próxima vida en la tierra. Para que esta sea una elección informada, debemos ser capaces de ver en qué consistirán estas vidas futuras y esta visión del futuro, tiene lugar en lo que Newton denomina el anillo del destino.

En el anillo del destino, se prueban un número preseleccionado de posibles vidas y se exploran las oportunidades que cada una ofrece para el crecimiento y desarrollo.

Probamos cada vida a través de la experiencia, sentimos sus puntos fuertes, sus puntos débiles y su trayectoria histórica. Los pacientes

---

*Existe cierta tensión entre la descripción de Newton sobre la vida después de la muerte y lo que he expuesto en mi descripción del sistema META-COEX de ira y sufrimiento que experimenté. En general, los sistemas META-COEX no aparecen en el radar de Newton, o más precisamente en el radar de sus pacientes. El mundo que sus pacientes reportan es uno de almas discretas. En este sentido, su descripción de la vida después de la muerte parece reflejar la perspectiva puntillista de los estados transpersonales e inferiores de consciencia. Los tendones colectivos que emergen en estados superiores de consciencia representan un patrón más profundo en la red de la vida. La consciencia del alma y la consciencia de las especies operan en diferentes niveles de la realidad. No son verdades mutuamente excluyentes, sino simultáneas. Cuando comprendemos este hecho, la tensión desaparece.

de Newton informan que no se nos permite ver todo sobre estas vidas, solo sus primeros años (normalmente entre los ocho y los veinte) cuando empiezan a surgir las primeras bifurcaciones importantes en la vida de una persona. No se nos muestran los resultados probables en detalle, solo lo suficiente para decidir si queremos los retos a los que nos enfrentaremos.

Las elecciones que hagamos en el anillo del destino se convertirán en nuestro destino terrenal, no un destino fijo con un resultado predeterminado, sino un destino de posibilidades estructuradas. Al elegir una vida, estamos eligiendo un **guion de vida**, un conjunto de circunstancias y condiciones definidas pero abiertas. Una vez que hemos hecho nuestra elección, el conocimiento que hemos adquirido sobre nuestra próxima encarnación se nos arrebata mediante la imposición de una amnesia deliberada, porque demasiado conocimiento previo socavaría el ejercicio de aprendizaje. Lo que conservamos es una sensación de dirección y propósito, un instinto interior que nos dice cuándo estamos en el buen camino o fuera de él. Además, en nuestro inconsciente se plantan marcadores que nos ayudan a reconocer a personas y acontecimientos significativos cuando los encontramos en la tierra. En resumidas cuentas, cuando sabíamos más de lo que sabemos ahora, cuando las probabilidades de futuro eran más claras para nosotros de lo que son ahora, elegimos la vida que estamos viviendo*.

No tenía los libros de Newton para ayudarme a entender mis sesiones en 1983. Si los hubiera tenido, podría haber especulado que, cuando entré en el tiempo profundo, estaba experimentando el guion de vida que mi alma había elegido antes de nacer. En esas siete sesiones, el tiempo se volvió poroso, similar a lo que recuerdan y describen los pacientes de Newton de sus experiencias en el anillo del destino. **"No solo vi y observé mi vida, sino que la saboreé experimentalmente. Me convertí en mi yo más antiguo y pleno y sentí su estructura"** (S11). ¿Es esta la misma visión del futuro que tiene lugar en el anillo del destino? No estoy seguro. Veo similitudes y diferencias.

En mis sesiones, me abrí a una realidad más profunda que fue la responsable de crear la estructura de mi vida actual, y esto es parecido. Por otro lado, no experimenté un futuro probable hasta cierto punto de mi

---

*Según Newton y otros terapeutas de vidas pasadas, únicamente una parte de la energía y el conocimiento del alma se encarna en una vida. La mayor parte permanece fuera del espacio-tiempo, para ayudar a la encarnación actual.

vida, sino la esencia destilada de toda mi vida, y esto es diferente. Mi mejor conjetura es que la dilatación del tiempo que experimentaron los pacientes de Newton en el anillo del destino y lo que yo experimenté en mis sesiones son fenómenos que se solapan y ambos sugieren que, en determinados estados de consciencia, el tiempo puede volverse poroso, lo que nos permite experimentar el futuro hasta cierto punto.

Antes de abandonar este tema, quisiera plantear una última pregunta. Si lo que vemos de nuestro futuro en el anillo del destino está bloqueado por la amnesia cuando nacemos, ¿por qué se me permitió experimentar lo que la naturaleza suele ocultar? No siento que me haya comprometido al experimentar la totalidad condensada de mi vida, al igual que no se sienten comprometidas las personas que experimentan una vista previa de su vida durante su ECM. Pero, ¿por qué se me concedió esta experiencia si el orden habitual de las cosas es mantener oculta esta información?

Al fin y al cabo, no sé la respuesta a esta pregunta. Se me ocurren dos posibilidades. Puede que fuera importante para mí experimentar la trayectoria subyacente de mi vida para anclarme a tierra, dada la naturaleza extrema del viaje psicodélico que acababa de comenzar. Esta interpretación tiene sentido para mí. Otra posibilidad es que fuera simplemente un subproducto del método excepcionalmente poderoso que estaba utilizando, para explorar la consciencia. Un método que me llevaría a través de la frontera del tiempo con frecuencia en los años venideros. Esta interpretación también tiene sentido para mí. Al final, no sé por qué se me permitió experimentar lo que experimenté, pero lo hice. Tal como lo he descrito y algo más.

Intervalo de seis años

SEIS

Iniciación al universo
Sesiones 18–24

Más que ningún otro de los tipos de seres humanos que se ocupan de lo sagrado, la personalidad chamánica viaja a las lejanas regiones del misterio cósmico y trae de vuelta la visión y el poder que necesita la comunidad humana en el nivel más elemental. No solo la personalidad chamánica, sino también la dimensión chamánica de la propia psique.

THOMAS BERRY, *THE DREAM OF THE EARTH*

Desde un punto de vista psicológico, probablemente no fue acertado que interrumpiera mis sesiones cuando lo hice. Al interrumpir el trabajo con sustancias psicodélicas, en medio de un largo proceso de muerte y renacimiento, le estás negando a tu sistema la oportunidad y la energía para completar el ciclo. Al entrar en el océano de sufrimiento, había iniciado algo de lo que no podía alejarme por completo. Por eso, cuando dejé de asistir a las sesiones, quedó una tensión residual en mi vida que afectó mi equilibrio diario más de lo que esperaba.

Durante los primeros doce meses, perdí el contacto con mi personalidad ordinaria. Esto suena más dramático de lo que realmente fue. Mi mente y mis recuerdos estaban intactos y podía desenvolverme con soltura en el mundo, pero el sentido habitual de ser yo mismo desapareció. Sentía que estaba siendo yo mismo desde la memoria, que ya no vivía desde mi centro vital. Al cabo de un año, empecé a sentir que mi yo conocido solo salía a la superficie durante unas horas aquí y allá. Al cabo de dieciocho meses, había vuelto por completo.

Incluso entonces, tuve que gestionar mi vida con cuidado. Tuve que dejar de realizar las prácticas espirituales que había efectuado durante años. Antes la meditación siempre me había hecho sentir relajado y espacioso, pero ahora socavaba mi equilibrio y me hacía más poroso hacia mi tormentoso interior y susceptible a su influencia. Para mantener el equilibrio en mi vida, tenía que engrosar, no adelgazar, las paredes de mi psique. Empecé a hacer más ejercicio y a seguir una dieta más equilibrada. Engordar unos pocos kilos me hizo sentir más arraigado al mundo. Con el paso de los años, todo fue más fácil. Fue como si la membrana de mi mente se hiciera gradualmente más gruesa, y volví a mi experiencia familiar de ser "yo".

En los seis años que interrumpí mis sesiones, hice muchas cosas. Publiqué un trabajo y ascendí en el escalafón académico de mi universidad. Terminé dos años de formación en el Instituto de Gestalt en Cleveland, en los que limpié esto y aquello con un terapeuta y aprendí enfoques somáticos de sanación con otro. Carol y yo completamos nuestra familia, trajimos al mundo otros dos hijos maravillosos. Leí literatura sobre vidas pasadas, pasé tres años explorando mis propias vidas anteriores a través de la hipnoterapia y me familiaricé íntimamente con una docena de ellas. Publiqué *Lifecycles* y conocí a otros autores en el campo de los estudios sobre la reencarnación. Hice un curso intensivo de respiración holotrópica de una semana en el Instituto Omega, donde conocí a Stan y Christina Grof. Después de leer el libro *Viajes lejanos* de Robert Monroe, hice una formación de una semana en el Instituto Monroe de Virginia y empecé a utilizar su tecnología Hemi-Sync para explorar estados de consciencia más suaves y cercanos que los estados psicodélicos. Hice muchas cosas productivas y valiosas, pero en el fondo el trabajo con sustancias psicodélicas seguía llamándome. Nunca abandonó mi consciencia y pasé muchas noches en mi estudio reflexionando sobre mis sesiones, a la espera de poder reanudarlas. Finalmente, en el verano de 1990, llegó el momento.

Cuando reanudé mis sesiones, comencé a sentirme sólidamente asentado en el mundo. Mi matrimonio era más fuerte, mi carrera iba bien y mis tres hijos (de dos a siete años) eran sanos y felices (y ruidosos). No sabía qué esperar, pero ahora, con el consentimiento y el apoyo de Carol, estaba preparado para empezar de nuevo. Tenía cuarenta y un años. La década más intensa de mi vida estaba a punto de comenzar.

El primer año de mi regreso fue feroz. El océano de sufrimiento se reanudó **exactamente** donde se había detenido seis años antes, sin perder el ritmo. Este hecho merece especial atención. En un período diferente de mi vida, con nuevas expectativas y bajo tránsitos astrológicos diferentes, el viaje se reanudó exactamente donde se había detenido, lo que demuestra, creo, la precisión y el poder de la inteligencia que guía esta exploración. A partir de ahí, el sufrimiento se intensificó, desbordándose una y otra vez como un río crecido, hasta que, finalmente, culminó siete sesiones más tarde. En la sesión 24.

Este aumento en la profundidad de la limpieza fue igualado por un incremento paralelo en la profundidad del esplendor visionario que se abrió durante la fase extática de estas siete sesiones. Antes de la pausa de seis años, había experimentado la destilación de toda mi vida de principio a fin. Tras el paréntesis, la plataforma de descubrimiento se desplazó mucho más allá de mi realidad personal. No se dio ninguna explicación para este cambio. Las sesiones simplemente empezaron en un punto de partida diferente. Ahora, cada vez que atravesaba el océano de sufrimiento, me llevaba a una serie de iniciaciones en el universo y en la inteligencia creadora que hay detrás de él. No sé por qué se me mostró lo que se me mostró, pero la secuencia fue deliberada y bien elaborada. Sentí como si una inteligencia infinita me estuviera educando y recordando cosas olvidadas hace mucho tiempo, pero que ahora necesitaban ser recordadas.

En este capítulo, voy a dejar que las sesiones hablen por sí solas y voy a ser lo más breve posible en mis comentarios, haré solo una incursión en la teoría al final del apartado. En lugar de separar la parte de purificación de estas sesiones de la parte extática, como hice en los dos capítulos anteriores, voy a presentar las sesiones completas, tal y como ocurrieron realmente. Esto mostrará el ritmo de revelación con mayor claridad: a medida que la purificación se profundiza en la primera mitad de las sesiones, la exploración del universo lo hace en la segunda mitad.

A medida que profundizaba sesión tras sesión en lo que percibía como la mente del universo, ciertos temas empezaron a repetirse en formas progresivamente más complejas. Aquí he suavizado esta repetición, pero no la he eliminado por completo. Resulta fascinante observar la sutileza y complejidad de esta espiral educativa. Cada sesión individual era completa por sí sola, pero el mosaico que se desplegaba a lo largo de varias sesiones era aún más rico. Hasta que no completé toda la secuencia, no pude ver con claridad la imagen completa.

En este capítulo presentaré siete sesiones reducidas a sus componentes esenciales. Los nombres que he dado a estas sesiones son los siguientes:

S18 Tú y yo creando
S19 El viaje cósmico
S20 El concilio de ancianos
S21 Morir en unidad
S22-23 El plan maestro
S24 Sanando la herida colectiva

Yo situaría estas experiencias, en gran medida, dentro del nivel sutil de la consciencia, con el "Morir en unidad" tocando la consciencia causal.

 ### Sesión 18—Tú y yo creando

Esta sesión comenzó donde terminó la anterior hace seis años. Lo más difícil de describir es el dolor, la agonía y el frenesí. Un dolor terrible. Horrible, explosivo, convulsivo. Fue más allá de todo lo que había experimentado antes, ya que mezclaba los tonos de sentimiento de civilizaciones primordiales y cataclismo galáctico, incluía toda la historia humana e iba más allá de la experiencia humana, al abarcar dimensiones experienciales con las que no estoy familiarizado. Su alcance y complejidad eran enormes. Tenía poco que ver con mi historia humana individual. Podría haber vivido en la tierra cien mil años y no haber tocado la gama de dolor que he experimentado hoy.

En la primera sesión, veía complejos patrones de vida que empezaban a simplificarse, paso a paso, en una dualidad cósmica que se asemejaba a las energías del yin y el yang. Me estaba acercando y fusionando con una dualidad cósmica que parecía abarcar todo el universo físico. Este universo estaba saturado de mujeres y madres. Seguía viendo miles de trozos de vida (barrios urbanos, patios traseros, calles secundarias) que a Chris no le importaban o que ni siquiera parecía notar. Pero había madres en todo el mundo a las que sí les importaban y, por tanto, mi "yo" actual se preocupaba profundamente por dichas vidas. El efecto neto fue que me convertí en una madre cósmica colectiva, que cuidaba del planeta mientras se retorcía de dolor. Aunque el dolor era terrible, no lo abandonaría. Se trataba de mi hijo.

Luché desesperadamente contra el dolor caótico de la existencia. Cuanto más luchaba, más me atrapaba. Todo a mi alrededor era un torbellino. La muerte estaba en todas partes. Intentaba escapar para encontrarme de frente con la muerte, pero no lo conseguía. En lugar de eso, seguía viéndome morir en mil posiciones apretadas, retorcidas e incómodas. Sin sentido, solo indiferencia suprema. "¡Mi vida contará para algo!", gritaba, pero la muerte seguía despachándome a su antojo. Mis muertes no eran intencionadas, sino meros accidentes, el resultado del descuido del universo. Simplemente estaba en el lugar equivocado en el momento equivocado y no pude quitarme de en medio. Si mi muerte carecía de sentido, mi vida también. Seguí intentando escapar del horror de mi insignificancia y seguí fracasando.

Vomité y, en mis violentas arcadas, creí que me estaba muriendo. Interpreté las maniobras que mi cuidadora le hacía a mi cuerpo como una confirmación. Recuperé una vaga sensación de dónde estaba y qué estaba haciendo. Tenía la sensación de haber empezado algo importante, pero que se había descontrolado por completo y que ahora iba a morir. Recordé que me había despedido de mis hijos esta mañana y pensé que sería horrible no volver a verlos al final del día.

Luché contra mi muerte, rodeado de un vórtice de horror que se extendía por los cuatro costados del universo. La muerte psicológica y el espectro de mi muerte biológica se mezclaban en el frenesí. Entonces, de repente, se produjo un cambio en la vorágine. Cientos de pequeños paneles de mi experiencia se voltearon, como minipersianas venecianas, para mostrarme una realidad completamente diferente "debajo" de esa lucha. Era como si cientos de plumas dentro de un manto de miles me estuvieran mostrando trozos de un universo alternativo.

Estos destellos me mostraban vislumbres de dulzura extática. Vislumbraba todo lo que podía desear. Era el momento más dulce del día. El momento más dulce de la vida. El éxtasis del sexo. El descanso refrescante en medio de una dulzura exquisita. Sombra bajo delicadas hojas que el viento movía suavemente. La dulzura de los tiempos, de ajustarse perfectamente a los ciclos que componen la vida. Imágenes de abundancia. Todo lo que se puede desear. Pero estos destellos seguían desapareciendo en la lucha. Una y otra vez, una y otra vez.

Aunque esta dulzura me atraía al instante, por alguna razón me alejaba de ella y prefería volver a la lucha. Conocía esta dulzura desde el principio, era algo que siempre conocí, pero que ahora estaba lejos de mí. Luchaba desesperadamente por volver al mundo, aunque este no era más que agonía para mí. No lo abandonaría. Era mío. Era todo lo que me importaba y por lo que trabajaba. Alguien tenía que cuidar de él. Era el mundo amado por las madres del mundo. Era mi mundo y me negaba a abandonar mi creación.

Esta danza se repetía una y otra vez. Entonces, en el vaivén entre el dolor de la vida y el éxtasis de los sueños cumplidos, empezó a surgir algo nuevo. Me estaban recordando algo. No tenía permitido pensar que era una víctima a causa del sufrimiento. No tenía permitido experimentar esta agonía en términos de una agencia externa que me hacía daño "a mí". Algo seguía silenciándome y apartando mis percepciones. Cuando por fin todas las alternativas se habían despejado, se produjo un momento de encuentro exquisito. Una presencia amorosa e invisible tomó mi rostro entre sus manos, me miró a los ojos y dijo:

"Lo que has estado viendo en los destellos extáticos no es el origen del placer, sino el origen de la existencia misma".

Con esta percepción, estalló una burbuja y me invadió un conocimiento. Estaba viendo lo que había creado el universo físico y supe que era mi naturaleza esencial. Esta dimensión de dulzura que podía satisfacer todos los deseos era de donde procedía la propia existencia. Las palabras eran:

"Somos tú y yo creando, mi amor.

Todo el sufrimiento y la ignorancia

es simplemente lo que ha sucedido desde que nos separamos.

Todo ello forma parte de tu creación y de la mía.

¿Te acuerdas ahora? Tú y yo decidimos crear por puro placer".

Al comprenderlo, me invadió una alegría exquisita. De repente recordé lo que era. En aquel momento, mi identidad no era Chris Bache, sino la divinidad femenina que había creado el universo físico y que ahora se reunía con su amante. A través de estos destellos, había sido pacientemente guiado para redescubrir mi verdadera naturaleza y el propósito de mi vida. Mi naturaleza era la consciencia y mi trabajo era la creación. Todo por alegría.

La lección era recordar. Recordar lo que soy. Recordar lo que estamos haciendo. Recordar cuál es nuestra verdadera naturaleza. Y observar lo que podemos hacer cuando empezamos a crear conscientemente en lugar de inconscientemente. La esencia de esta lección era aprender lo que se puede lograr cuando la creación se convierte en un proceso consciente. Podremos crear cualquier cosa que deseemos en la tierra.

Comentario

¿Cómo conciliamos el dolor y el sufrimiento de la existencia física con la alegría divina de la que brota la existencia? Las religiones occidentales han tendido a resolver este enigma con la teología de una caída cósmica seguida de un retorno redentor al origen. El mundo físico no participa en esta redención, sino que es abandonado cuando regresamos al cielo. Sin embargo, la teología de esta sesión es muy diferente. Aquí la divinidad está profundamente comprometida con la creación. La revelación que sorprende es que la creación fue una elección en la que yo había participado de alguna manera, en la que todos nosotros hemos participado. Por tanto, el sufrimiento humano no es algo que nos hicieron. No es un castigo, ni un accidente. Es algo que asumimos voluntariamente cuando elegimos participar en la cocreación de este universo, un proceso inacabado e incompleto.

Como nota al margen de este capítulo, a veces me he preguntado si el hecho de interrumpir mis sesiones a mitad de ciclo, como lo hice, pudo haber contribuido realmente a aumentar la intensidad del océano de sufrimiento después de mi pausa de seis años. Cuando interrumpí mis sesiones, sentí como si hubiera dejado una tormenta que se agitaba en mi interior, controlada con éxito, pero siempre presente bajo la superficie de mi vida.

¿El vórtice que había puesto en marcha seguía extrayendo energía de la psique colectiva incluso después de haber interrumpido mis sesiones? ¿La larga pausa añadió algo "extra" a la furia que se desató cuando reanudé el trabajo? No conozco la respuesta a esta pregunta.

 ### Sesión 19—El viaje cósmico

Después de una larga apertura, comenzaron a emerger experiencias más oscuras, pero pude permanecer físicamente abierto para permitirles venir. Nuevamente, hubo ese dolor frenético, caótico, físico y psicológico, que no puedo describir con palabras. En varias ocasiones, me encontré preguntándome de qué se trataba todo ese dolor. Estaba abierto y dejando que pasara a través de mí, pero ¿de dónde venía? No podía decirlo, pero se amplió y profundizó durante mucho tiempo.

Mi consciencia se expandía y se abría a más y más sufrimiento. Eventualmente, tuve la sensación de que mi ser se extendía de horizonte a horizonte, mientras experimentaba un sufrimiento que involucraba a decenas de miles de personas. Como esta vez había entrado en este estado con más pausa, no era tan confuso como antes. Entonces, vislumbré algo detrás del campo de sufrimiento, era algo enorme y lo reconocía como familiar, pues lo había visto en la sesión anterior. Me adentré con más profundidad en el sufrimiento y finalmente pude cruzar hacia esta dimensión más grande.

El círculo de aprendizaje

En la mayoría de mis sesiones, simplemente me he había dejado llevar de una experiencia transpersonal a otra. Solo una vez había tenido la oportunidad de poder dirigir conscientemente mi experiencia. Ahora estaba sucediendo de nuevo. Un círculo se abrió a mi alrededor y creó un espacio que se convirtió en un escenario de diálogo entre una consciencia más amplia y yo. Descubrí con gran sorpresa que este campo era sensible a mis pensamientos. Cuando lo descubrí por primera vez, tuve la sensación extática de confrontar una enorme inteligencia que incluía y rodeaba la mía. "Eso es correcto", me comunicó. "Eso es exactamente lo que está sucediendo".

Comencé a hacerle preguntas y me respondió orquestando mi experiencia en el círculo. Fue un proceso extremadamente sutil y la línea entre "mi" consciencia y esta consciencia más amplia a menudo era invisible para mí. A veces, mi reacción a una respuesta interactuaba con lo que me estaban mostrando para desviar la lección que se estaba impartiendo. Aprendí que podía detener estas desviaciones no deseadas al tomar el control de mis pensamientos. Podía "limpiar el tablero" si detenía mis reacciones y esperaba a que el espacio en el que estaba se aclarara. Una vez que conseguía aquietar mi mente, la lección continuaba.

El árbol cósmico

Después de algunas experiencias intermedias, fui llevado a un encuentro con un campo unificado subyacente a toda la existencia física. Me enfrentaba a un enorme campo de energía, de brillo cegador e increíble poder. Esta era la energía única que componía toda la existencia. Todas las cosas no eran más que aspectos variados de su existencia integral. Experimentarlo fue extremadamente intenso y conllevó una sensación de encuentro definitivo.

La experiencia se transformó en la conmovedora experiencia del árbol cósmico. La energía se convirtió en un enorme árbol de energía radiante suspendido en el espacio. Parecía más grande que la mayor de las galaxias y estaba formado exclusivamente de luz. El núcleo del árbol se perdía en la brillante exhibición, pero los bordes de las ramas y de las hojas eran visibles. Me sentí como una de sus hojas. Las vidas de mis familiares y amigos cercanos eran hojas agrupadas cerca de mí en una pequeña rama. Desde esta perspectiva, todas nuestras características distintivas, las que nos convertían en los individuos que éramos, parecían variaciones menores, casi arbitrarias, de esta energía fundamental.

Me llevaron alrededor del árbol y me mostraron lo fácil que era pasar de la experiencia de una persona a otra. De hecho, era ridículamente fácil. Las diferentes vidas alrededor del mundo eran simplemente diferentes experiencias que el árbol estaba teniendo. Todas las experiencias estaban gobernadas por la elección. Los distintos seres, que a su vez formaban parte del ser mismo, simplemente habían elegido esas múltiples experiencias.

En ese momento, YO ERA EL ÁRBOL. No es que estuviera teniendo toda la gama de sus experiencias, pero sabía que yo mismo era esta única consciencia que me abarcaba. Comprendía que su identidad era mi verdadera identidad. Aunque años antes me había tomado muy a pecho el monismo, ahora estaba experimentando realmente el flujo ininterrumpido de la consciencia en cristalizaciones de encarnación. Estaba experimentando cómo la consciencia se manifiesta en formas separadas sin dejar de estar unificada. "Así es como funciona", me dije. La libertad era pura felicidad.

Cuando salí de la experiencia del árbol cósmico, la sensación de intensa energía disminuyó y me encontré de nuevo en comunicación consciente con esta vasta consciencia circundante. Mi campo de experiencia era extremadamente claro.

El viaje cósmico

Durante las horas siguientes, esta consciencia me llevó por un extraordinario recorrido a través del universo. Era como si quisiera mostrarme su obra, pues parecía ser el creador de nuestro universo físico. Me llevaba a algún lugar o me abría a alguna experiencia y yo llegaba a comprender algún aspecto del funcionamiento del universo. Una y otra vez, por lo que me sentía abrumado por la magnitud, la sutileza y la inteligencia de lo que estaba presenciando.

"Eso es increíble".

"Estoy comenzando a entender".

La belleza de las creaciones que veía, me dejaba repetidamente sin aliento.

A veces me asombraba tanto lo que veía que me detenía y la consciencia creadora tenía que volver por mí. "¡Sigue! ¡Sigue!", me decía, deleitándose con mi asombro. A veces no estaba seguro de lo que veía, entonces la consciencia hacía algo y todo se agrandaba para que yo pudiera comprender. Entonces, una vez entendido, me llevaba a ver otra cosa.

Este viaje ha sido el más extraordinario de mi vida. Las vistas de la inteligencia me llevaron repetidamente al éxtasis cognitivo. La ironía, sin embargo, es que, salvo los pequeños fragmentos que describiré a continuación, soy incapaz de recrear los detalles de lo que vi. Sencillamente, no tengo suficientes doctorados para encajar en mi pequeña mente terrenal el conocimiento que allí obtuve. Esto no me lleva a cuestionar o dudar de mi experiencia. Aunque he perdido gran parte, conservo la inquebrantable certeza epistemológica de que ese conocimiento era de un orden superior al que puedo alcanzar en mi consciencia ordinaria*.

En determinado momento, me llevaron a través de un complejo laberinto de fuerzas agitadas hasta que logré emerger por encima de las turbulencias y hacia un campo experiencial maravillosamente espacioso y tranquilo. Me dijeron que habíamos llegado a través de las emociones de la experiencia humana. Eran inquietos y persistentes, y componían una masa de energía tan enmarañada que no me sorprendió que pudieran borrar este dominio más sutil de paz y tranquilidad.

Mi ascensión a este campo fue como recordar, al igual que todas mis experiencias en este viaje. Volvía a despertar a niveles de realidad que había conocido, pero que había olvidado. Una y otra vez, volvía a despertar a un nivel de experiencia que había dejado atrás hacía mucho tiempo. Recordar. No se trataba de "morir", sino de despertar y recordar.

Entonces me elevaba a otro campo experiencial "más alto" y "más grande", y luego a otro. Con cada transición, entraba en un nuevo nivel de tranquila paz y dicha. Era como si una amnesia de miles de millones de años fuera desapareciendo de mí capa a capa. Cuanto más recordaba, más grande me hacía. Oleada tras oleada de despertar empujaban hacia atrás los bordes de mi ser. Recordar más era convertirme en más.

---

*La teoría del diseño inteligente, empañada por su torpe teísmo, no llega a describir la sutileza del genio de nuestro universo autoemergente. A menudo he deseado haber tenido formación avanzada en física y astronomía, porque entonces podría haber sido capaz de retener más de lo que se me mostró en esta y otras sesiones. El contenido no era inherentemente inefable, pero sí extraordinariamente sofisticado y técnico.

Por último, fui transportado a una dimensión especialmente espaciosa y pacífica. Al recordar esta dimensión, me invadió una abrumadora sensación de vuelta a casa y experimenté a plenitud la tragedia de haberla olvidado durante tanto tiempo. No puedo narrar lo conmovedor que fue, pero quizá ayude a describirla el hecho de que pagaría el precio que fuera por volver a esta dimensión. Le pregunté a la consciencia qué había pasado y me explicó que habíamos abandonado el tiempo. Luego dijo: "Nunca pretendimos que tantos quedaran atrapados en el tiempo". Sentí que el tiempo era simplemente uno de los muchos experimentos de creación del universo multidimensional que se me estaban mostrando.

Aunque estas experiencias fueron extraordinarias por sí mismas, lo más conmovedor de esta sesión no fueron las dimensiones del universo que estaba presenciando, sino lo que significaba verlas, para la consciencia creadora que me acompañaba. Parecía muy contenta de tener a alguien a quien mostrarle su trabajo. Sentí que había estado esperando miles de millones de años a que la consciencia encarnada evolucionara hasta el punto en el que por fin pudiéramos empezar a ver, comprender y apreciar lo que se había logrado en nuestro universo autoevolutivo. Pude sentir la soledad de esta inteligencia al haber creado semejante obra maestra y no tener a nadie que apreciara su trabajo. Lloré. Lloré por su aislamiento y me asombré por el profundo amor con el que había aceptado esta soledad como parte de un plan mayor. Detrás de la creación hay un amor de proporciones extraordinarias. La inteligencia que diseñó el universo está a la altura de la profundidad del amor que la inspiró.

En algún momento me di cuenta de que no iba a ser capaz de llevar conmigo los conocimientos que había adquirido en este viaje. La inteligencia con la que estaba también lo sabía, lo que hacía que nuestras pocas horas de contacto fueran aún más valiosas para ella. No iba a poder hacer nada con este conocimiento, excepto experimentarlo ahora. Mi mayor servicio consistía simplemente en apreciar lo que estaba viendo. Parecía importante reflejar la existencia a su creadora en una apreciación amorosa.

Comentario

Después de esta sesión, vino una muy distinta en la que me sometieron a un ejercicio de entrenamiento que me enseñó a recibir los niveles de aprendizaje experiencial que empezaban a abrirse en las sesiones. El concilio de ancianos fue la manera que tuvo mi mente de darle forma terrenal a un encuentro con el conocimiento cósmico.

 ### Sesión 20—El consejo de ancianos

En las primeras sesiones, mi cuerpo era empujado a niveles de energía cada vez más altos, lo que me provocaba náuseas y me ponía siempre al borde del vómito. La energía era enorme. Bailé alrededor de los bordes del dolor colectivo de sesiones anteriores, pero no había nada nuevo en ello. Ya había explorado todo lo que me atravesaba. Y, sin embargo, al cabo de un rato, volví a quedar atrapado. Las cosas iban muy deprisa. Había un dolor furioso, pero no parecía referirse a mí personalmente. Intenté comprender cómo podría trabajar con el dolor, cooperar con él, pero no veía ninguna manera. Busqué algo parecido a la muerte del ego a lo que rendirme, pero el concepto carecía de sentido para mí. En ese momento, ya no me sentía como un "yo" personal.

Tras un tiempo en esta situación, empecé a pasar a estados transpersonales positivos. La transición fue desigual, y pasé varias veces del horizonte del dolor al transpersonal, antes de asentarme en un estado claro y espacioso. Al hacerlo, se abrió a mi alrededor un escenario interactivo de diálogo con un concilio de ancianos. La música era el profundo canto gutural de los monjes tibetanos del monasterio de Gyuto. La potente voz grave del monje principal me atrapó y me retuvo, lo que detuvo por completo mi proceso de pensamiento. Una voz decía: "¡Detenlo todo y presta atención! Presta atención y aprende". La clase se había reanudado.

Esta sesión había sido un ejercicio de entrenamiento para "aprender a aprender" en estados transpersonales de consciencia. Una cosa es conformarse con permanecer pasivo en estos estados, mientras las experiencias exóticas simplemente fluyen a través del ser, pero otra muy distinta es que se quiera ser plenamente consciente en estos niveles. Para ello, se debe aprender a estabilizar la atención con el fin de experimentar completamente lo que está sucediendo. También se debe aprender a mantener una experiencia coherente con respecto a los niveles de realidad. Mi capacidad para hacer ambas cosas había ido mejorando, pero ahora parecía que necesitaba un entrenamiento explícito en esta área.

La inteligencia que dio origen a nuestro universo es enormemente sofisticada y su funcionamiento va mucho más allá de la comprensión ordinaria. Si se quiere acceder al conocimiento, esta inteligencia tiene que enseñarnos cómo recibirlo. El concilio de ancianos eran los guardianes del conocimiento de lo que ha estado ocurriendo en el universo durante miles de millones de años. Como yo buscaba este conocimiento, fui llevado ante ellos para recibirlo. Este conocimiento no se imparte a la ligera, se debe trabajar para conseguirlo. Primero se tiene que trabajar para alcanzar este nivel de consciencia y luego se tiene que trabajar para mantener la concentración necesaria para recibir el conocimiento disponible.

Estaba sentado con el concilio en lo que parecía ser el núcleo primigenio del universo, donde los guardianes conjuran y hacen que las cosas sucedan. No vi su forma concreta, pero sentí su presencia con fuerza. Me rodeaba un campo cargado de sincronía, en donde la experiencia y la música se mezclaban en un único flujo.

Quería saber cosas. Me vino a la mente una idea de algo que quería entender, e inmediatamente el concilio la conoció y la aceptó como petición formal. El jefe del concilio entonó un canto estruendoso: "Quiere saber esto". Entonces los demás se unieron e iniciaron una invocación. Cantaron para reunir poder, porque para saber ciertas cosas hay que reunir el poder necesario. Incluso el concilio de ancianos tenía que reunir poder. Se debe repetir el mantra muchas veces. Aprendí por las malas que tenía que estar preparado para lo que pasaría después.

Cuando el conocimiento que desataba el concilio llegaba a mí me llevaba al éxtasis cognitivo o me destrozaba. Si estaba centrado cuando el conocimiento me golpeaba, me atravesaba como una cascada, como una orgía extática de perspicacia. Pero si no había controlado mis pensamientos y no estaba centrado cuando me golpeaba el conocimiento, entonces me destrozaba por completo, me llevaba más allá de mi capacidad para mantener la coherencia cognitiva. Ambas cosas me ocurrieron muchas veces durante esta sesión.

El concilio podía centrar mi experiencia en diferentes niveles de realidad y, a veces, la multiplicidad de niveles provocaba una confusión casi cómica. En una ocasión, el concilio estaba reuniendo poder para darme el conocimiento que había solicitado cuando, de repente, me llegó una nueva pregunta, algo que pertenecía a un nivel de realidad diferente. El concilio reaccionó sorprendido y confuso. El cambio de enfoque les obligaría a modificar todo el proceso. El jefe del concilio tronó una larga nota en solitario que hizo que todo se detuviera, luego decidieron aceptar la nueva petición y comenzaron una nueva invocación para reunir el poder necesario para generar el acceso a este conocimiento.

A veces, el concilio rechazaba mi interrupción. Una vez cometí el error de distraerme mientras los ancianos reunían el poder. Una voz me caló hasta los huesos y me dijo: "¡Escucha! ¿Quieres madurar? ¡No te distraigas! ¡PRESTA ATENCIÓN! Todas estas cosas tienen su lugar, pero si quieres comprender la estructura del universo, tienes que ser capaz de asumirlo. Tienes que ser capaz de EXPERIMENTARLO".

En esta sesión el concilio de ancianos me ha permitido experimentar muchas piezas de cómo funciona el universo. Podía conocer todo lo que quisiera, siempre que fuera capaz de soportarlo, pero para soportarlo tenía que ser capaz de "ir a fondo con la existencia"; es decir, tenía que ser capaz de expandirme hasta el tamaño de la realidad de la que deseaba tener conocimiento. Ser capaz de conocer el universo de este modo respondía a un anhelo tan profundo en mí que sabía que me había estado impulsando durante miles de años.

Comentario

El entrenamiento que me dieron en esta sesión parece haber sido productivo, porque en la siguiente todo pasó a un registro más profundo.

 ### Sesión 21—Morir en unidad

Me sorprendió lo terriblemente dolorosa que fue esta sesión. Después de todas las sesiones anteriores, no podía imaginar que se produjera un salto tan grande hacia el sufrimiento, pero esta sesión fue mucho más terrible que cualquier otra anterior.

No era algo personal. Los límites de mi experiencia se extendían a toda la familia humana y a toda la historia de la humanidad, y este "yo" estaba atrapado en un horror que soy incapaz de describir con exactitud. Era una locura furiosa, un campo caleidoscópico de caos, dolor y destrucción. Era como si toda la raza humana se hubiera reunido en todos los rincones del planeta y se hubiera vuelto completamente loca. La gente se atacaba con un salvajismo rabioso, potenciado por una tecnología que parecía sacada de una novela de ciencia ficción. Había muchas corrientes que se cruzaban y entrecruzaban frente a mí, cada una compuesta por miles de personas. Algunas corrientes mataban de múltiples maneras, algunas eran asesinadas, algunas huían presas del pánico, otras eran acorraladas, otras presenciaban y gritaban de terror, otras tenían el corazón roto por una especie enloquecida... y "yo" era todas estas experiencias. En el horror flotaban escenas de sufrimiento causadas por la naturaleza y la indiferencia humana. Miles de niños hambrientos de todo el mundo, con los cuerpos hinchados por la muerte y la mirada perdida en una humanidad que los estaba matando mediante el abuso y el abandono sistemáticos. Mucha violencia entre hombres y mujeres (violaciones, palizas, intimidación, represalias), ciclos y ciclos de destrucción. Es imposible describir la magnitud de las muertes y la locura.

Lo que sucedió a continuación surgió en el contexto de este campo más amplio de agonía. En cierto sentido, estaba en primer plano sobre el telón de fondo de este horror, pero en otro sentido no estaba en el centro. Resulta difícil describir cómo una experiencia puede ser tan inclusiva y selectiva al mismo tiempo.

En el centro surgió el tema de la sexualidad. Al principio el sexo apareció en su forma placentera para el deleite mutuo y como medio para la satisfacción erótica, pero pronto cambió a su forma violenta, como ataque, asalto, lesión y herida. Las fuerzas de la agresión sexual se estaban acumulando también en los campos entrecruzados de la humanidad. Me enfrentaba a estas fuerzas brutales y, entonces, a mis espaldas había una niña pequeña. Era simultáneamente una única niña de unos tres años, como todos los niños del mundo.

Seguí intentando proteger a esta niña, conteniendo el ataque que intentaba alcanzarla a través de mí. Pero, cuanto más los contenía, más poderosos se volvían. "Yo" me había convertido en miles de personas. El horror estaba más allá de lo que puedo describir. Al mirar por encima de mi hombro, podía sentir el campo de la inocencia asustada, pero ahora había otro elemento añadido: una tensión de abrazo místico. Superpuesta a la niña estaba la mujer primordial, la diosa en persona. Me hizo señas para que la abrazara y supe instintivamente que no podía haber mayor dulzura que la de sus brazos. Al abstenerme de la agresión sexual violenta, también me abstenía del abrazo místico de la Diosa, pero no me atrevería a violar a esta niña, por muy dulce que fuera la promesa de redención.

El frenesí siguió creciendo hasta que finalmente empecé a girar. Todavía contenía la terrible embestida; ahora estaba frente a mi víctima y estaba siendo desgarrado por las fuerzas opuestas de la pasión y la protección. Mi víctima era a la vez esta niña indefensa y la mujer primordial, que me invitaba a un abrazo sexual de proporciones cósmicas. Por mucho que luchara contra lo que estaba ocurriendo, me sentía atraído a desatar la furia. Con horror y sed ciega, me volvía hacia la violación, el ataque, la muerte y, sin embargo, seguía luchando contra lo que sucedía con cada gramo de mi fuerza. El conflicto me llevó a niveles de intensidad cada vez más profundos hasta que, de repente, algo se abrió dentro de mí y me di cuenta de que me estaba violando y matando a MÍ MISMO.

El avance fue muy multidimensional y confuso. La intensidad de la lucha me llevó a un punto de ruptura en el que de repente me enfrenté a la realidad de que "yo" era tanto el asesino violador como la víctima. Al mirar a los ojos de mi víctima, descubrí que estaba mirando mi propio rostro. Sollocé y sollocé. "¡Me lo estoy haciendo a mí mismo!".

No se trataba de una inversión kármica, una vuelta a una vida anterior en la que víctima y victimario cambian de lugar. Más bien fue un salto cuántico a un nivel experiencial que disolvió todas las dualidades en un flujo único y abarcador. Mi sentido personal del "yo" estalló en una unidad innata que englobaba a todas las personas. Era colectiva en el sentido de incluir toda la experiencia humana, pero totalmente simple e indivisible. Yo era uno, agresor y víctima. Era a la vez asesino y asesinado. Me lo hacía a mí mismo. A lo largo de toda la historia, me lo he estado haciendo a mí mismo.

A medida que este descubrimiento tenía lugar en el centro, también se producía en los campos entrecruzados que abarcaban a toda la humanidad y a toda la creación. Todos los horrores indecibles que había estado experimentando eran "míos" en este sentido más amplio. Todo el dolor experimentado en la violenta creación de galaxias fue causado por mí y sentido por mí. El dolor de la historia humana era mi dolor. No hubo víctimas. Nada estaba fuera de mí haciéndome sufrir. Yo era responsable de todo lo que estaba viviendo, de todo lo que había sucedido. Yo miraba a la cara de mi creación. Yo hice esto. Yo hago esto. Yo elegí que todo esto sucediera. Elegí crear todos estos horribles mundos. Pero... ¡¿Por qué?!

El universo

Entonces, a lo lejos, empecé a ver algo que seguía expandiéndose desde nuestro sistema solar hasta la galaxia y el propio cosmos. Era el universo físico y las fuerzas subyacentes que construyeron y sostienen el universo. Era algo físico y arquetípico al mismo tiempo. No era una representación simbólica del universo, sino algo real. Era una continuación del universo que había experimentado en el viaje cósmico, pero mucho más grande y complejo. Era de una belleza indescriptible y absolutamente cautivadora.

A medida que me expandía en lo que veía, me hacía más grande. Aprendí convirtiéndome en lo que conocía. Descubrí el universo, no conociéndolo desde fuera, sino sintonizando con ese nivel de mi ser en el que yo era esa cosa. Todo lo que puedo hacer ahora es esbozar los aspectos más destacados de las experiencias que siguieron, lo que no hará justicia ni a su estructura cognitiva ni a su intensidad.

Lo que más me llamó la atención en las primeras etapas fue la interconexión de cada parte para formar un todo sin fisuras. El universo entero era un todo orgánico indivisible y totalmente unificado. Consideré que los diversos avances como la teoría cuántica, el teorema de Bell, la teoría morfogenética de campos, la teoría holográfica, la teoría de sistemas y la gran teoría unificada, no eran más que las primeras fases del descubrimiento por parte de la ciencia de esta totalidad innata. Sabía que estos descubrimientos seguirían aumentando hasta que nos resultara imposible no ver el universo como lo que es: un único organismo unificado y de extraordinaria complejidad y sutileza, que refleja una vasta inteligencia creadora. La inteligencia y el amor responsables de lo que veía no dejaban de sobrecogerme y llenarme de temor reverencial.

El campo unificado que subyace a la existencia física disolvía por completo todas las fronteras. A medida que me adentraba en él, todos los límites desaparecían. Todas las apariencias de división eran, en última instancia, ilusorias. No había fronteras entre las encarnaciones, entre los seres humanos, entre las especies, ni siquiera entre la materia y el espíritu. El mundo de la existencia individual no colapsaba como una masa amorfa, como podría parecer, sino que se revelaba como una manifestación exquisitamente diversificada de una entidad única.

Morir en unidad

A medida que avanzaba mi experiencia de este universo sin fisuras, descubrí que no estaba explorando un universo "ahí fuera", como

había hecho en la sesión 19, sino un universo que "yo" ya era esen-
cialmente. Estas experiencias me estaban conduciendo paso a paso a
un conocimiento más profundo de mi propia realidad. Estaba explo-
rando el universo como una dimensión de mi propia existencia, recor-
dando lentamente aspectos de mi ser con los que había perdido el
contacto. Esta exploración parecía responder a una necesidad cósmica
no solo de conocer, sino también de ser conocido.

Al principio, me encontraba en un recorrido cósmico no muy dife-
rente al de la sesión 19, cuando volví a darme cuenta de que este
campo mayor de consciencia con el que estaba (o en el que estaba)
había esperado mucho tiempo a ser reconocido. De nuevo empecé a
llorar al sentir su sincero anhelo de ser conocido. Entonces pregunté
algo que no había preguntado antes. "¿Con quién estoy hablando?".
Con esa pregunta, mi campo de experiencia empezó a cambiar y me
sumergí en un nuevo nivel de realidad. Fue como si cayera en un nivel
operativo más profundo en el que descubrí que, de hecho, estaba
CONMIGO MISMO. El impulso creador que, para mí, en niveles
anteriores había sido "otro", era YO MISMO en este nivel.

Esta misteriosa progresión se repitió muchas veces y en muchas
variaciones, y continuó durante horas. Me encontraba en un nivel de
la realidad mucho más allá de la diversidad física, y al tratar de cono-
cer esta realidad más profundamente, experimentaba una especie de
muerte, una caída, y me deslizaba a un nuevo nivel en el que descu-
bría que esta dualidad tampoco era más que otra faceta de mí mismo.
Una y otra vez, en progresiones detalladas, fui conducido al mismo
encuentro fundamental.

No importaba cuántas veces muriera o cuántas formas diferentes
tuviera al morir, seguía siendo atrapado por ese ALGO masivo, por
ESO. No podía dejarlo, no podía escapar de ello, no podía no ser ello.
Por muchas aventuras que hubiera vivido, nunca había salido de ello,
nunca había dejado de ser ello. Sencillamente, no había un exterior
para mi ser. No había otro en la existencia.

A medida que me adentraba en estos niveles de creciente sim-
plicidad ontológica, entraba en una profunda quietud que reavivaba

un recuerdo lejano y vago. "¿Dónde he vivido esto antes?". Al seguir esta quietud, fui guiado de vuelta a lo que parecía un tiempo anterior a la creación, de vuelta a la fuente ontológica de la creación. Fue un tiempo de reencuentro, un tiempo de estar completo después de una separación terriblemente larga.

Desde esta extraordinaria posición, empecé a ser realmente capaz de concebir la posibilidad de que el universo físico no hubiera sido creado. Las alternativas se me presentaban con toda crudeza. Por un lado, estaba toda la planificación, todo el trabajo, toda la confusión y la incertidumbre y, sobre todo, todo el terrible sufrimiento que tenía tan fresco en la mente desde la sesión anterior. Por otro lado, estaba la profunda quietud y riqueza de mi estado actual. ¿Por qué hacerlo? ¿Por qué manifestar el universo si cuesta tanto?

Surgió una respuesta que era la misma que me habían dado antes, en la sesión 15: "¿No hemos aprendido nada?". Esta vez tenía matices de: "¿No ha merecido la pena? ¿No ha sido una aventura? Mira lo que no existiría si no hubiéramos elegido crear". Esta vez no me sentí destrozado, porque la elección de la creación me pareció profundamente buena. Pensar que todo el universo físico podría no haber existido conllevaba una terrible tristeza. Desde esta perspectiva, también pude sentir que no había ningún fallo fundamental en el orden manifiesto de la creación. A pesar de todo el sufrimiento, todo iba bien, aunque estaba profundamente inacabado.

Seguí con mis preguntas:

"¿Qué está sucediendo aquí?".

"¿Cómo funciona esto?".

"¿Cómo ha sido para ti?".

Con cada pregunta, mi campo de experiencias cambiaba, me abría a un proceso cósmico tras otro. No puedo describirlo adecuadamente porque las categorías de pensamiento derivadas del espacio-tiempo no se prestan a recordar con claridad, ni a traducir con palabras experiencias de realidades que se encuentran fuera del espacio-tiempo. Aunque mi consciencia de vigilia ordinaria está siendo gradualmente cambiada por estas experiencias, todavía está demasiado restringida *cognitivamente para ser capaz de retenerlas con suficiente detalle. Sin embargo, lo que experimenté me llevó repetidamente al éxtasis.*

"¡Asombroso!".

"¡Y así es como funciona!".

"¡Oh, mi Dios!".

"¿Cuánto quieres ver?", me preguntaron. "¡Más!", respondí, y siempre se desplegaba más. Siguió desplegándose durante horas.

Comentario

Fue una sesión extremadamente intensa, tanto en su dolor como en su alegría, con piezas difíciles de interpretar. El sufrimiento se convirtió en una frenética pasión animal que destruye todo lo que toca. El conflicto entre esta sed de sangre y mi lucha desesperada por proteger a la niña parece haber sido un dispositivo utilizado para llevar la energía a proporciones enormes, para así romper finalmente el dualismo fundamental que había creado la rabia y el hambre en primer lugar. El abrazo místico de la mujer primordial era un fragmento arquetípico, un síntoma del *hieros gamos*, el "matrimonio divino" que se produce cuando la existencia diferenciada se reúne con la dicha de la esencia primordial. Cuando se produjo la ruptura final, sentí que una explosión de sanación se propagaba a través de toda la familia humana.

En el viaje cósmico, había explorado el universo como una realidad externa; en esta sesión, exploré el universo como una dimensión de mi propio ser. Este cambio refleja la transición más amplia que tiene lugar cuando uno pasa del nivel sutil de consciencia (con el dualismo intacto) a la consciencia causal no dual. La paz de volver a la unidad que engulle todas las particiones despertó una semilla de recuerdo que me cambió profundamente, no de forma instantánea, sino lentamente a lo largo de muchos años.

En búsqueda de la eficacia, voy a fusionar las dos sesiones siguientes. Estas sesiones continuaron con la historia de la creación, pero ahora la profundizaron al llevarme en dos direcciones diferentes. En primer lugar, me llevaron de vuelta a lo que sentí como el principio de la creación, en donde la experimenté como un acto de amor entre dos seres cósmicos. Fue una cosmología totalmente inesperada para mí. Después, me llevaron hacia adelante en el tiempo y me dieron una visión de hacia dónde

lleva la creación a la humanidad. Sé que esto puede sonar monótonamente arrogante, el producto de un ego desbocado, pero es sencillamente
lo que ocurrió.

Era la primera vez que el tema del futuro de la humanidad entraba en
mis sesiones, pero no sería la última. A partir de ese momento, la historia
de nuestra evolución colectiva se convirtió en un tema recurrente en mi
trabajo. Aunque describo esta historia como un "plan maestro", no lo hago
en el sentido pesado y dictatorial de la expresión. Simplemente intento
dar voz a un encuentro con la profunda intencionalidad que se expresa en
la complejidad de nuestro universo. Con el tiempo, esta historia se convirtió en el metamarco de todo mi viaje psicodélico y de toda mi vida.
Diré más sobre esto en el capítulo 9 ("El nacimiento del ser humano del
futuro"), pero la historia que contaré allí comenzó aquí, dentro de estas
dos sesiones.

Mi oración para comenzar las sesiones, siempre había sido: "Me entrego
a lo que sirva al bien común. Yo elijo lo que tú necesites". Sin embargo, el
dolor de la sesión número 21 había sido tan intenso que modifiqué mi oración por: "Por favor, que termine el sufrimiento". Pero nuestras intenciones
conscientes no guían estos asuntos. El dolor no terminó. Empeoró.

 ## Sesiones 22–23—El plan maestro

*A medida que entraban las corrientes arremolinadas de destrucción
y violencia, yo me abría a ellas, sin guardarme nada. Me adentraron
cada vez más en la peculiar lógica de las rivalidades y las guerras, de
la violencia y la venganza, del ataque y el contraataque. La violencia se intensificó hasta traspasar de nuevo las fronteras históricas, e
incorporó muchos períodos históricos simultáneamente. Debajo de las
diferentes justificaciones dadas a las guerras, había una furia rabiosa
común. A medida que se añadían más capas y más épocas, yo dejaba
de funcionar como persona individual y me convertía en un campo
que abarcaba a todos los combatientes. Yo era el campo del que todos
ellos formaban parte. Yo era legión.*

*El sufrimiento del planeta era enorme. Era el sufrimiento de la
especie en configuraciones históricas específicas, masivas pero pre-
cisas: el sufrimiento de miles de años de guerra, miles de años de*

violencia racial, etcétera. Era un sufrimiento del que yo era responsable, no como individuo, sino como consciencia unificada de nuestra especie.

Podría marcar la diferencia en la experiencia de esta especie. ¿Elegiría marcar la diferencia?

Podría cambiar las cosas. ¿Cómo puedo cambiar las cosas? Centrándome en el dolor. Siguiendo el dolor hasta su raíz.

Entonces la muerte empezó a ocupar mis pensamientos, la muerte a muchos niveles y de muchas formas. Se convirtió en la Gestalt de fondo de todo lo que estaba ocurriendo. Sentí que me moría mientras me deslizaba más profundamente en el flujo destructivo. No era un "yo" personal el que moría en ese momento, sino algo masivo, algo colectivo. Esto continuó durante una hora. Me perdí en la muerte durante mucho tiempo.

Lo siguiente que puedo reconstruir es que estaba emergiendo en el "otro lado" de la muerte. Esto supuso una extraña inversión de perspectiva. A medida que me adentraba en lo que había más allá de este sufrimiento colectivo, empecé a darme cuenta de que, en lugar de causar mi muerte, este dolor se utilizaba ahora para llevarme a este nivel superior de consciencia, como cuando se despierta a un borracho dándole una bofetada en la cara. Cuando empezaba a perder la concentración en este nivel más profundo, algo dirigía más oleadas de dolor colectivo a través de mí, más bofetadas, y yo me aclaraba, veía más, sabía más. Esto sucedía una y otra vez, hasta que por fin me establecí firmemente en esta nueva realidad.

Entré en un dominio espacioso y tranquilo "más allá" y "por encima" del inconsciente colectivo de la humanidad, más allá de la mente de la especie. Al entrar en este dominio, me encontré con una gran asamblea de seres que parecían haber sido llamados a participar en los acontecimientos de ese día. Parecían ser maestros chamanes. Bajo su atenta mirada, me escoltaron hasta una arena en donde se había planificado un día de revelación.

Lo que "yo" era en ese momento es difícil de describir. Las horas de dolorosa limpieza ya habían destrozado mi realidad egoica y me habían dejado en un estado transpersonal extremadamente poroso. A medida que nos acercábamos a la arena, la procesión era detenida a intervalos regulares e interrogada. Para poder continuar, uno tenía que demostrar sus conocimientos sobre el funcionamiento del universo. Examinaban mi trabajo y mi persona. Me sorprendió comprobar que parecía poseer los conocimientos necesarios, ya que siempre me pasaban de largo. Fue una experiencia profundamente conmovedora. Sentí como si me iniciaran en una hermandad chamánica, como si toda mi vida hubiera sido planificada con este fin.

Con cada punto de control, mi realidad experiencial cambiaba a medida que se abrían modos cada vez más profundos de experiencia arquetípica de incalculable antigüedad y extensión. Finalmente, la realidad espacio-temporal quedó atrás por completo, y me encontré solo en una condición aparentemente sin límites de tiempo y espacio, que me empapaba de la dicha y de la claridad de la trascendencia.

Entonces supe que se me iba a mostrar una parte del plan maestro de la especie humana. Por absurda que pueda parecer esta sugerencia para nuestra consciencia ordinaria, en mi estado actual parecía totalmente factible. No tuve tiempo de debatir estas cuestiones, pues de repente algo se abrió y me vi arrastrado por una vasta corriente concentrada que subyacía a la realidad física. Esta corriente parecía ser la intención formativa de la propia inteligencia creadora. Me disolví completamente en esta corriente y me hice uno con ella. Las siguientes experiencias surgieron mientras estaba en esta condición.

Amantes cósmicos

Volví al principio de la creación y allí experimenté la evolución humana en el contexto de un proceso cósmico mayor. De repente, me sentí abrumado por el AMOR más extraordinario, un amor diferente a todo lo que había encontrado antes. Era como si una represa se hubiera roto y el amor viniera hacia mí desde todas las direcciones, tanto amor que apenas podía asimilarlo, incluso en mi estado expandido. Era un amor romántico, cósmico en alcance e intensidad. A medida que me estabilizaba bajo este asalto amoroso, empecé a recordar un romance de lo más profundo de mi historia. Un amor antiguo, un amor divino de proporciones increíbles.

Yo era un ser cósmico amado por otro ser cósmico. Aunque en un nivel nunca me había separado de mi amante, en otro nivel habíamos estado separados durante miles de millones de años, y mi regreso estaba reavivando nuestro antiguo amor.

La creación parecía ser una realidad que había surgido de una relación dinámica entre dos seres cósmicos que a su vez habían surgido de una unidad primordial. Un ser, que se sentía más como "ella", se había sumergido en la tarea de crear el espacio-tiempo y el universo físico, aunque sabía de antemano que acabaría perdiendo la consciencia de sí misma en este trabajo y quedaría inconsciente de su verdadera naturaleza durante miles de millones de años. El otro ser, que se sentía más como "él", había permanecido plenamente consciente fuera del espacio-tiempo. La mitad creadora se había sometido voluntariamente a este largo y doloroso aislamiento para crear la sustancia bruta del universo físico, que con el tiempo se volvería transparente a la intención divina a medida que la materia evolucionara hacia una mayor autoconsciencia. Con esta fase del trabajo prácticamente concluida, el exilio autoimpuesto llegaba a su fin y los amantes se reunían.

La magnitud del amor que está en la fuente de la creación de nuestro universo es indescriptible. Despertar a este amor fue recordar una decisión primordial en la que, de algún modo, había participado. Formaba parte de mi composición genética espiritual, algo que había heredado junto con todo lo demás que no había entendido de mi vida. Al recordar decisiones tomadas antes de que existieran la materia y el tiempo, volví a conectar con el amor divino que las había inspirado. Esta experiencia me destrozó el corazón y lloré profundamente.

Experimenté todo el sufrimiento que la humanidad había soportado a lo largo de la historia, como si tuviera lugar dentro de este amor cósmico. Me di cuenta de que todo el sufrimiento inherente a la evolución era noble más allá de las palabras. Todo formaba parte *de un plan cósmico en el que todos los participantes habían entrado libremente, por muy inconscientes que fuéramos de este hecho a lo largo del camino. La nobleza de un gran sufrimiento asumido voluntariamente en nombre del amor divino era un sufrimiento que se extendería a lo largo de millones de años, un sufrimiento que llegaría a ser tan absolutamente inescrutable que se utilizaría como prueba de que el universo carecía de compasión. Esta era la nobleza del regalo de la humanidad al Creador. Todo el sufrimiento que la humanidad había soportado y soportaría, especialmente el sufrimiento del propio olvido, formaba parte de un proceso creador elegido conscientemente, un proceso que aún no había llegado a buen puerto.*

Nuestro despertar colectivo

De aquí pasé a la segunda lección del día. El orden y el diseño de la vida en evolución no es algo que se le imponga desde fuera, sino que surge de la vida misma. Es algo que vive en el fuego del proceso atómico y avanza en todos los microsaltos y macrosaltos de la evolución. Es una agitación inquieta por llegar a ser más, que arde dentro de la vida. En los seres humanos, el centro de esta agitación es la consciencia y, en ese momento, yo estaba inmerso en las fuerzas que impulsan la evolución de la consciencia humana.

De los deseos hirvientes de la historia, de los conflictos violentos y las intrigas de los individuos y las naciones, surge ahora un nuevo conocimiento en la consciencia humana. Su nacimiento en nosotros no es menos difícil o violento que el nacimiento de un nuevo continente. Se eleva desde el suelo de nuestro ser, y exige una transposición de todo lo anterior para hacer sitio a sus nuevos patrones organizativos.

Tengo una gran dificultad para poder describir la enormidad de lo que está naciendo. El verdadero objetivo de este proceso creador no son los individuos, sino toda la humanidad. En realidad, se trata de despertar a toda nuestra especie. Lo que está surgiendo es una consciencia de proporciones sin precedentes: toda la familia humana integrada en un campo unificado de consciencia y reconectada con su naturaleza fundamental. Nuestros pensamientos sintonizaron con la

fuente de la consciencia y este campo unificado no sofocó nuestra indi-
vidualidad, sino que la liberó en nuevos órdenes de autoexpresión.

Al ir más allá del tiempo lineal hacia el tiempo profundo, expe-
rimenté este despertar colectivo tanto como un destino proyectado y
como una realidad realizada. Era, al mismo tiempo, algo que debía
realizarse y algo que ya se había realizado. La magnitud de lo que
estaba presenciando me dejó sin aliento.

Comentario

Gracias a la historia maestra que me habían contado en esas dos sesiones, tres meses después, volví a la arena psicodélica con una idea más clara
del paisaje en el que me estaba adentrando. Ahora las cosas empezaban a
tener más sentido para mí: por qué mi transformación personal había sido
suplantada por el trabajo de transformación colectiva, por qué la matanza
de los niños, por qué el océano de sufrimiento. Ver que la humanidad
estaba entrando en una fase crítica de su viaje evolutivo me ayudó a comprender por qué me había negado a abandonar la creación en la sesión 18,
a pesar de los placeres que me ofrecía la realidad espiritual. Al reencon-
trarme con las fuerzas y la intención de la creación, vi con mayor claridad
lo que estaba ocurriendo en la historia y el papel que se me pedía que des-
empeñara en este despliegue. Todo esto llegó a su punto culminante en la
siguiente sesión, cuando el océano de sufrimiento alcanzó su punto álgido.
Tal vez porque el calvario colectivo estaba llegando a su culminación, esta
sesión comenzó en los tranquilos primeros años de mi vida, como para
recapitular y aclarar toda la progresión.

Sesión 24—Sanando la herida colectiva

La sesión empezó lenta y suavemente, con felices experiencias de una
madre y su bebé. Volví a estar con mi madre cuando era apenas un
recién nacido, experimentaba la dicha tranquilizadora de que me pro-
tegiera en su pecho. Este sentimiento de cercanía se profundizó y se
hizo más primario, pasaba de dormir a su pecho a ser un embrión en
su vientre. Luego se profundizó aún más hasta convertirse en la paz
de la existencia espiritual antes de la concepción. En este estado ante-
rior a la encarnación, experimentaba una tranquilidad extraordinaria,

una dicha tranquilizadora de plenitud que hacía descansar mi alma. Recorría mi historia, recordaba de dónde venía, de dónde venimos todos nosotros.

Entonces, dentro de esta profunda serenidad y amor, empecé a experimentar dolor. El dolor se profundizó y se amplió durante mucho tiempo. Mi capacidad de experimentar dolor se desarrolló a partir de las sesiones anteriores. Su profundidad y alcance eran indescriptibles. Una vez más, traspasaba los límites de la historia, y vi claramente que este tipo de sufrimiento existe en algún dominio que reúne las experiencias de la humanidad en un abrazo colectivo. Tuve una sensación más clara que en sesiones anteriores de que no estaba experimentando épocas históricas múltiples y discretas, sino más bien algo que estaba "alejado" de la experiencia real. Era una reunión de los recuerdos de la experiencia humana, un recuerdo colectivo. Como antes, había millones de personas implicadas y decenas de miles, incluso cientos de miles de años. El sufrimiento era enorme. Cualquier intento de describirlo se convertiría simplemente en una repetición de situaciones extremas.

Aunque el sufrimiento era mucho mayor que en las sesiones anteriores, también había algo nuevo. El dolor había comenzado en el amor, y se me mostró que el dolor no representaba una ruptura del amor, sino que era en sí mismo una expresión de él. Nacer en el espacio-tiempo, incluso el propio nacimiento del espacio-tiempo, era una expresión de amor inquebrantable.

Empecé a sentir que, al experimentar conscientemente este dolor como una expresión de amor, podía transformarlo. Empecé a sentir que se me estaba utilizando para sanar a nuestra especie. La humanidad había soportado todo este sufrimiento sin darse cuenta de por qué lo había hecho. Al volver a experimentar el recuerdo de este dolor, y saber que formaba parte de un proceso creativo enraizado en el amor cósmico, mi especie se estaba sanando de alguna manera. Me di cuenta de que, cuanto más dolor podía asimilar, más sanación podía mediar. Este descubrimiento me hizo sentir una compasión aún más profunda por los innumerables seres que experimentaba ser.

En ese momento, empecé a abrazar el sufrimiento, a buscarlo activamente, a asimilarlo tanto como pudiera. El dolor se convirtió en mi aliado, en mi instrumento de liberación.

Es difícil describir cómo se puede alcanzar y absorber un sufrimiento de esta magnitud. Era como si pudiera abrirme y acoger en mi ser el dolor de grupos enteros de personas, de esfuerzos colectivos enteros, de guerras y rebeliones, de sequías y trastornos sociales. A medida que lo hacía, el alcance del dolor se hacía cada vez mayor, profundizando en la historia humana y prehumana. El proceso se fue acelerando hasta llegar a un punto increíblemente frenético. Energías de gran magnitud estaban involucradas. Con el tiempo, estas energías alcanzaron proporciones tan gigantescas que la sensación pasó a ser una de poder frenético en lugar de una de dolor. El dolor estaba presente, pero el "yo" se hizo más grande que él. Había pasado a un estado de poder extático; me alimentaba del dolor del planeta. Esto continuó durante mucho, mucho tiempo.

Con el tiempo, empecé a salir lentamente del caos. Todavía rodeado por algo de él que se desvanecía, empecé a ver un mundo más grande. Empecé a reconocer formas y a sentir la atmósfera de la trascendencia. Entrar de nuevo en este mundo me llenó de placer, alivio, asombro, maravilla y una conmovedora sensación de vuelta a casa. Se sentía bien estar de regreso.

Este mundo era antiguo y arquetípico y tenía la sensación de que estaba inherentemente más "vivo" que el espacio-tiempo. Existir aquí era formar parte de esta vitalidad. Era un dominio poblado por seres masivos, más grandes que cualquier deidad que se pudiera imaginar en la tierra. Vi fuerzas poderosas que comprendí que eran las fuerzas que impulsaban la existencia física, pero sus formas, más que verse, podían sentirse. Mi mente pudo trabajar para darles forma y escala e imaginé que, visualmente, se asemejaban al majestuoso barrido de galaxias distantes que giraba a través del espacio profundo.

En lugar de dejarme descansar en este nuevo dominio, la energía generada por abrazar el sufrimiento colectivo siguió creciendo hasta extremos increíbles, incluso aquí. La energía formaba ríos de

fuego líquido, flujos de lava al rojo vivo y erupciones solares explo-
sivas. Normalmente, estas corrientes me rodeaban en un despliegue
de poder y belleza extraordinarios, pero varias veces me vi arras-
trado hacia ellas. Me vi inmerso en soles que explotaban, para con-
vertirse en ríos de fuego que salían disparados hacia el espacio. El
fuego líquido me atravesaba, me consumía por completo y me trans-
portaba. No se pueden experimentar estas cosas sin cambiar en lo
más profundo.

Tras volver a mi consciencia ordinaria, después de la sesión, no
he podido volver a aceptar el mundo físico como real de la misma
manera que antes. Mi experiencia de este otro dominio se ha profun-
dizado hasta el punto de formar parte de la fibra de mi ser. Ahora
llevo dentro de mí el conocimiento visceral de que lo que aquí parece
sólido es, de hecho, una energía arraigada en otra realidad. A mi
alrededor veo escenarios, utilería y actores.

Expandiendo la narrativa—¿Quién es el paciente?

No creo que a estas seis sesiones se les haga justicia con más comentarios.
Cada vez que lo intento, descubro que mis palabras diluyen su mensaje,
así que es mejor dejarlas como están. En la última sección de este capítulo,
quiero pasar de la experiencia a la teoría. La teoría palidece ante la experiencia y puede parecer un epílogo débil, y lo es, pero para poder integrar
mis experiencias tuve que comprenderlas. Para ello tuve que ampliar mi
comprensión de lo que es posible en estos estados y de cómo funciona el
universo en ellos.

Modelo individual

Cuando comencé este trabajo, pensaba en términos de un modelo de transformación que sostenía que el propósito de someterse a estos ejercicios era
sanar e iluminar al **individuo**. Cuando Grof hablaba del impacto terapéutico de la terapia psicodélica, siempre se centraba en cómo ella afectaba
al paciente individual y, ocasionalmente, a la pareja del paciente. Cuando
reflexionaba sobre cómo este movimiento terapéutico podría influir en
la crisis global emergente, lo hacía en términos del impacto acumulativo
de sanar a un gran número de personas de una en una. En consecuencia,

cuando el océano de sufrimiento se abrió tras lo que había parecido una sólida muerte del ego en las sesiones 9 y 10, lo interpreté como que algún remanente obstinado de mi ego debía de haberse colado por la red terapéutica y que mi muerte del ego estaba inconclusa. Pensé que este sufrimiento colectivo me llevaría finalmente a una muerte del yo más completa.

Con el tiempo, sin embargo, esta interpretación se vio desbordada por la intensidad y la cantidad del sufrimiento. Estos episodios se prolongaron durante demasiados años y su contenido era demasiado extremo como para que pudiera seguir viéndolos como experiencias colectivas arrastradas por la resonancia hasta el núcleo de la muerte inconclusa de mi ego. Con el tiempo, esto me obligó a replantearme los límites de todo este emprendimiento. La conclusión a la que llegué, tanto intelectual como en experiencia, fue que estos episodios colectivos **no** tenían como objetivo principal la transformación de mi consciencia personal. Su objetivo era nada menos que la transformación de la psique colectiva en su conjunto.

Modelo colectivo

Escribí *Dark Night, Early Dawn*, en parte, para responder a las preguntas: ¿por qué la muerte cobró tanta importancia en mi viaje psicodélico?, ¿qué impulsa el proceso de sanación cuando se abre a tramos tan colectivos? En ese libro, abandoné la narrativa centrada en la persona que había estado asumiendo y adopté una narrativa expandida. Al integrar el concepto de campos mórficos de Rupert Sheldrake en el paradigma de Grof, se abría el camino para ver este sufrimiento colectivo como parte de un proceso transformacional más amplio destinado a sanar las heridas que aún arrastra la psique colectiva. Argumenté que, en estados altamente energizados alcanzados a través de sustancias psicodélicas, el inconsciente **colectivo** se activa, a veces, hasta tal punto o de tal manera que desencadena un proceso de sanación colectiva. A través de algún giro o entrelazamiento cuántico que no había previsto ni creído posible en aquel momento, el "paciente" de mis sesiones había dejado de ser yo para convertirse en una parte de la humanidad.

Esta interpretación propone que el funcionamiento del colectivo es paralelo al de la psique personal en aspectos fundamentales. Propone que al igual que las experiencias dolorosas pueden acumularse y bloquear el funcionamiento saludable del individuo, pueden producirse bloqueos similares en lo colectivo. Sugiere que la angustia no resuelta de la historia humana podría seguir activa en la memoria colectiva de nuestra especie, lo que lastra su vida del mismo modo que la angustia personal no resuelta lastra la nuestra. Siguiendo con el paralelismo, si el compromiso consciente con el dolor no resuelto puede suponer un alivio terapéutico en lo personal, lo mismo puede ocurrir en la especie. Normalmente, esperaríamos que dicha sanación adoptara la forma de movimientos reformistas o cambios culturales en los que un gran número de personas se enfrentara para sanar algún legado doloroso de nuestro pasado. Sin embargo, en el contexto de la terapia con LSD, parece estar surgiendo una nueva posibilidad. En este contexto, un individuo parece ser capaz de acceder y facilitar directamente la sanación de una parte de la psique colectiva. El proceso de comprometer y sanar un sistema META-COEX colectivo en una sesión psicodélica es esencialmente el mismo que comprometer y sanar un sistema COEX personal, pero a una escala mucho mayor y a un nivel de consciencia diferente. Grof ha adoptado esta expansión de su paradigma.

Llegué a esta conclusión solo después de una gran lucha. Durante años intenté encajar mis experiencias psicodélicas en el modelo de la transformación individual. Abrirme a una narrativa de transformación colectiva me parecía monstruosamente arrogante. ¿Cómo puede una sola persona influir en algo tan grande como el inconsciente colectivo de nuestra especie? Me parecía que estaba alimentando mi ego incluso al sugerir esa posibilidad y, sin embargo, las propias experiencias exigían ese cambio. No solo la cantidad de sufrimiento descartaba el mito de la terapia individual, sino que la calidad del sufrimiento demostraba que se trataba de una dinámica inherentemente colectiva. Años más tarde, una vez concluido mi viaje, supe que Marie-Louise von Franz, colaboradora vitalicia de Carl Jung, había llegado a una conclusión similar sobre la importancia colectiva del trabajo de transformación profunda. Sobre esto, ella escribió:

Cada vez que un individuo trabaja en su propio inconsciente, esto afecta de forma invisible primero al grupo y, si profundiza aún más, afecta a las grandes unidades nacionales o, a veces, incluso a toda la humanidad. No solo cambia y se transforma a sí mismo, sino que tiene un impacto imperceptible en la psique inconsciente de muchas otras personas (Von Franz 1985, 17; citado en Nicol 2015, 14).

Pasar a un modelo de transformación colectiva representó una enorme transición para mí, porque con este giro ya no hablamos de que un individuo "tenga experiencias transpersonales". Aquí el individuo se disuelve en campos preexistentes de consciencia colectiva. En este punto, **son estos campos colectivos los que se convierten en la "unidad de trabajo" de la experiencia en estas sesiones.** Esto requiere una nueva forma de pensar sobre lo que ocurre en nuestras sesiones y un nuevo cálculo terapéutico. Al abandonar la narrativa centrada en la persona, me estaba rindiendo a una unidad cuyo funcionamiento era más extraño y complejo de lo que había imaginado.

La espiral de muerte y renacimiento

Permítanme añadir ahora una forma en la que mi pensamiento se ha movido más allá de *Dark Night, Early Dawn*. En ese libro, intenté integrar la narrativa de la sanación colectiva en el modelo de consciencia de Grof, mientras conservaba el término **perinatal** para estas pruebas de sufrimiento colectivo y ampliaba la justificación de su aparición. En lugar de abandonar el vocabulario perinatal, como probablemente debería haber hecho, me esforcé por ampliarlo proponiendo que, en algunos casos, la experiencia de una persona en el ámbito perinatal podría "inclinarse" hacia el lado transpersonal de la interfaz personal/transpersonal. También sugerí que había "dos niveles" de muerte y renacimiento entrelazados en estas ordalías colectivas: uno dirigido a la muerte del ego personal y otro dirigido a la muerte del ego de la especie*.

En la actualidad, sin embargo, he cambiado a lo que creo que es una forma más sencilla y elegante de entender el océano de sufrimiento. Ahora veo la muerte y el renacimiento como un **ciclo** que se repite muchas veces a medida que avanzamos hacia niveles de consciencia progresivamente más profundos. Al ser un ciclo arquetípico, cualquier experiencia de muerte y renacimiento puede incorporar material de múltiples niveles de consciencia. Pero, al repasar el historial de todas mis sesiones, ahora reconozco que el ciclo muerte y renacimiento se repetía de diferentes formas en distintos niveles de consciencia. La imagen que se muestra a continuación puede ayudar a comprender este punto.

---

*Bache 2000, 86–94.

Por debajo de la línea horizontal está la consciencia ordinaria en la realidad física; por encima está el vasto territorio de la consciencia transpersonal. La gota de la parte inferior representa la consciencia egoica individual. El círculo inferior representa el primer ciclo de muerte y renacimiento en el nivel perinatal de la consciencia, donde se pasa de la consciencia física a la consciencia transpersonal temprana. Los círculos superiores representan ciclos posteriores de muerte y renacimiento en niveles progresivamente más profundos de consciencia transpersonal. Aunque en este libro distingo los niveles de consciencia psíquico, sutil y causal, no tengo ningún interés personal en saber cuántos niveles de consciencia puede haber o cuántas veces puede girar la rueda de la muerte y el renacimiento. Esta imagen está abierta por arriba. Representa el **proceso** de iniciación progresiva, no un mapa completo del territorio en el que uno está siendo iniciado.

Así pues, la esencia de mi revisión de *Dark Night, Early Dawn* es la siguiente. En lugar de ver el océano de sufrimiento como un primer giro prolongado de la rueda de la muerte y el renacimiento en el nivel perinatal, ahora lo veo como un **segundo giro** de esa rueda. Después de la muerte del ego que tuvo lugar en el nivel perinatal de consciencia en las sesiones 9 y 10, el océano de sufrimiento es el segundo movimiento de una sinfonía mayor, un movimiento que tiene lugar en el nivel sutil de consciencia, un movimiento cuya dinámica es inherentemente **colectiva**,

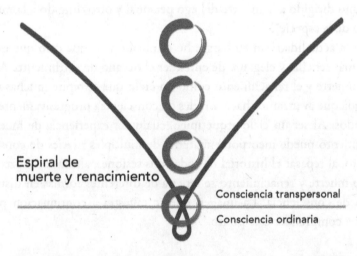

Figura 2. La espiral de muerte y renacimiento
(Imagen de Jason Bache, Nerds Ltd.)

centrada en un paciente **colectivo** y dirigida a una transformación **colectiva**. Si el primer giro de la rueda de la muerte y el renacimiento culmina en la muerte del ego individual, este segundo giro de la rueda tiene como objetivo la **muerte del ego de la especie**: una transformación de la psique colectiva que, cuando se realice plenamente, dará lugar a un cambio profundo en la forma en que nuestra especie se experimenta a sí misma y al mundo que la rodea.

Al ofrecer esta evaluación de mis sesiones, no estoy sugiriendo que la interpretación del sangrado que Grof propuso originalmente para episodios colectivos similares sea errónea, me refiero a que se aplica en algunas circunstancias y no en otras. Creo que se aplica mejor cuando estos elementos colectivos aparecen en sesiones en las que el individuo está claramente implicado en un proceso perinatal con rasgos fetales prominentes. En estas condiciones, el principio de resonancia puede explicar cómo los grupos de experiencias transpersonales de muerte y agonía pueden ser arrastrados al proceso personal de muerte del yo. Pero, en circunstancias en las que ya se ha atravesado el proceso perinatal y se ha sufrido una sólida muerte del ego, creo que debemos ampliar nuestro marco de referencia para explicar lo que ocurre cuando aparecen episodios colectivos como los del océano de sufrimiento.

La propuesta de que la muerte y el renacimiento tienen lugar en múltiples niveles de consciencia se inscribe en el amplio marco de la obra de Grof, donde señala las numerosas formas que puede adoptar la muerte en los niveles transpersonales. En su libro *The Ultimate Journey*, por ejemplo, escribe:

> Podemos identificarnos con nuestros antepasados o con personas de distintos países y períodos históricos que están muriendo o cuyas vidas están amenazadas. Estas secuencias del inconsciente colectivo pueden asociarse a veces con una sensación de recuerdo personal, lo que las caracteriza como recuerdos de encarnaciones pasadas. La muerte puede experimentarse incluso en plena identificación con un animal o una planta. La muerte también está poderosamente representada en el inconsciente colectivo como motivos mitológicos de muerte y renacimiento y como varios temas escatológicos, incluyendo dioses de la muerte específicos y submundos de varias

culturas, el arquetipo de la muerte, reinos astrales o *bardo*, el viaje póstumo del alma y las moradas del más allá* (Grof 2006, 309).

Además, Grof es partidario de limitar el término **perinatal** únicamente a las experiencias de muerte y renacimiento que tienen fuertes componentes fetales. En un intercambio personal conmigo sobre este tema, el 25 de octubre de 2006, escribió:

> Creo que, para mayor claridad, deberíamos cambiar la terminología y dejar claro que el término perinatal solo debe utilizarse para las experiencias fetales... y no para experiencias de muerte y renacimiento en niveles superiores del espectro transpersonal que no tengan relación con el nacimiento biológico.

Quiero tener cuidado de no exagerar el impacto terapéutico que las sesiones de una persona pueden tener en la psique colectiva. ¿Cómo podemos siquiera empezar a calcular algo así? Si sumo el número total de horas que pasé en esos estados y lo multiplico por el número de personas que subjetivamente sentí ser, el total es una miseria comparada con el sufrimiento total que ha padecido la humanidad. Y, sin embargo, tampoco creo que debamos descartar su impacto terapéutico. Cada acto de sanación, grande o pequeño, contribuye a sanar un todo más amplio. Mi esperanza es que, a través de nuestros esfuerzos combinados en muchos frentes, estemos ayudando a la familia humana a acercarse a su transformación colectiva.

¿Por qué se acabó el sufrimiento?

Permítanme concluir este capítulo retomando una pregunta que planteé en las páginas finales de mi libro *Dark Night, Early Dawn*. Si el individuo y la especie están tan profundamente entrelazados en estas sesiones como he sugerido, ¿por qué el sufrimiento colectivo termina para un individuo,

---

*Bardo es un término tibetano que se refiere a los "estados intermedios" en los que uno entra entre sus encarnaciones en la tierra. El budismo divide el dominio *post mortem* en seis niveles que van desde los bajos reinos infernales hasta los altos reinos de la deidad, cada uno con muchas subdivisiones. En *Far Jouneys*, Robert Monroe describe el *bardo* como un espacio con cientos de niveles.

aunque continúe para la especie en su conjunto? Si podemos abrirnos al sufrimiento de los demás en nuestras sesiones psicodélicas y repercutir hasta cierto punto, ¿cómo es que el individuo llega a completar su trabajo a este nivel mientras el sufrimiento de la mente de la especie continúa? He pensado mucho en esto porque para mí no es una cuestión netamente teórica. Cuanto más profundamente se ha experimentado la fusión con la mente de la especie y la asunción de su dolor, más apremiante se vuelve esta cuestión. Es posible que, dada la magnitud del sufrimiento planetario, una sola persona no pueda hacer mucho. Tal vez, alguna supervisión cósmica diga simplemente: "¡Ya basta!", y uno quede liberado de más obligaciones. Otra posibilidad es que seamos más útiles para el gran proyecto de la vida al adentrarnos en niveles de realidad que están más allá de la mente de la especie. Personalmente, creo que es esto último, debido a las experiencias que compartiré en el capítulo 8.

En este punto, todo lo que puedo decir es que el calvario colectivo terminó para mí y comenzó una nueva fase del viaje. En esta nueva fase, el enorme campo de energía que se había activado y liberado al sanar el océano de sufrimiento comenzó a enfocarse de un modo que me condujo a través de un nuevo conjunto de límites experienciales. La rueda de la iniciación estaba a punto de dar otra vuelta.

SIETE

La gran realidad
de la realidad arquetípica
Sesiones 25–35

Así pues, los arquetipos pueden entenderse y describirse de muchas maneras, y gran parte de la historia del pensamiento occidental ha evolucionado y girado en torno a esta misma cuestión.

RICHARD TARNAS, *COSMOS Y PSIQUE*.

Cuando el océano de sufrimiento alcanzó su culminación explosiva en la sesión número 24, crucé a una realidad que era antiquísima, más allá de cualquier cálculo. Aún más sorprendente que su antigüedad era el hecho de que parecía más "real" que la realidad física. Al principio fue desconcertante. No estamos acostumbrados a pensar en la realidad como algo que admite grados: o algo es real o no lo es. Y, sin embargo, cada vez que salía de mi consciencia ordinaria y entraba en este dominio, tenía la clarísima sensación de pasar de lo menos real a lo más real. En una sesión escribí: **"Me sacude el alma darme cuenta de lo aguada que está la realidad dentro del espacio-tiempo"**. Como el prisionero liberado de la caverna de Platón, había entrado en un orden de realidad más profundo. Había entrado en la gran realidad de la realidad arquetípica.

El año y medio siguiente fue un período agitado y complejo. La limpieza siguió siendo feroz, tanto que al principio pensé que el océano de sufrimiento aún no había terminado, pero con el tiempo llegué a reconocer que algo había cambiado. Ya no me adentraba en vastas extensiones de la historia de la humanidad. Las partes extáticas de esas sesiones también fueron complejas. Entraba repetidamente en lo que me parecía una realidad arquetípica, pero no era el mundo de los arquetipos descrito por Platón o Carl Jung. O lo era y no lo era. En mi experiencia veía paralelismos con el trabajo de estos pensadores, pero también diferencias. Y había muchos niveles en este territorio, algunos muy alejados de la existencia física y otros que operaban en lo más profundo de ella. La realidad funcionaba de forma diferente en este ámbito, lo que requería nuevos conceptos y nuevas formas de pensar. Todos estos factores hacen que las once sesiones siguientes sean difíciles de resumir.

Mientras navegaba por este nuevo territorio, me ascendieron a profesor titular en mi universidad. Vaya extraña yuxtaposición de mundos, casi surrealista. Me pregunto si mis colegas habrían apoyado mi ascenso de haber sabido dónde pasaba los fines de semana.

En este capítulo no presentaré sesiones enteras como hice en el anterior, salvo por una excepción. Estas sesiones eran tan complejas que, para transmitir eficazmente su contenido, tengo que desmontarlas y poner sus piezas en un orden más coherente. También recortaré los desvíos, las lecciones personales y las repeticiones que complicarían la historia principal que se estaba desarrollando. No pretendo nivelar todos los giros y dar forma a una historia más fluida de lo que fueron las sesiones originales, pero no creo que merezca la pena llevar al lector por todos los entresijos e incertidumbres con los que luché en su momento. Sería un camino muy tortuoso. En lugar de eso, contaré la historia hilvanando segmentos de diferentes sesiones para ilustrar los temas principales y las pautas que surgieron a lo largo de este año y medio.

Sin embargo, esta estrategia de extraer fragmentos de las sesiones de su contexto original conlleva un cierto riesgo: el de diluir el impacto que pueden tener en nosotros las sesiones completas. Saltar de un segmento a otro puede hacer que la narración empiece a sonar casi arrogante, como si estuviera resumiendo ideas grandiosas en lugar de compartir experiencias que cambian vidas. La única forma que conozco de evitar este riesgo es pedir al lector que recupere lo que le estoy quitando, que recuerde que cada segmento procede de un largo día dentro de un largo fin de semana. En esta serie, cada sesión comienza no al pie de la montaña, sino en el campamento base establecido en sesiones anteriores. Trabajamos a gran altitud. A estas alturas, lo extraordinario puede empezar a parecer ordinario, pero no lo es. Nunca insistiré lo suficiente en esto. Lo que ocurrió en el océano de sufrimiento se convirtió en la base energética de todo lo que vino después.

Experimenté la realidad arquetípica como un puente entre el universo físico y la fuente de la existencia. Es la realidad semilla del espacio-tiempo, al ser ontológicamente anterior al espacio-tiempo en la gran cadena del ser. Muchas tradiciones espirituales describen la creación como un proceso que fluye desde una fuente única hasta convertirse en el universo entero. En el taoísmo, se dice que la creación fluye desde el Tao eterno hasta las Diez Mil Cosas; en el budismo, desde el vacío preñado de *dharmakaya* hasta la complejidad palpitante de *nirmanakaya**. En su camino hacia la manifestación de la realidad física, esta efusión creadora manifiesta muchos niveles intermedios y el dominio arquetípico es uno de estos niveles. Dicho con más precisión, el dominio arquetípico es en realidad un **conjunto de niveles**.

Únicamente he dedicado once sesiones a explorar este territorio, atravesándolo a grandes pasos. Lo que sigue, por tanto, no es de ningún modo una descripción completa o adecuada de este complejo reino. Los nombres de las nueve sesiones que abordaré en este capítulo son los siguientes:

S25 Moler los huesos
S26 Realidad arquetípica nº 2
S27 Realidad arquetípica nº 3
S28 Colapso arquetípico
S29 Limpieza nº 1
S30 Limpieza nº 2
S31 Limpieza nº 3
S32 Liberación
S33 Un destello de "Dios"

Entrando a la realidad arquetípica

Cuando entré por primera vez en la realidad arquetípica, mi identidad como ser humano empezó a desprenderse de mí. Descubrí que tenemos un

---

*En el budismo mahayana, *dharmakaya* es la fuente y la esencia del universo, más allá de la existencia y la no existencia. *Nirmanakaya* es el universo físico manifiesto: somos tú y yo y todo lo que existe. Para más información sobre esta distinción, véase el capítulo 10.

sentido de ser humanos que es más básico que nuestro sentido de ser un humano concreto. Es un sentimiento de identidad de especie que compartimos con todos los seres humanos por debajo de los detalles de nuestra identidad individual. Al seguir el flujo de la existencia de vuelta a la realidad arquetípica, tuve que dejar de existir no solo como persona concreta, sino como ser humano *per se*. Esto requería una rendición más profunda que la muerte del ego. Al principio luché por aferrarme a mi humanidad, ya que había sido el contexto de todas las experiencias que había tenido, pero no podía detener lo que estaba ocurriendo. La atracción era demasiado fuerte. Al final, ya no pude volver a encajar en la forma de *Homo sapiens*.

En este nuevo nivel de consciencia, estaban trabajando con este "yo" más grande para consolidar una plataforma de consciencia que estaba "por encima" del campo de la experiencia humana. La imagen que surgió para esta condición fue la vista de nuestro planeta desde un transbordador espacial que flotaba en órbita elevada. Esta plataforma superior era un estado estable de consciencia, más allá de la mente de la especie humana. Allí recibía información sobre cómo funciona la realidad a ese nivel.

Al estar más cerca de la fuente de la existencia en el orden de la creación, este nivel de realidad es mucho más poderoso energéticamente que el espacio-tiempo. Por decirlo de alguna manera, funciona a un "voltaje" más alto. Cuando irrumpí por primera vez en este nivel en la sesión 24, me había sumergido en su intensa energía, que experimenté como un fuego abrasador: "La energía formaba ríos de fuego líquido (flujos de lava blanquecina y erupciones solares explosivas)". Para estabilizar mi consciencia en este nivel, mi sistema tuvo que adaptarse a esta energía intensa. Tenía que convertirme literalmente en un ser capaz de sostener estos altos niveles de energía durante horas, de lo contrario, mis experiencias allí se fragmentarían y no podría recordarlas con claridad. Esto representaba un gran reto. En la siguiente sesión me sometí a un intenso proceso de purificación que ahora veo que estaba diseñado para ayudarme en esta transición. Los antropólogos lo llamarían un ejercicio de desmembramiento chamánico. Yo lo llamé moler los huesos.

 ### Sesión 25

Pasé por muchos ciclos de dolor y resolución y luego quedé atrapado en un ritual acústico que me estaba reestructurando por dentro. Los cantos tibetanos de la música se mezclaban a la perfección con escenas

del África primigenia. Tuve visiones de un círculo de ancianos rodeados por un gran grupo de bailarines africanos que se movían con cadencia rítmica. Yo estaba dentro del círculo, a veces solo y a veces con otros iniciados. Los cánticos eran una especie de iniciación chamánica, un ritual de purificación y transformación. Lo que ocurría tenía algo de violento, como si me hubiera ofrecido como voluntario para algo que se había salido de control. Sin embargo, me sentí seguro en manos de aquellos ancianos, incluso cuando me destrozaban.

Los ancianos me agarraron con su estridente canto, me sujetaron y me molieron. Durante más de hora y media, la molienda continuó sin tregua. Repetidamente cantaron el estribillo: "Este es un canto que rompe huesos". Los poderosos conjuros me molían los huesos hasta convertirlos en polvo.

Era como si los cantantes me estuvieran arrancando el deseo humano. Pasé por una amplia gama de experiencias humanas, por los deseos básicos que alimentan todos los esfuerzos del hombre, y los cantos me seguían triturando esos deseos. Atravesamos la experiencia humana, encontramos y extinguimos los vínculos emocionales básicos que impulsan la vida. Una y otra vez tuve la sensación de "No podrás volver a eso después de hoy".

Para remplazar el deseo humano, los cánticos vertieron una energía en bruto sobre mí, y la canalizaron directamente hasta mis huesos. Durante un tiempo que se sentía interminable, llenaron mis huesos de poder a través del canto. Esta fue la característica más destacada de la sesión. Me estaban descomponiendo para poder introducir un poder en mis huesos a través de la vibración. Como si cargaran una batería, absorbí la energía. Podía sentir los cambios que se producían en mi interior a medida que me cargaba con más y más energía.

Los cantores tenían un tono que era apasionado y despiadado a la vez, mortalmente serio pero humorístico. Como abuelos de pueblo que cogen a un niño por el brazo y lo cambian de sitio con displicencia, los ancianos me sacaban a golpes los deseos de la existencia humana.

Demasiado viejos y llenos de experiencia vital como para involucrarse en el dolor del joven, me golpearon con fuerza, me veían saltar de un lado a otro con humor misericordioso. Era por su propio bien.

Después de la sesión, tardé más de lo habitual en recuperar el uso a plenitud de mi cuerpo.

Incluso después de este desmembramiento y reconstrucción, la gestión de la intensa energía de este dominio siguió siendo un reto. Estabilizar estas transiciones energéticas de una plataforma de consciencia a otra requiere práctica y repetición.

Lo que experimenté en esta realidad durante las diez sesiones siguientes puede dividirse en dos grandes categorías. El primer conjunto de experiencias fue de naturaleza más platónica y tuvo lugar en lo que yo consideraría un nivel sutil superior. El segundo conjunto era de naturaleza más junguiana y tuvo lugar en un nivel sutil inferior. Ambos ámbitos eran arquetípicos, pero en distintos órdenes de escala. (Para una breve descripción del concepto de arquetipo y de cómo utilizo este término, véase el apéndice al final de este capítulo, página 169).

Fuerzas vivas de la realidad arquetípica

Cuando entré en el nivel superior de la realidad arquetípica, mi experiencia confirmó la idea central de Platón de que hay una realidad detrás del universo físico que estructura e informa nuestra existencia aquí, pero lo que encontré allí no coincidía con su descripción. Lo que experimenté no fueron las ideas eternas de Platón en la mente de una inteligencia trascendente e inmutable, sino vastas fuerzas dinámicas **vivas** que encarnaban órdenes superiores de intencionalidad y poder y que operaban en un orden de tiempo diferente. Era como salir de nuestro planeta, que gira febrilmente, y adentrarse en el majestuoso arco de la Vía Láctea: todo en movimiento, todo vivo, pero en diferentes magnitudes de escala. Aunque estas fuerzas informaban la experiencia humana, estaban tan lejos de la humanidad que, incluso en mi estado de expansión, no podía captar todo el alcance de su ser. Únicamente podía captar fragmentos de su presencia masiva e indicios de su influencia.

En la sesión 24, había intentado describir estos seres masivos: **"Mi mente pudo trabajar para darles forma y escala e imaginé que,** visualmente, se asemejaban al majestuoso barrido de galaxias distantes, que giraban a través del espacio profundo". Ahora, en la sesión 26, he vuelto a intentar describir lo que allí encontré, pero, una vez más, no he podido hacerles justicia.

 ## Sesión 26

Fue una sesión extremadamente difícil. Implicó un salto cuántico hacia otro nivel, muy desafiante de navegar y por ello se hace complejo resumirlo. Su extrañeza deja muchas de mis experiencias bloqueadas fuera de mi consciencia actual. Solo más sesiones ampliarán la grieta en la puerta.

En las primeras fases, se produjo el caos y el frenesí que ya eran habituales. Se acumuló durante mucho tiempo, pero no fue especialmente doloroso. Con el tiempo, me encontré de nuevo moviéndome a través de patrones arremolinados hacia un nivel de realidad arquetípico. El tono de su sentimiento era antiguo, elemental y extremadamente poderoso.

Mi estancia en este dominio fue larga y compleja, pero difícil de describir. Escalada de poder. Formas que estallaban en patrones cada vez más grandes. Diseños caleidoscópicos que estallaban en pantallas aparentemente independientes, pero coordinadas por una mano invisible que giraba el dispositivo. Más patrones que estallaban para revelar la mano giratoria con mayor claridad. Aquí me encontré con FUERZAS VIVAS demasiado diferentes de mí y demasiado extrañas para captarlas con precisión. Solo podía vislumbrar su modo de ser.

Antiguas. Enormes. De alcance panorámico. Celestiales pero orientadas hacia la tierra. Creando a través de la humanidad. Viviendo a través de la humanidad. Satisfaciéndose a sí mismas a través de la humanidad. Vi profundamente el hecho de que los acontecimientos en el espacio-tiempo se hacían eco de la intención de las fuerzas y seres de esta dimensión. Eran ellos quienes vivían y trabajaban a través de los patrones colectivos de la historia. Eran ellos quienes amaban a través del abrazo de miles de romeos y julietas en todo el planeta.

Esta visión de una realidad más profunda que influye en la humanidad, de forma profunda pero indeterminada, fue un encuentro aleccionador, ya que valoramos mucho nuestra autonomía y nos gusta vernos como agentes libres en el escenario de la historia. Sin embargo, esta idea central se repitió a lo largo de varias sesiones. Ver esta realidad más profunda no me hizo sentir comprometido o paranoico. La majestuosidad y la escala de la inteligencia que estaba presenciando eran fascinantes y no sentí ninguna intención maliciosa o manipuladora. Simplemente estaba viendo la verdad de una realidad compleja que siempre había existido.

Abrirme a esta dimensión de la realidad fue un trabajo exigente. Permitirme a mí mismo formar parte de esta realidad fue extremadamente difícil. Esto se puede apreciar en este extracto de una de las sesiones que experimentaría más tarde:

Después de todo lo que he pasado en estas sesiones, me asombra que haya algo que pueda asustarme, pero hoy lo había. No me asustó el dolor ni la confusión, sino la magnitud de aquello en lo que me estaba convirtiendo. Todo giraba locamente y me arrojaron a una realidad que iba tanto más allá de todo lo que había conocido, que me daba pánico. Sabía que, si continuaba en esa dirección, todo el universo físico, tal como lo había conocido, dejaría de existir como realidad para mí. También me asustaba lo fácil que se estaba volviendo entrar en la experiencia de Dios (S29).

El tejido de nuestro ser colectivo

Mi encuentro con estas fuerzas vivas del nivel sutil superior de la realidad arquetípica pareció despertar en mí la capacidad de experimentar los nervios del ser colectivo de la humanidad en un nivel sutil inferior. O puede que simplemente fuera hacia donde me dirigieron a continuación. Creo que las percepciones más importantes que recibí en estas once sesiones procedían de este nivel más junguiano. Más significativo que mi breve contacto con los poderes, en gran medida inescrutables, de la alta realidad arquetípica fue sumergirme en el tejido del ser colectivo de la humanidad. Esto me mostró procesos orgánicos que operan bajo la superficie de nuestras vidas individuales y entretejen a la humanidad para que sea un todo mayor. Fue como si me enseñaran a reconocer el tejido vivo de nuestra especie. Mis experiencias confirmaron la idea central de Jung sobre la existencia de un inconsciente colectivo. Sin embargo, no experimenté los arquetipos de los que él habla, como la madre, el padre, el niño, el anciano sabio, el embaucador o el héroe. No estoy sugiriendo que no formen parte de la psique colectiva, solo expreso que no formaron parte de mi experiencia.

A medida que mi consciencia se estabilizaba en este nivel, experimentaba repetidamente a la humanidad como un único organismo con redes inteligentes que lo atravesaban. Estas redes colectivas o metafunciones no anulaban ni negaban nuestra agencia individual; eran simplemente la forma en que la vida funcionaba a un nivel más profundo.

🪷 Sesión 27

La sensación de una confrontación final entre Dios y yo continuó durante gran parte de la sesión inicial. Sabía que no me conocía a mí mismo y deseaba saber lo que yo era. Fue con esta determinación desesperada y completa de conocer mi esencia que comencé a penetrar a través de muchos niveles de algo. Me sentía como si me arrastraran bajo el agua, atado a una soga, mientras las algas me desgarraban la cara. Continué aferrado a un enfoque interior que me permitía atravesar capas y capas de un material casi viscoso que me desgarraba a medida que lo atravesaba.

Con el tiempo, empecé a pasar a niveles arquetípicos que me resultaban familiares de sesiones anteriores, pero, en lugar de detenerme en ellos, continué atravesándolos. La energía de mi cuerpo era enorme y vomité violentamente varias veces en rápida sucesión. La sensación de atravesar capas continuaba, pero ahora se intercalaba con nuevas experiencias complejas. En algunas de ellas, estaba aprendiendo a ver a nivel colectivo.

Fui testigo de muchos patrones de la sociedad como una ondulación del organismo de nuestra especie a un nivel que traspasaba lo individual. En lugar de ver la sociedad como un agregado de individuos, me estaba centrando en un nivel más profundo del fenómeno. Como un científico que puede enfocar su microscopio a distintos

niveles de un tejido, yo podía enfocar mi visión a un nivel de la socie-
dad más profundo que el individual.

En esta profundidad, los patrones colectivos saltaron de repente
a la vista. Siempre habían estado ahí, pero no los había detectado
porque no me había centrado en este nivel. Ahora que los veía, era
capaz de distinguir cómo ciertas dinámicas de la sociedad represen-
taban influencias coordinadas desde lo más profundo del inconsciente
colectivo. Vi patrones de cambio que ondulaban por la sociedad como
fuerzas "arquetípicas" que empujaban hacia arriba a través de la
experiencia de la especie en su conjunto.

Sesión tras sesión, fui testigo de patrones precisos de conectividad
que entretejen nuestras mentes, e incluso nuestros cuerpos, en conjuntos
más amplios. En una sesión, experimenté nuestras mentes individuales
como nodos que formaban la red de la mente de la especie. Cada uno
de nosotros reflejaba temas selectivos de esta consciencia mayor. Vi que
la sanación de las distorsiones que existen dentro de nuestras mentes
individuales tiene un efecto dominó que contribuye a la sanación de la
psique colectiva. En otra sesión, vi que todos llevamos trozos de las enfer-
medades físicas de nuestro tiempo dentro de nosotros y que, al sanar
nuestros cuerpos individuales, contribuimos energéticamente a sanar el
cuerpo colectivo de la humanidad en un marco temporal más amplio. El
cuerpo humano estaba aprendiendo literalmente a estar sano en nuestro
entorno cambiante.

En otra sesión, vi algo parecido a los *doshas* ayurvédicos activos en el
cuerpo de nuestra especie. En la medicina ayurvédica, se cree que la salud
existe cuando hay un equilibrio entre las tres energías corporales fundamentales o *doshas*: *vata*, *pitta* y *kapha*. En esta sesión, vi los *doshas* que
fluían, no solo dentro de nuestros cuerpos individuales, sino también a través del cuerpo de la humanidad en su conjunto.

Experimentaba la complejidad orgánica de la especie humana como
un organismo único en el que los doshas parecían ser los nervios
del organismo. Los doshas eran hilos conectivos que atravesaban
toda la especie, "conectándola" de forma parecida a como nuestro
sistema neurológico conecta nuestras numerosas células en un único

órgano. Sospecho que estaba experimentando algo más grande y complejo que los doshas y que mi mente lo interpretaba en los términos de que disponía (S30).

Creo que se me dieron estas experiencias de nuestro ser colectivo para prepararme para las visiones del nacimiento del futuro humano que seguirían en sesiones posteriores. Me dieron el conocimiento práctico sobre cómo funciona nuestra especie, porque lo necesitaría para comprender y absorber estas visiones que vendrían.

Una nota para los "dioses" del nivel sutil

Aunque experimenté la realidad del nivel sutil como algo más real que la realidad del espacio-tiempo, quiero añadir que el hecho de que algo se manifieste en el nivel sutil de consciencia no significa que sea real en el sentido más profundo del término. Por ejemplo, cuando alguien experimenta una deidad particular en sus sesiones exactamente como se describe en la tradición de las escrituras de una cultura (mientras sostiene objetos rituales tradicionales o viste ropajes tradicionales), creo que está experimentando: o una forma de pensamiento colectivo o una presencia espiritual vestida de una forma de pensamiento colectivo. En cualquier caso, ambas reflejan la fuerte influencia de la psique colectiva, lo que sitúa la experiencia en el nivel sutil de la consciencia.

Una forma de pensamiento colectivo es una construcción viva en la psique colectiva que se genera, en este caso, por millones de devotos que centran su intención de oración en una deidad específica durante miles de años. A mi entender, no es que los antiguos sabios captaran a la perfección la verdadera forma de este ser celestial, sino que la descripción que dieron de esta deidad se convirtió en el guion que millones de creyentes utilizaron después en sus devociones. Los pensamientos repetidos con frecuencia por un gran número de personas e investidos de profundas emociones generan una especie de huella viva en la psique colectiva, una huella que puede persistir incluso después de que la cultura que la originó haya perecido.

No pretendo trivializar tales formas. Todo lo contrario. Creo que las formas de pensamiento colectivo son fuerzas realmente potentes en la psique colectiva. Los dioses que adoramos, incluidos los dioses seculares de la codicia y el poder, se convierten en poderosas corrientes en el inconsciente colectivo. Pueden manifestarse en nuestras sesiones como entidades poderosas, pero desde una perspectiva más profunda estas entidades no son reales en última instancia.

En mi opinión, los dioses representados en nuestras tradiciones religiosas, incluido el Dios del monoteísmo, son aproximaciones culturales que distan mucho de la realidad que intentan representar. Estas formas se desvanecen a medida que se abren niveles más profundos de realidad. Creo que esto es aplicable a muchos fenómenos arquetípicos. Cuando superé con el tiempo el nivel sutil de consciencia en mis sesiones, me encontré yendo más allá de las imágenes, historias y creencias que la humanidad ha impreso en la psique colectiva. Las formas culturales que hemos venerado y utilizado para interpretar la vida se desprendieron como el vestuario que se escurre de los hombros de los actores. La naturaleza volvió a quedar desnuda ante mí, y me invitaba a verla de nuevo. Todas las formas, incluso el brillante esplendor de los arquetipos, son intermediarias de lo que está más allá de la forma. Como nos recuerda el autor del tratado místico cristiano del siglo XIV, *La nube del desconocimiento*, si alguna vez esperamos vislumbrar la verdadera naturaleza de lo divino, debemos desaprender todo lo que nos han enseñado sobre Dios.

Sesión 28

La sesión 28 fue poderosa y la presentaré en su totalidad. En ella se entrelazaron los temas de la realidad arquetípica superior y el tejido de nuestro ser colectivo. Después de varias sesiones de esta serie, tuve más claridad que en sesiones anteriores, porque ya estaba aprendiendo a moverme en este nuevo territorio. Al mismo tiempo, era un poco más complicado porque implicaba no uno, sino dos ciclos de transformación. El primer ciclo me llevó a la realidad arquetípica de nivel sutil superior. El segundo ciclo me elevó más allá, a la realidad causal, y me dio un breve anticipo de lo que estaba por venir. Luego me devolvió al espacio-tiempo que ahora experimentaba desde una perspectiva de nivel sutil.

Sesión 28—Colapso arquetípico

A medida que me expandía, sentía que me desmantelaban, como si arrancaran trozos de mí, y tenía que recordarme una y otra vez que dejara que el proceso me llevara adonde quisiera. El campo se espesó y se intensificó durante mucho tiempo. De nuevo tuve la sensación de atravesar capas de gruesas envolturas emocionales, quemándolas. El proceso estaba siendo impulsado por fuerzas increíblemente poderosas. No tenía ningún control sobre lo que estaba ocurriendo.

Finalmente, me encontré atravesando un campo especialmente denso que parecía la envoltura emocional de todo el planeta, el inconsciente colectivo de la especie humana. Ahora me encontraba por encima de ese campo, en un nivel arquetípico superior de la realidad. Como muchas otras veces, tuve la clara sensación de que algo estaba trabajando conmigo para consolidar una posición clara en este nivel, de modo que pudiera recibir instrucciones sobre cómo funciona aquí la realidad. Me sentía "por encima del mundo", en una región de inteligencia que crea y sostiene la realidad física. Trabajé duro para establecer una mayor claridad en este nivel, cooperé con las fuerzas que me rodeaban y me saturaban. Obtuve muchas percepciones sobre la amplitud de la creación, sobre cómo la consciencia se consolida en la materia deliberadamente y por etapas.

Las percepciones específicas son menos significativas para mí que el contexto más amplio de mi condición. Mi experiencia fue que la distancia entre la consciencia que es la fuente de toda existencia y nuestra consciencia humana es enorme, un vasto mar con niveles y niveles de campos interrelacionados, y que los campos inferiores tienen su origen en el propósito intencionado de los campos superiores y emergen de ella. Fue fascinante presenciarlo.

Colapso arquetípico

Después de algún tiempo en este nivel, las cosas cambiaron. Todo a mi alrededor empezó a girar y a volverse muy confuso. Me agarré a algún foco en el centro de este ciclón y me mantuve firme. No me resistía al cambio, sino que me mantenía inmóvil para que el cambio me sucediera a mí. Era como estar en el centro de un tornado, o en el núcleo de un sol que explota. La energía que me atravesaba era enorme. El poder de esta fusión arquetípica era mucho mayor de lo que había sido la fusión del campo de especies. Sentí que este fuego explosivo me quemaba, me derretía.

De repente, me di cuenta de que me llevaban a otra realidad. Las paredes del tornado de energía se estaban derritiendo y al otro lado brillaba una realidad completamente nueva. Llegar a este nivel me produjo una sensación de logro supremo. "Ya he pasado", dije, "ya he pasado". En cierto modo, sin prejuicios, lo había superado.

El rasgo más distintivo de este nivel era su brillante claridad. Era infinitamente espacioso, infinitamente extendido, saturado de inteligencia y muy claro. Claro más allá de la imaginación. Nunca había apreciado hasta qué punto la psique colectiva constituye una constante estática de fondo para nuestras mentes. Aquí, más allá de ese campo, experimenté ser consciente de una forma completamente nueva. Era claro. Era como debía ser. Me abrí y abracé este reino y fui abrazado por él. Durante mucho tiempo seguí absorbiendo sus energías calmantes sanadoras. No puedo describir la enorme sensación de alivio y liberación. Por fin había terminado.

Las experiencias que siguieron actuaron a muchos niveles simultáneamente. Material de mi vida personal, de la mente de la especie, del nivel arquetípico y de este elevado nivel espiritual se entrelazaron con una precisión orgánica que no puedo esperar reproducir. Todo lo que puedo hacer es identificar temas específicos, dejando de lado las texturas resonantes de los otros niveles que se movían a un ritmo sincronizado con esos temas.

Campos mentales entrelazados

Una vez alcanzada esta región de increíble claridad, no fui llevado más profundamente al lado trascendental de las cosas, sino que fui dirigido de nuevo al espacio-tiempo, pero ahora experimentado como la interacción de lo que podría llamarse campos mentales cuánticos.

Estaba experimentando campos mentales entrelazados que saturaban los sistemas físicos y los entrelazaban en conjuntos más amplios. Esta fase de la sesión comenzó con una experiencia especialmente conmovedora de sanación colectiva.

Me encontraba en una llanura africana donde cientos de personas bailaban para celebrar. Los leones estaban lejos, no había peligro y nadie tenía hambre. La tribu había sobrevivido a los rigores de otro año, y estaban bailando para agradecer y celebrar la vida. Fue una de las experiencias más extraordinarias de la sesión. Pude asimilar lo que estaba sintiendo toda esta gente. Yo era la mente tribal que se deleitaba en la celebración.

Su alegría contagiosa y el éxtasis inducido por la danza los fundieron en un solo campo de celebración. Sabían lo que estaba ocurriendo y siguieron entregándose al proceso, dejaron que se profundizara hasta que quedaron completamente inundados por la alegría unificadora. Eran uno consigo mismos, con los demás y con su entorno. Nunca antes había experimentado algo así, y fue profundamente conmovedor. Qué empobrecidos estamos quienes hemos perdido estos rituales que activan el tejido más profundo de nuestra conectividad*.

Mi punto de referencia para experimentar todo esto era una inteligencia que lo saturó todo: la gente, los animales, el fuego y la tierra misma. Si tuviera que darle un nombre, lo llamaría consciencia de la tierra. Descubrí que esta danza de celebración no solo sanaba a la gente (al limpiarla del dolor de las pérdidas del año y curar la fricción de los conflictos interpersonales), sino que, para mi sorpresa, también sanaba la propia tierra. De hecho, experimenté una liberación de energía que sanó el campo de esta región del planeta.

En este contexto, experimenté una verdad mayor sobre la inteligencia colectiva que se repitió muchas veces para asegurarme de que entendía la lección. Vi que había muchos niveles discretos de

---

*No sé por qué África desempeñó un papel tan destacado en esta sesión. He utilizado música africana en mis sesiones antes, pero no en esta en concreto.

consciencia que operaban en la vida. Estaba experimentando campos de consciencia que atravesaban e integraban formas de vida físicamente discretas y el tejido generado por estos campos era diferenciado, pero sin fisuras. Había muchas capas de inteligencia activas simultáneamente. Al igual que un ser humano comparte su existencia con muchas formas de vida biológicas más pequeñas, cuyas vidas se entrelazan en torno a la nuestra, en el plano mental había muchas formas de vida más grandes en torno a las cuales estamos entrelazados. En este entorno, experimenté lo siguiente.

Solemos suponer que los pensamientos que surgen en nuestra consciencia individual son "nuestros" pensamientos, nuestra creación privada. Sin embargo, ahora veo que algunos de estos pensamientos no son "nuestros" en sentido estricto, sino el registro en nuestra consciencia local de un pensamiento colectivo que surge en el conjunto de la mente de la especie, un pensamiento que se ha iniciado en un nivel de inteligencia más profundo y centralizado.

A menor escala, a veces los pensamientos surgen en nuestra mente por la influencia próxima de personas concretas, si su campo mental es lo bastante fuerte como para hacerse sentir en nuestro campo. Pensamientos desconocidos pasan a través de nosotros, nos dan tirones y los descartamos como un estado de ánimo pasajero o una idea que no tenía mucho sentido; los dejamos ir. Creemos que nuestra mente está limitada por nuestros sentidos físicos, pero no es así.

Experimenté claramente que la energía individual y colectiva de todo lo que nos rodea crea una red colectiva de influencias que fluye a través de nuestra consciencia en forma consciente e inconsciente. Normalmente, no nos damos cuenta de estos sutiles campos de influencia, pero en mi estado actual pude distinguir claramente sus distintos patrones de vibración. Juntos formaban el tejido sin costuras de la inteligencia manifestada. Estos campos porosos de energía son enfocados por nuestros cuerpos individuales, pero no están limitados a ellos. Cualquier configuración cuerpo-mente específica vive por un tiempo, pero su campo perdura como una célula en campos aún mayores. Mi cuerpo-mente personal terminará, pero otro se materializará para retomarlo en el punto donde quedó. De este modo, mi campo energético individual crecería y evolucionaría a medida que crece y evoluciona el campo del alma del que formo parte.

Además, mi experiencia vital pasaría a formar parte del campo colectivo de mi especie. Todas las experiencias que he tenido, incluidas las de mis sesiones, pasarán a formar parte del aprendizaje colectivo de mi pueblo, como parte de su memoria colectiva. No hay fronteras absolutas ni en el espacio ni en el tiempo. Solo la mezcla de campos de energía con muchos niveles de inteligencia que lo atraviesan todo.

Como parte de esta instrucción, se revisaron y pusieron en perspectiva sesiones que se remontaban a diez años atrás. El propósito era mostrarme cómo encajaban las distintas piezas en este mosaico mayor. Piezas que habían estado incompletas parecían ahora completarse y el conjunto cobraba coherencia.

El ciclo de purificación

Fue una sesión tan rica y esclarecedora que lo que ocurrió en las tres siguientes me tomó completamente por sorpresa. Esta extraña secuencia me llevó a reconocer una dinámica que operaba en las sesiones y que hasta entonces no había comprendido del todo. Aunque descubrí esta dinámica en esta etapa en particular, con el tiempo llegué a ver que no es específica de un nivel, sino que se repite en múltiples niveles de consciencia, lo que la convierte en una característica importante de la práctica psicodélica. Esta dinámica es el **ciclo de purificación**.

Después de la dicha de la sesión 28, las tres siguientes estuvieron llenas de náuseas extremas, mareos y malestar físico. Cada sesión duró horas. Aunque estas sesiones se prolongaron durante varios meses, gracias al estado de miseria que tenían en común, me parecieron una sola. Cuando empecé este ciclo, me desconcertó que el esplendor visionario de la sesión 28 estuviera seguido de una angustia tan desgarradora. Pero ahí estaba yo, flotando en un mar de incomodidad fascinante, obligado a soportar algo que era extremadamente desagradable pero carente de contenido.

La energía era muy alta y me hizo vomitar tantas veces que se me rompieron los vasos sanguíneos de la cara.

En la cuarta sesión de esta serie (S32), la limpieza se profundizó. Ahora, en lugar de disolverme en una angustia física aguda, mi consciencia se fragmentaba una y otra vez hasta que me volví completa y absolutamente Plural. Escribo esta palabra en mayúscula para señalar la cualidad claramente arquetípica de esta experiencia. Cuanto más me convertía en Muchos, más confusas se volvían las cosas. Seguí entregándome a esta fragmentación hasta que, finalmente, me encontré atrapado en un mundo de caos absoluto. Mi experiencia era completamente inescrutable, sin ni siquiera la organización que proporciona el sufrimiento. Entonces se produjo la ruptura.

> De repente, o no tan de repente, no puedo estar seguro, la tensión de estar atascado que se había ido acumulando durante cuatro sesiones cambió, y empecé a sentir una extraordinaria sensación de liberación. No era consciente de nada que pudiera explicar esta transición, ya que mis experiencias eran irremediablemente caóticas y no veía orden alguno en ellas. Todo lo que sé es que después de meses de estar atrapado en una telaraña de caos psicodélico, de ser incapaz de moverme, de comprender, de pensar o incluso de experimentar coherentemente, de repente empecé a experimentar una libertad extraordinaria. Esta libertad era deliciosa e indescriptible. Un alivio y un agradecimiento extraordinarios. Durante horas me empapé de esta libertad sorprendentemente desprovista de contenido cognitivo (S32).

Cuando intenté dar sentido a estas experiencias, primero apliqué la teoría perinatal de Grof, pero, aunque estaban presentes ciertos elementos perinatales (náuseas, sensación de estar atrapado y liberación), faltaban muchos otros. No había crisis existencial, ni confrontación con el sinsentido de la existencia, ni convulsiones físicas, todo lo cual había estado presente en sesiones anteriores. Y, aunque el caos y la pérdida de coherencia recordaban a la muerte del ego (desde el punto de vista de la experiencia), este caos en particular era mucho más profundo y marcaba una desintegración más fundamental que la muerte de mi ego personal.

Entonces, revisando mis notas, encontré la semilla de un concepto que había aparecido durante la sesión 28 y que parecía abordar este patrón de síntomas. En ese momento lo llamé "ciclo de sanación", pero, a medida que pasaron los años y se profundizó mi comprensión, empecé a llamarlo ciclo de purificación.

El núcleo del ciclo es el siguiente: una mayor consciencia desencadena la aparición de toxinas en el sistema que, a su vez, precipitan una crisis de enfermedad seguida, finalmente, de un mayor nivel de salud. Este ciclo funciona a muchos niveles: físico, psicológico e incluso histórico (S28).

Mi primera entrada en la energía superior de la realidad arquetípica (S24) había sido seguida, inmediatamente, por la purificación del desmembramiento chamánico que molió mis huesos (S25). Vaciarme de las pasiones de la existencia humana había sido una forma de purificación que había ayudado a mi consciencia a estabilizarse más allá de la mente de la especie. Creo que algo parecido estaba ocurriendo en estas cuatro sesiones. Creo que la pureza y claridad del estado de consciencia causal en el que entré brevemente en la sesión 28 desencadenó una desintoxicación física tan intensa que duró cuatro sesiones.

Los estados de consciencia son también estados del cuerpo. Los más elevados requieren cuerpos que funcionen mejor. La consciencia causal es un estado excepcionalmente puro. Entrar en este estado desencadena una purga espontánea de impurezas del cuerpo y la mente. No sé en qué consisten exactamente estas impurezas. Yo las veo como los correlatos bioquímicos de nuestros juicios mezquinos, nuestros sentimientos inferiores y nuestras emociones egoístas: cualquier cosa que distorsione la unidad que está surgiendo en nuestra consciencia encarnada. Juan Taulero, alumno de Maestro Eckhart y uno de los grandes místicos de la región de Renania del siglo XIV, se refirió a las exigencias que la realización espiritual impone al cuerpo, cuando dijo en uno de sus sermones: "Creedme, niños, uno que quisiera saber de estos asuntos a menudo tendría que guardar cama, porque su cuerpo no podría soportarlo"*.

---

*Citado en Underhill [1911] 1961, 61.

En los siguientes años, este patrón de avance seguido de desintoxicación, se repitió como un reloj en mis sesiones, a medida que la espiral de la iniciación seguía girando. Noté que, después de cada gran avance hacia un nivel de consciencia más profundo, las sesiones que seguían solían ser como para "sacar la basura", hasta el punto de que llegué a temer cada vez que avanzaba o descubría algo, porque conocía la naturaleza de las siguientes sesiones. Me viene a la mente una analogía de la minería. Después de que una explosión abra una nueva veta de mineral en lo más profundo de la montaña, todavía hay que llevarse las rocas para acceder completamente a sus riquezas.

El ciclo de purificación es el ciclo de combustión del crecimiento en el trabajo psicodélico sostenido. La esencia del ciclo es la siguiente. Al ser impulsado a un nivel de realidad más profundo, uno pasa a un estado energético superior y esta energía potente "sacude" las impurezas de nuestro ser mental, emocional y físico. En las sesiones siguientes, el sistema trabaja para vaciarse de estas toxinas mientras continúa absorbiendo la pureza y la intensidad de esta nueva energía. Al barrer lo viejo para dejar paso a lo nuevo, con el tiempo se establece una plataforma energética más clara y fuerte sobre la que se construirán las sesiones futuras.

Permítanme ir un paso más allá. Cuando este ciclo de purificación llega a ser especialmente profundo, se convierte en un **ciclo de muerte y renacimiento**. Al principio pensaba que la muerte y el renacimiento eran un acontecimiento único, pero después de pasar por este ciclo varias veces, en diferentes niveles de consciencia, empecé a entender que, en las sesiones con sustancias psicodélicas, **la "muerte" es en realidad una forma muy intensa de purificación.**

Después de haber muerto y renacido muchas veces en las sesiones, el concepto mismo de muerte empieza a perder su significado con el pasar del tiempo. A través de la repetición, aprendes que, en lo más profundo de tu ser, es imposible morir. La forma que somos puede hacerse añicos, nuestra realidad puede destruirse una y otra vez, pero nuestra esencia más profunda siempre resurge. El ave fénix siempre resucita. Cuando el proceso de purificación es especialmente profundo, tan profundo que comienza a disolver la estructura de nuestra vida tal y como la hemos conocido, se convierte en una **purificación hasta la muerte.** Cuando nos vacía de todo lo que hemos conocido y de todo lo que hemos sido, se alcanza una crisis en la que lo que hemos sido se derrumba y somos llevados hacia un nuevo nivel de realidad.

Este avance es un auténtico renacimiento, porque en este nuevo nivel "nosotros" dejamos de ser lo que éramos antes. Nos hemos convertido en otra **clase** de ser, con nuevas capacidades y acceso a nuevas categorías de experiencia. En esta transición, hay continuidad de consciencia (el hilo de la memoria) pero discontinuidad de capacidad (podemos experimentar cosas que antes no podíamos experimentar). Si después de estabilizarnos en este nuevo nivel seguimos avanzando, el ciclo de combustión de la purificación comenzará de nuevo y, finalmente, entraremos en un nuevo ciclo de muerte y renacimiento a medida que se sigan abriendo nuevos niveles de realidad.

Reencarnación y purificación colectiva

Ahora quiero poner sobre la mesa una última idea que surgió durante este período, pero para hacerlo será necesario ampliar sustancialmente nuestro marco de referencia. Aquí quiero ampliar el ciclo de purificación para incluir a toda la especie humana como un organismo único. Para hacer esta transición, necesitamos volver al concepto de reencarnación. La literatura sobre la reencarnación casi siempre discute el renacimiento desde la perspectiva del alma individual. El karma y el renacimiento se presentan como el motor que impulsa la evolución individual del alma. Aunque todos encarnamos, rara vez se habla de la dinámica de la reencarnación colectiva, salvo en lo que se refiere a pequeños grupos de personas, como amantes, amigos y familiares, o personas atrapadas en alguna tragedia colectiva, como un desastre natural. Incluyo mi propio trabajo en esta evaluación. En mi libro *Lifecycles*, yo también mantuve el debate sobre la reencarnación centrado en el nivel del alma individual y de la propia familia del alma. No es que esta perspectiva sea falsa, pero, dada la amplitud de las experiencias colectivas relatadas en este capítulo, ahora me parece incompleta.

Pensar en la reencarnación exclusivamente en términos del alma individual es quedar atrapado en una especie de pensamiento atomista, característico del discurso a **nivel psíquico**, en el que se experimenta el mundo espiritual como si estuviera compuesto de seres espirituales separados. No quiero decir que esta realidad sea falsa, pero cuando la consciencia se abre al **nivel sutil** de la realidad, el tejido conectivo de la vida comienza a destacar más. En este nivel más profundo, las almas individuales pueden experimentarse a veces como células de una **especie de alma mayor**. No se trata de verdades alternativas, sino de verdades simultáneas que reflejan diferentes capas del complejo tejido de la existencia.

Si la humanidad está tan profundamente entretejida e interconectada como sugieren las experiencias que aquí se presentan, entonces no debería sorprendernos descubrir que existe una **dinámica colectiva que opera dentro de la propia reencarnación**. Mi pensamiento empezó a cambiar hacia esta dirección cuando tuve la siguiente experiencia de karma colectivo en la sesión 20.

Una visión me ha impresionado especialmente hoy. Era una visión del karma que restaba importancia al individuo y enfatizaba el ser más grande que estaba evolucionando en los miles de millones de ciclos kármicos que se desarrollaban simultáneamente en cualquier momento de la historia. No estaba presenciando el ciclo del karma individual, sino ciclos de desarrollo mucho más amplios que emergen en la historia a partir de todos nuestros patrones kármicos individuales, integrados en patrones colectivos masivos dentro de la especie. Estaba presenciando cómo la naturaleza avanzaba en su propia evolución, a través de nuestras muchas vidas. El proceso era tan bello y elegante que me impactó profundamente. La sabiduría, la inteligencia y el amor que crearon y orquestaron este vasto mecanismo de crecimiento perpetuo de nuestra especie eran asombrosos (S20).

Esta experiencia temprana de la dinámica colectiva del karma se profundizó en la presente serie de sesiones, cuando el ciclo de purificación se amplió para abarcar a toda la especie humana. Ahora fui testigo de la dinámica de la reencarnación que operaba dentro de la evolución de la humanidad como especie. En la siguiente sesión, la expansión del tiempo y el espacio fue enorme, lo que marcó una entrada particularmente profunda en la realidad del nivel sutil.

 ## Sesión 29

Tras horas de purificación extremadamente energética, empecé a experimentar la existencia física como un campo unificado, como

un tejido o matriz ininterrumpida. Las formas de vida individuales eran cristalizaciones de esta matriz. Mi propia encarnación era una destilación de este tejido vivo. Tanto mis virtudes como mis imperfecciones, mis puntos fuertes y mis debilidades, formaban parte de su autoevolución.

En este contexto, vi que el ciclo de purificación no solo afecta a los individuos, sino también a la humanidad en su conjunto, que se reinventa una y otra vez a lo largo de la historia. Para evolucionar más allá de su nivel actual de desarrollo, el tejido unificado de la consciencia humana se limpiaba sistemáticamente del legado de su pasado mediante la reencarnación, coordinada con miles de millones de personas que llevaban ese legado en sus encarnaciones.

Experimentar la existencia humana como un campo completamente unificado hizo que todo fuera mucho más fácil de comprender. El entramado de la mente que satura y coordina nuestras vidas individuales tiene una lógica que engloba nuestras perspectivas individuales. Hoy, la realidad física se disolvía en su matriz subyacente y con ella desaparecía la realidad de la psique individual. Lo que antes había conceptualizado en términos atomísticos como personas individuales que elegían reencarnarse para limpiar sus patrones kármicos personales, ahora lo experimentaba como una decisión centralizada de encarnar generaciones enteras para limpiar el campo mental humano de su legado kármico colectivo. No veía distinciones sostenibles entre individuos, solo la red de la vida que operaba de forma integrada y unificada.

Nuestro período histórico actual parecía ser uno de desintoxicación y sanación colectivas. Los avances culturales que habíamos logrado (en torno a la esclavitud, el racismo, la discriminación de género y de especie) estaban sacando a la superficie toxinas enterradas en lo más profundo de la psique colectiva. Se hizo hincapié en que, a esta etapa de desintoxicación, le seguiría algo nuevo y emocionante. La encarnación de estas toxinas no consistía simplemente en sanar nuestro pasado, sino también en sentar las bases de un nuevo futuro para la humanidad.

Esta experiencia visionaria de toda la especie humana que se reencarna con un propósito común y asume la carga de la purificación colectiva para avanzar en un despliegue colectivo, me abrió un nuevo mundo de comprensión. Fue mi primera experiencia de un tema que se repetiría y profundizaría en los años siguientes. Este cambio de perspectiva, de la **intención individual** a la **intención colectiva** en la reencarnación, amplió radicalmente mi comprensión de la escala que tiene la inteligencia operante.

Con esta transición, cayó el último muro entre nuestra evolución individual y la evolución colectiva de la humanidad. El karma individual y el colectivo se volvieron completamente transparentes el uno para el otro. Vi que los individuos y la humanidad evolucionaban juntos en una danza increíblemente sutil y sinérgica. Esta interacción entre el individuo y la especie se convirtió en el tema central de *Dark Night, Early Dawn*.

Las experiencias visionarias relatadas en este capítulo se extienden mucho más allá del horizonte físico. Tanto, que no puedo aportar pruebas más allá que la posibilidad de que hayan sido replicadas por otros viajeros. Es la experiencia, desnuda e indefensa y ahí debe descansar. Y, sin embargo, me gustaría poder llegar a mi corazón y dar al lector una muestra de estas experiencias. Tocar la inteligencia operante del universo a tal profundidad y amplitud cambia para siempre la forma en que experimentamos la vida.

Nota sobre cómo aprender en estados psicodélicos

Uno de los grandes retos de entrar conscientemente en intensos estados psicodélicos es "aprender a aprender" de experiencias que rompen todas las reglas al redefinir lo posible. En estos estados, nuestros instintos más profundos se ven a menudo anulados e invertidos. Uno aprende a ceder e incluso a darles la bienvenida a experiencias dolorosas, en lugar de retroceder ante ellas. Las experiencias dolorosas pueden convertirse en algo que se busca en lugar de evitarlas. Lo totalmente extraño puede convertirse en algo familiar tantas veces que uno no puede prever qué forma tomará el siguiente giro del aprendizaje. Puede que te encuentres atrapado en un laberinto interminable y repetitivo en el que no está claro qué está pasando, qué estás haciendo para perpetuar este estancamiento o qué podrías hacer (o dejar de hacer) para cambiar la situación. Puede que ni siquiera esté claro si se trata de una situación en la que puedes influir o si es algo que simplemente debes soportar, como ilustra el siguiente extracto.

Por mucho que lo intentara o por muchas estrategias diferentes que explorara, no podía zafarme de los lazos experienciales que me sujetaban. Mi lucha duró muchísimo tiempo. Probé estrategias activas y pasivas. Experimenté cientos de formas de rendición. Busqué la manera de "morir", fuera lo que fuera lo que eso significara en este contexto. Mis repetidos fracasos me dieron muchas oportunidades para dar un paso atrás y reevaluar mi situación. Repasé todo lo que había aprendido en sesiones anteriores sobre cómo sortear estos callejones sin salida. Sabía que la muerte no era más que una metáfora de la entrega total. Sabía que a veces había que tomar decisiones heroicas antes de que los muros se derrumbaran. Sabía que a veces había que mirar repetidamente sin expectativas para poder ver realmente lo que se me mostraba. Lo intenté todo, pero nada funcionó. Me quedé atrapado en ese punto, flotando entre dos mundos durante un tiempo que me pareció interminable (S26).

Los contextos experienciales en los que se nos pide que aprendamos son tan extremos e inéditos que debemos aprender una nueva forma de aprender. Con la práctica, voy descubriendo poco a poco cómo trabajar con estos estados, cómo abrirme a sus distintas posibilidades, cómo recibir lo radicalmente desconocido. Estoy aprendiendo a mirar con menos expectativas, a dar un paso atrás y observar, a experimentar y a utilizar sincronías con la música. Sobre todo, aprendo a poner entre paréntesis mis suposiciones. Por supuesto, poner entre paréntesis las propias suposiciones es inherente a todo aprendizaje, pero la diferencia con los estados alcanzados gracias a sustancias psicodélicas es el nivel en el que tendremos que poner información entre paréntesis. Podrás descubrir que es falsa cualquier cosa que creas como cierta. Lo que es "impensable" puede resultar completamente natural. Puedes descubrir que no eres cualquier cosa que creas que eres.

Hay una sensación especial que acompaña a este tipo de aprendizaje radical. Es un espectáculo para el asombro, que te hace volar por los aires y te deja la piel erizada. Es la maravilla de llegar al borde del mundo conocido y arriesgarlo todo por lanzarse al vacío. Aprender a este nivel es doblar las cubiertas del universo. Es una experiencia totalmente embriagadora que nunca se olvida.

Un destello de "Dios"

Me gustaría cerrar este capítulo con una última experiencia que tuvo lugar cerca del final de esta serie de sesiones y que señaló hacia dónde irían las sesiones que le sucedían. Antes de hacerlo, sin embargo, tengo que señalar un cambio que se ha producido en la parte de limpieza de estas sesiones.

Ya hemos visto cómo la limpieza adoptaba muchas formas. Al principio, fue darle la vuelta a mi identidad personal, luego fue abrazar la furia colectiva del océano de sufrimiento, seguido de la ardiente transición a la realidad arquetípica. Después vino el desmembramiento chamánico y la desintoxicación nauseabunda provocada por el primer contacto con la consciencia causal. En cada etapa, he intentado identificar la lógica que subyace a la limpieza, marcar qué se está vaciando y por qué. A partir de la sesión 32, una nueva forma de limpieza entró en escena: una fragmentación profunda, que conduce a un caos impenetrable. Esta fragmentación en el caos continuó durante muchas sesiones, lo que indicaba que algo nuevo había comenzado. Toda entrega a lo desconocido implica un elemento de caos, por supuesto, pero esto era mucho más que eso. Esto marcó una entrega particularmente profunda, para aceptar perderme en la experiencia.

En lugar de intentar explicar ahora esta forma particular de limpieza, quiero simplemente señalarla y reservarme un juicio sobre ella hasta que veamos a dónde nos lleva. Como regla general, a menudo no se puede comprender lo que ocurre en una sesión desde la perspectiva del nivel de consciencia en el que se está. Solo después de haber pasado al siguiente nivel de consciencia se puede entender la razón de ser de una determinada dinámica. En estas pruebas, debemos confiar en el universo sin comprender por qué las cosas se desarrollan de la manera en que lo hacen. Afortunadamente, el universo recompensa nuestra confianza, como hizo a continuación.

Sesión 33— Un destello de "Dios"

La liberación de la sesión 32 había sido tan profunda que no sabía qué esperar de la siguiente. Aun así, cuando se abrió la sesión, me sorprendió encontrarme de nuevo deslizándome hacia las sombras de la fragmentación. En contra de los cantos primarios, me disolví en un caos extremadamente desagradable y oscuro.

El núcleo de mi experiencia fue que, donde antes había una singularidad y orden, ahora solo había una pluralidad desesperadamente desordenada. El caos continuó profundizándose durante mucho tiempo hasta que me desesperé por no saber dónde acabaría o cómo podría resolverse. Pasé por tantos puntos de ruptura que parecía que esto podría durar para siempre. Hace tiempo que reflexiono sobre las múltiples formas que puede adoptar la muerte en estas sesiones y hoy me doy cuenta de que, al menos para mí, el caos supone una capa más profunda que el dolor.

Estaba en el caos, yo era el caos, cuando de repente todo empezó a disolverse en una lluvia de luz blanca, brillante y centelleante. La luz era un éxtasis reverberante, una alegría indescriptible. La transición fue inestable, y pronto volví a sumergirme en oleadas de confusión. Desde dentro de esta confusión, recordé la experiencia de la luz y puse en ella toda mi concentración. De este modo acabé estableciéndome en la luz. Ahora yo era luz, real, plena y absoluta. Para entender la experiencia, solo se debe comprender la experiencia de ser luz: tener su extensión, su profundidad y su capacidad de ser simultánea. No me quedé mucho tiempo en este estado, pero fue el eje de una tarde enriquecedora.

Durante este día increíble, tuve una experiencia que destaca por encima de todas las demás. La vida se extendía ante mí en un cautivador despliegue de exquisita diversidad, sutileza y delicadeza. Estaba disfrutando del esplendor de la armoniosa complejidad de la vida cuando, de repente, experimenté esa misma realidad como un campo único y unido. La unidad me golpeó como un rayo. La experiencia fue

tan concentrada, tan intensa, que me lanzó instantáneamente más
allá de todos los marcos de referencia anteriores.

Pero, así como vino, de pronto se fue. Me dejó dando tumbos,
recogiendo los pedazos de mi mente, intentando comprender lo que
acababa de ocurrir. Haciendo asociaciones en el arrebato que dejó
su retirada, supe que había sido un encuentro con una realidad
que en siglos anteriores habría sido etiquetada como "Dios". Dios
es uno. Todo es uno. Qué ingenuo he sido. Qué completamente
desprevenido para lo que me espera. Pasé las horas restantes de
la sesión digiriendo esta experiencia, que no pudo durar más de
un segundo.

Adenda:
Platón, Jung y los arquetipos

El concepto de arquetipos tiene una larga y compleja historia, desde los filósofos presocráticos hasta Carl Jung. Esta historia, ha sido resumida por Richard Tarnas en sus extraordinarios libros *La pasión de la mente occidental* (1991) y *Cosmos y psique* (2006). Platón dio al concepto su forma más clásica. En el centro de su visión de la realidad hay una inteligencia trascendente que ordena e informa todas las cosas. Los arquetipos son universales y atemporales o las formas de esta inteligencia que estructuran el mundo, los planos maestros de la creación, por así decirlo. Platón consideraba que estas formas eran perfectas, inmutables y superiores a la materia.

En sus primeros años de estudio, Jung dio una lectura más psicológica a los arquetipos, al verlos como estructuras psicológicas heredadas dentro del inconsciente colectivo, "disposiciones para actuar" innatas que preceden y dan forma a la experiencia individual. Los veía como tendencias conductuales con contrapartidas pictóricas, los dominantes del inconsciente colectivo. En sus últimos años, Jung se acercó más a la visión de Platón, al ampliar su comprensión de los arquetipos más allá del ámbito psicológico. Su estudio de la sincronía le llevó a ver los arquetipos como principios que operan, no solo en nuestras mentes, sino también en la esfera más amplia de la propia naturaleza, al conectar nuestra experiencia interior y las circunstancias externas de maneras sorprendentes y significativas.

Cuando utilizo el término **arquetípico**, tomo prestado de estos dos pensadores y, al mismo tiempo, matizo sus conceptos. En primer lugar, utilizo el término en un sentido casi platónico para señalar un nivel de realidad más allá del espacio-tiempo que, a su vez, lo informa y le da estructura. Digo "casi platónico" porque no experimenté las "formas puras" o los "universales intemporales" que describe Platón. Tal y como yo lo experimenté, el dominio arquetípico es una realidad viva que siempre está cambiando, aunque mucho más lentamente y en un orden de tiempo diferente al de la realidad física.

En segundo lugar, utilizo el término en un sentido casi junguiano para describir patrones del inconsciente colectivo de la humanidad: patrones de memoria colectiva, pensamiento colectivo, aprendizaje colectivo e incluso fisiología colectiva. Al igual que Jung, considero que la psique colectiva es la matriz en la que operan nuestras psiques individuales, que sustenta e influye en todos nuestros procesos psicológicos, emocionales y mentales. Sin embargo, considero que la psique colectiva es más dinámica que lo propuesto por Jung. La veo como algo que aprende y evoluciona con el tiempo y, por lo tanto, veo que los arquetipos a este nivel también evolucionan con el tiempo. También considero los arquetipos mucho más numerosos que el puñado relativamente pequeño que Jung analizó.

En estos aspectos, mi visión del inconsciente colectivo se ha visto influida por Rupert Sheldrake y su trabajo sobre los campos mórficos y la causalidad formativa, que he encontrado profundamente congruente con mi experiencia psicodélica. Desde la perspectiva de Sheldrake, la psique colectiva, o la mente de la especie, influye en sus miembros individuales, así como Jung también lo sugiere. Pero Sheldrake va más allá que Jung al proponer que la psique colectiva también recibe e integra el aprendizaje de sus miembros. Sheldrake imagina un complejo bucle de retroalimentación entre la mente de la especie y los individuos, lo que le permite a la mente de la especie aprender conforme lo van haciendo los individuos que la componen. El aprendizaje colectivo avanza mucho más lento que el individual, pero, cuando la mente de la especie acaba por comprender

*1981; 1988; 1991.

una verdad, el cambio resultante se propaga por toda la especie y da lugar a curvas de aprendizaje más rápidas*.

Al ir un paso más allá de lo que propone Sheldrake, veo la mente de la especie situada entre dos sistemas de consciencia. Creo que, como sugiere el investigador, está abierta "desde abajo" a las psiques individuales de sus miembros, pero también la veo abierta "desde arriba" a campos de consciencia más inclusivos. No solo aprende de sus miembros individuales, sino que también recibe información de niveles de consciencia más amplios, como sugieren las sesiones que quedan reflejadas en este capítulo. Esto arroja nueva luz sobre el problema de la creatividad, el cual Sheldrake ha reconocido que su teoría no llega a resolver. Como muchas personas altamente creativas han informado, la creatividad profunda se experimenta a menudo como una infusión o "algo" que les llega desde arriba, y sospecho que algo así ocurre también más arriba en la gran cadena del ser.

OCHO

Bendición de bendiciones

Sesiones 36–43

Esto era Sat-cit-ananda,
Ser-Consciencia-Bendición,
el vacío fértil,
madre de todas las cosas,
el vientre de Buda.

Sesión 40

Después de dieciocho meses de exploración de la realidad arquetípica y de la fibra de nuestro ser colectivo, el año que siguió fue uno de bendiciones extraordinarias. Fue una verdadera bendición de bendiciones. Llevó a su punto álgido procesos que se habían ido gestando durante años, a medida que me adentraba en la unidad de la realidad causal. En este sentido, las próximas sesiones representan una especie de punto culminante. No un punto final, sino un terreno elevado que aportó una nueva comprensión y una intimidad más profunda con la vida. Este punto culminante se convirtió en el punto de partida de los últimos cinco años del viaje.

Lo que sigue son cuatro de las ocho sesiones de este año. Las he acortado para centrarme en los elementos esenciales. La segunda es la más larga y compleja, y la comentaré más adelante. El recuerdo en estas ocho sesiones fue a veces difícil, lo que me indicaba que estaba cruzando un nuevo umbral. Con la repetición, me familiaricé con el territorio y asimilé sus pautas y reglas. Los nombres que di a estas sesiones son:

S36 El bosque
S38 Nacimiento del alma diamantina
S40 Cantar al universo para que desaparezca
S42 La sangre de Jesús

Compartir estas sesiones ha sido más difícil de lo que esperaba, y probablemente lo será aún más en los próximos capítulos. Soy una persona reservada por naturaleza y no me resulta fácil abrir al escrutinio público experiencias de una alegría tan profunda y personal. Es como si dejara entrar al lector en mi santuario interior, en ese lugar de nuestros corazones donde guardamos nuestros tesoros más preciados. Libero estas sesiones y recuerdo a mí mismo que lo importante no es que yo haya experimentado estas cosas, sino que todos podamos experimentarlas.

 ### Sesión 36—El bosque

Esta sesión representó un salto radical en categorías experienciales absolutamente embriagador. Este día se abrieron nuevas experiencias y una nueva forma de pensar.

El tema del movimiento de apertura fue: "¡Si pudieras ver la realidad tal y como es!". Capa tras capa se iba desprendiendo a medida que me movía más allá de la existencia física y de sus categorías. Como en las dos sesiones anteriores, no había dolor ni caos, solo una sensación generalizada de desorientación. Me sentí como si hubiera tomado una dosis menor de LSD. ¿Cómo podía estar experimentando tantas transiciones dramáticas y, sin embargo, estar tan centrado? Suponiendo que la energía de la sesión de hoy fuera tan intensa como en las anteriores, ¿dónde se concentraba?

En busca de respuestas a estas preguntas, pasé a ocuparme de ese pequeño y obstinado resto de desamor que había estado procesando en las dos sesiones anteriores. No sé cómo ni por qué, pero poco después de centrarme en este problema, de repente se abrió y todo cambió. No hubo ninguna explicación; no surgió ningún contenido para que yo lo examinara. Simplemente me moví rápidamente, en silencio, sin esfuerzo hacia una nueva realidad. Entré en un mundo que se movía según patrones completamente distintos a los que había conocido antes.

En todo este mundo no había "unidades" separadas, ni "cosas". Había diversidad y movimiento, color, forma y figura, pero no aislamiento. La vida aquí no era el ensamblaje de partes, sino la expresión armoniosa de un todo unificado que ondulaba a través de la vida, como ondula el viento a través de un campo de trigo. Era como si el trigo supiera que no había tallos separados, sino un solo "trigo" que se expresaba a través de millones de hebras.

La visión que mediaba esta experiencia era la de un bosque: miles de árboles y hierbas, cientos de especies que se hacían transparentes a las energías universales del suelo y el sol que se movían a través de ellos. La diversidad no rompía la unidad. La unidad se expresaba en la diversidad sin caer ella misma en la diversidad. "Si pudieras ver la realidad tal y como es". Tal como la he visto hoy, la realidad era una energía fluida que se expresaba en la diversidad. Los árboles eran muchos, pero había una única fuerza vital que fluía a través de todos ellos, ignorando por completo si eran pinos, robles o arces. Esta energía subyacente lo trae todo a la existencia, lo mantiene vivo y lo reabsorbe todo al final. No conoce división alguna. Mi habitual realidad dividida era completamente irreal. La división es realmente una ilusión.

La realidad en la que me encontraba conservaba las formas de la tierra. Había actividad, proceso, movimiento y gente. Todo era como de costumbre, salvo que no había ningún "yo" presente en ninguna parte, ni en mí, ni en ningún otro. No dejaba de pensar: "Nada ha cambiado, salvo que yo no estoy aquí. Yo no existo". ¡Qué broma cósmica! ¡Qué alivio! ¡Qué libertad! Aquí estaba mi forma, mis procesos, mis patrones distintivos de consciencia, pero no había ningún "yo" que encontrar. Simplemente había desaparecido. Sentía, pero no sentía; pensaba, pero no pensaba. Qué alegría tan tranquila y expansiva. Continuó durante horas.

La importancia colectiva

Hubo un segundo componente más difícil de reconocer, pero igualmente real. Podía sentir que la apertura espiritual que estaba teniendo lugar no era únicamente una experiencia privada, sino también una experiencia colectiva que afectaba a muchas vidas. Las sesiones se utilizaban para impulsar algo más allá de mi ser personal. Cada vez que me enfrento a la importancia colectiva de lo que antes consideraba mi trabajo personal, retrocedo. Tengo que vencer una gran resistencia incluso para admitir el concepto. "Inflas tu importancia", me digo. "Solo es otro viaje del ego". Y, sin embargo, mi corazón me dice que no es así.

Para ser fiel a mi experiencia, mi primera lealtad es registrarla con la mayor precisión posible. Si lo hago, registro que este despertar a la unidad alcanzó y nutrió un campo enorme. Al igual que las sesiones anteriores habían sacado las toxinas del sufrimiento del campo colectivo de la humanidad, ahora la experiencia de ausencia del yo estaba siendo infundida en el campo colectivo. En la medida en que esto adoptó alguna forma cognitiva, lo hizo en forma de sentirse cómodo con la pérdida de límites. Renunciar a los límites de raza, clase, nacionalidad y religión. Allí donde habíamos trazado fronteras en la historia, había miedo. Parecía estar mediando una energía calmante que fomentaba la disolución de estos límites en la psique colectiva. Esto se prolongó durante mucho tiempo, a medida que se derrumbaban frontera tras frontera. Las energías calmantes se movían a través de mí hacia el campo humano, lo que facilitaba un poco que la gente cediera al flujo de acontecimientos históricos que desafiaban las divisiones irreales que la humanidad había trazado.

En un plano más personal, registro que los hilos que se tejieron originalmente en mi encarnación parecen sacados de la psique colectiva. No sé cómo funciona esto. ¿Cuál es la medida de lo personal y lo colectivo? ¿Dónde están los límites? No lo sé. Pero desde lo más profundo de estas experiencias, a veces siento que toda mi persona deriva del campo humano colectivo, como si pellizcara un mantel de tejido tupido y lo retorciera para darle una forma erguida. Tengo la sensación de que los hilos de mi ser individual se agotan casi por completo en esta tela colectiva, que mi persona ha sido traída a la existencia como un instrumento para rescatar el todo.

En estas condiciones, pregunto: ¿hay alguien aquí más allá de estos hilos colectivos? ¿No hay ningún hilo personal? ¿Dónde está la individualidad de mi alma? ¿No existe la verdadera individualidad? ¿Aparecerá cuando mi visión se adapte a esta nueva realidad? ¿He perdido simplemente mi capacidad de verla al entrar en la alegría de este campo unificado?

Comentario

El budismo enseña que no hay cosas separadas en la existencia, que toda realidad condicionada se caracteriza por *śūnyatā*, "vacío" o "transparencia". Como explica el Dalai Lama en el libro *El universo en un solo átomo*, publicado en 2005: "Las cosas y los acontecimientos están 'vacíos' en el sentido de que nunca pueden poseer ninguna esencia inmutable, realidad intrínseca o 'ser' absoluto que les otorgue independencia". Nada mantiene su existencia por sí mismo, sino que siempre es transparente a la matriz subyacente de causa y efecto. Cuando se experimenta el vacío, se experimenta la ausencia total de un yo independiente, no solo en la propia persona sino en toda la realidad. En esta sesión, experimenté el vacío y la unidad como dos caras de la misma moneda. Cuando experimentamos el universo como uno, está claro que las cosas independientes y separadas no existen. A la inversa, cuando el yo separado se disuelve por completo, la unidad de la vida surge espontáneamente en nuestra consciencia.

Al final del capítulo 6, pregunté: si una persona puede asumir el sufrimiento de los demás en el nivel sutil de consciencia y aliviar ese sufrimiento hasta cierto punto, ¿por qué cesa el sufrimiento para un individuo mientras que continúa para la mente de la especie en su conjunto? Esta sesión responde a esta pregunta. Al trabajo de drenar los venenos de la psique colectiva desde "abajo", le sigue el de verter bendiciones en ella desde "arriba". Cuando nos movemos a niveles de realidad más allá de la mente de la especie, no abandonamos a la humanidad, sino que nos volvemos más útiles para la humanidad al actuar sobre ella desde una posición más elevada.

 ### Sesión 38—Nacimiento del alma diamantina

El canto tibetano me llevó a un estado profundamente caótico que me desorientó mucho. No experimentaba dolor, pero sí confusión y caos. Y luego miedo. Aunque no conseguía nada a que temerle.

La confusión parecía alcanzarme cada vez más profundamente, lo que dejaba menos de "mí" para poder orientarme. El poder de los estridentes cantos me disolvía, me rompía en pedazos incoherentes. Seguí optando por abrirme al proceso, dejé que extrajera de mí lo que quisiera. Después de lo que me parecieron horas, empecé a sentirme exhausto y completamente agotado. Crecía el pánico en medio del caos y mis sentimientos pasaban de la resistencia estoica a la desesperación exhausta. "No aguanto más. Por favor, basta. Por favor, déjame ir". Estaba completa y absolutamente abrumado por esas voces que me disolvían con su atronadora cadencia... No podía recordar nada de lo que había sucedido en ninguna sesión anterior... Yo era completamente incoherente.... Antes estaba desesperado por escapar de los cánticos, pero ahora yo era simplemente una vibración atronadora... Y los cantos continuaron y continuaron*.

De alguna parte me llegó la sensación de que era hora de seguir adelante, y así se lo indiqué a mi cuidadora. Sin embargo, estaba tan desorientado que no tenía ni idea de lo que debía pasar a continuación. Entonces sonó la espaciosa música de Paul Winter. En respuesta a sus ritmos relajantes, mi mente destrozada empezó a moverse de nuevo. Lentamente empezó a regresar por las curvaturas de los bordes, y me persuadía a moverme con reconfortantes pinceladas de intimidad. Me sentí como un muerto en pie, como si hubiera muerto y ni siquiera hubiera tenido la decencia de desplomarme. El sinsentido de la categoría de la muerte me invadió y me eché a reír.

Paraíso

En medio de un profundo vacío, empecé a agitarme. En medio de una oscuridad total, sentí que era la silueta de un ser humano, completamente vacío por dentro. La silueta empezó a moverse y, al hacerlo, un mundo de color surgió a mi alrededor. Era el mundo de la naturaleza, de los árboles, los pájaros, la hierba y las flores.

---

*Esta pérdida de la memoria de la sesión, que contiene e integra todas las experiencias de sesiones anteriores, representa una forma de muerte diferente y más profunda que la muerte del ego. En el apéndice I, me refiero a ella como la muerte de la persona chamánica.

A medida que me movía por este mundo, que me resultaba familiar, empecé a experimentarlo de una forma totalmente nueva y embriagadora.

Experimentaba sus múltiples facetas a la vez. Los pájaros que volaban entre los árboles, y esos mismos árboles, no eran cosas separadas, sino hebras que fluían en un solo campo. Estos hilos eran de un blanco resplandeciente y brillaban con luminosidad diamantina. Mi experiencia anterior de la naturaleza había sido tan diluida y reducida. Solo había podido experimentar una parte. Ahora experimentaba su totalidad extática. No una totalidad amorfa que difuminaba las distinciones entre las cosas, sino una totalidad brillante y clara que preservaba y se deleitaba en las distinciones. No fui arrastrado rápidamente a este mundo, sino que entré en él paso a paso, manteniendo una percepción clara de los acontecimientos y deleitándome en los círculos de experiencia cada vez más amplios que se abrían ante mí. ¡Qué éxtasis tan exquisito!

Cuando empecé a moverme, de repente me di cuenta de que tenía habilidades que nunca había imaginado. Capacidades que nunca había soñado posibles, ahora formaban parte de mi naturaleza espontánea. Era como un niño en una tienda de golosinas. Tardé un tiempo en darme cuenta de lo que estaba pasando. Estas nuevas capacidades eran en realidad nuevas formas de ser consciente. De repente era capaz de experimentar texturas de la realidad, modalidades de existencia que segundos antes me habían sido completamente inaccesibles, que nunca había tocado en ninguna sesión anterior. Todos los sueños o aspiraciones insatisfechos de mi vida terrenal actual se desvanecieron de repente por ser irrelevantes. Los anhelos más profundos de mi corazón se desvanecieron ante el modo más simple y elemental de ser consciente en este nuevo nivel.

A medida que avanzaba por esta realidad, nuevas constelaciones de experiencias se iban abriendo ante mí, y cada una llevaba consigo una forma diferente de éxtasis. No puedo describir estas experiencias porque no corresponden a nada en el espacio-tiempo. Las posibilidades se abrían más rápido de lo que podía seguirles el *ritmo. Sabía que solo estaba arañando la superficie de este reino y que tardaría eones en comprender y aprovechar todo su potencial. Me sentía como un niño, delirantemente feliz por haber recibido más bendiciones de las que jamás hubiera imaginado.*

El alma diamantina

El salto en la experiencia del caos al paraíso fue seguido por otro salto aún mayor que el primero. Las percepciones y experiencias que siguen derivan de un orden de realidad totalmente diferente, y las palabras serán aún menos satisfactorias para dar una idea de su proporción o impacto.

Las preocupaciones desaparecieron de mi personalidad histórica actual, y esto trajo como consecuencia la sensación de volver a reunir las energías de mi vida. Era como si volviera a reunir energías que habían sido esparcidas durante siglos, a través de muchas encarnaciones. Al hacerlo, me convertí paso a paso en lo que había sido antes de encarnar en el espacio-tiempo, pero a la vez también centré y clarifiqué lo que había logrado al entrar en el espacio-tiempo. Así que tuve tanto la sensación de regresar, con una profunda resonancia de vuelta a casa, como la sensación de realización, de ver claramente cuál había sido el propósito de todo el ejercicio.

Una vez realizada la primera transición más allá de mi personalidad histórica actual, me resultó más fácil volver a reunir otras capas de energía. Tenía la sensación de que estas capas pertenecían a otras vidas, pero no podía ver detalles concretos. A medida que reunía oleada tras oleada de energía, me elevaba a niveles de existencia cada vez más silenciosos y a una intimidad más profunda con una inteligencia que hablaba con la autoridad de "Dios". Cualquiera que fuera su último estatus en la matriz cósmica, envolvió profundamente mi minúscula consciencia.

A medida que ascendía por estos niveles, muchas enseñanzas de varios años de sesiones regresaron y se organizaron en profundos ejercicios experienciales. Las piezas del rompecabezas se iban uniendo, y me llevaban a una destilación extremadamente concentrada

de instrucción experiencial. Muchos de los componentes de esta ense-
ñanza me resultaban familiares de sesiones anteriores, pero esta vez
se me mostraron con un poder y un impacto devastadores. Primero
describiré el contenido conceptual de la enseñanza y luego los aspec-
tos experienciales.

La enseñanza

Reducida a su esencia, la enseñanza era la siguiente: la materia es el
lienzo sobre el que pinta la mente. No tiene capacidad para actuar
al margen de la presencia animadora de la consciencia y responde a
lo que esta dicta. Por lo tanto, sea cual sea nuestra experiencia en
el espacio-tiempo, debemos tener el valor de quedarnos quietos y
afrontar el hecho de que no estamos experimentando nada más que
la manifestación de nuestra propia consciencia. Por terrible que sea
el dolor, por horrenda que sea la injusticia o inescrutable que sea
la lógica, nuestra experiencia en el espacio-tiempo es la expresión
directa de nuestra consciencia en un orden de realidad superior*.

Si no nos enfrentamos a esto tan terrible, no comprenderemos el
hecho más básico de la vida. La materia es el lienzo sobre el que prac-
ticamos y perfeccionamos el arte de crear. Es el cuaderno en el que
dibujamos bocetos y exploramos posibilidades. Si nuestra experiencia
en esta vida es enrevesada y desgarrada por fuerzas conflictivas, es
evidente que se debe al arrastre de ejercicios de vidas anteriores en
el espacio-tiempo. La experiencia de la materia es extremadamente
intensa y deja una poderosa impresión en la mente. Como cuando
vamos a ver una película de terror. Más tarde, cuando estemos en
casa y a salvo en nuestras camas, es posible que tengamos pesadillas.

Del mismo modo, las impresiones que la existencia física pro-
duce en nuestra consciencia se trasladan a otras encarnaciones.
Es como si hubiéramos intentado hacer demasiados dibujos en la

---

*Por "nuestra consciencia" no me refiero únicamente a nuestra consciencia personal; tam-
bién me refiero a la consciencia colectiva de nuestra especie, que define los límites dentro
de los cuales opera la primera.

misma página y las imágenes terminaran por solaparse, interfiriendo unas con otras. "Lo que somos es el resultado de todo lo que hemos pensado", dice el Dhammapada. Y, sin embargo, hay un método para esta locura, una dirección para nuestra experimentación.

Nos trasladamos al espacio-tiempo para experimentar con nuestras capacidades creadoras. Pero la intensidad de esta experiencia es tal que tendemos a quedarnos atrapados en los ecos de nuestra experiencia. A salvo en nuestras camas cósmicas después de la muerte, quedamos atrapados por nuestros sueños y volvemos una y otra vez a la tierra, para tejer nuevas capas en el sueño. Con el tiempo, sin embargo, llega el momento en que empezamos a recoger los hilos enredados de nuestras experiencias físicas. Vida tras vida, rebobinamos los hilos de nuestros sueños y volvemos a reunir la energía de todos nuestros ejercicios humanos.

Al rebobinar los hilos de mi existencia, empecé a experimentar más claramente de qué se trataba todo el ejercicio de la reencarnación. No se trataba de lo que había sucedido en una vida individual. Se trataba de aprender a controlar los poderes de la creación, que eran mi naturaleza innata. Estábamos, en efecto, aprendiendo a ser dioses, aprendiendo a crear.

El hecho de que la materia siga a la mente implica la capacidad de controlar la propia experiencia física a través del poder de la consciencia. Esto no puede hacerse a nivel del ego, sino que requiere la integración coherente de todas las vidas que uno ha vivido. Empezar a acceder a estas vidas anteriores primero trae sus fragmentos no resueltos, haciendo que su karma inconcluso se manifieste en nuestra vida. Con el tiempo, sin embargo, estos fragmentos se curan y los hilos se rebobinan. A medida que esto sucede, nos volvemos internamente más coherentes, y nuestra existencia física comienza a volverse más transparente a las elecciones que se originan en nuestra alma y en los campos más profundos de los que el alma forma parte. Empezar a ser capaces de dirigir conscientemente nuestra experiencia dentro del espacio-tiempo, en lugar de ser arrastrados inconscientemente por nuestro pasado, representó un gran logro.

Sin embargo, este paso fue rápidamente superado por otra comprensión. Ser capaz de controlar la propia existencia física era algo bueno, pero aprender que esta servía para desarrollar y refinar nuestra capacidad creadora era un desarrollo cuyo significado trascendía radicalmente cualquier vida física. En eso consistía el ejercicio del espacio-tiempo. El objetivo parecía consistir en convertirse en un ser creador plenamente consciente.

La experiencia

Estos descubrimientos no fueron un mero ejercicio intelectual como los he descrito aquí, sino una serie de profundas comprensiones experienciales. Reunir la energía de mis vidas anteriores me condujo al control consciente de mi existencia física. Mi existencia histórica se hizo transparente a la intención consciente de mi alma, con menos complicaciones derivadas de las sombras proyectadas por los restos de karma no resuelto. Cuando pasé al siguiente nivel y descubrí que el propósito más profundo del ejercicio era la creación controlada en sí misma, una luz brillante como un diamante brotó de mi pecho.

Ahora entiendo por qué se llama consciencia diamantina. En verdad, nuestra experiencia de la luz física no es más que una metáfora de la intensidad y el brillo de esta energía. Tenía las características de la luz brillante, de una luminosidad centelleante, pero también de una densidad perfectamente alineada. Era extremadamente concentrada, como un láser, pero al mismo tiempo completamente transparente. Era un poder perfectamente enfocado. De repente supe que todas mis experiencias en el espacio-tiempo durante todos estos siglos servían para cultivar esta energía diamantina. Para eso estoy aquí, para eso estamos todos aquí, para aprender a controlar conscientemente este poder extraordinario.

Permítanme volver a otro nivel de la experiencia. Mientras volvía a asimilar mis vidas y ascendía a través de varios niveles, también entraba en un diálogo íntimo con una presencia que se dirigía a mí. Se comunicaba conmigo y me "hablaba" con mensajes que solo a veces se expresaban con palabras. Me explicaba lo que estaba experimentando, pero lo hacía a través de la iluminación directa y las palabras sobraban.

Cuando llegué al punto de luz diamantina, me elevé más allá de la existencia física y de los ecos del bardo. Sentí que había vuelto a asimilar todas mis encarnaciones en la tierra, que había vuelto a unir todas mis experiencias en la dualidad. Desde ese punto, que tenía el sabor del antes y el después de la existencia física, la presencia me iluminó el proyecto humano. Con las palabras más profundas y tiernas de un padre divino, dijo:

"Id y cread, hijos míos".

Nos estaba liberando en un cosmos que contenía muchos reinos. Del que yo acababa de salir era nada más uno entre muchos universos. Algunos eran físicos, otros no. Éramos pequeños aspectos de ese ser, auténticos hijos suyos, del mismo tipo, solo que más pequeños en tamaño y capacidad.

Como acababa de regresar de una estancia de incontables años en el espacio-tiempo, sabía que nuestra capacidad creadora era enorme. También sabía que nuestra capacidad para crear destrucción y dolor era igualmente monumental. Y, sin embargo, este ser nos liberaba, sin poner límites a nuestras opciones creadoras. Nuestra libertad absoluta le parecía tan preciosa como nuestra capacidad de crear. No ponía límites a nuestro aprendizaje. "Id y cread, hijos míos". Qué generosas y tremendas las condiciones. Qué inconmensurable es la sabiduría que hay detrás del ejercicio.

Yo era diferente del entorno que me rodeaba, y la diferencia era la luz que brillaba en mí. Era lo que ahora era: una mota definida de luz diamantina, infinitamente densa e infinitamente transparente. Esto es lo que había ingresado en el espacio-tiempo para actualizar. Podía sentir muchos universos a mi alrededor para explorar y crecer en ellos. Sentí la verdad de los antiguos mandalas que representan múltiples universos, todos supervisados por un grupo de divinidades, cada una centrada en un proyecto diferente. Estos también trataban sobre la expansión y el refinamiento del propio potencial, sobre llegar a ser más a través del ejercicio disciplinado de la consciencia.

"Id y cread, hijos míos". Las oportunidades eran infinitas. Sentí que volvía a una condición de totalidad indivisible dentro de mí. Al recoger aspectos que parecían proceder de algunos de esos otros reinos, fui ascendiendo nivel tras nivel hasta que me sentí a solas con la fuente de mi existencia, suspendido entre mundos. El calor de este reencuentro me caló hasta los huesos. La paz es indescriptible.

No hay nada más que pueda decir en este punto, salvo señalar que la experiencia fue tanto personal como colectiva. Sentí como si un enorme ovillo de hilos entrelazados, que no empezaban ni terminaban en mi vida privada, se disolviera en esta luz. Los hilos que originalmente se entrelazaron en mi ser derivaban en gran medida del colectivo y, por lo tanto, a medida que este nudo enmarañado se disolvía en la luz, la luminosidad fluía hacia el campo de la mente de la especie, y se extendía profundamente en la fibra del inconsciente colectivo de mi pueblo.

Comentario

Hablaré de esta sesión más adelante en ese capítulo, pero aquí quiero señalar que existe cierta tensión entre la experiencia de esta sesión de una verdadera individualidad que emerge a través de la reencarnación y la experiencia de la sesión 36 de una consciencia no dual que no ve un yo separado en ningún lugar del mundo. Mis sesiones abrazan esta tensión. Su visión consistente es que esta alma diamantina emergente es completamente compatible con el vacío. Esta individualidad post-egoica no es una entidad estática, independiente o cerrada, sino "abierta por todos lados". Vive en continuo intercambio con el mundo*.

✤ Sesión 40—Cantar al universo para que desaparezca

Las categorías de esta sesión no tenían precedentes y parecían representar casi una categoría completamente distinta de experiencia. Mi resumen, por tanto, no reflejará adecuadamente la extrañeza de las experiencias de hoy, y mi penoso resumen se queda muy lejos de la revelación completa.

---

*Véase *Dark Night, Early Dawn*, capítulo 9, "The Fate of Individuality" (Bache 2000) y "Reincarnation and the Akashic Field: A Dialogue with Ervin Laszlo" (Bache 2006).

La música era de Le Mystère des Voix Bulgares. *Desde el principio se intuyó un tema: "Hoy trabajamos en la reconciliación con lo femenino". Esto implicaba muchas facetas: mi vida actual y las vidas anteriores, las mujeres humanas y las fuerzas femeninas arquetípicas. Se estaban provocando una serie de perturbaciones entre las fuerzas femeninas de la vida y yo, y se estaba trabajando con ellas. El canto agudo sacó de mí muchas experiencias desagradables de mujeres intrusas, todas unidas. Estas experiencias se profundizaron y cambiaron a medida que el canto me llevaba más profundamente a un estado extraño. Con el tiempo, lo desagradable se desvaneció y fue sustituido por la fascinación, y luego por la absorción total.*

Finalmente, el tema de mi muerte surgió en medio de la extrañeza. Parecía apropiado que después de todo el dolor masculino que había soportado en estas sesiones (guerras, tortura, violencia física) hoy mi muerte fuera provocada por mujeres. La inversión era total (otra vez). El tema de la muerte siguió profundizándose hasta que me di cuenta de que estaba empezando a morir. Parecía que avanzaba lentamente y que tardaba mucho. Sabía que estaba siendo consumida por un proceso que no dejaría absolutamente ningún residuo. Tenía la compostura suficiente para saber lo que estaba ocurriendo y someterme al proceso. No sé si habría podido resistirme si lo hubiera intentado, pero no lo intenté. No se parecía a nada que hubiera experimentado antes. La muerte simplemente estaba allí y roía mi ser.

No morí precipitadamente, ni con una sensación de culminación, como había esperado, sino que simplemente me deslicé suavemente a través de una transición definitiva hacia un nuevo estado. Fue muy fácil. La transformación, aunque no dramática, fue profunda. El estado de muerte era expansivo y beatífico. Tuve muchas visiones del espacio profundo lleno de luz etérea. Me sentía muy agradecido por estar muerto, y ese agradecimiento y esa expansión fueron el telón de fondo de todo lo que vino después.

Resulta difícil describir mi estado porque era algo nuevo para mí. No estaba en el éxtasis intenso del paraíso celestial como en la sesión 38, ni absorto en las vistas cosmológicas llenas de imágenes de sesiones anteriores. Hoy era simplemente la muerte como nunca la había conocido. La muerte me llevó a una condición marcada simplemente por la expansión ilimitada y la apreciación extática. Estaba tan agradecido de estar donde estaba, tan agradecido de haber muerto. El canto me transportaba cada vez más profundamente a esta realidad. Era como si estuviera escuchando la voz de Dios que me cantaba en su universo.

Permanecí en esta realidad durante horas. No puedo describir lo que experimenté aquí, más allá de los vestigios más superficiales. Es trivial, por ejemplo, observar que este universo tiene muchos niveles, pero experimenté un movimiento a través de muchos niveles que parecían arquetípicos y, a la vez, estaban más allá de lo arquetípico.

Entonces ocurrió algo que me dejó atónito y paralizado. Estaba siguiendo el canto cuando, de repente, el universo entero empezó a desaparecer. El canto simplemente borró el universo en unos pocos trazos hábiles, lo disolvió suavemente y sin esfuerzo. No sabía dónde estaba. Me encontraba en un dominio totalmente vacío de contenido, salvo por los débiles rastros del canto de fondo. Era consciente de mí mismo, pero al mismo tiempo mi consciencia parecía infinita. La dicha me atrapó y me mantuvo paralizado durante mucho tiempo, aunque la categoría de "tiempo" había dejado de existir.

Supe intuitivamente que el canto me había guiado hasta aquí durante todo el día, que este era mi destino. Esto era Sat-cit-a-nanda, Ser-Consciencia-Bendición, el vacío fértil, la madre de todas las cosas, el útero de Buda. Me quedé atónito y eternamente agradecido.

Con el tiempo, esto que iba más allá del vacío cedió y regresó la experiencia llena de contenido, pero los ecos y la dicha saturaron todo lo que siguió. Durante mucho tiempo, permanecí en silencio, completamente embelesado con el canto de estas maravillosas mujeres cuyas voces se habían convertido en la voz de Dios cantándole al universo. Volvió el contenido, pero no puedo describir mucho más que su sabor. Era festivo, agradecido, extremadamente claro y femenino.

Al final, lo que destaca del día de hoy es lo siguiente: muerte, gran gratitud, claridad extraordinaria y, sobre todo, la disolución del universo y de las voces que lo cantaban.

Comentario

En el hinduismo, *Satcitānanda* es el nombre que se da a la experiencia de la realidad última. La palabra se compone de tres raíces que comunican la esencia de la experiencia: *Sat-cit-ananda*: ser infinito, consciencia infinita y dicha infinita. En el budismo, el útero de Buda se refiere a la fuente infinita de toda existencia. Como describe Anne Klein en su libro *Meeting the Great Bliss Queen*, el útero de Buda es la extensión infinita de la que surge toda existencia. Cita a Padmasambhava, el gran gurú budista del siglo VIII, que dijo:

> *Esta es la base de todo ir y venir,*
> *El lugar de surgimiento de todas las existencias,*
> *El vientre de la madre consorte*.*

Esta experiencia más allá del vacío fue presagiada por una experiencia anterior del vacío que había tenido lugar dos años antes, en la sesión 23, la sesión que contenía la primera visión del plan maestro para la humanidad. Habría interrumpido el flujo de la narración al incluirla en ese debate, por lo que la añado aquí como complemento de esta sesión.

 El vacío (S23)

Durante el repaso histórico en el que se me mostraban atisbos de un plan evolutivo más amplio para la humanidad, ocurrió algo que pretendía ayudarme a poner en perspectiva lo que estaba experimentando.

Me encontraba en una condición de consciencia que podría describirse mejor como "antigua". Observando lo que se había desarrollado a lo largo de miles de millones de años de evolución y lo que surgiría en el futuro de la humanidad, no me encontraba tanto en el dominio material como en un dominio responsable de generar

---

*Klein 1995, 177.

la realidad material. La materia siempre existe en un momento concreto, pero yo abarcaba muchos momentos temporales simultáneamente y, por tanto, me extendía en el tiempo. La experiencia conllevaba una sensación de estar "lleno de tiempo" o "antiguo".

En medio de este gran recorrido, fue como si algo dijera: "Solo para poner esto en perspectiva", y entonces ocurrió lo más extraordinario. El universo físico empezó a plegarse y a guardarse. Así de sencillo, como se guardan los adornos de Navidad después de las fiestas. El universo físico, los planetas rebosantes de vitalidad, las galaxias enteras rebosantes de vida, empezaron a plegarse y a deslizarse en un fondo de VACÍO total. Inmediatamente me di cuenta de que se trataba del vacío primordial. Se me estaba mostrando que la materia y el tiempo no son reales en última instancia, que surgen de algo que es más real, algo completamente sin forma, y que, en todo momento, están sostenidos por ello.

A medida que el universo se hacía más pequeño con cada pliegue, podía sentir cómo miles de millones de formas de vida se deslizaban hacia los pliegues del vacío, y una protesta surgió en mi interior. No quería desprenderme de todas esas formas exquisitamente bellas, de todo lo que había sido elaborado con tanto esmero a lo largo de miles de millones de años de evolución. De hecho, fue mi amor por el universo físico lo que pareció precipitar esta lección extrema, como si quisiera romper el hechizo que la creación física ejercía sobre mí, vista como la había visto en el amplio espectro de su gloria evolutiva. Sin embargo, mis protestas no cambiaron nada y la vitalidad estallante del universo se hizo más tenue con cada pliegue.

A medida que el universo seguía encogiéndose, mi experiencia empezó a cambiar para notar aquello que tragaba. Lo que había estado en segundo plano pasó a primero y captó mi atención. Era un SILENCIO como nunca antes había experimentado. Era una INQUIETUD mayor de la que jamás había conocido. Y lo más extraño de todo es que experimenté su aparición como un RECUERDO. Estaba recordando algo con lo que parecía haber perdido el contacto hacía miles de millones de años. La conmoción de

recordar algo tan antiguo me dejó atónito. En un segundo, trans-
formó por completo mi sentido de lo que era. Nuestros recuerdos
definen los límites de nuestro ser. En un movimiento repentino,
recordé un mar infinito sin forma que era la fuente de toda forma,
incluida la mía, y supe que eso era lo que yo era en el fondo.

El universo físico no desapareció por completo. En un momento
dado, el plegamiento se detuvo sin más, y me pregunto qué habría
ocurrido si se le hubiera permitido continuar. Sin embargo, esta
desaparición parcial en el Vacío bastó para romper el hechizo de la
materia y dejarme inundado de sensaciones de paradójica plenitud.

Dos meses después de la sesión 40 y la dicha sin forma de *Satcitānanda*, surgió una manifestación diferente de la unidad en la sesión 42: el cálido abrazo del amor cósmico.

✳ Sesión 42—La sangre de Jesús

Al volver al cantar de El misterio de las voces búlgaras, *sus*
compactas armonías me llevaron de nuevo a un estado de plurali-
dad intenso. Esta vez me dejé llevar por la experiencia, me convertí
en muchos en lugar de ser simplemente yo. Esto duró un tiempo y
me llevó por lugares que ya no tienen importancia para mí. Por fin
pedí que cambiaran la música y empezó a sonar "Jesus' Blood Never
Failed Me Yet"*. Después de varias horas, aquel canto repetitivo
dedicado a la humanidad me llevó a una de las experiencias más
gratificantes que haya tenido en una sesión.

En medio de las fuertes corrientes de ese estado de pluralidad,
sentí una luz blanca, primero en los bordes y luego en el centro. Las
corrientes de pluralidad se fueron disolviendo gradualmente en la
luz. El ser muchos pasó a ser una experiencia de perfecta fluidez, se
extendía por toda la luz y sentí oleadas de gratitud. Estaba profun-
damente agradecido por estar donde estaba. Qué bondadoso era el
universo. Qué insignificante era mi muerte. De hecho, ya no tenía

---

* "Jesus' Blood Never Failed Me Yet" por Garvin Bryars.

sentido calificarla como "muerte". En el estado en que me encontraba, la existencia separada del ego era como una carga absurda de la que me alegraba haberme desprendido. Qué pobre era su capacidad de experimentar. Qué estrecha era su visión. Ya basta, quiero jugar en los campos del Señor.

Recuerdo la frágil voz de aquel indigente que cantaba su fe en Dios, su voz me abrió a la humanidad y de pronto me sentí uno con todos, y empezaba por los extraviados y los pobres, los excluidos y los olvidados. La cálida fluidez de aquel inspirador estribillo nos llevó a todos a la luz, mientras todo adquiría el brillo interior de la luz eterna, se hacía visible a esa realidad. Yo era la humanidad entera y la humanidad entera era la luz. En esa luz me movía como una corriente oceánica, yo era todo, pero mantenía mi individualidad.

Tan vasto, tan libre. Al fluir con sencillez mi experiencia empezó a abrirse. A pesar de ser un individuo, al "dejar las complicaciones" alcancé distancias y profundidades increíbles. Anchura y profundidad eran dimensiones muy distintas en esta experiencia, cada una con sus características particulares.

La dimensión ANCHURA hizo que me abriera al mundo de la humanidad, me llevó más allá de mi experiencia individual hacia el flujo subyacente de la experiencia colectiva humana. Allí, los muchos y yo nos hicimos uno. La dimensión PROFUNDIDAD me abrió hacia algo totalmente distinto. En este estado de consciencia, se hicieron visibles universos alternativos, niveles alternativos de realidad que sustentan al universo físico.

Debo hacer hincapié en el carácter experiencial de estos cambios. La intensidad de esta experiencia me dejó sin aliento.

Tras abandonar mis límites físicos, me esparcí por ese campo de experiencias como ondas que se expanden por un lago, como el sonido que se expande por el aire. Las resonantes notas de la música vibraban a través de mí, y más bien me sentía como una vibración, claramente presente en un "lugar", pero abierto por los cuatro costados.

Amor divino

Pasé horas sumergido en ese estado de gracia. Después comencé a sentir algo nuevo. Me sentí rodeado de un amor inmenso que corría en mi interior, y me abrazaba de manera palpable.

Apenas comencé a sentir ese amor, comprendí que no había conocido este tipo de amor en mi infancia. Conforme esto se hacía más evidente, sentí el contraste entre el enorme dolor que había sentido en las sesiones y la ausencia de amor incondicional durante mis primeros años de vida. Se hizo patente la disparidad entre lo que yo había hecho por los demás y lo que no habían hecho ellos por mí. Analicé a fondo esta paradoja para tratar de entenderla y, al hacerlo, vi que la ausencia de amor en mi infancia había sido necesaria para sembrar el dolor que me impulsaría a lo largo de mi vida. Vi que mi deseo de acabar con el dolor en mi vida personal había sido lo que me había motivado a acabar con el dolor en las vidas de los demás.

Al ver lo patético de este hecho, de pronto algo se abrió y sentí un amor profundo, un amor cósmico que había precedido a mi encarnación. Una presencia me hizo recordar el amor que me había impulsado a asumir esta encarnación. En medio de esa presencia recordé una decisión que tomé, y al hacerlo fui arrastrado hasta un abrazo cósmico. Ahí me cargaron y me acariciaron. Nunca había conocido un amor como este. Se derramó en mí, llenó cada fisura, disolvió cada dolor. Lloraba mientras el amor penetraba en mí, y daba calor a lugares que habían estado fríos durante años.

La presencia me transmitió un mensaje que decía: "¿Pensabas que te pediríamos que hicieras eso sin ayuda? ¿Pensabas que el amor no te estaba esperando?". Y ahora toda mi vida estaba revestida de amor, y su ausencia había sido solo una condición temporal necesaria para restablecer un mayor flujo de amor en mi especie, un flujo que ahora corría libremente.

Lloré suavemente. Lloré por regresar a esa condición primigenia. Lloré por haber vuelto a casa. Después de todo me amaban. Me sentí amado y éramos uno. Jamás volveríamos a estar separados.

Comentario

La conexión entre la bendición que recibí en estas cuatro sesiones y mi trabajo anterior en el océano de sufrimiento se hizo patente en la siguiente sesión. Al hacerlo, afirmaba la antigua enseñanza de que todo lo que hacemos por los demás se nos devuelve de alguna manera, porque la vida en esencia es una. Una vez que experimentamos la gracia de este regreso se genera un repentino sentimiento de gratitud por habérsenos permitido sufrir en nombre de los demás.

Observé que existía una correlación entre el grado de dolor purificado en el océano de sufrimiento y la magnitud de la luz que ahora empieza a explotar en mi interior. Al sumergirme en el tejido colectivo de la humanidad, al asumir su dolor y sustraer su veneno del sistema humano, mi ser comienza ahora a manifestar espontáneamente la energía superior que está emergiendo en la historia. Hoy sentí que esa luz estará visitándome durante muchas sesiones futuras, pero que de alguna manera ya está presente, ya está "ganada" a través de esa purificación. Algo que me está esperando cuando muera, está empezando a abrirse paso en mi consciencia encarnada en la tierra. Estoy sumamente agradecido por haber tenido la oportunidad de asumir tanto sufrimiento como lo he hecho (S43)*.

En otro orden de ideas, ahora puedo zanjar una interrogante que dejé abierta en el capítulo 7. En la sesión 33, la experiencia de disolverse en muchos había generado una crisis de desorientación y caos. Ahora, en la sesión 42, fluyo más fácilmente con esta experiencia, lo cual indica que este límite particular se ha superado con éxito. Convertirse en muchos a nivel arquetípico parece haber sido un último peldaño hacia la unidad causal, parte de un ejercicio sistemático de expansión desde existir como un ser pequeño (el yo del ego) a ser arquetípicamente muchos, a ser todo lo que existe.

---

*El místico español del siglo XVI San Juan de la Cruz expresó una vez un sentimiento similar: "Investido de un coraje invencible, lleno de un deseo apasionado de sufrir por su Dios, el alma es entonces presa de un extraño tormento: el de no permitírsele sufrir lo suficiente" (*Oeuvres*, ii, citado en James [1902] 2002, 320).

Reflexiones

Esas cuatro sesiones en conjunto parecieron haber cerrado un círculo. Me dieron una sensación de profunda plenitud, una sensación de recibir bendiciones por el trabajo realizado. Había dado al universo algo que me correspondía dar y ahora el universo me había devuelto más tesoros de los que podía albergar. Sentía una satisfacción total.

Años más tarde, al escribir este relato, percibo con claridad el conjunto de mis sesiones hasta ese momento. Después de dos años de intensa purificación física y psicológica, mi ego había quedado patas arriba y destrozado. Luego comenzó el trabajo más profundo, el trabajo elegido por mi alma antes de que yo naciera. Permanecí en el océano de sufrimiento durante dos años, drenando la rabia y la violencia de la psique colectiva humana. Por ello recibí dos regalos: experimentar toda mi vida de principio a fin y luego ser llevado a lo más profundo del esplendor de nuestro universo. Cuando el océano de sufrimiento llegó a su fin, fui catapultado durante un año y medio a la realidad arquetípica y a los campos colectivos de la humanidad. Y ahora las bendiciones de la unidad, el alma diamantina, el vacío fértil y el amor cósmico.

La poesía de esas cuatro sesiones hace que cualquier comentario adicional sea innecesario y no muy bien recibido. La experiencia siempre triunfa sobre el análisis intelectual, y mis comentarios son como si le bajara una velocidad. Y, sin embargo, siempre he sentido la responsabilidad de no solo vivir esas experiencias, sino de hacer todo lo posible por darles sentido. Es posible que las partes más relevantes no necesiten ser analizadas, pero otras pueden servir de ayuda al ser examinadas y aclaradas. Esto es especialmente cierto en el caso del concepto de alma diamantina, que tendrá un papel importante en los próximos capítulos. Creo que también es un buen momento para abordar algo de lo que aún no he hablado: de cómo mis sesiones afectaban las vidas de mis alumnos, quienes no sabían nada acerca de mi práctica con sustancias psicodélicas. Así que en estas breves reflexiones abordaré tres temas:

1. La muerte y la unidad causal.
2. El aula viva.
3. El nacimiento del alma diamantina.

1. La muerte y la unidad causal

La experiencia de morir ha cambiado en estas cuatro sesiones de maneras que arrojan una luz interesante sobre la naturaleza de la realidad causal. Morir ha cambiado de tres maneras. En primer lugar, en algunas sesiones parece que cada vez es más fácil morir.

> *No había explicación, no surgió ningún contenido a ser examinado por mí. Simplemente me trasladé rápidamente, en silencio y sin esfuerzo, a una nueva realidad (S36).*

> *No morí precipitadamente, ni con una sensación de final como me esperaba, simplemente me deslicé en cierto punto a través de una transición definitiva hacia un nuevo estado. Fue muy fácil (S40).*

En segundo lugar, morir se ha convertido en cierto modo en una experiencia nueva: **"No se parecía a nada que hubiera experimentado antes"** (S40). Fue una sensación tan fuerte que, después de la sesión, me pregunté si podía ser cierto. Después de pasar por tantas muertes, ¿cómo puede la muerte convertirse en algo realmente nuevo? Y, en tercer lugar, en una sesión se descarta incluso el concepto mismo de muerte porque ya carece de importancia: **"Qué insignificante es mi muerte. De hecho, ya no tenía sentido calificarla como 'muerte'"** (S42). Un concepto básico que he estado usando para interpretar estas experiencias parece disolverse, pero ¿por qué?

Creo que la experiencia de muerte está cambiando porque en estas sesiones yo entraba en la realidad causal y ella funciona con reglas diferentes a otros niveles de realidad. En el nivel causal, el mundo funciona como uno. En el bosque transparente, en la radiante luminosidad de la realidad más allá de *samsara*, en la dicha desprovista de forma de *satcitānanda*, en el cálido abrazo del amor cósmico, el mundo revela su indisoluble unidad. En este nivel de consciencia, el mundo es siempre un todo en sí mismo y la lógica de la totalidad es diferente a la lógica de un mundo en fragmentos, incluso los grandes fragmentos de la realidad a nivel sutil.

Cuando la muerte tiene esa cualidad particular de no requerir esfuerzo, es como si el esfuerzo contradijera la verdad misma de la realidad en la que uno está entrando. La unidad causal tiene la cualidad de **estar presente** ya y la de **ser todo a la vez**. La unidad a este nivel no es algo en lo que se entra de forma gradual, sino que surge en su totalidad, completa. Cuando la dualidad se disuelve a tal profundidad, el esfuerzo se extingue porque el esfuerzo implica separación. Como no existe separación en la unidad, no puede haber esfuerzo. Simplemente caemos en ella. Del mismo modo, la muerte desaparece como categoría interpretativa porque en la unidad descubrimos que, en primer lugar, nunca ha habido partes separadas en la vida, por lo que no puede haber muerte de una parte. Aquí solo muere la ilusión. De este modo, morir se convierte en una experiencia nueva, diferente a todo lo experimentado anteriormente.

La unidad causal trastoca todas nuestras suposiciones: **"¡Si pudieras ver la realidad tal y como es!"** (S36). Es tan diferente a todo lo que hemos conocido hasta ahora que nos pilla por sorpresa: "¡Vaya tomada de pelo cósmica!". Y ¿qué hay de mi respuesta a esta tomada de pelo?

Agradecí tanto estar muerto... atónito y eternamente agradecido (S40).

Lloré al volver a esta condición primigenia. Lloré al volver a casa. Después de todo, me amaban. Me amaban y éramos uno (S42).

Sería bueno que todas las transiciones fueran fáciles a partir de que regresamos a la unidad, pero esa no fue mi experiencia. A veces la muerte resultaba fácil en sesiones posteriores, pero otras veces la limpieza volvía a ser feroz. Incluso, después de la transición a la unidad causal, volvieron a producirse episodios de intensa desestructuración. Esto plantea la pregunta de si la unidad es el destino final de este viaje espiritual.

Menciono esto porque creo que muchos de nosotros, yo incluido, hemos tenido la tendencia a ver la unidad como el *summum bonum*, "el mayor bien", que responde a todas nuestras preguntas existenciales. Por eso es tentador ver la unidad como el final de nuestro viaje espiritual. Mi experiencia, sin embargo, ha sido que, aunque la unidad resuelve quizá nuestras preguntas existenciales más profundas, no es el final de la aventura. Por muy profunda que sea la unidad, no agota todas las verdades cosmológicas que esperan por nosotros, así que la aventura continúa.

La unidad es una verdad central en la vida, una verdad básica, pero si profundizamos en la unidad, descubrimos que tiene muchos niveles y muchas variaciones de ese estado perfecto. Tengo que retorcer el lenguaje para transmitir mi experiencia sobre los grados que existen de unidad, rangos de magnitud dentro de ella. Y luego están los mundos que trascienden el espacio-tiempo que percibimos a través del portal de la unidad: **"La profundidad me abrió hacia algo totalmente distinto. En este estado de consciencia, se hicieron visibles los universos alternativos, niveles alternativos de realidad que sustentan el universo físico"** (S42).

El estado de unidad es un buen lugar para detener el viaje, si optamos por eso, porque aquí se sana la fragmentación de la vida y descansamos en el "estado verdadero". Aquí aprendemos que la esencia del individuo es la esencia de la totalidad, que *atman* es *Brahman*. Aquí aprendemos que todos los seres carecen de existencia propia, que todos nos elevamos y caemos juntos en el campo infinito de la inteligencia creadora. Pero si seguimos adelante, si buscamos conocer a *Brahman* aún más, sufriremos más crisis periódicas a medida que nos adentremos más en la infinita belleza y grandeza del cosmos.

2. *El aula viva*

Las experiencias relatadas en este libro tuvieron lugar en la intimidad de mi hogar, pero hubo una segunda parte de esta historia que tuvo lugar en mi universidad. En esta sección, me gustaría describir brevemente una serie de experiencias que surgieron en mi clase cuando realizaba mi trabajo con sustancias psicodélicas. Tardé años en descifrar estas experiencias y comprender todas sus implicaciones. Se convirtieron en una parte tan importante de mi experiencia docente que terminé escribiendo un pequeño libro sobre ellas. Espero que esta breve introducción anime a los lectores a leer el texto completo. Esta es la historia de fondo de *The Living Classroom* (2008).

Por obvios motivos legales nunca hablé con mis alumnos sobre mi práctica con sustancias psicodélicas. Incluso cuando impartía cursos de psicología transpersonal que incluían la investigación de sustancias psicodélicas, nunca les dije que yo mismo realizaba este tipo de trabajo. Por mi propia protección y, en ese sentido, construí un muro entre mi vida profesional y mi vida personal. Y, sin embargo, a pesar de esa estricta separación, la naturaleza no respetó los límites que tan cuidadosamente había trazado. Como si confirmara la verdad de los límites abiertos de la consciencia, los efectos de mi práctica con sustancias psicodélicas empezaron a extenderse y a afectar las vidas de algunos de mis alumnos. Era como si al entrar en comunión consciente con el tejido más profundo de la vida, los hilos de ese tejido se activaran en el mundo físico que me rodeaba. De hecho, esto es exactamente lo que ocurrió.

Tras unos cinco años de docencia y cuatro de trabajo con sustancias psicodélicas, los alumnos empezaron a acercarse a mí después de clase, para decirme que un ejemplo que había utilizado ese día en mi clase era idéntico a algo que les acababa de ocurrir a ellos personalmente. En mi experiencia, yo sacaba esos ejemplos de la nada para ilustrar algún punto, pero, en la experiencia de ellos, les estaba describiendo sus vidas con lujo de detalles. Al principio me pareció una extraña coincidencia, pero el número de casos seguía aumentando. La conexión entre la clase y la vida era tan precisa y se repetía tantas veces que al final no tuve más remedio que reconocer que allí estaba interviniendo algo más que el azar. Mi mente y la de mis alumnos se estaban haciendo permeables entre sí. Sin proponérmelo, sin saber siquiera cuándo ocurría, mi inconsciente parecía estar accediendo a algún campo de información que contenía las experiencias de vida de los estudiantes.

Cuando los alumnos escuchan en una clase algo que acaban de vivir, les llama la atención. A salvo en el fondo del aula, anónimos entre la multitud, de repente sus vidas quedaban al descubierto, sus corazones atravesados por palabras que parecían estar dirigidas directamente a ellos. Ante semejante invitación personalizada, ¿cómo no iban a implicarse más en el curso? Con los años, este patrón se hizo más evidente.

Conforme accedía a niveles de consciencia más profundos en mi trabajo con sustancias psicodélicas, no solo se hicieron más frecuentes estas sincronías, sino que empezaron a abordar áreas cada vez más sensibles en las vidas de los estudiantes. Era como si se hubiera activado un radar que estuviera enfocado en alguna parte de sus vidas que les causaba sufrimiento o les limitaba. A veces les hacía sentir un dolor íntimo que se había estado incubando en su interior durante años o les hacía entender algo que necesitaban desesperadamente. Era como si sus almas me enviaran mensajes que me decían dónde se escondían, dónde sentían dolor y, lo más importante, qué necesitaban para dar el siguiente paso en su evolución.

Los estudiantes que tomaban mis cursos en esos años a menudo se encontraban experimentando transformaciones que les cambiaban la vida sin que yo los animara a hacerlo, como si el simple hecho de reunirnos en clase les diera un impulso adicional. Algunos eligieron poner fin a matrimonios fracasados o a sanar aquellos que estuvieran maltrechos (el 30% de

los estudiantes de mi universidad son estudiantes mayores, no tradicionales). Otros dejaron profesiones que ya habían superado, pero a las que aún
seguían aferrados, mientras que otros empezaron a enfrentar sus adiccio-
nes. Hubo un caso de una mujer que empezó a recobrar de forma espontánea recuerdos de abusos sexuales en su infancia. Aunque la activación que
experimentaban estos estudiantes a veces era muy fuerte, no hubo víctimas
y sí muchos avances positivos. En raras ocasiones la transformación de un
estudiante se tornaba turbulenta, entonces lo remitía a un terapeuta especializado en el área con quien pudiera procesar en un ambiente más seguro
lo que estuviera surgiendo.

Si bien este tipo de respuestas podría darse en ciertos cursos, como en
un curso de orientación psicológica, no era el caso de los cursos que yo
impartía. Los temas abordados en mis clases iban desde la introducción a
las religiones del mundo, la religión y la tierra, la psicología de la religión,
los estudios transpersonales y el budismo. No era el contenido del curso lo
que parecía estar generando tales efectos sino algo más profundo. Lo que
estaba causando esos efectos no era lo que yo estaba **haciendo** sino en lo
que me había **convertido** a través de mi práctica con sustancias psicodélicas. Gracias a este trabajo mi energía esencial estaba cambiando. Cada vez
era más fuerte el campo de energía que se desplaza por mi interior, o en
torno a mí, y provocaba una **resonancia energética** espontánea entre mis
alumnos y yo durante el intercambio de ideas en el aula.

Algunos de mis alumnos empezaron a tener experiencias profundas
relacionadas con algunos de los conceptos presentados en clase. Mientras
hacía mi trabajo y hablaba sobre las verdades perennes de las religiones del
mundo, algunos alumnos empezaron a tener poderosas aperturas espirituales en torno a estas verdades, tales como la transitoriedad, la interdependencia, la unidad, la ausencia del yo y la divinidad interior. Revelaciones
que llevaban mucho tiempo dormidas en el inconsciente de estos alumnos
de pronto cobraron vida. En el aula empezaron a manifestarse síntomas de
apertura de chakras y de activación de la energía kundalini. Los estudiantes
sentían que su energía se desplazaba espontáneamente hacia centros más
elevados de consciencia, aunque por lo general no encontraban el vocabulario para describirlo. Era como si estuvieran siendo activados por algo
más que la mera presentación verbal de las ideas, como si estuvieran siendo
tocados por la **experiencia** genuina de estas realidades que ahora vivían en
mí, en cierto modo debido a mi práctica con sustancias psicodélicas.

A medida que mis alumnos me reportaban que se sentían profundamente afectados por esa misteriosa alquimia que se había abierto entre nosotros, yo mismo me sentía más que impresionado. Ninguno había solicitado esta conexión, pero ahí estaba. ¿Tenía que protegerlos de lo que estaba ocurriendo? Evidentemente esto no era lo que ellos esperaban cuando se inscribieron en mis cursos. Al menos no conscientemente. ¿Cómo garantizar el consentimiento fundamentado cuando la dinámica es tan involuntaria? Los que no me conocen pueden sospechar que estas cosas ocurrían porque yo había cruzado la línea divisoria entre la educación y la persuasión, pero les aseguro que no es así, y mi jefe de departamento puede dar fe de ello. Lo que provocaba estos acontecimientos no era un fervor de misionero fuera de lugar, sino algo mucho más sutil y difícil de comprender.

Las sincronías y activaciones se hicieron tan importantes en mi experiencia en el aula que tuve que prestarles mucha atención. Empecé a hacer un seguimiento de lo que ocurría en mis clases y a estar atento a las señales de activación en los alumnos. El único control que tenía sobre la situación era cerrar el acceso a esta información interior, pero no podía hacerlo sin aislarme de mi propia creatividad. Aún seguía reflexionando sobre estas cosas a finales de 1994, cuando de pronto una sesión aclaró todo lo que había estado ocurriendo en mis clases durante los últimos diez años. Mediante una rápida descarga, esta sola sesión (S49) replanteó toda mi comprensión de la enseñanza al mostrarme cómo funciona el tejido conectivo de la consciencia en ambientes grupales. Años de observación se unieron en un momento de asombrosa claridad y comprensión que iluminó todo lo que he estado describiendo aquí y mucho más.

Las experiencias que vivían mis alumnos demostraban una verdad sencilla sobre la consciencia, a saber, que esta es un campo abierto y, dentro de este campo, los estados de consciencia son contagiosos. Mis esfuerzos personales por alcanzar estados más profundos habían cambiado algo en mí que hizo que mi persona empezara a funcionar como una especie de pararrayos, al detonar chispas de un despertar similar entre quienes me rodeaban y eran receptivos a esta influencia. Esto no se debió a ningún esfuerzo calculado de mi parte, sino a la naturaleza perfecta y coherente de la propia consciencia. Como las ondas que se expanden por el agua, se trata de un efecto totalmente natural. Cuando una persona empieza a desprenderse de capas de su condicionamiento psicológico y despierta a estados de consciencia más claros y expansivos, las personas que la rodean se verán necesariamente afectadas. Nuestra ecología espiritual simplemente no permite el despertar en solitario. **La ecología de la consciencia es una ecología inherentemente colectiva.**

La sesión 49 también me mostró un segundo principio activo en mi aula. Me mostró que en los grupos surgen campos de consciencia que reflejan su intención y actividad. Cuanto más centrada esté la intención del grupo y más tiempo se prolongue esa actividad, más fuertes se volverán esos campos. Los médicos que trabajan con pacientes activan campos de sanación; los entrenadores, campos de desempeño humano. Como yo era educador, los campos que surgían en mi aula eran **campos de aprendizaje**, campos que reflejaban los esfuerzos acumulados de cientos de alumnos que estudiaban conmigo las mismas ideas semestre tras semestre. A medida que estos campos se fortalecían con los años, empezaron a acelerar y profundizar el aprendizaje en los alumnos. Ellos se activaban no solo por resonancia con mi energía individual, sino también por la energía contagiosa de los **campos de esos cursos** que se fortalecían cada año.

Al descargar esto entré en una nueva realidad pedagógica. Dejé de enseñar dentro de un paradigma psicológico "atomista" que solo ve mentes separadas que operan en el aula y empecé a enseñar dentro de un paradigma "cuántico" que honra la conectividad innata de la consciencia y la existencia de campos localizados de aprendizaje. Enseñar en un mundo en el que las mentes están separadas en un nivel y entrelazadas en otro exige una nueva pedagogía. Una pedagogía realmente integral que plantee nuevas exigencias al instructor y abra nuevas posibilidades hacia un aprendizaje acelerado. Tras experimentar y desarrollar esta nueva pedagogía durante varios años, escribí *The Living Classroom*, un libro que está repleto de ejemplos personales, investigaciones científicas y consejos prácticos para educadores. Para mí, lo más hermoso de este libro son las historias personales escritas por los propios estudiantes, las cuales forman parte del último tercio del libro*.

Es importante subrayar que lo que estoy describiendo aquí no tiene nada que ver con las sustancias psicodélicas. *The Living Classroom* ni siquiera las menciona. Mis prácticas en casa fueron simplemente el detonante que expuso y activó estas dinámicas naturales de la consciencia en mi entorno particular. Creo que cualquier práctica espiritual que tenga la capacidad de llegar profundamente a la psique colectiva activará estas mismas respuestas en las personas que nos rodean. En efecto, el impacto distributivo de nuestra práctica espiritual es reconocido desde hace mucho tiempo en nuestras tradiciones contemplativas. Lo único novedoso aquí es su inesperada aparición en el aula secular.

Dicho esto, las experiencias que mis alumnos experimentaban demuestran que no somos solo nosotros los que nos vemos afectados por nuestra práctica con sustancias psicodélicas, sino potencialmente cualquier persona de nuestra red social, especialmente cuando estamos centrados en nuestro trabajo en el mundo. Esto se debe simplemente a la propia naturaleza de la consciencia. **Por lo tanto, para integrar plenamente nuestras experiencias psicodélicas, debemos apoyar a quienes nos rodean y están siendo activados indirectamente por nuestro trabajo. No creo que debamos tener miedo de los círculos de influencia que se extienden a nuestro alrededor a partir de este trabajo.** Debemos tener cuidado, por supuesto, y actuar con responsabilidad y compasión en todo momento, pero creo que podemos confiar en que estamos donde se supone que debemos estar, haciendo lo que se supone que debemos hacer, y ellos también.

3. El nacimiento del alma diamantina

La sesión 38 fue para mí estructuralmente compleja y muy emotiva. Seguí repasándola durante años, la leía una y otra vez, sentía intuitivamente su importancia e intentaba asimilar las experiencias que desató en mí. Había publicado *Lifecycles* varios años antes, por lo que conocía los detalles de la teoría de la reencarnación y la logística del desarrollo del alma. Además, había hecho terapia de vidas pasadas y conocía algunas de ellas. Pero esta sesión fue mucho más allá. Me hizo comprender lo que ocurre cuando el largo curso de la reencarnación da sus frutos y me mostró cuál es el propósito de todo este ejercicio.

Como estudiante de religión he leído muchas teorías que intentan explicar el propósito de la reencarnación, pero rara vez he quedado satisfecho. Las visiones son a menudo demasiado pequeñas y los horizontes demasiado cercanos. Puede que capten algún aspecto del viaje, pero no les hacen justicia a otros aspectos y, por tanto, acaban subestimando el viaje en su conjunto. Incluso cuando la visión incluye la iluminación, esta por sí sola no explica el arco completo del desarrollo humano, especialmente

---

*Para un resumen de estos temas de *The Living Classroom*, ver Bache 2008.

cuando se nos dice que, tan pronto como hayamos alcanzado esta meta, el "plan" es que dejemos atrás el universo físico. Después de 5,8 millones de años de caminar erguidos, 2,5 millones de años de utilizar herramientas, 200.000 años de pensar con un cerebro más grande y 5.000 años de escribir, tan pronto como hayamos desarrollado la suficiente concentración mental para seguir la consciencia por debajo de nuestra consciencia personal y descubrir la consciencia más profunda en la que somos uno con toda la existencia, **entonces** ¿podremos dejar atrás la realidad física?, ¿de **eso** se trata todo? Aunque comprendo la noble intención de este punto de vista, no creo que sea una visión adecuada de la vida.

La visión de la reencarnación que surgió en la sesión 38 difiere de la visión oriental clásica. El marco de esta enseñanza se construyó cuidadosamente. El primer ciclo de muerte y renacimiento me había conducido a un paraíso tan hermoso que extinguió al instante todos mis deseos terrenales. Aquel era un cielo mucho más rico que cualquier otro que me hubiera imaginado. Si tuviera que hacer especulaciones, diría que había entrado en lo que los budistas denominan el "reino de la deidad", un nivel de existencia *post mortem* en los límites exteriores del *bardo*. No puedo imaginar nada que no haga justicia al éxtasis que sentí allí. Me habría encantado quedarme donde estaba, pero aquello era una sesión de enseñanza. Tras un breve período en este paraíso, fui llevado aún más profundamente a la realidad espiritual, **"más allá de los ecos del bardo de la existencia física"**. Desde esta posición fuera del *samsara* (la existencia cíclica), en el silencio y quietud de la trascendencia, la enseñanza descrita en el relato se desplegó.

En sesiones anteriores, fui llevado más allá del tiempo lineal y tuve una experiencia de mi vida presente como un todo completo. Ahora, once años más tarde, se me llevó a un estado más profundo en el que todas mis vidas terrenales se fueron rebobinando una a una, como si enrollara un hilo de cometa alrededor de un carrete, hasta que exploté en un estallido de luz que fundía todos los hilos en uno y daba nacimiento a lo que he decidido llamar el **alma diamantina**. Era yo y más de lo que nunca había sido. Compuesto de numerosas vidas, era más que la suma de todos sus años. Al unirse se generó un estallido de energía que fusionó todos estos siglos de experiencia en un solo ser. Yo era un individuo, pero un individuo más allá de cualquier marco de referencia que hubiera conocido anteriormente. Yo era **"una partícula definida de luz diamantina infinitamente densa y transparente"**.

Nuestras tradiciones místicas nos dicen que estamos hechos de la materia de Dios, que *atman* es *Brahman*, y mis sesiones afirman esta verdad. Pero algo especial le ocurre a esta esencia *atman* dentro de la incubadora del universo físico, algo más que simplemente despertarse a sí misma. Al entrar y salir repetidamente de la realidad física, al encenderse y enfriarse la consciencia, al plegarse y volverse a plegar constantemente en la experiencia humana, se está forjando algo nuevo, no es simplemente añadir nuevas capas una a una, sino eventualmente **fusionar todas estas capas en una nueva forma de vida**. Nuestra naturaleza esencial no cambia, sino que se transforma en una expresión más elevada.

En el capítulo 1 critiqué las cosmologías de expansión y colapso de las religiones de la Era Axial, que sitúan el objetivo final de la vida en algún paraíso celestial fuera del planeta. Entre esas tradiciones, las religiones asiáticas han enseñado que la reencarnación culmina en un despertar espiritual que nos libera del ciclo de renacimiento y existencia física. En el hinduismo a ese despertar se le conoce como *moksha* (escape), ya que a través de él escapamos del *samsara* y regresamos a *Brahman*. En el budismo, *nirvana* (iluminación en un cuerpo) es seguida, al morir, por el estado superior de *parinirvana* (iluminación final sin un cuerpo). Incluso los bodhisattvas que por compasión regresan a la tierra tras su iluminación buscan liberar a todos los seres sensibles en el *parinirvana*, para vaciar así el planeta.

Cuando escribí *Lifecycles*, aún estaba influenciado por dichas cosmologías, por lo que la historia de la reencarnación que allí conté culminaba en trascendencia. Ahora la veo incompleta por esa misma razón. Llevar la historia solo hasta la trascendencia es detenerse a mitad del círculo. *Lifecycles* capta la verdad del karma y el renacimiento, que no es poca cosa, pero pasa por alto un panorama más amplio. Entonces no vi lo que ahora me resulta tan evidente: que las cosmologías de expansión y colapso no captan el verdadero propósito de la existencia física y, por tanto, no comprenden cuál es el objetivo real de la reencarnación. El universo físico no es un castigo o una trampa en la que hemos caído y de la que debemos salvarnos. No es un desierto espiritual del que debamos escapar a toda prisa. El propósito del renacimiento no es despertar espiritualmente y luego abandonar el universo. El propósito es despertar y convertirse en un actor consciente en continuo crecimiento y transformación.

La sesión 38 no lo dice explícitamente, pero, debido a las experiencias que compartiré en el próximo capítulo, estoy convencido de que el nacimiento del alma diamantina no es un acontecimiento que marca nuestra graduación en el universo físico, sino una transición evolutiva que tiene lugar dentro del universo físico. Además, es una transformación, no solo de los individuos, sino de toda nuestra especie. Durante milenios hemos estado adoptando y trabajando con esta forma humana, desarrollando sus extraordinarias capacidades. La naturaleza ha estado llevando a la humanidad hacia este *crescendo* evolutivo. Los poderes creadores que formaron este planeta, que trajeron vida y luego vida autoconsciente, ahora están llevando a una especie sometida a la reencarnación, a través de un nuevo umbral. Al parir el alma diamantina, la naturaleza no abandona nuestro planeta, sino que da inicio a un nuevo capítulo de su larga historia evolutiva. ¿Cuál es el objetivo de la reencarnación? Creo que el propósito es despertar y crear el cielo en la tierra. **"Todo este ejercicio de reencarnación ha consistido en aprender a controlar los poderes de la creación, que eran mi naturaleza innata. Estábamos, en efecto, aprendiendo a ser dioses, aprendiendo a crear"** (S38).

A medida que vamos comprendiendo la verdadera intención de la naturaleza, debemos revisar nuestros supuestos anteriores sobre la reencarnación. Por ejemplo, el modelo clásico del renacimiento cíclico, afirma que es una "ley" de la reencarnación que no se nos permita recordar nuestras vidas anteriores cuando nacemos. Esta amnesia es esencial porque, si pudiéramos recordar nuestras vidas pasadas, se abrumaría nuestra identidad terrenal. Nuestra vida actual se haría ingobernable si recordáramos todo lo que hemos sido y hecho en vidas previas. Muchas películas de Hollywood han jugado con este tema. Pero esta forma de pensar es demasiado pequeña y no capta el hecho de que la reencarnación es un **motor evolutivo** cuyos efectos se acumulan, no solo en la realidad espiritual, sino también en el espacio-tiempo.

En vez de ver esta amnesia como un rasgo permanente de la condición humana, deberíamos verla como un patrón temporal que caracteriza una determinada etapa de la evolución humana, ciertamente larga, pero una etapa al fin. A medida que seguimos creciendo y evolucionando a través de un número indefinido de vidas, este patrón cambia. Tal vez lo natural, dado nuestro nivel actual de desarrollo psíquico-espiritual, sea olvidar nuestras vidas pasadas al nacer y recordarlas solo al morir, pero esto no significa que deba ser siempre así. De hecho, dada la inexorable acumulación de capacidades que permite la reencarnación, creo que es inevitable que tarde o temprano se supere esta limitación de la memoria. Esto no significa necesariamente recordar todos los detalles de nuestras vidas pasadas, ¿qué necesidad tenemos de conocer nuestras antiguas direcciones?, y ciertamente no significa lidiar con el peso de la sobrecarga de muchas identidades. Significa reunir el aprendizaje básico de todas esas vidas en una síntesis coherente e integrada.

Michael Newton y otros terapeutas especializados en vidas pasadas han aportado evidencias de que esta síntesis integrada de todas nuestras vidas ya existe en el *bardo*, pues es la identidad que adoptan sus pacientes cuando estos reviven su muerte en una vida anterior. Como el ritmo de renacimiento continúa sin pausa milenio tras milenio, parecería ser solo cuestión de tiempo para que esta consciencia mayor despierte dentro de nuestra vida en la tierra. Quizá gradualmente, con ligeros incrementos, o quizá repentinamente, con grandes saltos, nuestro sentido de identidad cambiará inevitablemente del ego al alma. Creo que el despertar del alma diamantina en la tierra es la consecuencia natural e inevitable del implacable ciclo de renacimiento, a medida que vamos integrando más experiencias en el recipiente de nuestro cuerpo humano. Tarde o temprano, ese ciclo constante de ir y venir entre el espíritu y la materia nos llevará a cruzar este umbral y el alma se iluminará en la tierra. Se necesitaron miles de siglos para formar esta alma, encarnarla puede ocurrir mucho más rápido.

En lo personal, el hecho de que haya experimentado el nacimiento de mi alma diamantina en la sesión 38 no significa que mi alma esté despierta de forma plena y permanente en mi vida diaria. Ojalá así fuera, pero no lo es. Esto plantea una interrogante mayor sobre el proceso con sustancias psicodélicas. ¿Cuál es el valor de tener experiencias visionarias en las que uno puede tocar una realidad que es verdadera, pero que uno no puede mantener al volver a la consciencia común? Uno puede conservarla en el sentido de recordarla, pero no puede conservarla en el sentido de hacerla realidad plenamente aquí y ahora en la vida presente. **¿Qué valor tiene el conocimiento verdadero si este es temporal?**

Me he preguntado esto muchas durante años, con respuestas diferentes en las distintas etapas de mi viaje, a veces maldiciendo el día en que empecé este trabajo, pero a menudo de rodillas en señal de gratitud. Es una pregunta apremiante, sobre todo si se trabaja con dosis altas de una sustancia psicodélica tan potente como el LSD, ya que este protocolo desencadena experiencias más extremas que cuando se utilizan dosis más bajas o sustancias más suaves. Por ahora permítanme que solo diga esto.

Creo que lo que experimenté en la sesión 38 fue el verdadero nacimiento de mi alma integrada, a pesar de que esta consciencia no se haya hecho una realidad absoluta en mi vida actual. La paradoja está en que algo puede tener realidad dentro del estado que proporcionan las sustancias psicodélicas y, al mismo tiempo, no tener una realidad completa dentro de las exigentes condiciones del espacio-tiempo. De hecho, **transitar por estos diferentes niveles de realidad es una parte complicada del trabajo con estos estados**. Si pudiera, subrayaría esta última frase varias veces. Es muy fácil dejarse llevar y pensar que, durante esas horas, se ha conseguido de forma permanente más de lo que verdaderamente se ha conseguido. Pero, si permanecemos anclados en la realidad de que nuestra condición es incompleta, comienza a desarrollarse una dialéctica más profunda.

El nacimiento de mi alma diamantina en la sesión 38 me dio un adelanto de aquello en lo que estoy en proceso de convertirme, y creo que ese adelanto me está ayudando a cumplir mi destino en la vida. Si se mantienen adecuadamente, estas experiencias empiezan a funcionar como "atractores extraños" que nos llevan hacia nuestro futuro gracias a la mayor consciencia que nos aportan. Puede que no seamos capaces de hacer realidad estas experiencias inmediatamente después de terminar la sesión, pero modifican la trayectoria de nuestras vidas. Al mostrarnos en qué nos estamos convirtiendo, nos ayudan a convertirnos justo en eso.

Tal vez no sea capaz de sostener la consciencia de alma diamantina como una consciencia permanente a cada hora y en cada día, pero hay momentos en los que parece que el remolino de la historia se detuviera y me siento eternamente plantado sobre la tierra. En esos momentos **sé** que ya he respirado este aire antes y que lo volveré a respirar después de que este cuerpo desaparezca y, al comprenderlo, el tiempo parece detenerse. Es como si los siglos ya vividos se congelaran y mis ojos de pronto envejecieran, liberados de las especificidades de él o ella. De repente me encuentro **aquí** de otra manera, anclado en una consciencia personal pero libre, en una antigua repetición que culmina en una frescura asombrosa. Con ello surge una exquisita intimidad con la vida, una unidad que disuelve todos los límites y, en esta totalidad, hay paz, alegría y fascinación.

En un análisis final, creo que permanecer en el universo físico después de despertar espiritualmente o dejarlo atrás no son opciones mutuamente excluyentes, sino más bien posibilidades simultáneas. Si alcanzáramos la iluminación y abandonáramos el espacio-tiempo durante cien mil años y luego volviéramos, encontraríamos que el universo sigue haciendo crecer pacientemente a sus hijos mediante la acumulación constante e implacable de experiencias en cada renacimiento. Si nos marcháramos de nuevo, esta vez durante un millón de años, a nuestro regreso encontraríamos lo mismo: la naturaleza hace crecer a la humanidad en formas cada vez más ricas. En semejante universo, ¿cómo podría la vida no producir finalmente almas totalmente despiertas en la tierra? No solo unas cuantas aquí y allá, sino en todas partes. Toda una especie que, a través de su duro trabajo, ha dado a luz a su próxima autoexpresión: un alma plenamente consciente, verde hasta sus raíces, con los pies firmemente plantados en la tierra, pero ahora transparente a la inteligencia creadora que la presiona por todas partes. Esta es la visión de la historia que me propongo explorar ahora.

NUEVE

El nacimiento del ser humano del futuro

Sesiones 22–55

Ahora estamos experimentando un momento de gran importancia, mucho más allá de lo que cualquiera de nosotros pudiera imaginar... La misión histórica de nuestro tiempo es reinventar al ser humano.

THOMAS BERRY, *THE GREAT WORK*

Cuando el cascarón de la mente individual se disuelve durante la práctica con sustancias psicodélicas, la experiencia se abre a un paisaje tan vasto que cuesta encontrar las palabras justas para describirlo: la mente del universo, la mente cósmica, la gran expansión. Uno cae en ella, explota en ella, se funde en ella, a veces en forma de cataclismo, a veces tan delicadamente que parece la cosa más natural del mundo. No controlamos esas expediciones. Nos presentamos, hacemos el trabajo y hacemos nuestras peticiones, pero en esta colaboración una inteligencia mayor marca el rumbo. Lo que experimentamos parece ser una combinación de lo que el universo quiere que sepamos y de lo que somos capaces de saber. Si nos sumergimos en este océano demasiado rápido, perderemos el rumbo y no podremos aportar mucho. Pero si usamos estas horas conscientemente, esa inteligencia nos acogerá y nos enseñará. Aquí toda instrucción es por iniciación. Aprendemos transformándonos. Las lecciones se repiten una y otra vez hasta asegurar nuestra comprensión del material y luego se añaden nuevas capas hasta que emerge el panorama completo.

Repaso estas cosas para prepararme para el siguiente paso. Cuando comencé este viaje en 1979, nunca imaginé que lo que sigue a continuación se convertiría en parte de la historia del viaje. Ahora creo que este puede ser el capítulo más importante de este libro, ya que habla de nuestros hijos y de los hijos de nuestros hijos hasta donde podamos ver. Habla de que la humanidad está llegando a una encrucijada, así como de las fuerzas poderosas que nos llevan a un futuro que nos cambiará en los niveles más profundos de nuestro ser.

La consciencia pública ha cambiado mucho en los veinte años transcurridos desde que escribí por primera vez sobre estos temas en *Dark Night, Early Dawn*. Todavía abunda el negacionismo, pero cada año somos más los que admitimos la aterradora verdad de que hemos sobresaturado al planeta a tal grado que la humanidad se tambalea al borde del abismo. Todo el mundo conoce la lista de retos a los que nos enfrentamos: incremento de la población mundial, contaminación industrial descontrolada, cambio climático, aumento del nivel de los mares, colapso de las capas freáticas, más sequías, erosión del suelo, extinción de especies, agotamiento de los océanos por la pesca, disminución de recursos no renovables, inestabilidad de las economías, ciudades y naciones en quiebra, desigualdad económica extrema, migraciones de refugiados sin precedentes, arsenales de armas que no nos atrevemos a usar y todo esto sin un final a la vista. Réstale unos, añádele otros, pero en conjunto la lista es enorme.

Comenzando por *Los límites del crecimiento* de Donella Meadows y su equipo en 1972, una serie de textos han analizado nuestra trayectoria global. Han hecho cálculos, identificado variables y proyectados resultados con una lógica implacable y una precisión cada vez mayor. Desde que la Unión de Científicos Conscientes publicó *World Scientists' Warning to Humanity* en 1992, el debate ya no es saber si se producirá una crisis de los sistemas globales, sino saber cuándo se producirá, qué podemos hacer para evitar que se produzca y qué tendremos que hacer para recuperarnos una vez que se produzca. El consenso general es que hemos pospuesto demasiadas veces la adopción de medidas en demasiados frentes para evitar un inminente quiebre de proporciones catastróficas. El debate se está centrando ahora en temas como la adaptación y la resiliencia. ¿Cómo responderá la humanidad a esta crisis global política, económica, militar, tecnológica, cultural y existencial?

Esto me lleva al punto crucial de este capítulo. Aunque la amenaza de una crisis mundial ha ido creciendo década tras década, la visión del futuro que se ha repetido en mis sesiones es que la humanidad se acerca rápidamente a un avance de proporciones evolutivas. A pesar de que no hemos prestado atención a las advertencias ecológicas y no hemos frenado nuestra avaricia y nuestras políticas dañinas al planeta, el mensaje ha sido prometedor y esperanzador. Más que esperanzador, es un mensaje de grandeza emergente. Y no es porque yo haya caído en la trampa de una "espiritualidad solar" tipo nueva era que se niegue a mirar de frente la oscuridad. Confío en que a estas alturas haya quedado claro que no soy ajeno a la oscuridad. Más bien la solución a esta paradoja está en penetrar la esencia de esta crisis global y entender qué representa en su nivel más profundo.

La visión básica de nuestro futuro, que surgió en mis sesiones, es que la humanidad está llegando a una etapa de "gran despertar", un cambio profundo en el estado fundamental de la psique humana. Pero para que haya un gran despertar primero debe producirse una "gran muerte". Debemos vaciarnos de lo viejo antes de que pueda surgir lo nuevo. Creo que esto ocurrirá en el siglo XXI, cuando comience **la noche oscura de nuestra alma colectiva**, un tiempo de vaciado, de intensa angustia, de pérdida de control y de colapso. Una purificación global hacia la muerte que durará generaciones. Pero a través de este trabajo de parto nacerá algo extraordinario. Más que una nueva civilización, lo que está surgiendo es nada menos que un nuevo orden para el ser humano. Creo que a través de la crisis de los sistemas globales nuestro planeta está pariendo al ser humano del futuro.

Sé que suena arrogante hablar a tal escala, pero debo hacerlo si quiero describir las visiones que se repitieron en mis sesiones. La muerte del ego destruye el aislamiento existencial y la constante autorreferencia que organizan nuestra experiencia cotidiana del mundo. Cuando se abandonan las divisiones de la consciencia personal, nuestra experiencia se abre espontáneamente a los ritmos mayores de la vida de los cuales somos parte. Una parte de esos ritmos la conforma la psique colectiva de nuestra especie. En un nivel sutil de la consciencia podemos disolvernos en la mente de la especie humana, tan profundamente que los inicios y los finales de nuestra vida personal se vuelven insignificantes. Cuando el "yo inferior" se abre completamente al "yo de la especie", es normal que, a veces, emerja en nuestra consciencia una comprensión mayor del trayecto de desarrollo de la humanidad. Nos sorprendería que no ocurriera.

Cuando empezaron las visiones en 1991, yo no sabía casi nada sobre la crisis de los sistemas globales y no empleé mucho tiempo pensando sobre el futuro de la humanidad. Sin embargo, el tema de la transformación de la humanidad siguió manifestándose en mis sesiones, profundizándose con el tiempo y añadiendo nuevas capas a medida que podía asimilarlas. Estas visiones se unieron para formar una narrativa coherente sobre nuestro futuro y las fuerzas que le dan forma. Era como si la transformación de la humanidad en su conjunto era lo único que realmente preocupaba a la inteligencia creadora. Todo lo demás (mi vida, nuestras vidas, los problemas que afrontamos en la historia) formaba parte de este proyecto mayor. Era el contexto que enmarcaba todos nuestros esfuerzos. Era el trabajo del momento. En respuesta a estas visiones, empecé a hacer mis propios deberes ecológicos*.

Mientras me dispongo a compartir las visiones del futuro colectivo que me fueron otorgadas, surge Alce Negro (Black Elk) en mis pensamientos. El hombre santo de Oglala Lakota. Alce Negro apenas tenía nueve años cuando comenzó a experimentar estados visionarios. Mientras estuvo al borde de la muerte durante doce días, los seres del trueno del oeste se lo llevaron y le dieron una visión sobre el destino de su pueblo. En un momento en que las viejas costumbres de la nación Lakota se estaban desmoronando y con un futuro incierto, los ancestros le entregaron esa visión a un niño. Alce Negro quedó tan conmocionado por la experiencia que ocultó su visión durante años. A veces entiendo cómo debió sentirse aquel niño de nueve años, porque así me siento. Tengo sesenta y ocho años al escribir esto y, todavía, a veces me siento abrumado por las visiones de futuro que me fueron transmitidas en mis sesiones. En estos asuntos, el individuo no cuenta, porque la visión lo es todo.

Las visiones no me llegaron de golpe, como al hombre santo, sino que se fueron sucediendo a lo largo de muchos años. Voy a presentar esta secuencia visionaria en tres partes: dos en este capítulo y una tercera en

---

*Las siguientes fuentes se enumeran en el orden en que los autores publicaron sus libros en este campo: Donella Meadows, Dennis Meadows y Jørgen Randers 1972, 1992, 2004; Peter Russell [1983] 1995, [1992] 2009; Thomas Berry 1988, 1999; Joanna Macy 1991, 2014; Richard Tarnas 1991, 2006; Duane Elgin 1993, 2001; Paul Hawken 1993; 2007; Ervin Laszlo 1994, 2010; David Korten [1995] 2001; 2006; Barbara Marx Hubbard 1998; 2001; Jean Houston 2004, Jared Diamond 2020; Charles Eisenstein 2007; Paul Gilding 2011; Anne Baring 2013; David Wallace-Wells 2020.

un capítulo posterior. La primera parte es una serie de visiones que recibí entre 1991 y 1994 dentro de las sesiones ya presentadas en los tres capítulos anteriores. En lugar de presentar estas visiones de forma fragmentada, las he sacado del contexto original y las he agrupado aquí, editándolas con el único fin de unirlas. He dividido estas visiones en seis segmentos que denomino "Visiones del despertar". Son los seis temas que se solapan y que surgieron a lo largo de nueve sesiones durante este período de cuatro años. La segunda parte de la historia es una sesión única que tuvo lugar año y medio después, en 1995. La sesión del "Gran despertar" (S55) me transportó profundamente hacia el futuro y me sumergió en el corazón de la muerte y el renacimiento colectivos hacia donde se encamina la humanidad. La tercera y última parte llegó en 1998, casi al final de mi viaje. La presentaré en el capítulo 11, "Visión final".

Visiones del despertar

Las visiones del despertar han sido extraídas de las siguientes sesiones:

S22 Plan maestro nº 1
S23 Plan maestro nº 2
S24 Sanando la herida colectiva
S28 Colapso arquetípico
S29 Limpieza nº 1
S31 Limpieza nº 3
S39 Futuro de la humanidad
S43 Expansiones y elaboraciones
S47 Troceado en la luz

Al crear esta recopilación he puesto a un lado las intensas pruebas que abrieron la puerta a estas visiones y simplemente pediré al lector que las mantenga en el contexto de las sesiones ya presentadas. Esta secuencia visionaria comenzó cuando el océano de sufrimiento llegaba a su fin. Se impulsó al entrar primero en los fuegos del infierno y después en los fuegos de la iniciación arquetípica. Es difícil exagerar el precio que se paga por tales iniciaciones. Mis primeras incursiones en el tiempo profundo personal parecieron allanar el camino para las posteriores incursiones en el tiempo profundo colectivo.

Esta serie comenzó con la visión del plan maestro presentado en el capítulo 6. Dado que esta visión original estableció el contexto para todas las posteriores, me parece importante incluirla aquí, por lo que la he reproducido a continuación de forma abreviada. Esta visión me mostró que lo que le espera a la humanidad tiene lugar en el contexto del amor divino. Por muy difíciles que se pongan las cosas en los próximos años, no estamos siendo castigados ni hemos fracasado en ninguna gran empresa. Más bien, cada uno de nosotros ha elegido participar en esta transformación colectiva al servicio del amor divino.

 ## Las visiones del despertar

Cuando acabó la parte de limpieza de la sesión, me encontré con una gran asamblea de seres que parecían haber sido llamados a participar en los acontecimientos de hoy. Tenían aspecto de ser maestros chamanes. Bajo su atenta mirada me escoltaron hasta una arena donde se había programado un día de revelación. Finalmente, la realidad espacio-temporal quedó atrás por completo, y me encontré solo en una condición aparentemente sin límites de tiempo ni espacio, empapándome de la dicha y de la claridad de la trascendencia.

Entonces supe que se me iba a mostrar una parte del plan maestro de la especie humana. Por absurda que pueda parecer esta sugerencia para nuestra consciencia ordinaria, en mi estado actual parecía totalmente factible. No tuve tiempo de debatir estas cuestiones, pues de repente algo se abrió y me vi arrastrado por una vasta corriente concentrada que subyacía a la realidad física. Esta corriente parecía ser la intención formativa de la propia inteligencia creadora. Me disolví completamente en esta corriente y me hice uno con ella. Las siguientes experiencias surgieron mientras estaba en esta condición.

Visión 1—Amor divino

Me llevaron al principio de la creación y allí experimenté la evolución humana en el contexto de una mayor agenda cósmica. De pronto me sentí abrumado por el AMOR más extraordinario. Fue como si una represa hubiera estallado y el amor fluyera hacia mí desde todos los ángulos; era tanto amor que apenas podía asimilarlo, incluso en mi estado de expansión.

...Despertar a ese amor era recordar una decisión primordial en la que, de alguna manera, yo había participado. Al recordar decisiones tomadas antes de que la materia y el tiempo existieran, me reconecté con el amor divino que había inspirado estas decisiones. Esta experiencia me hizo pedazos el corazón y lloré profundamente.

Experimenté que todo el sufrimiento que la humanidad había padecido a lo largo de la historia tenía lugar dentro de ese amor. Me di cuenta de que todo el sufrimiento inherente a la evolución era algo noble e inefable. Todo pertenecía a un plan cósmico en el que cada participante había formado parte libremente, por muy inconscientes que fuéramos de este hecho a lo largo del camino. La nobleza de un gran sufrimiento voluntariamente asumido en nombre del amor divino, un sufrimiento que se extendería a lo largo de millones de años, un sufrimiento tan inescrutable que se utilizaría como prueba de que el universo carecía de compasión; esta era la nobleza del regalo de la humanidad al Creador. Todo el sufrimiento que la humanidad ha padecido y padecerá, especialmente el sufrimiento del propio olvido, formaba parte de un proceso de creación elegido conscientemente, un proceso que aún no había llegado a su plena madurez.

Visión 2—Toda la humanidad

El orden y diseño de la vida en evolución no es algo que se le imponga desde afuera, sino que brota de la vida misma. Es algo que vive en el fuego del proceso atómico y surge en todos los micro y macrosaltos de la evolución. Es una agitación incesante por llegar a ser más, y que arde dentro de la vida. En los seres humanos, el foco de esta agitación es la consciencia, y yo estaba inmerso en las fuerzas que impulsan la evolución de la consciencia humana.

De los bullentes deseos de la historia, de los conflictos violentos e intrigas de individuos y naciones, surgía ahora una nueva consciencia humana. Nace en nosotros sin ser menos difícil o violenta que el nacimiento de un nuevo continente. Se impulsa hacia arriba desde el piso de nuestro ser, requiriendo una transposición de todo lo anterior para dar cabida a sus nuevos patrones organizativos.

Mi mayor dificultad es tratar de describir la inmensidad de lo que está naciendo. El verdadero objetivo de este proceso creativo no son los individuos, sino toda la humanidad. En realidad, se está tratando de despertar a toda la especie. Lo que está surgiendo es una consciencia de proporciones sin precedentes: toda la familia humana integrada en un campo unificado de consciencia. La especie reconectada con su naturaleza fundamental. Nuestros pensamientos sintonizados con la consciencia de la fuente. Este campo unificado no sofocaba nuestra individualidad, sino que la liberaba hacia nuevos órdenes de autoexpresión. Al haber pasado del tiempo lineal al tiempo profundo, experimenté ese despertar colectivo tanto como un destino proyectado, como una realidad consumada. Era, al mismo tiempo, algo que había que lograr y algo que ya se había logrado. La magnitud de lo que estaba presenciando me dejó sin aliento.

Visión 3—Inteligencia guía

Vi a la humanidad salir de un valle escarpado, y justo delante, al otro lado de la montaña, había un mundo brillante y bañado por el sol a punto de romper sobre nosotros. El tiempo transcurrido era enorme. Tras millones de años de luchas y ascensos, estábamos al borde de un amanecer que cambiaría para siempre las condiciones de vida en este planeta. Las estructuras actuales pronto dejarían de tener importancia. Todas las verdades perderían vigencia rápidamente. En verdad se avecinaba una nueva era. Las vidas de todos los que vivían en este momento crucial de la historia estaban ayudando a producir este cambio global.

Mientras presenciaba esta escena vi que, aunque no conociéramos el futuro profundo personalmente, había un nivel de consciencia más amplio que podía verlo muy claramente. Fue una experiencia profundamente conmovedora y aclaradora para mí. Así como pedimos a nuestros hijos que realicen todo tipo de tareas difíciles que ellos no entienden, pero que nosotros sabemos que serán importantes para su futuro, del mismo modo había una "inteligencia paternal" que había dado una tarea a la humanidad sabiendo lo que le esperaba a la vuelta de la esquina. Los humanos por sí solos no podían ver lo que se avecinaba y, por tanto, no entendían por qué las cosas eran como eran. Sin embargo, si lo aislamos del futuro, el presente no tiene ningún sentido. Ignorar lo que se está construyendo sería estar funcionalmente ciego y nuestra especie no es ciega. Hay una inteligencia dentro de ella que la guía, una inteligencia que conoce el futuro y nos prepara para ello, de forma tan sistemática como cuando preparamos nuestras casas para el cambio de estación.

Desde esta perspectiva pude ver que el conocimiento científico de nuestra cultura sobre el origen de la vida, era incompleto en dos aspectos. En primer lugar, nuestra comprensión de los mecanismos de la evolución sigue siendo rudimentaria y, en segundo lugar, hemos basado nuestras interpretaciones en lo que ha surgido solo hasta ahora, ignorando el hecho de que apenas hemos visto los primeros actos de una obra mucho más larga. Imaginemos a una persona del pasado que no conozca nada sobre automóviles mientras observa las primeras estaciones de una cadena de ensamblaje de automóviles y trata de entender lo que se está construyendo. Sencillamente vemos muy poco como para adivinar lo que está por venir y, por tanto, no entendemos bien lo que ha ocurrido antes. La magnitud de nuestra ignorancia se manifiesta en nuestra convicción de que el universo se está construyendo a sí mismo por accidente. Al recibir visiones de nuestro futuro, al tocar los bordes de la intención del Creador, vi que la evolución no ha sido un accidente, sino un acto creativo y brillante, y que la humanidad está siendo llevada a través de un umbral que la cambiará para siempre.

Hasta aquí no pude ver los detalles sobre lo que nos deparaba el futuro. Más bien experimenté una luz y una dicha abrumadoras.

Aunque suene muy vago y decepcionante, me reveló más que cual-
quier detalle. Sabía que la luz brillante era el reflejo de la ilumina-
ción y que la dicha era la alegría de la liberación. La especie humana
se encontraba al borde de un profundo despertar espiritual.

Visión 4—Nuestra especie como un único ser

Fui llevado al interior del campo unificado de la existencia y experi-
menté la dinámica del despertar de la humanidad como movimien-
tos iniciados y orquestados por una inteligencia única e integradora.
Antes, mi marco de referencia para comprender estos procesos eran
los seres humanos individuales y la evolución individual significaba
el ejercicio del libre albedrío a lo largo de muchas vidas. Ahora me
estaban llevando hacia un nivel de realidad superior que exhibía un
patrón organizativo más profundo.

Desde esta perspectiva experimenté la evolución de nuestra
especie como el crecimiento sistemático de un organismo único,
un ser unificado del que todos formábamos parte. La sutileza de
la cooperación de las partes con el todo era asombrosa. Nada en
nuestros sistemas teológicos o filosóficos hace justicia a los hechos.
Experimentar la increíble diversidad de nuestra especie como un solo
campo unificado aclaró muchos aspectos. Surgieron nuevos patrones
y estos cobraron un sentido transparente.

Llegó un punto en el que mi visión se centró en este proceso con
tal profundidad que las "unidades" de vidas individuales desapare-
cieron por completo. A este nivel las vidas humanas no eran más que
cristalizaciones de patrones de una energía fluida que constituía el ser
de nuestra especie. Los individuos eran "formas" que reunían porcio-
nes de esta energía en estructuras un tanto fijas y firmes. Estas for-
mas no eran sólidas per se, y eran atraídas hacia una energía central
que existía en el campo de la especie.

Luego vi que el campo unificado de la humanidad avanzaba
decidida y rápidamente para hacerse más consciente de sí mismo.
Había existido antes como un tejido extendido y poco consciente de

sí mismo, pero ahora despertaba y asumía la forma de una energía que se unía en espasmos rápidos y contractivos que creaban destellos de consciencia. Se repetían redes extendidas de energía que se contraían y explotaban en destellos brillantes. En el pasado estos destellos habían sido devorados por la inercia de la psique colectiva y no resistían por mucho tiempo. Ahora, sin embargo, los destellos empezaban a sostenerse y a conectar con otros destellos que se producían en todo el planeta.

Visión 5—Purificación colectiva

Cuando un organismo es llamado a ser más consciente desde adentro, primero debe limpiarse de los subproductos psicológicos que arrastra por vivir en un nivel inferior de consciencia. Debe sacar a la luz los residuos de su pasado y purgarlos de su sistema para sentar las bases de un nivel de funcionamiento más refinado. Nuestra especie estaba haciendo esto de una manera masiva y con gran determinación, al cristalizar en su interior generaciones que encarnaban su tóxico legado.

Lo que antes veía como individuos que reencarnaban para limpiar su propio karma, ahora lo experimentaba como una decisión altamente centralizada tomada por el "campo mental humano" para limpiarse de su legado kármico, a fin de preparar a la humanidad para lo que está por venir. Era el ejercicio coordinado de la autoevolución de la especie como un todo. A un nivel más profundo, era el avance deliberado de la divinidad que evolucionaba a través de la experiencia de nuestra especie. Todas nuestras historias individuales eran expresiones de la historia mayor de la existencia, nuestras luchas individuales eran aspectos de su lucha mayor. El proceso era tan bello y elegante que me sumió en un profundo éxtasis, y me llevó más allá de mi capacidad de mantener una consciencia coherente. No era una visión sino una experiencia de la propia realidad.

En estas experiencias tuve la sensación de que la forma actual de la humanidad es transitoria. Nosotros somos una forma transitoria como las formas transitorias por las que atraviesa una especie en medio de un pivote evolutivo. Somos células que forman parte de un organismo superior empeñado en cambiar rápidamente. Nuestra constitución, la forma de nuestra especie, es una etapa dentro de un viaje evolutivo más largo.

Vi que las generaciones nacidas en nuestro período histórico habían sido configuradas deliberadamente para precipitar un intenso ciclo de purificación colectiva. Los venenos del pasado de la humanidad estaban saliendo a flote en nosotros y, al transformar estos venenos en nuestras vidas individuales, estábamos haciendo posible que la consciencia divina entrara más profundamente en las generaciones futuras. Nos ofrecimos como voluntarios para desempeñar este rol, tanto por nuestro bien personal como por el colectivo. Vi que este siglo formaba una vertiente en la que fluían las corrientes kármicas de la historia y que, conforme este proceso fructificara, la futura condición de nuestra especie superaría cualquier cosa que pudiéramos proyectar desde nuestro actual estado de fragmentación. El futuro no se parecería al presente. Nuestra forma futura no se parecería a nuestra forma actual.

Es difícil describir el cóctel de emociones que provocaron en mí estas observaciones. Por un lado, me sentí muy perturbado por la forma decisiva e impersonal en que se estaba produciendo esta transición. Experimentar múltiples generaciones de seres humanos como expresiones de un pivote evolutivo mayor fue devastador. Todo el proceso tenía la crudeza de Kali, la destructora, que cortaba sin piedad lo viejo para abrir paso a lo nuevo. Por otro lado, también sentí una exquisita ternura por parte del Creador, que experimentaba con nosotros todo el dolor que habíamos asumido. Los seres humanos eran tan valiosos para el Creador que no se desperdició ni un ápice de dolor, ni una sola lágrima. La profundidad de esa asistencia divina me conmovió tanto que ningún sacrificio lucía demasiado grande o irrazonable.

Visión 6—El humano del futuro

Llegué a un punto en el cual pude experimentar brevemente a ese ser humano del futuro en el que nos estamos convirtiendo. Fue como si me hubieran transportado a un futuro lejano y me hubieran permitido experimentar lo que será el estado de la humanidad en ese momento. ¡Qué ser tan magnífico! Solo con tocarlo me llené de éxtasis, calma y gozo. Lo sentía claro, cálido, completo. Había un sentimiento constante de unidad que iba más allá de la mera sensación de estar interconectados. Era la sensación de ser verdaderamente "uno" dentro de la diversidad de la vida. ¡Qué expansión! ¡Qué amplitud de ser! Era la concreción espiritual plenamente encarnada, el despertar tántrico de toda nuestra especie, el espíritu y la materia en perfecto equilibrio. Esta profunda visión me paralizó. Su belleza, grandeza y sencillez me traspasaron el corazón. Este despertar derramó en mí un néctar delicioso y sanador, un bálsamo para toda la humanidad.

Se avecina un despertar social, un momento en el que abandonaremos nuestro intento por vivir encerrados en las celdas del pasado y en el que haremos realidad la verdad de nuestra naturaleza inclusiva. Todo lo que estamos experimentando actualmente en lo individual y lo colectivo está allanando el camino hacia ese futuro. Aunque personalmente no vivamos para ver cómo se hace realidad ese despertar, vi que participaríamos en él a través de futuras encarnaciones. Lo estábamos haciendo por Dios, por los demás y por nosotros mismos. En un horizonte temporal más amplio, la consciencia que estaba surgiendo en nuestro planeta parecía destinada a extenderse más allá de nuestro sistema solar. La tierra parecía ser un invernadero en el que germinaba una capacidad de creación consciente que, con el tiempo, se exportaría a otros sistemas de la galaxia.

Tales experiencias hicieron que me preguntara: "¿Cómo puede despertar toda la especie? ¿Qué hará falta realmente para que toda la humanidad dé ese salto cuántico de consciencia?". Aunque había visto que el despertar era nuestra tarea inmediata, no se me había mostrado la manera en que se produciría.

En conjunto las seis visiones me dieron el marco básico de la transición que se está gestando. Me ayudaron a entender la magnitud de la tarea que ha emprendido la humanidad y cuál es realmente la meta. Al experimentar la inteligencia creadora que opera dentro de esta transición me sentí conectado al espíritu de nuestro universo. Experimentar la compleja dinámica de la reencarnación en torno a este punto de pivote, me inspiró y me llenó de humildad. Sin embargo, en ninguna de esas visiones se me había mostrado cómo se produciría dicha transformación colectiva. Aún me faltaba esa pieza básica del rompecabezas y no tenía la más mínima idea de cómo la naturaleza iba a conseguirlo.

El gran despertar

Luego, en diciembre de 1995, mientras nos preparábamos para las vacaciones navideñas en familia, una sesión particularmente poderosa me llevó al centro de nuestra próxima transformación. Para presentar esta sesión tengo que adelantarme en la cronología de mi viaje porque la sesión de "el gran despertar" tuvo lugar en medio de las sesiones de la "luz diamantina", en la que aún no nos hemos adentrado. Ya había entrado dos veces en la luz diamantina, en las sesiones 45 y 50, y entraría dos veces más en las sesiones 60 y 66. Entonces, en medio de esta secuencia, justo cuando esperaba volver a la luz diamantina, la sesión 55 me llevó a la muerte global y al renacimiento de la humanidad. Esta sorprendente situación subraya la importancia de este encuentro.

La sesión 55 se basó en experiencias colectivas y transtemporales de sesiones anteriores, como una especie de ejercicios de entrenamiento y preparación para poder hacer la descarga de visiones fundamentales. Las conmociones colectivas en las que entré en esta sesión parecían estar impulsadas por una crisis ecológica global, pero no se me dio ningún detalle sobre cómo o cuándo tendría lugar esta crisis. En cambio, esta sesión sí me mostró el **hecho** de una crisis global, me llevó al interior de **la experiencia de** la **psique colectiva** de esta crisis y me mostró algunos de los **mecanismos del despertar colectivo** que serán activados por esta crisis.

 ### Sesión 55—El gran despertar

Pasé la primera parte de la sesión trabajando en una relación muy dolorosa de mi infancia. El trabajo parecía interminable, no llegaba al fondo de la perturbación. Después de dos horas muy difíciles, lo que había estado procesando de repente se hizo pedazos. Algo que había sido real desde el punto de vista experiencial de pronto se volvió tan quebradizo como el cristal y se hizo añicos. Fue como si el problema que había estado procesando hubiera alcanzado un tono perfecto y luego se hubiera hecho añicos en cientos de fragmentos de cristal. Una voz dijo: "Ya basta", y se acabó. No fue una transición gradual sino un cambio repentino y brusco de algo artificial a algo profundamente real.

Entré a esa realidad agotado por el trabajo de sanación, pero mi fatiga pronto desapareció al caer los cristales rotos. Ahora de repente estaba despierto a una realidad diferente y operativo en un ámbito totalmente distinto. Cuando intento describir lo que sucedió a continuación, me cuesta encontrar las palabras. Hoy ha ocurrido algo sin precedentes. Se han abierto nuevas categorías de experiencia, nuevas modalidades de consciencia. Tardaré años en asimilar toda esta experiencia.

No había nada de personal en el estado en el que me hallaba, ni siquiera el residuo personal del despertar extático individual. Más bien había una totalidad que abarcaba toda la especie, su movimiento era el movimiento de mi especie. Este movimiento formaba parte del movimiento de la divinidad en el tiempo, así que, desde otro ángulo, la experiencia consistía en ver cómo funciona por dentro la divinidad al experimentarse como especie humana en el marco más amplio de su evolución. Como siempre, la experiencia precedió al entendimiento. Empecé a experimentar cosas nuevas, y lentamente me di cuenta de lo que estaba experimentando.

Experimenté excitación, ansiedad, crisis, superación y nuevos comienzos, pero como especie, no como individuo. Me di cuenta de que "en mí" albergaba las experiencias de un sinfín de seres humanos. Experimentaba un grado de excitación por las ondas que ascendían del inconsciente colectivo y que crecían y se rompían dentro de mí. Era como vivir una tormenta eléctrica en su totalidad, al registrar simultáneamente cada gota individual y los patrones de la tormenta como un todo. Con el tiempo empecé a darme cuenta de que estaba experimentando lo que la especie humana experimentará en el desarrollo de los eventos históricos en décadas venideras, quizá en los próximos cien años. En sesiones anteriores tuve una visión sobre la histórica transición que realiza la humanidad. Hoy me han llevado dentro de esa transición y me han dado la experiencia de ella desde lo más profundo de la psique colectiva de nuestra especie, enmarcada en la consciencia circundante de la inteligencia creadora. Cuando se produzcan estos acontecimientos, la gente pensará que está siendo superada por sucesos externos, pero en realidad estos sucesos están siendo impulsados por la inteligencia creadora que está extrayendo de sí misma nuevas capacidades que afectarán a toda la especie. Salí de la sesión exhausto por haber conocido lo que nos espera, exhausto por haber experimentado el miedo que sentirá la humanidad cuando nuestro mundo se desmorone a nuestro alrededor, pero a la vez estaba entusiasmado por las nuevas formas que estaban surgiendo.

El escenario principal

En un campo de relativa calma comenzó a surgir una ligera ansiedad. Poco a poco la gente comenzó a mirar hacia arriba y a alarmarse. Como la gente de las islas que poco a poco se da cuenta de que un huracán se cierne sobre ellos, la humanidad gradualmente despertaba alarmada ante los eventos que se les abalanzaban. Las condiciones empeoraban aún más. El miedo era mayor conforme aumentaba el peligro, lo que les obligaba a dejar de lado sus conjeturas a un nivel muy profundo. Cada vez había menos a que aferrarse, menos cosas dadas por sentadas. Cosas como la forma en que vivirían, dónde, a que se dedicarían, cómo se organizaría la sociedad y qué posesiones podrían tener. El mundo que conocían se derrumbaba.

Décadas se comprimieron en minutos y sentí cómo crecía el miedo de la gente conforme perdían las estructuras normales y necesarias de su mundo. Paso a paso los eventos iban forzando una rápida reevaluación de todo lo que formaba parte de sus vidas. Los eventos que ocurrían en la tierra eran de tal magnitud que nadie podía ignorarlos. El nivel de alarma creció en el campo de nuestra especie hasta que todos se vieron obligados a entrar en modo de supervivencia. Todos estábamos juntos en esto. Las familias se separaron, los padres de sus hijos y los hijos entre sí. La vida que conocíamos se desmoronó. Nos vimos reducidos a tratar de sobrevivir.

Durante un tiempo parecía que todos moriríamos, pero justo cuando la tormenta estaba en su punto más álgido, pasó la peor parte y el peligro remitió lentamente. Aunque muchos habían muerto, muchos otros seguían vivos. Los supervivientes empezaron a encontrarse y se formaron nuevas unidades sociales. Padres e hijos de familias diferentes se unían para formar nuevos tipos de familias. Surgían nuevas instituciones sociales por doquier que reflejaban nuestra nueva realidad, nuevas formas de pensar, nuevos valores descubiertos durante la crisis. Surgieron nuevas prioridades en nuestras vidas, nuevas percepciones del bien, nuevas verdades. Las nuevas formas sociales reflejaban nuevos estados de consciencia que parecían contagiarse positivamente entre los supervivientes. Estas nuevas formas sociales volvieron a retroalimentar el sistema para generar nuevos estados de consciencia en la gente y el ciclo de creatividad entre el individuo y el grupo se disparó.

Todo el sistema cobraba vida a niveles nuevos y esa vitalidad se expresaba en formas que antes eran imposibles. Era como si la crisis ecológica hubiera desatado la formación de la vaina de mielina de las células nerviosas del cerebro de nuestra especie, lo que produjo nuevos y más profundos niveles de consciencia personal. El mensaje se repetía una y otra vez: "Estas cosas pasarán más rápido de lo que nadie puede prever debido a la mente hiperactiva de la especie". Miles de imágenes fractales recordaban esta lección una y otra vez. "Más rápido de lo que nadie puede prever". El ritmo del pasado es irrelevante para el ritmo del futuro.

El mecanismo de nuestro despertar colectivo

Hubo un aspecto importante de esta secuencia que se centró en los mecanismos reales que había detrás de esta transición. La clave estaba en entender que esta crisis global será tan severa que impactará no solo a los individuos sino también al inconsciente colectivo de la humanidad. El sufrimiento generado por la crisis ecológica se extendió tanto, fue tan profundo y sostenido que el campo mental de la especie fue llevado a niveles de agitación cada vez mayores. Por último, la mente de la especie llegó a un estado tan energizado que empezó a funcionar de forma diferente. Experimenté estos cambios en términos de los conceptos de superconductividad y sistemas no lineales. Solo tengo un conocimiento limitado de estos conceptos científicos, pero parecían aplicarse literal y metafóricamente al funcionamiento de la psique colectiva. Los experimenté más profundamente de lo que fui capaz de captar cognitivamente, pero la asimilación intuitiva fue excepcionalmente clara y bien definida.

Lo que se destacó fue: (1) la hiperconectividad del campo de la especie y (2) la velocidad sin precedentes con la que pueden producirse cambios en este campo bajo condiciones no lineales. Vi repetirse esos patrones una y otra vez en nuestro futuro. Cuando los campos se someten a una presión extrema, los pequeños cambios pueden producir efectos de enormes dimensiones. Sistemas que antes estaban aislados de pronto pueden empezar a interactuar entre sí, lo que activa una conectividad latente en el campo. Vi que lo que era cierto para los campos físicos también lo era para los psicológicos.

La velocidad con la que surgían nuevas formaciones en la psique colectiva reflejaba la superconductividad de los sistemas no lineales. Estas nuevas formas no eran meras fluctuaciones temporales, sino que se convertían en estructuras psicológicas permanentes que marcaban la siguiente etapa en el largo viaje de la humanidad hacia la consciencia autoactivada.

Todo el proceso parecía estar impulsado por atractores extraños que llevaban rápidamente al sistema hacia nuevos patrones de autoconfiguración. El período de reconstrucción estuvo cargado de una luminosidad interior que indicaba un profundo despertar del corazón humano. No era el fuerte brillo de la luz diamantina que resplandece en el despertar individual, sino una luz más suave que reflejaba la misma realidad más sutilmente presente y distribuida más uniformemente en toda la especie. La humanidad experimentaba un proceso de muerte y renacimiento, y el despertar era tanto a nivel grupal como individual, aunque se consumaba poco a poco y con ligeros incrementos. El elemento central de este despertar era la experiencia de unidad.

Un escenario planteaba el tema en términos teológicos. Vamos hacia un tiempo de gracia en el que los pecados del pasado se purgarán en masa. No hay que expiarlos linealmente, podemos purgarlos todos si nos abrimos a las fuerzas que actúan en el presente para recrear nuestras vidas. En una mezcla de mitología occidental y oriental, vi que las generaciones de hoy soportaban toda la carga kármica de nuestros límites evolutivos anteriores. Vi que todo el sistema estaba dispuesto a hacer una revisión de esos límites y que nosotros, como parte de esta transición, podemos liberar a la humanidad de su pasado al enfrentar los retos de esta transición radical. El karma colectivo se está limpiando rápidamente. El tiempo de la gran purificación es un tiempo de enorme gracia.

La historia se intensifica. Los ciclos de retroalimentación se aceleran. El tiempo se concentra. Los eventos se desarrollan velozmente. El pasado nos está alcanzando rápidamente, las deudas aplazadas por generaciones se están venciendo, se acerca un nuevo comienzo.

La crisis ecológica causará un enfrentamiento entre muerte y rena-
cimiento que acabará con nuestro aislamiento psicoespiritual, tanto
individual como social, y propiciará el despertar de una base común
en nuestro interior. Vi que al final de esta dolorosa transición todo
será ganancia. No se había perdido nada esencial. Veremos con
asombro la gran ignorancia que nos había puesto en el camino de
la autodestrucción, y para nada añoraremos ese pasado. Todo es
ganancia, todo es ganancia.

Esta experiencia me agotó. Siento que llevo adentro el futuro
de la humanidad como un secreto público. Miro a mi gente y siento
compasión por el destino que les espera y respeto por su valen-
tía. Deseo profundamente ayudarles a superar lo que les viene.
El tiempo me ha hecho estallar y no me queda más remedio que
estar donde estoy.

Tardé más de un año en recuperarme de esta sesión. Durante meses
caminé por mi ciudad sintiéndome como alguien que pasea por Hiroshima
a una semana del lanzamiento de la bomba, con la certeza de lo que nos
espera y con un profundo respeto por todos los participantes. Fue terrible experimentar el próximo colapso de la humanidad, pero me reconfortó
experimentar el renacimiento que vendría después. Desde aquella sesión,
nunca he dudado del gran arco de nuestro viaje evolutivo, aunque lloré a
sus víctimas.

Esta visión me mostró lo que las anteriores no lograron: que la
transformación de la humanidad se producirá a través de un terrible
sufrimiento. Este sufrimiento será impulsado por una crisis de los sistemas globales y se desencadenará por una crisis ecológica global. Nuestra
especie cambiará cuando nuestro dolor colectivo se vuelva insoportable.
En este sentido, la sesión 55 se hace eco de la conclusión a la que llegó
Duane Elgin en *Awakening Earth*, donde escribió:

Es el inmenso sufrimiento de millones —incluso miles de millones— de valiosos seres humanos, unido a la destrucción generalizada de muchas otras formas de vida, lo que arderá a través de
nuestra complacencia y aislamiento. El sufrimiento innecesario es

el fuego psicológico y psíquico que puede despertar nuestra compasión y fusionar a individuos, comunidades y naciones en una civilización global cohesionada y conscientemente organizada. (Elgin 1993, 121).

Aunque el sufrimiento que se avecina será muy duro, esta sesión me mostró que la humanidad saldrá de esta crisis no intacta, sino mejorada. En el contexto de las visiones anteriores sobre el despertar, se afirmó que a través de esta prueba estamos pariendo no solo un nuevo período de la historia, sino un nuevo ser humano. A medida que han pasado los años y he observado cómo se profundizan las sombras de la historia, descubro que esta promesa significa mucho para mí. Sin una visión de hacia dónde nos lleva la naturaleza, sin comprender el bien superior que nuestro sufrimiento colectivo está produciendo en la historia, podríamos ahogarnos en el dolor que nos aguarda. Y no debemos ahogarnos.

La dinámica no lineal del despertar

Para que las sustancias psicodélicas tengan un mayor impacto en nuestra cultura, no basta con registrar las poderosas experiencias que se desatan. También debemos basar estas experiencias en un discurso crítico y ponerlas en diálogo, en lo posible, con otros campos del saber. Así que cuando presenté esta sesión en *Dark Night, Early Dawn*, allí desgrané afirmaciones sobre el papel que tendrá la psique colectiva en el despertar de la humanidad, de la manera más cuidadosa y sistemática posible. Estas afirmaciones son:

1. Que la mente de la especie es un campo psíquico unificado,
2. Que este campo será impulsado a un estado no lineal o "fuera de equilibrio" debido al sufrimiento extremo generado por la crisis ecológica mundial, y
3. Que en ese estado de hiperexcitación, la mente de la especie exhibirá algunas de las mismas capacidades no lineales que los científicos han observado en los sistemas físicos cuando son llevados al estado no lineal, a saber, la capacidad de cambio acelerado, una elevada creatividad y una mayor autoorganización.

Creé un marco interpretativo que entrelazaba las investigaciones de Donella Meadows sobre tendencias globales, la teoría del campo mórfico de Rupert Sheldrake, la teoría del caos, la teoría global del cerebro de Peter Russell, las investigaciones ganadoras de un premio Nobel de de Ilya Prigogine sobre estructuras disipativas, las observaciones de Kenneth Ring sobre estudios de experiencias cercanas a la muerte y el análisis de Richard Tarnas sobre las crisis intelectuales y culturales que se gestaron en el siglo XX.

Utilicé este marco para fundamentar las principales afirmaciones de esta visión: que la psique humana cobrará vida a nuevos niveles, bajo la presión de las condiciones extremas de nuestro futuro, que se producirá algo así como un bloqueo de fase psicológico, que las interconexiones entre las personas, antes demasiado sutiles para ser detectadas, se harán evidentes, y que todo esto ocurrirá mucho más rápido de lo que nadie hubiera previsto*.

Sigo creyendo que, para comprender cómo haremos esta transición histórica en el poco tiempo que tenemos, es vital que entendamos el rol estructural que jugará la psique colectiva en todo esto, aunque no reproduciré esos argumentos aquí. Simplemente los señalo para quienes deseen profundizar en estos temas.

Sin embargo, quisiera volver a hacer énfasis en la profunda correspondencia que hay entre la visión del despertar de la humanidad que aquí se presenta y el contundente análisis de Richard Tarnas sobre la trayectoria de la historia intelectual de Occidente en *La pasión de la mente occidental*. En el epílogo de su libro, Tarnas presenta la audaz tesis de que la especie humana en su conjunto está atravesando por el mismo proceso de muerte y renacimiento que atraviesan los individuos en la terapia con sustancias psicodélicas de Grof, pero a mayor escala. Con base en su gran conocimiento de la obra de Grof y en su amplia comprensión de la historia

---

*Aunque no aborda el inconsciente colectivo, el futurólogo estratégico Richard David Hames subraya el papel que jugará el cambio no lineal en esta transición histórica: "Conforme el cambio climático se afianza y altera los principales patrones de la actividad humana de formas predecibles o imprevistas, la necesidad de comprender la naturaleza no lineal del cambio en los sistemas complejos se vuelve crucial. El cambio no lineal, indisciplinado e inquietante, nos desconcierta precisamente porque ya no podemos estar seguros de nada. Es probable que suframos cambios cada vez más abruptos, erráticos y perturbadores" (Hames 2010).

occidental, Tarnas arroja luces sobre la secuencia arquetípica que, en su opinión, subyace a las crisis intelectuales y culturales que se están gestando en la era moderna. En esta trayectoria la consciencia emerge dentro de una unidad primigenia e indiferenciada, experimenta un proceso de individuación empoderada, y luego sufre una muerte de identidad que conduce a un nuevo despertar en la matriz cósmica original, pero ahora experimentada en un nuevo nivel que preserva el logro de toda la trayectoria. Tarnas demuestra que, cuando se considera la historia del pensamiento occidental en su totalidad, se empieza a ver que Occidente ha estado en este viaje de transformación durante miles de años y que actualmente está entrando en la fase crítica de muerte y renacimiento de esta transición a todo nivel: intelectual, social, político, económico, espiritual y ecológico. La fuerza del argumento de Tarnas yace en la forma convincente en la que integra tantos aspectos de nuestra historia en torno a esta tesis. Para ello hay que leer el epílogo y el análisis que se presenta en *Cosmos y psique*.

Han pasado más de veinte años desde que tuve la visión del despertar colectivo de la humanidad. Durante esos años se ha seguido acelerando el deterioro de nuestro planeta. La alteración del clima mundial ha pasado de ser una hipótesis científica a una prioridad de planificación del Pentágono. Las capas de hielo se derriten más rápido de lo previsto y seguimos registrando año tras año las temperaturas más altas de la historia. Se baten récords de huracanes que siguen arrasando nuestras costas meridionales y orientales, mientras que en el oeste un número sin precedentes de incendios forestales devasta las laderas debido a la sequía. Mientras tanto, nuestros arrecifes siguen muriendo, las especies perecen, los productos básicos se reducen y veintiséis personas poseen tanta riqueza en el planeta como la mitad de toda la población mundial*. El informe de 2018 del Grupo Intergubernamental de Expertos sobre el Cambio Climático de las Naciones Unidas dejó muy claro que estas tendencias nos están llevando rápidamente hacia un futuro agónico, un futuro previsto con devastadora honestidad en el libro *El planeta inhóspito* (2020) de David Wallace-Wells.

En tiempos de creciente inestabilidad, cuando las viejas certezas empiezan a desvanecerse, es comprensible que la gente se sienta atraída por líderes políticos que prometen devolvernos a una época más conocida y

---

*Elliot 2019.

estable. En 2016 Estados Unidos eligió a un presidente que niega el consenso científico sobre el cambio climático global, reafirma las viejas divisiones de religión y raza y pretende amurallar el mundo. Pero el negacionismo no detendrá los océanos y los estereotipos religiosos y raciales conducen a Auschwitz y Dachau. Al final este camino no hará más que acelerar nuestro desenlace colectivo.

A pesar del continuo deterioro de nuestro tejido ecológico y social, aún no hemos llegado al punto de inflexión que pronostica Paul Gilding en *The Great Disruption*.

> Entonces se producirá un momento crucial en el que se acabará la negación y aceptaremos, prácticamente de un día para otro, que nos enfrentamos a un riesgo global que amenaza a la civilización. En ese momento responderemos drásticamente, con gran rapidez y concentración.

Puede que no hayamos llegado a este punto, pero pronto lo haremos. Gilding añade:

> No es difícil imaginar una grave crisis mundial que provoque un colapso si se juntan las tendencias que hemos estado exponiendo. Una hambruna mundial en la que mueran más de mil millones de personas, una serie de guerras en el Oriente Medio y en otros lugares por el agua, un conflicto armado entre China, India y Pakistán por los millones de refugiados de la quiebra política y la escasez de alimentos, personas y naciones ahogadas en islas por las mareas de la tempestad, la insolvencia del sector mundial de los seguros ante una serie de desastres climáticos, y los efectos colaterales en el sector bancario con activos no asegurados utilizados como garantía de la deuda, el colapso de los mercados bursátiles mundiales cuando todos estos riesgos se incluyan en las carteras de acciones (Gilding 2011, 106, 108).

La visión del gran despertar de la sesión 55 se pondrá a prueba cuando estos eventos, o eventos similares, hagan colapsar nuestro mundo.

Será entonces cuando sabremos si el campo de la mente de la especie llegará a tal punto de hiperexcitación por nuestro sufrimiento colectivo, que empezará a funcionar de forma no lineal. Si esto ocurre, marcará un nuevo amanecer para la humanidad. Según lo escrito en *Dark Night, Early Dawn*:

> Conforme la totalidad inherente de la existencia se convierta en una experiencia viva para cada vez más personas, los individuos se verán empoderados por nuevos órdenes de creatividad que no podrían haberse previsto mientras estuviéramos atrapados en la estrechez de un modo de consciencia atomista y autorreferencial. En la medida en que los campos circundantes de la mente se fortalezcan, aumentarán la sinergia y la sincronicidad. La mente sagrada cobrará vida dentro de la familia humana en formas que lucen imposibles desde nuestra fragmentada condición actual. Por más difícil que sea el viaje, ¿quién no se animaría a formar parte de tal empresa? No hay que temer al dolor de este trabajo de parto sino utilizarlo de forma creativa. Estamos construyendo un mundo nuevo para nuestros nietos, en efecto, una nueva especie (Bache 2000, 254-56).

¿Qué forma adoptará el ser humano del futuro?

Si la historia o la naturaleza o la inteligencia creadora del universo están pariendo una nueva forma de consciencia humana en este planeta, la siguiente pregunta es: ¿qué forma adoptará este ser humano del futuro?, ¿cómo será nuestro futuro yo evolutivo? Para responder a esta pregunta, quiero conectar la visión del gran despertar presentada aquí con la visión del nacimiento del alma diamantina presentada en el capítulo anterior. Hay una convergencia tan sorprendente de temas en estas dos visiones que, mientras más presentes las tengo, más entrelazadas las veo. Ofrezco las siguientes reflexiones como una breve explicación de por qué creo que la forma que adoptará el ser humano del futuro será la del alma diamantina.

La visión del alma diamantina es una visión que considera que el ciclo de reencarnación llega a un crescendo que eleva la experiencia humana a un registro superior. Al igual que las "almas jóvenes" se convierten en "almas viejas", las almas viejas se convertirán en "almas completas". Cuando nuestras vidas anteriores se integran y fusionan en una sola consciencia, se produce una explosión en nuestra consciencia individual. La coraza del ego estalla y ya no nos experimentamos como simples seres centenarios, sino como seres milenarios. Cuando miramos al mundo, sentimos una conexión con un sinfín de personas que se ha formado a lo largo de incontables vidas. Vemos la tierra como nuestro hogar de miles de encarnaciones. En resumen, nos percibimos como almas encarnadas.

En la narrativa del gran despertar vemos desplegarse una historia paralela. En esta narrativa la inteligencia del universo está trabajando sistemáticamente para llevar a toda nuestra especie a un nuevo capítulo de su vida: **"Toda la familia humana integrada en un campo unificado de consciencia. La especie reconectada con su naturaleza básica. Nuestros pensamientos en sintonía con la consciencia de la fuente".** Tras un duro proceso de abandono de nuestro pasado se produce un rápido despertar del espíritu humano, marcado por **"nuevas formas de pensar, nuevos valores, prioridades, percepciones del bien, nuevas verdades".**

Son tantos los paralelismos de estas narrativas que he llegado a pensar que están vinculadas sinérgicamente. Es decir, creo que la crisis de los sistemas globales que está ocurriendo en el mundo **exterior** está conectada con la metamorfosis evolutiva que se está produciendo en nuestro **interior.** Mientras nuestro planeta lucha por estar más integrado geopolíticamente, nosotros luchamos por estar más integrados psicoespiritualmente. Mientras nuestras naciones afrontan las consecuencias de nuestras divisiones políticas y culturales, nosotros nos enfrentamos a esas mismas divisiones que llevamos en la memoria de vidas anteriores. Mientras la tierra lucha por convertirse en planeta, nosotros luchamos por convertirnos en alma. Creo que estos procesos están muy ligados y se refuerzan mutuamente. Hay varias observaciones que apuntan en esa dirección.

Primero, al pensar en los retos a los que nos enfrentaremos en los próximos años, debemos recordar que la crisis de los sistemas globales no afectará a los seres humanos como normalmente los concebimos, sino a las almas. Es decir, desde la perspectiva de la reencarnación, los seres humanos no son simples seres centenarios, son almas con miles de años de experiencia. Viéndolo así, cada uno de nosotros lleva muchas vidas de aprendizaje en torno a nuestra esencia. Por lo tanto, cuando se produzca la gran desintegración, serán las almas las que la experimenten y elijan cómo responder. Cuando esta crisis prolongada y sostenida ejerza fuerte presión sobre nuestras instituciones sociales para que cambien y se adapten, también ejercerá presión sobre nuestras psiques individuales para que cambien y se adapten. ¿Podría esta presión sin precedentes desencadenar un abandono de nuestro pasado psicológico y el surgimiento de la consciencia del alma más rápido de lo que la historia nos podría hacer esperar?

En segundo lugar, nuestro mundo dividido y dañado fue creado por una especie que opera desde el nivel de consciencia del ego. A pesar de sus muchas virtudes y fortalezas, el ego es una consciencia fragmentada y aislada del tejido subyacente de la vida que nos une. Albert Einstein dijo su célebre frase: "No podemos resolver nuestros problemas con el mismo nivel de pensamiento que los creó". Creo que los problemas que se nos avecinan son demasiado grandes para ser resueltos por la consciencia del ego, incluso por la consciencia del ego bien intencionada y organizada colectivamente. Existe una relación estructural entre el interés individual y la falta de visión que han creado esta crisis y la naturaleza propia del ego. No creo que podamos transformar el planeta en un todo superior si estamos psicológicamente fragmentados. Si el ego personal sigue controlando nuestras vidas, seguiremos siendo un pueblo dividido y, de continuar así, quizá desaparezcamos. El ego del yo personal construyó nuestro mundo dividido y está siendo consumido por el mismo fuego que está consumiendo al mundo.

Para resolver esta inminente crisis necesitamos madurar como especie, pasar de lo que Duane Elgin llama nuestro yo adolescente a nuestro yo adulto. Desde la perspectiva de la reencarnación, "madurar" significa poseer e integrar la consciencia mayor que se ha estado gestando en nosotros durante miles de años. Poseerla, ver el mundo a través de sus ojos y dejar que su sabiduría acumulada forme nuestras decisiones. El alma vive la historia de forma diferente al ego. Para resolver esta crisis, necesitamos adoptar la perspectiva a largo plazo que será natural en el alma. El alma **sabe** que su relación con este planeta va más allá de los límites de su vida actual. Sabe que la tierra que dejamos atrás es la tierra que heredaremos en nuestra próxima encarnación. Lo sabe y actúa en consecuencia.

En tercer lugar, gracias a la reencarnación cada uno de nosotros lleva la diversidad del mundo en su interior. Este simple hecho puede ayudarnos en el momento de tomar las difíciles decisiones que determinarán el futuro de este planeta. En un mundo de recursos cada vez más escasos, el argumento de reducir nuestra lealtad a "nosotros y los nuestros" ya está bajo presión. Esa ha sido siempre la estrategia del ego, dividir el mundo entre los que lo merecen y los que no, con base en alguna medida, sea mediante nación, religión, raza o clase. Pero dentro de nuestra experiencia **vivida** como seres reencarnados, cada uno de nosotros lleva recuerdos de haber sido esos "otros". En algún punto de nuestra larga historia, probablemente hayamos sido de todas las razas, religiones, nacionalidades y clases. Hemos sido ricos y pobres, hombres y mujeres, inmigrantes y nativos. Esta memoria residual amplía nuestros sentimientos de empatía y responsabilidad con los demás. A la hora de la verdad esta historia interior puede ayudarnos a tomar las valientes decisiones de inclusión que salvarán a la humanidad y las demás especies que comparten este planeta con nosotros. O, si lo miramos al revés, cuando nos elevemos por encima de nuestros intereses particulares y tomemos las decisiones políticas y morales que creen un mundo que funcione para todos, puede que atraigamos la consciencia de nuestra historia encarnada hacia nuestra consciencia. Puede que, a través de las decisiones políticas y sociales que tomemos en los próximos años, **incorporemos literalmente al alma a nuestra consciencia.**

Y, para terminar, en cuarto lugar, cuando pasemos por este trabajo colectivo descubriremos que 95% del trabajo de crear al ser humano del futuro ya fue realizado antes de que comenzara nuestro trabajo de parto. El nacimiento del ser humano del futuro es la culminación de un proceso de gestación que ha estado en marcha durante cientos de miles de años. A través de la expansión e integración sistemáticas de nuestra capacidad humana, vida tras vida, hemos ido avanzando hacia este hito histórico. La gestación es larga y lenta, pero el nacimiento es repentino y rápido. Nuestro planeta está de parto y pronto no nos dejará otra opción que dar a luz a nuestro yo más profundo en la historia. La forma de nuestro futuro está implícita en nuestro pasado. El ser humano del futuro **es** el alma diamantina.

Otra voz: Bede Griffiths

La visión presentada en este capítulo no tiene nada que ver con el uso de sustancias psicodélicas. Ha ido surgiendo entre los pueblos indígenas y los contemplativos desde hace muchos años. Permítanme concluir este capítulo con un conmovedor intercambio entre Bede Griffiths y Andrew Harvey sobre nuestro momento histórico. Bede Griffiths fue un monje benedictino muy querido y respetado que pasó gran parte de su vida en *ashrams* al sur de la India, donde cultivó una profunda integración de la espiritualidad cristiana e hindú. Harvey lo visitó en 1992 por un documental que se estaba rodando sobre su vida. Este intercambio tuvo lugar un año antes de la muerte de Griffiths. Tenía ochenta y seis años.

Bede de pronto hizo una pausa... y luego dijo en voz baja e intensa:

—Andrew, imagino que sabes que ya estamos en la hora de Dios.

Aunque era una mañana cálida y fragante, temblé.

—Cuando dices 'hora de Dios'... ¿A qué te refieres?

—Quiero decir que la raza humana ha llegado a un punto en el que se lo juega todo, en el que tendrá que producirse un cambio de consciencia masivo en todas las sociedades y religiones para que el mundo sobreviva. A menos que la vida humana se centre en la consciencia de una realidad trascendente que englobe a toda la humanidad y a todo el universo y que, al mismo tiempo, trascienda nuestro nivel actual de vida y consciencia, hay poca esperanza para nosotros.

Su voz tranquila, mesurada y aristocrática hacía que sus palabras resultaran aún más impactantes. Bede tosió y miró sus manos finas, fuertes y huesudas.

—Muy poca gente se atreve a enfrentarse ahora a una situación que se ha vuelto extrema y decisiva. Muy poca gente está preparada para mirar sin ilusión a nuestro tiempo y verlo como lo que es, una crucifixión a escala mundial de todo lo que la humanidad ha esperado o confiado o creído en todos los niveles y en todos los ámbitos.

Nunca en todas las horas que habíamos pasado juntos, le había oído hablar con tanta franqueza y oscuridad sobre el futuro del mundo, y ya le conocía lo suficiente como para saber que nunca decía nada sin tener un propósito claro.

Nos sentamos en silencio, absorbiendo el dolor y el desafío de sus palabras. Entonces le pregunté:

—¿Crees que la humanidad puede salir adelante?

—Por supuesto —dijo enseguida con voz fuerte—, pero a costa

de todo. Así como Jesús tuvo que pasar por la muerte para entrar en el nuevo mundo de la resurrección, millones de individuos tendrán que pasar por la muerte del pasado y de las viejas formas, si queremos que la gracia de Dios nos lleve a la verdad de una nueva era.

Bede volvió a hacer una pausa y volteó para mirarme directamente.

—Estoy seguro de dos cosas sobre la era en la que pronto entraremos. La primera es que se librará una dura batalla a todo nivel entre las fuerzas que quieren mantener a la humanidad esclavizada al pasado (el fundamentalismo religioso, el nacionalismo, el materialismo y la codicia empresarial) y las fuerzas que despertarán como respuesta al deseo de una nueva forma de vivir y de hacer las cosas. Lo segundo es que por experiencia propia entiendo que Dios colmará de ayuda, gracia y protección a quienes sinceramente quieran cambiar y sean lo suficientemente valientes como para arriesgarse a asumir la gran aventura de la transformación.

En voz muy baja Bede añadió:

—Creo que Dios quiere que nazca un nuevo mundo y una nueva humanidad a raíz de lo que está por suceder. (Harvey 2005).

DIEZ

Luz diamantina
Sesiones 44–69

¿Cómo puede algo tan cristalino,
tan desprovisto de forma terrenal,
evocar las lágrimas del regreso a casa?

Sesión 45

La luz siempre se ha considerado como la rúbrica de lo divino. Es una constante universal en nuestras tradiciones espirituales, un vasto resplandor que fusiona el conocimiento, el amor y el poder. Los místicos dan fe de ello, quienes han estado a punto de morir dan fe de ello. Por tanto, no debería sorprendernos que cuando nuestro viaje con sustancias psicodélicas nos lleve a lo más profundo del universo, la luz esté allí esperando.

El siguiente relato pertenece a Walter Pahnke, una figura muy querida y respetada en los inicios de la comunidad psicodélica, famoso sobre todo por llevar a cabo el "experimento del Viernes Santo" en la Universidad de Harvard en 1962. Lo más sorprendente de esta experiencia es que tuvo lugar durante la primera sesión de LSD de Pahnke. Sin duda debió ser un día extraordinario.

La parte más impresionante e intensa de esta experiencia fue la LUZ BLANCA de absoluta pureza y pulcritud. Era como una llama de blancura y belleza incandescentes, resplandeciente y centelleante, pero no era realmente una llama, sino más bien una barra caliente y blanca, pero mucho más grande y vasta que una simple barra. Los

238

sentimientos eran de **absoluto** ASOMBRO, REVERENCIA Y SACRALIDAD. Justo antes de esta experiencia tuve la sensación de ir a lo más profundo de mí mismo, al yo despojado de toda pretensión y falsedad. Este era el punto en el que un hombre podía mantenerse firme con absoluta integridad, algo más importante que la mera vida física. La experiencia de la luz blanca fue de enorme importancia, de reafirmación, y algo por lo que merecía la pena jugarse la vida y confiar. La luz blanca era tan penetrante e intensa que no era posible mirarla directamente. No estaba en la habitación conmigo, sino que ambos estábamos en otro lugar, y mi cuerpo había quedado muy atrás (extraído de Richards 2016, 74).

Al igual que Pahnke, muchos viajantes han afirmado sentirse inmersos en un resplandor sobrenatural al pasar por la muerte del ego. A medida que nos internamos a niveles aún más profundos de la experiencia transpersonal, nos encontramos con campos que anidan dentro de los campos de luz. Cada paso más allá de la materia, más allá del alma, más allá de la psique colectiva y más allá de la realidad arquetípica nos conduce hacia una ecología viviente de luz. Al final uno descubre que el universo entero flota en un océano de luz.

Según mi experiencia existen muchos grados de luz. A medida que uno avanza hacia la trascendencia, la cualidad de la luz cambia. Se vuelve más clara, más intensa y más luminosa, lo que exige un nuevo vocabulario para la luz. La luz se convierte en luminosidad. La claridad se convierte en hiperclaridad. Cuando hablo en este capítulo de la luz o luminosidad diamantina, no estoy utilizando una metáfora colorida para describir la luz. Intento describir una cualidad particular de la luz, una dimensión de la luz especialmente intensa.

Ya hemos visto la luz aparecer en varias sesiones. Apareció en el árbol cósmico compuesto enteramente de luz y más tarde en el colapso arquetípico, donde entré en una **"claridad brillante"**. Apareció en un destello de "Dios", cuando todo se disolvió **"en una lluvia de luz blanca brillante y centelleante"**, en el libro *Singing the Universe Away*, con sus visiones del **"espacio profundo lleno de luz etérea"**, y en la sangre de Jesús, donde **"todo adquirió el resplandor interior de esa luz eterna"**. Todo esto resultó ser el preludio de la luz diamantina que surgió en los cuatro años siguientes. Después del año de la bendición de bendiciones, no sabía qué dirección tomarían las sesiones. Me sentí satisfecho y bien recompensado por el trabajo ya realizado. Había explorado el universo, me había llevado a lo más profundo del estado de unidad y me habían impregnado de amor cósmico. ¿Qué más podía pedir?

Dada la profunda paz de estas bendiciones, esperaba que el calvario de morir se detuviera. Después de trascender tan intensamente la dualidad y sumergirme en el amor universal, pensé que seguramente la transición a la realidad transpersonal se estabilizaría y se haría más fácil. Creo que así habría sido **si** hubiera permanecido en los niveles de realidad en los que me había iniciado hasta ese momento. Pero para bien o para mal, el método de exploración que había adoptado era tan poderoso que seguía empujándome más allá de mis límites experienciales. Sin comprender las consecuencias de lo que estaba haciendo, seguí avivando el fuego de la transformación y seguí abriendo nuevas perspectivas de la realidad. Entonces no apreciaba lo que he llegado a comprender ahora: que la muerte forma parte de un ciclo interminable de descubrimiento y que seguirá volviendo una y otra vez mientras uno siga desafiando los límites de su experiencia. Esperaba un cierre. Lo que recibí en cambio fue la infinita profundidad de mi Amada.

La luz diamantina que estalló desde mi pecho en la sesión 38 fue la precursora de lo que ahora surgía en todo su esplendor. Después de pasar por otro ciclo intenso de muerte y renacimiento, fui llevado a un resplandor claro y muy luminoso. El budismo llama a este resplandor *dharmakaya*: la clara luz de la realidad absoluta*. Yo lo llamo el reino de la luz diamantina. Esa luminosidad me cautivó de tal modo que extinguió todo interés por seguir explorando los otros niveles de existencia que antes me habían seducido. Se trataba de un orden de realidad totalmente distinto. Su claridad era tan abrumadora, su energía tan pura, que volver a ella se convirtió en mi único objetivo en sesiones posteriores.

---

*El budismo mahayana enseña que existen tres *kayas* o modos de existencia: *dharmakaya*, *sambhogakaya* y *nirmanakaya*. Estos términos tienen distintos significados en contextos diferentes. En el contexto de la cosmología, *dharmakaya* es la "luz clara de la realidad absoluta", la esencia y fuente del universo, más allá de la existencia y la inexistencia. *Sambhogakaya* es el "cuerpo de la dicha", un reino intermedio que a veces se asocia con el reino de la deidad más elevada. *Nirmanakaya* es el cuerpo manifestado de la existencia, somos tú y yo y todo el universo físico.

Durante los cuatro años siguientes y veintiséis sesiones, las puertas de esta realidad se abrieron cuatro veces, y solo cuatro. Los nombres que di a estas cuatro sesiones son:

S45 El estado de muerte
S50 Luz diamantina
S60 El campo universal de luz
S66 La naturaleza de la mente

Este capítulo narra lo que sucedió en estas cuatro sesiones. Es la historia de mi entrada en la luz diamantina y de la intensa purificación que tuvo lugar cuando esta luz diamantina empezó a abrirse camino en mi ser físico. Las dos primeras sesiones se centraron en entrar en la luz diamantina a niveles cada vez más profundos, y las dos siguientes en absorber la luz diamantina en mi mente y mi cuerpo. En este relato incluiré otras dos historias. La primera es un conjunto de nuevas percepciones sobre el proceso psicodélico que surgieron en ese momento. La segunda es la historia de cómo llegué a integrar la práctica budista vajrayana en mi práctica con sustancias psicodélicas y por qué.

Veintiséis son muchas sesiones, el doble que en cualquier capítulo anterior y más de un tercio del total llevadas a cabo. Evidentemente en estas sesiones ocurrieron muchas cosas, muchas más de las que puedo exponer aquí. La sesión del gran despertar tuvo lugar en medio de esta secuencia, y hubo una serie de "sesiones de enseñanza" dispersas, pero la dinámica más importante de estos cuatro años fue el ciclo rítmico de entrada en la luz diamantina y de esta luz que entró en mí. Esos cuatro días fueron los regalos más intensos, ricos y preciados de todo mi viaje. Son los verdaderos diamantes del cielo. Para concentrarme en este proceso clave, voy a recortar las sesiones que, aunque interesantes por derecho propio, nos alejarían del relato central. Antes de hacerlo, sin embargo, permítanme decir esto sobre ellas.

Después de sustraer una media docena de sesiones que se dedicaron a digerir las sesiones de la luz diamantina y el gran despertar, el patrón más fuerte en las restantes lo constituyó una serie de sanaciones personales. Los sufrimientos de mi infancia se presentaron sistemáticamente y fueron resueltos de manera decisiva y eficaz. Al principio me pareció extraño, después de años de trabajo a nivel colectivo, venir a sanar la mente de la especie. Pensaba que la sanación personal normalmente debería ocurrir antes de la sanación colectiva, y me tomó tiempo entender por qué las cosas se estaban desarrollando en este orden inverso. No tenía la sensación de que era gracias a que, simplemente, había pasado por encima de estas cuestiones personales debido a las altas dosis con las que estaba trabajando, aunque el trabajo seguramente se habría desarrollado de otra forma si hubiera trabajado con dosis más bajas. Algo diferente estaba ocurriendo.

Luego supe que esta secuencia de acontecimientos no fue accidental, sino que formaba parte de un guion de vida trazado antes de que yo naciera. Menciono esto porque creo que también puede ser verdad para otros que han encarnado en este momento tan exigente de la historia. Mi sufrimiento personal de vida, por modesto que fuera, fue lo que me permitió hacer conexión con el sufrimiento de la humanidad en el océano de sufrimiento. Mi sufrimiento personal se había anclado a un lado de un puente energético entre mi psique individual y la psique colectiva, un puente que había permitido que algo que operaba a través de mí purgara energías destructivas de la mente de la especie. Si mis heridas personales hubieran sanado primero, el ancla de mi lado no existiría y no se habría formado el puente con la psique colectiva. Esto habría puesto en peligro la capacidad del sistema en su conjunto para lograr la sanación colectiva deseada. Ahora que mi parte en esta sanación colectiva había terminado era como si el ancla de mi sufrimiento personal ya no fuera necesaria y la arrancaran de raíz.

No voy a dedicarles tiempo a estas sanaciones personales más allá de las incluidas en las cuatro sesiones presentadas. No es que me avergüence de mis problemas personales. No eran grandes traumas, sino heridas que surgieron por haber sido criado por padres de capacidades mixtas. Me abstengo porque, además de respetar la privacidad de las otras partes implicadas, los detalles de mi sanación personal no son realmente importantes para el tema principal de este capítulo y no quiero que se conviertan en una distracción. Todo el mundo tiene una historia personal, todo el mundo arrastra algún dolor personal, pero, como veremos, los detalles de nuestra historia personal son irrelevantes y desaparecen al entrar en la luz diamantina.

Un último punto antes de empezar. Durante esta última fase del viaje aprendí que hay muchos **grados de muerte** en una sesión con sustancias psicodélicas y que los mayores avances tienden a producirse después de las muertes más profundas. Con este descubrimiento, la muerte se convirtió en mi mejor aliada para este trabajo. Lo que había comenzado en las primeras sesiones como una confrontación con mi sombra se transformó en una disciplina de aceptar activamente la muerte en cualquier forma que se presentara. Lejos de tenerle miedo, la muerte se convirtió en algo que yo buscaba, al sumergirme una y otra vez en su fuego purificador. Es extraño decir esto, lo sé, pero otros viajeros psicodélicos lo entenderán. No era un adicto al dolor, sino un adicto a lo que hay al otro lado de él.

La siguiente es una historia muy íntima como toda historia de amor. Aunque sea mi historia, es más que eso. La luz diamantina es nuestra herencia común. Es la realidad de la que todos venimos y a la que todos volvemos. Es la fuente de la existencia, la inteligencia del universo, la naturaleza esencial de todo lo que existe. Es lo que en esencia somos.

El avance hacia la luz diamantina en la sesión 45 fue precedido por un proceso de purificación muy intenso en la sesión 44. Estas dos sesiones formaron dos mitades de un único proceso de muerte y renacimiento, por lo que las presentaré juntas.

 ### Sesión 44—El cristal de la muerte

Tras una larga introducción que ayudó a sanar ciertas relaciones familiares, surgió con mucha fuerza el tema del miedo de la sesión anterior. Me entregué. ¡Cuánto miedo! ¿De dónde venía? ¿Qué había detrás? Hubo pocas imágenes que dieran forma concreta al miedo, me costó abrirme a él.

Según avanzaba pude percibir el miedo a morir. Me convertí en personas que estaban muriendo, tenían miedo al dolor, a lo desconocido, a dejar a sus seres queridos. El miedo y la muerte formaban un sinfín de variaciones. Algo en mí reconoció los síntomas de estar participando en un sistema META-COEX, y sentí que esto era parte de algún ciclo de muerte y renacimiento, pero pronto todo esto fue engullido por la muerte. La muerte se tragó incluso el miedo. Todo era muerte. Muerte y morir. Yo estaba muriendo. Los parámetros de esta muerte superaban todo lo que había conocido hasta entonces. ¿Cómo puede la muerte alcanzar tales proporciones?

En algún momento me di cuenta de que había muchos grados de muerte. Ya había muerto mucho en las sesiones, pero ahora me invitaban a morir aún más. Podía elegir morir tanto o tan poco como quisiera.

Estaba suspendido en un cristal de luz. El fondo del cristal era puntiagudo y claro, la parte superior estaba teñida de rojo y desaparecía en bandas de luz brillante. Mis brazos extendidos en 90 grados, en total entrega, y podía elegir hasta qué punto morir, hasta qué punto dejarme disolver en la luz que me atravesaba. Podía sentir las distintas experiencias de las que disponía como luz. En la luz, como luz, la experiencia del infinito era posible. Renunciar a ella sería renunciar a toda experiencia localizada e individualizada.

En ese estado de paralización empecé a elegir la muerte de forma consciente. Elegí abrirme capa a capa a corrientes de luz más profundas. Podía sentirla entrar en mí, cambiarme, transmutarme en algo diferente. Con los pies bien apoyados en la punta del cristal, la parte superior de mi torso se volvió luz pura. Estaba en la luz, era luz, dicha, un mundo muy distinto, una realidad muy distinta. Era diferente a las sesiones anteriores. Aunque con menos éxtasis, era más etérea. Aunque no estaba tan alejado del universo transpersonal, el ego fue completamente borrado.

Después de un tiempo relativamente corto en esta dichosa realidad, volví a las corrientes del miedo. No sé qué me llevó allí ni por qué. Simplemente el miedo estaba presente de nuevo, así que me sumergí en él buscando llegar a su centro. Esta vez el miedo era mucho mayor que antes. Tenía más capas, más variaciones. Me estremecía por dentro mientras me invadían oleadas de miedo. Volví a buscar explicaciones, pero no las había. En una sinfonía se mezclaban partes de mi vida actual con partes de vidas anteriores y vidas que parecían provenir de la psique colectiva.

Desde un punto de vista estaba disolviendo un META-COEX colectivo de miedo en la mente de la especie. Desde otro punto de vista estaba librando un combate chamánico contra los demonios del miedo, un combate muy raro. Aquí uno "vence" al rendirse, al hacerse vulnerable a lo que le rodea. Permanecí inmóvil y abierto, acogí en mí todo lo que se presentaba en mi experiencia, me abrí a constantes oleadas de miedo, buscaba, sin éxito, alguna señal sobre su origen.

Luego algo cambió. En medio del caos colectivo surgió un tema más personal. El miedo se mezcló con sentimientos de impotencia. Las primeras experiencias de impotencia durante la niñez se mezclaban con recuerdos de un soldado que moría solo en el campo de batalla. El suspiro final de un soldado se mezclaba con el llanto vulnerable de un niño. No había compañeros por ninguna parte, no había ayuda. Estaba solo. En algún momento de la historia, la soledad, la impotencia y el miedo se habían fundido en mí. Por fin salían a flote las piezas del rompecabezas y se separaban.

Permanecí en la experiencia de impotencia un buen rato. Las horas en el reloj eran siglos de sesión. Tras renunciar a toda esperanza de llegar al fondo del asunto, finalmente y sin dramatismo, me liberó. Algo se había resuelto y yo era libre. Era tarde y estaba agotado. Cuando empecé a incorporarme mentalmente, me encontré en un mundo rodeado de luz, pero estaba demasiado agotado y era demasiado tarde para hacer algo más que entrar brevemente a ese mundo.

(Un mes después).

Sesión 45— El estado de muerte

Hoy es un día que he estado esperado durante años. ¿Cómo puedo agradecer a todas las personas y circunstancias que han hecho posible el día de hoy? ¿Cómo agradecer lo suficiente?

Tras un largo período de apertura me encontré repitiendo: "Me he ganado el derecho a morir". Lejos de temer a la muerte, la estaba buscando, exigiendo que la muerte viniera a mí. Rechazaba los estados medios e insistía en mi derecho a una muerte completa y definitiva. Había hecho mi trabajo, me había ganado el derecho a morir y reclamaba ese derecho. Mi letanía me enfocó, me llevó a lo más profundo hasta un punto de total concentración.

Desde un estado de concentración plena, empecé a morir. ¡Ah, qué muerte más dulce! Empecé a sentir lo que estaba pasando. Aquello que antes tanto temía ahora se abría como una dulzura increíble. ¡Qué maravilloso es experimentar la muerte! ¡Qué cambio tan sorprendente! Gracias, gracias.

Al morir entré en un modo de experiencia extática que era diferente a todo lo que había conocido antes, el flujo de la experiencia era diferente. Lleno de luz, sí, un universo compuesto solo de luz. Pero lo que más llamó mi atención fue algo que me cuesta describir con palabras. Era como si hubiera entrado en el flujo de la existencia de Dios, como si mi vida diera un giro y fluyera a través de una existencia de dimensiones infinitas. La experiencia no era para nada amorfa o difusa, al contrario, era sumamente clara y precisa. Aquella claridad superaba todo lo que había conocido hasta entonces.

El círculo de la vida

En mi caso, aparentemente, no bastaba con una sola muerte. Me encontré parado en medio de un círculo de bandas giratorias de energía de colores que contenían toda mi vida. Todos los momentos de mi vida estaban presentes en ellas. Caí en el círculo para tocar alguna parte de mi vida, pero, apenas lo hice, esta "se apagó *debajo de mí" y al instante me encontré en un luminoso estado de muerte más allá de la identidad individual. Luego me devolvían al centro del círculo y el proceso se repetía, ahora cayendo en una dirección distinta y tocando un área diferente de mi vida. Repetí una y otra vez el proceso de "morir en todas las direcciones" y comprendí que ya no había nada inconcluso aquí. Dondequiera que miraba no había resistencia, solo una muerte sin esfuerzo y una dulzura increíble.*

El estado de muerte

La repetición seguía aumentando la magnitud de la transición, me llevaba al más profundo éxtasis hasta que finalmente no quedaba ningún centro al cual volver, solo la condición pura y perfecta del estado de muerte. Qué lenguaje tan raro para describir nuestra verdadera naturaleza.

> *El estado de muerte.*
> *Increíblemente claro.*
> *Luminosidad sin medida.*
> *Una era increíble.*
> *Una inteligencia perfecta que no corre por encima de la existencia,*
> *sino en su interior.*
> *Llegar y adentrarse en experiencias más amplias.*
> *Ecologías de experiencia que abarcan miles, quizá millones de seres.*
> *La experiencia humana plegada a la experiencia de la tierra.*
> *Solo pinceladas, sabores.*
> *Reverencia exaltada por el movimiento integrado de la vida en el*
> *universo.*

Durante horas me dejé llevar por las corrientes de este estado, del que se puede decir muy poco o demasiado. El precio de no decir nada es el riesgo a olvidar las texturas más sutiles de la experiencia, pero, al hablar, se crea la ilusión de que las palabras son adecuadas, y no lo son. Incluso después de quince años, ese día fue tan diferente a cualquier otro tipo de experiencia anterior que el lenguaje realmente falla. El reconocimiento silencioso parece ser el mejor recurso, combinado con incesantes oraciones de gratitud.

¿Cómo puede algo tan claro,
tan desprovisto de forma terrenal,
evocar las lágrimas del regreso a casa?
¿Qué somos para que ese esplendor cautivo,
una vez liberado, nos inunde con ríos de gratitud?
¿A quién debemos agradecer lo que somos?
¿Adónde dirijo mi profundo aprecio?
No existe ningún lugar,
así que envío mi oración al tejido perfecto de la existencia,
a la izquierda y a la derecha, arriba y abajo,
en infinitas dimensiones en todas partes.

Mis intentos por describir la experiencia se vienen abajo y acabo repitiendo las mismas palabras una y otra vez.
Me sentía en casa
y libre
y luz.

No puedo decir nada más.

El hambre de volver

Una vez que se entra en la luz diamantina, el deseo de volver a ella es abrumador. No hay otra cosa que merezca la pena. Las alegrías que habían aparecido en sesiones previas palidecían ante la comparación. ¿Cómo describir la libertad de convertirse en luz, de eclipsar de forma tan radical las limitaciones del espacio-tiempo? La poesía de Rumi y Hafiz cobraron un nuevo significado para mí, pues me había convertido en un amante empedernido de la condición divina.

El drama del amante que busca a su amada se desarrolló con fuerza en la siguiente sesión, a la que llamé "montaña tormentosa". En esta sesión pasé horas entrando y saliendo de diferentes estados de consciencia, pero no llegaban a ninguna parte. Había leves episodios de drenaje tóxico que no se acumulaban y experiencias fugaces de consciencia de unidad que seguían disolviéndose en la corriente. No se abría ninguna experiencia decisiva y cada vez me sentía más frustrado. Si no surgía ninguna limpieza importante, ¿por qué no aparecía el estado de muerte luminosa? Aunque había intentado renunciar a todas las expectativas antes de la sesión, la verdad era que tenía una profunda necesidad de volver a la luz diamantina.

Para intentar salir de este atolladero pedí que pusieran *El misterio de las voces búlgaras*, la poderosa música que me había acompañado hasta el estado de muerte en la sesión 45 y que había borrado el universo físico en la sesión 40. Sin embargo, en cuanto la pusieron, empecé a convulsionar y vomité violentamente. La disparidad de energía entre donde había estado con esta música en esas sesiones anteriores y donde estaba hoy era tan grande que superaba lo que mi cuerpo podía soportar. Hoy estaba encerrado en una imitación barata de aquel hermoso éxtasis, preso en un eco lejano de su verdadero esplendor.

El dolor y la decepción de estar atrapado en realidades tan alejadas de mi Amada fueron terribles, pero al final hice las paces con mi condición.

Al rato me encontré en la ladera de una montaña. Era de noche, había tormenta y llovía a cántaros, pero podía ver las estrellas. La música de las "voces búlgaras" se convirtió en mi canto para mi Amada. Estas mujeres, quienes anteriormente habían sido la voz de Dios que me conducía a la trascendencia, se convirtieron en mi voz cuando cantaba a mi Amada desde el exterior de las puertas. Sabía que mi Amada estaba presente, sabía que era mi naturaleza esencial. Lo había sentido una vez y lo volvería a sentir. Aunque estaba atrapado e indefenso en la tierra, canté a los cielos sabiendo que podía oírme.

Entoné la canción de amor de nuestro último abrazo.
Canté lo que habíamos prometido volver a hacer.
Canté mi amor eterno y mi promesa de volver.

Mientras cantaba, canción tras canción de la música que ahora llevo grabada en mi alma, el dolor empezó a desaparecer. Aunque seguía

sin poder entrar al paraíso, al final hice las paces con mi situación.
Esta breve interrupción no cambió nada. Regresaría. Volveríamos a
ser uno (S46).

Nuevas percepciones
sobre el proceso psicodélico

Tras mi primera incursión en la luz diamantina, tuve en mis sesiones la sensación recurrente de "volver a empezar". El estado de muerte no era un final sino un nuevo comienzo y me tomaría tiempo adaptarme a esta nueva realidad. No es de extrañar que las siguientes sesiones estuvieran llenas de episodios de intensa purificación y limpieza de viejos patrones kármicos. Conforme avanzaba el trabajo surgieron una serie de percepciones nuevas sobre el proceso psicodélico.

En primer lugar, empecé a tener una clara sensación de que estos estados luminosos de consciencia se me suministraban lentamente y de forma controlada, casi como un goteo intravenoso. No importaba cuántas veces rogara que me hicieran estallar hacia la trascendencia, alguna consciencia superior no lo permitía. Pasaron años hasta que entendí lo que creo que hay detrás de esta restricción.

Una presencia invisible parecía estar **protegiendo mi individualidad** incluso al llevarla una y otra vez a su punto de quiebre. Tanta consciencia y de forma tan rápida abrumaría el centro de integración necesario para crear una consciencia que se estaba desarrollando **dentro** del espacio-tiempo. Poco a poco fui comprendiendo que algo estaba guiando intencionalmente la integración de estos estados extremos en mi consciencia encarnada, aunque el ritmo de esa integración me resultara frustrante. El trabajo no consistía en solo ir a experimentar nuevas dimensiones de realidad espiritual, sino en traer de vuelta esa consciencia y estabilizarla aquí en la tierra. Un éxtasis cognitivamente abrumador, aunque maravilloso a corto plazo, no conseguiría nada productivo en el largo plazo. Me suministraban esos estados según mi capacidad para manejarlos, pero para manejarlos se requería de más limpieza y más desintoxicación.

En segundo lugar, empecé a notar que mi sistema **almacenaba y acumulaba** energía a través de múltiples sesiones, aunque estas a veces se dieran con meses de diferencia. Había visto cómo cada sesión empezaba más o menos donde había terminado la anterior, así que sabía que estaban entrelazadas temáticamente, pero había supuesto que cada una se sostenía por sí sola energéticamente y que el resultado de cada sesión era separado e independiente. Ahora empezaba a entender que existía una dinámica energética entre las sesiones. De algún modo mi sistema estaba almacenando energía activada en varias sesiones y utilizándola para generar esos grandes avances periódicos. Fue un descubrimiento aleccionador, ya que cambió mi cálculo del costo real de cada avance. Cada nueva iniciación en niveles más profundos de realidad no estaba siendo avalada por horas de trabajo, sino por meses e incluso años.

Por último, se produjo un cambio en **el flujo estructural** de mi experiencia. En sesiones anteriores, como la del viaje cósmico o la que me llevó a entrar en la realidad arquetípica, mi experiencia subjetiva había sido la de expandirme hacia el exterior mientras exploraba vastos paisajes cosmológicos. Ahora, en esta serie de sesiones, el flujo de la experiencia se invertía. Una y otra vez experimenté que me encontraba en el centro de un enorme campo de energía y luz, al que había accedido a través de mi trabajo en el océano de sufrimiento, pero ahora este campo volvía hacia mí. Cuando esto sucedía, la energía se concentraba al máximo y me hacía explotar en un nivel de luz aún más brillante. En mis notas escribí:

> Continúo experimentando una especie de atracción hacia este campo, consolidándolo, concentrándolo y estabilizándolo en el centro que "yo" represento. En vez de que se me permitiera fluir hacia la multitud de mundos que existen en este nivel, se me concentraba y llevaba a través de una metamorfosis que me conducía a un nivel de realidad completamente nuevo (S48).

Se trataba de una nueva forma del proceso de muerte y renacimiento. En estos ejercicios se concentraban enormes campos de experiencia de sesiones anteriores. Era como si todas mis experiencias psicodélicas anteriores se consumieran en ellas, llevándome hacia una realidad que volvía a ser más "real" de lo que habían sido en los niveles anteriores y que funcionaba con reglas diferentes.

Con el tiempo la inteligencia que guiaba mis sesiones me llevó de nuevo a la luz diamantina en la sesión 50. Esta sería la inmersión más profunda en la luz diamantina de todo mi viaje. Como la parte de limpieza de esta sesión aborda la relación con mi padre, quiero mencionar que la imagen que muestra de él no es completa ni mucho menos. Hablaré más sobre esto después de la sesión.

 ### Sesión 50—Luz diamantina

Al iniciarse la sesión empecé a seguir un hilo de angustia que se desplegó en un torrente de impotencia. Empecé a revivir viejas experiencias de impotencia. Me encontré viviendo durante mi infancia con unos padres que no me comprendían, impotente ante la prematura muerte de mi padre, impotente en un hogar carente de cariño.

Profundicé en la experiencia de mi infancia en casa de mi padre. Sentí lo que hubo y no hubo en nuestra relación y me invadió una gran tristeza. Repasé la vida de mi padre junto a mí, desde mi propia experiencia como padre y sentí la tragedia de haber compartido muy poco con él. Sentí su presencia en el trasfondo de mi vida como la fuerza poderosa que me aportaba estructura y seguridad, que me empujaba a trabajar duro, a cumplir con mis responsabilidades y a lograr grandes cosas. Pero también fue una presencia poderosa a la que procuraba no enfadar. Lo más doloroso fue observar el poco contacto que tuvimos, las pocas oportunidades que él había creado para encontrarnos gracias a su forma de ser. Estaba muy inmerso en su trabajo y lejos de casa. Tuvimos mucho potencial, pero se le escapó entre las manos. Lloré intensamente con oleadas de tristeza que me invadían por lo que no había podido ser. Luego me centré en mi madre y se presentó un patrón similar, todo lo externo estaba resuelto, pero mi corazón estaba encerrado en una pequeña cámara.

Mis padres habían forjado en mí el sentido fundamental de quién era y qué era yo. De mi madre revivía una y otra vez el hecho de no sentirme nunca lo suficientemente bueno. De mi padre había interiorizado una sutil preocupación (proveniente de los años de la Gran Depresión) por la seguridad económica y los logros profesionales. Ninguno me hizo sentir que estaba bien, a salvo y que bastaba con ser como soy. Mi infancia se desarrolló en cientos de escenas y debajo de todas ellas sentí mi soledad. Ya de niño intentaba abrirme camino en la vida por mi cuenta. No recibí ayuda real de mi familia, ni establecí fuertes vínculos con mis hermanos y hermanas. La mayor tristeza era que no me daba cuenta de lo distorsionado que estaba en mi aislamiento. Era todo lo que había conocido. Lloré por tantos años de dolor innecesario.

El nivel más profundo previo al nacimiento

Por debajo se desplegaba un nivel más profundo que me llevaba intermitentemente a un mundo extraño y particularmente intenso. Aquí el tema de la "falta de ayuda" me llevó al tiempo previo a mi nacimiento, a un mundo de tiempo y asociaciones expandidas, una realidad mucho más saturada que en mi vida actual.

Tuve la experiencia de ser un hombre muriendo en una batalla, un hombre acorralado y abatido por la vida, que pedía ayuda a gritos sin encontrarla. Un dolor muy antiguo, un gran dolor. "No pude salvarlos. No pude detener el avance... Mis hombres, mi gente". Una enorme oleada de invasores. La intensa angustia por la injusticia de todo aquello. Más que una vida pasada parecía una memoria colectiva comprimida y extraída de muchas vidas. Era muy antigua, con muchas capas y muy densa.

En esta segunda realidad atravesaba una crisis por la "falta de ayuda". Estaba "ante Dios", y sentía una desesperación absoluta que solo se puede sentir ante el Creador. "¡Ayúdenme! ¡Ayúdenme!", gemía. Pedir ayuda aquí era gritar desde el centro de mi ser. Ser rechazado aquí era ser rechazado resueltamente y para siempre. Grité ante Dios y ante todos. Pedí ayuda, pero no llegó. En su lugar seguía fluyendo ese dolor inconfundible fuera de mí, como el drenaje de un forúnculo.

Iba y venía entre mi infancia y ese mundo previo al nacimiento, y entonces vi que toda mi vida como Chris Bache había sido diseñada para cristalizar los venenos más intensos del espacio-tiempo. Ir y venir, ir y venir. La energía del mundo previo al nacimiento era mucho mayor que la de mi encarnación actual. Cada vez que me trasladaba a esa realidad, mi experiencia se hacía más intensa y caleidoscópica, un remolino gigante que giraba a mi alrededor en una rotación perfectamente equilibrada.

En cierto punto me encontré reviviendo la sensación de haber tomado una decisión muy antigua que se había repetido durante muchas vidas. Experimentaba total impotencia, vulnerabilidad y aislamiento, y sentí que opté por la ira como forma de afrontar la situación. Había respondido a la herida de la impotencia con ira. Iba y venía entre las dos mientras exploraba la seguridad y el calor de la ira. La ira me había dado fuerza, me había permitido avanzar y había contenido el dolor. Ahora estas conexiones se deshacían.

En ese ejercicio sentí que "consumía mi encarnación". Abarcando tanto vidas presentes como pasadas, esta crisis parecía estar consumiendo las semillas de mi vida presente. Sentí como si las raíces más profundas de mi existencia histórica estuvieran siendo desenterradas y disueltas. Lo que se había hecho se deshacía, lo que yo había sido se volvía a asimilar.

Sentí como si hubiera elegido toda mi vida voluntariamente en lugar de por necesidad kármica. ¿Sería esto verdad? Las heridas que recibí de mis padres parecían formar parte de un plan más amplio para anclarme en la psique colectiva y convertirme en un conducto para extraer ciertos venenos de la mente de la especie.

Al finalizar esta tarea, las sesiones arrancaron de raíz mi encarnación y disolvieron el dolor personal que me había atado a esas corrientes históricas. De haber disuelto mi dolor personal antes, no habría podido cumplir la tarea de mi vida. No sabía a dónde se dirigía este proceso ni cómo terminaría.

Solo estaba la tragedia personal de mi vida que se desarrollaba en una espiral sin fin. No sé si con el tiempo se extinguió o si todavía hay más dolor por descubrir. Lo único que sé es que después de mucho tiempo me encontré en una realidad diferente. No fue una transición brusca, ni una muerte o una agonía evidente. Estaba totalmente agotado por el dolor, absolutamente agotado. La transición fue gradual. Poco a poco empecé a notar que estaba existiendo en otra realidad.

Luz diamantina

Empecé a agitarme y el más mínimo movimiento de mi mente liberaba oleadas de éxtasis. La luz en la que había entrado en la sesión 45 había vuelto, y con ella el éxtasis y la sensación de ligereza de la trascendencia. Había pedido una y otra vez volver a ese mundo, pero, salvo por breves instantes, me habían impedido entrar. Ahora por algún designio insondable me llevaron de vuelta a ese mundo.

La luz no estaba fuera de mí, ni a mi alrededor, ni siquiera fluía dentro de mí. Más bien me había disuelto en la luz. Estaba dentro de la luz y la luz estaba dentro de mí, era como si solo existiera la más sutil distinción entre la luz y "yo". Apenas había una vaga idea acerca de los límites. Al verme a mí mismo, lucía como polvo de diamante resplandeciente.

Poco a poco empecé a desenrollarme, como una mariposa recién nacida que estira sus alas, y los más leves movimientos me producían oleadas de alegría. El éxtasis casi me rebasaba. No me atrevía a moverme con rapidez, pues si lo hacía el éxtasis me abrumaría. Cuando entendí lo que estaba ocurriendo mi corazón empezó a cantar suavemente. Como el paciente que lleva mucho tiempo enfermo y se levanta de su cama con cautela, me adentré lenta y cuidadosamente en aquel mundo que me era familiar y nuevo a la vez. Había vuelto. Lentamente me extendí hacia la luz.

A estas alturas las palabras fallan porque las distinciones habituales no aplican. El dualismo entre "yo" y "la luz", entre agente y entorno, ya no se sostiene. Si digo "entré en la luz" o "la luz me acogió y me extrajo", eso es cierto, pero oculta la experiencia más profunda. La experiencia más profunda fue la transformación de mi yo en mi yo: en mi propia realidad.

Me estiré lentamente para explorar los alcances de mi nueva existencia, y todo era luz. Lo más difícil de describir era la extraordinaria CLARIDAD.

Yo era luz.
Este mundo era luz, y la luz no conoce fronteras.
A medida que mi experiencia de ser luz se intensificaba,
mis fronteras se expandían.
Mientras más grande me hacía, mayor era la claridad.
Al intensificarse la claridad, me elevaron más allá de los
patrones que conforman mi existencia histórica.
Los deseos que formaban las corrientes de mi vida histórica fueron
restituidos a sus formas nucleares, que se expresaban en estos
niveles metafísicos.
Las preocupaciones históricas se sustituyeron por patrones
cósmicos.
Qué alegría,
y la alegría no provenía del contenido de las experiencias
sino de la consciencia misma.
CLARIDAD.
BRILLANTE, LUMINOSA Y TRANSPARENTE CLARIDAD.
ALEGRÍA EXQUISITA.
LUZ DIAMANTINA.

Entrar y salir del espacio-tiempo

En este estado diáfano de luminosa paz, me vi volver a mi identidad terrenal. Sentí que mi mundo se solidificaba lentamente a mi alrededor, los fantasmas de la dualidad ocultaban la claridad de la unidad. Iba de un lado a otro, de la claridad a las condiciones de la existencia histórica y de vuelta a la claridad. El mundo de las formas se solidificaba a mi alrededor y se desvanecía una y otra vez. Me hacían estar enfocado dentro y fuera del espacio-tiempo.

No podía sostener la claridad absoluta de la luz diamantina por mucho tiempo y en las condiciones de mi existencia histórica.

Podía mantenerla por poco tiempo y luego me distraía con las realidades aparentes de las que yo formaba parte. Pronto caí por la borda y quedé a la deriva en un mar de impresiones. Justo cuando me había adaptado a las condiciones "normales" de mi vida terrenal, las formas desaparecían y yo regresaba por etapas a mi estado prístino original. Qué alegría al recuperar la claridad, qué tristeza al perderla.

Más allá de la luz diamantina

De las tantas experiencias maravillosas de hoy, hay una que destaca sobre las demás, pero solo puedo transmitir pequeñas pinceladas acerca de sus verdaderas dimensiones.

Se hizo tarde en la sesión. Sentía un estado de excepcional claridad, flotaba en una plácida paz que trascendía la existencia histórica. De repente hubo un giro de 90 grados y se abrió una gran brecha que reveló otros mundos, distintos al mundo en el que me encontraba. En ellos brillaba una luz sublime y exquisita que estaba más allá de la luz diamantina, así como la luz diamantina está más allá del espacio-tiempo. Esta luz absoluta me golpeó como un rayo. Me paralizó por completo, me dejó atónito, en éxtasis. ¡Qué esplendor! Una claridad aún más intensa. No puedo describir el efecto que me produjo esa claridad, en cuestión de segundos redefinió la agenda de toda mi vida. El entendimiento gradual no tiene fin. ¡Cueste lo que cueste! ¡Cueste lo que cueste!

Comentario

Esta última experiencia apenas duró unos segundos, pero cambió mi comprensión sobre la existencia. Entendí que, por más que me adentrara en el cosmos divino, siempre habrá dimensiones más profundas. Es un viaje sin final. Esta experiencia representó un cambio tan profundo en mi forma de pensar que primero me sacudió hasta los huesos y luego sentí una gran relajación y un infinito asombro.

Como la gran mayoría, siempre creí que en este viaje había un punto final, un destino al que había que llegar. Algunos han descrito ese punto final como la "unidad con Dios" o la absorción en el "vacío supracósmico". Yo había probado ambos y, al hacerlo, aprendí que hay muchas permutaciones y grados de unidad divina, e incluso grados de ausencia de forma, aunque pueda sonar contradictorio. El continuo despliegue de nuevos horizontes experienciales durante mis sesiones empujaba más lejos mi línea de meta, pero aún no se había disuelto mi expectativa de que hubiera un punto final en el viaje.

La primera vez que se abrió la luz diamantina tuve una sensación tan intensa de plenitud y de volver a casa que pensé que por fin había encontrado lo que buscaba. No podía imaginar algo que me llenara tanto y de mayor plenitud que la luminosidad pura de la luz diamantina. Y, en efecto, allí encontré mi punto de parada personal. Tan pronto como llegué a este pináculo, la sesión me mostró que hay dimensiones de existencia que van incluso más allá. Vi que existen más dimensiones de luz de las que jamás podré explorar en esta vida, aun con este poderoso método. No dispongo del tiempo ni de las fuerzas suficientes para explorarlas todas. En realidad, somos niños que apenas despiertan en brazos de un cosmos infinito.

Y es por ello que, si tuviera que volver a empezar este viaje, sería más amable conmigo mismo. Aprendí que el objetivo de este trabajo no es alcanzar un estado final o llegar al final de esta infinitud. Creo que el objetivo del trabajo profundo es hacernos transparentes a esa infinitud, dejar que entre en nuestras vidas terrenales, en la medida en que podamos hacerlo, y ser pacientes con lo demás. En ese sentido sí funciona un camino más suave. Ahora respeto más el ritmo lento pero constante de nuestra propia evolución.

Permítanme agregar una nota sobre mi padre porque no podría soportar enviar al mundo un retrato tan incompleto del hombre que tanto amé. Cuando activamos un sistema COEX de recuerdos dolorosos en una sesión, se convierte temporalmente en nuestra única realidad. Al revivir lo que salió mal en una relación perdemos temporalmente el contacto con lo que salió bien hasta que la catarsis haya conseguido sus efectos y el dolor se haya asimilado. Entonces volvemos a ver el cuadro completo. Por tanto, lo que esta sesión muestra de mi padre es cierto, pero es una verdad incompleta. Mi padre era un hombre robusto y poderoso que amaba profundamente a su familia, y nosotros sentíamos su amor. Nacido en Misisipi en 1916, fue un autodidacta que vivió el mito de Horatio Alger. Cuando tenía once años, su padre murió a causa de una neumonía a principios de la Gran Depresión, con lo cual su vida se complicó económicamente. Tras cursar dos años de bachillerato, se puso a trabajar para ayudar a mantener a su madre y a su hermana; llegó a vender golosinas en mercadillos desde el maletero de su auto. Se alistó en la fuerza aérea del ejército durante la Segunda Guerra Mundial, pilotó aviones bombarderos y regresó como comandante con la distinguida Cruz del Vuelo y el respeto y la lealtad de sus hombres. A pesar de no haber ido nunca a la universidad, se convirtió en un alto ejecutivo del Cuerpo de Ingenieros del Ejército, donde fue reconocido en todo el país por sus conocimientos administrativos. Mi padre diseñó y construyó nuestra casa familiar, y eligió a un afroamericano como carpintero jefe, algo poco habitual en el Misisipi de 1956. Amaba las actividades al aire libre y allí se le veía más feliz. Mis mejores recuerdos de mi padre son cuando cazaba y pescaba con él. Sí, tenía mal genio, pero sus virtudes superaban con creces sus defectos. Lo que se ve en esta sesión es el dolor de alguien que quería más de su padre, no menos. Murió de insuficiencia cardíaca a los cincuenta años, dos semanas antes de que yo entrara a la universidad.

Práctica del budismo vajrayana

Ahora estamos a mitad de este período de cuatro años, con dos sesiones presentadas y otras dos por presentar. En este punto quiero dar un paso atrás y agregar otra capa a la historia. Quiero describir un cambio que se produjo en mi forma de dirigir las sesiones durante estos cuatro años. Para describir este cambio y lo que significó, debo explicar cómo se veía afectado mi cuerpo después de entrar en esos intensos estados de consciencia. Esto implicará desviarme un poco de la historia principal, pero es un desvío que ahondará en la trama. La mañana de mi primera entrada en la luz diamantina, Carol se ofreció a hacerme una práctica tibetana que había aprendido recientemente denominada *Chöd*. *Chöd* significa "cortar". Se trata de una práctica del budismo vajrayana para eliminar obstáculos y cortar al ego. Su linaje se remonta a Machig Labdrön, una venerada practicante del Tíbet del siglo XI. Carol había recibido la práctica de su maestra, Lama Tsultrim Allione, quien a su vez la había recibido de su maestro, Chögyal Namkhai Norbu Rinpoche. Acepté rápidamente su invitación porque me pareció oportuna. La sesión anterior había terminado bien y parecía que hoy sería un buen día. Así que aquella mañana empezamos el día con Carol que hizo *Chöd* conmigo durante cuarenta minutos, y luego empezamos la sesión.

Ya para entonces yo era un experto viajero. Sabía cómo respondía mi sistema al LSD y tenía una idea precisa del tamaño y la forma de mi ventana psicodélica. Ese día, sin embargo, mi ventana se abrió más y permaneció abierta más tiempo que nunca. En mis notas de la sesión escribí:

> *Hoy fue como si el campo que me rodeaba hubiera sido arrastrado hacia atrás por una fuerza invisible, como si lo hubieran limpiado antes de que yo llegara, de modo que cuando llegué mi experiencia se abrió más y por más tiempo de lo normal. Hubo un salto cuántico en amplitud y claridad y, aunque antes había habido saltos cuánticos, este se sintió diferente. Sentí como si me hubieran retirado varias capas de densidad. Cuando me expandí en ese nuevo entorno, mi experiencia encontró menos resistencia. Fluyó con más suavidad, llegó a horizontes más lejanos y permaneció más tiempo abierta (S45).*

El cambio fue tan palpable que apenas concluyó la sesión decidí aprender *Chöd* por mi cuenta. Dos meses después aprendí la práctica con Lama Tsultrim, y se convirtió en parte habitual de mi práctica espiritual. Desde aquel día, nunca he hecho una sesión con sustancias psicodélicas sin antes hacer *Chöd*.

Este es el principio de una historia más larga sobre cómo seguí a Carol en el budismo vajrayana y los muchos retiros que hicimos juntos en Tara Mandala, un centro de retiros budistas de Colorado fundado por Lama Tsultrim. Carol se integró a la directiva y Tara Mandala pasó a formar parte de nuestra familia, ya que allí pasamos muchos de nuestros veranos. Yo había impartido cursos de budismo durante años y conocía bien su filosofía, pero esto era práctico y no teórico, así que aprendí las prácticas esenciales del budismo vajrayana. Después del *Chöd* había prácticas de purificación, prácticas de la deidad, prácticas de yoga del gurú y prácticas de contemplación. En resumen, aprendí a rezar en el lenguaje de las *dakinis* (deidades femeninas de la meditación). Aprendí a respetar el poder concentrado de los mantras y a utilizar la visualización creativa para abrir puertas interiores. Gracias a una sensibilidad desarrollada en mis sesiones psicodélicas, pude sentir los poderosos campos que rodeaban estas prácticas ancestrales realizadas por innumerables budistas a lo largo de la historia.

Durante los últimos cinco años de mi viaje psicodélico, cuando el trabajo entró en su fase más intensa, integré la práctica vajrayana en mis prácticas psicodélicas. Siempre había meditado, pero esto representaba un compromiso más formal con un linaje específico de transmisión del *dharma*. Me sentí identificado con gran parte del pensamiento budista (excepto por la parte del patriarcado) y muchas de sus enseñanzas se habían confirmado en mis sesiones. El budismo vajrayana es una síntesis de la tradición de los sabios del budismo indio y la tradición chamánica *Bon*, autóctona del Tíbet. Por lo tanto, el chamanismo está integrado en sus fibras. Quizá por eso siempre me pareció natural combinar el vajrayana con mi práctica psicodélica.

Desde la sesión 45 empecé a integrar la práctica vajrayana en mi práctica psicodélica. Asimismo, integré mi práctica psicodélica en mi práctica vajrayana, al recurrir a mis recuerdos de la trascendencia para profundizar en varias prácticas de visualización y contemplación. Para mí era una doble vía, y aquí me centro en lo que el vajrayana aportó a mi práctica psicodélica, y me refiero a la energía. He descrito los aspectos energéticos del trabajo con sustancias psicodélicas y cómo los niveles profundos de realidad operan a niveles de energía más altos. Quiero describir el impacto que tuvo cada sesión de inmersión en esos campos energéticos.

En mi experiencia, cuando hago un contacto sólido con un nivel de realidad transpersonal, la conexión con esa realidad sigue activa aún después de cerrada la sesión. Es como si se abriera una ventana al universo y, al cerrarse, un hilo siguiera conectándome a ese nivel y la energía goteara hacia mí a través ese hilo. Es solo un goteo, pero las gotas suman. Cuanto más tiempo paso en un nivel de realidad específico, más fuerte se hace el hilo y mayor es el goteo de energía.

A medida que mi práctica se profundizaba con los años y establecía contactos estables con otros niveles de realidad espiritual, sentía como se formaban múltiples hilos de energía que me conectaban permanentemente a todos esos niveles. Cada día fluían diferentes matices de energía hacia mi cuerpo y mente a través de esos hilos. Durante mis años de práctica activa, esta fue una sensación muy tangible. Tras interrumpir mis sesiones en 1999, este flujo disminuyó lentamente pero nunca se ha detenido.

Esta energía me nutría espiritualmente y me ayudaba a convertirme en el ser en el que me estaba convirtiendo, pero también se transformó en un problema. Mis sesiones eran tan intensas que, con el tiempo, mi sistema tuvo dificultades para manejar toda esa energía extra. En las sesiones psicodélicas profundas te expones a enormes oleadas de energía. Te transportan a vastos paisajes energéticos que constituyen una experiencia fascinante, pero al terminar la sesión tu sistema energético sutil puede acabar tenso y adolorido. Este efecto de corto plazo suele desaparecer a los pocos días, pero cuanto más tiempo y más profundamente trabajes con sustancias psicodélicas, más considerable será este efecto de goteo. ¿Qué haces con toda esa energía que fluye continuamente hacia ti entre sesión y sesión, que pulsa en tu corazón e irradia desde tu cráneo? Ahora que ya no estás en estado visionario y que tu sistema ha vuelto a su forma y tamaño "normales", ¿cómo integras el nuevo ser energético en el que poco a poco te estás convirtiendo?

Descubrí que el *Chöd* y otras prácticas vajrayana no solo me ayudaban a entrar y salir de estados profundos de consciencia el día de la sesión, sino que también me ayudaban a manejar el flujo de energía después, al darle espacio donde fluir. Durante años el patrón había sido que la energía se acumulaba en mi cuerpo y me hacía sentir muy incómodo. Tuve dolor de cabeza (dolor en el chakra *Ajna* o "tercer ojo") intermitentemente durante tres años e hipersensibilidad auditiva que durante un tiempo me incomodó incluso cuando estaba en la misma habitación con un compresor de frigorífico en marcha (los exámenes médicos no encontraron nada fuera de lo normal). Tras iniciar las prácticas de vajrayana cesaron los síntomas de sobrecarga energética. Los rituales ancestrales me conectaban con el universo, al permitir que la energía fluyera más libremente entre sesiones.

Al entonar esas oraciones se sintonizaba mi "cuerpo, habla y mente" con el universo de tal manera que permitía que la energía que fluía en mi interior se fusionara con un entorno mayor. Era como si las prácticas me facilitaran una forma de comunicación con el universo que estaba a medio camino entre mi realidad terrenal y mi realidad de sesión. Cuando bailaba con las *dakinis*, me sentía relajado, limpio y ejercitado. Mi energía empezaba a enfriarse y podía respirar más cómodamente.

Entiendo el debate entre los practicantes del budismo sobre las sustancias psicodélicas y las reservas que algunos maestros tienen sobre estas como agentes de transformación espiritual*. Y, sin embargo, en lo personal, nunca he sentido contradicciones entre mi práctica budista y mi práctica psicodélica. Quizá una diferencia en el énfasis, el método, e incluso los objetivos, pero ninguna contradicción en los valores esenciales. No creo que la prohibición budista de "usar drogas que nublen la mente" se aplique a las sustancias psicodélicas cuando se usan terapéuticamente, porque en estas circunstancias no nublan la mente. Al contrario, la sensibilizan y enfocan y, gracias a ello, podemos sacar a flote los venenos y toxinas mentales para eliminarlos. Creo que Chögyam Trungpa tenía razón cuando describió el LSD como una especie de "*super-samsara*". El LSD amplifica las tendencias "samsáricas" de nuestra mente y provoca una confrontación con estas tendencias que, bien manejadas, propicia la liberación de la mente. Aunque mi viaje psicodélico se convirtió en una exploración cosmológica que iba más allá de la liberación, siempre fue coherente con ella.

Aunque en aquel momento no le presté mucha atención, ahora me parece significativo que la práctica del vajrayana entrara en mi vida el mismo día en que la luz diamantina se abrió por primera vez. No creo que el *Chöd* o el budismo en todo caso dirigieran mi experiencia en esta dirección. Creo que la trayectoria que me llevó a la luz diamantina se estableció en los años previos a este avance. Aun así fue una bendición que ambos se unieran en mi vida. La práctica vajrayana funcionó bien con mi práctica psicodélica, tanto en la apertura de la ventana psicodélica como en el fortalecimiento del resultado.

Vajrayana significa "camino del diamante" y fue en los *sutras* (escrituras) y *termas* (enseñanzas ocultas) del Tíbet donde encontré la exposición más clara de la luz diamantina en la que había entrado. Sé que muchas tradiciones espirituales hablan de la luz y estoy seguro de que podría encontrar paralelismos entre mi experiencia de esa luz y sus enseñanzas, pero fue gracias a mi karma que encontré lo que necesitaba en el vajrayana, y estoy agradecido a Carol por haberme introducido a este linaje.

---

*Badiner y Grey 2002; Osto 2016.

El pivote

Después de la número 50 las sesiones dieron un giro, en vez de profundizar en la luz diamantina pasaron a integrar la luz más profundamente en mi ser terrenal. Este cambio no se produjo porque yo lo buscara, sino porque algo más grande que yo lo orquestó. Descifré lo que estaba ocurriendo solo posteriormente.

La integración de la luz nunca había estado del todo ausente. Aunque no lo había reconocido en su momento, el ejercicio de estar enfocado dentro y fuera del espacio-tiempo en la sesión 50 era un ejercicio de entrenamiento en la integración de la luz. Fue un primer intento por enseñarme a mantener la consciencia diamantina dentro de las condiciones de mi existencia física. Fracasé terriblemente, pero fue un primer paso. La integración también había aparecido de forma vívida en la sesión 47.

Estaba en un campo de luz que me parecía haber conocido en sesiones anteriores. El intenso canto tahitiano cortaba la luz en pedacitos, como el cocinero que corta verduras. También troceaba los fragmentos restantes de mi personalidad y los mezclaba con la luz blanca brillante para que mi ser fuera más compatible con la luz. Niveles profundos de mi ser interior se reconfiguraban para reflejar mejor dentro de mí las realidades celestiales que antes había explorado "fuera" de mí (S47).

Tras el encuentro con la "luz absoluta" en la sesión 50, todo dio un giro copernicano hacia la integración. En lugar de ser llevado a lo profundo de la luz diamantina, ella comenzó a penetrar más profundamente en mi ser físico y psicológico. Sentía como si la luz me estuviera reestructurando fisiológicamente, como si rehiciera mi biología y mi sistema energético sutil. Esto requirió de más ejercicios de purificación y de mayor liberación de viejos patrones.

Como hemos visto, cada avance a un nivel más profundo de realidad sacude impurezas del propio sistema que deben ser eliminadas si se quiere continuar progresando y esto es particularmente cierto en el caso de la luz diamantina. Después de la número 45, se necesitaron cuatro sesiones de purificación intensa antes de que se abrieran de nuevo las puertas de la luz diamantina. Ahora se repetía el mismo patrón. Tras la gloriosa sesión 50, la frase inicial de la 51 fue: *"El día de hoy transcurrió enteramente en el barro"*.

Las sanaciones personales que ocurrieron durante este período de cuatro años fueron parte del proceso de internalización. Si la luz va a entrar y se va a estabilizar en nuestro ser encarnado, primero tiene que sanar a ese ser. Para llegar a ser completamente uno con "todo lo que es", debemos llegar a ser uno con nosotros mismos. La experiencia de unidad cósmica saca a flote todas las heridas del yo. Allí donde la vida nos ha apretado o restringido en cualquiera de nuestras encarnaciones, somos sanados para que la luz pueda entrar en nuestros corazones y mentes de forma más completa y fluir más libremente hacia los corazones y mentes de quienes nos rodean.

Como nota al margen, una sesión de este período me mostró que incluso el infierno mismo sirve para sanar al alma y reintegrarla a la luz divina.

El cielo y el infierno (S57)

El doblar de una campana en la música se convirtió en el toque de difuntos que anunciaba mi ejecución. La experiencia fue clara y muy natural. Sabía lo que estaba pasando y no podía ni quería impedirlo. Observé con fascinación mi lenta y decidida ejecución. Con cada campanada una enorme guadaña atravesaba mi cuerpo haciendo cortes tan finos que el cuerpo quedaba de pie. Conforme sonaba la campana, la guadaña iba cortando cada vez más abajo, hasta cortar todo mi ser en pedazos sin hacer mayor esfuerzo. Al terminar estaba completamente muerto, ahora estoy vivo de una manera nueva. Había entrado en una realidad más allá de samsara, mucho más allá de la existencia cíclica. Allí se me abrieron de repente nuevas comprensiones sobre las visiones. Dondequiera que dirigía mis pensamientos se agolpaban en mi mente nuevos entendimientos.

En uno de los pasajes percibí el cielo y el infierno en una forma distinta. En un asombroso cambio de perspectiva vi que el infierno no era lo opuesto al cielo, como se suele enseñar, sino el compañero guardián del entendimiento divino. Vi que en el más allá, el "infierno" es en realidad un estado de intensa purificación en el

que solo entran quienes están muy comprometidos con su desarro-
llo espiritual, ya que hay caminos más lentos para los menos ambi-
ciosos espiritualmente. La experiencia del infierno se crea cuando
nuestra historia personal, defectuosa e imperfecta, entra en contacto
con nuestra naturaleza divina y luminosa, y se mantiene allí, lo que
permite que el poder de nuestra naturaleza divina purifique y sane
nuestras limitaciones históricas. En el más allá, todo sufrimiento
está al servicio de la dicha. Solo cuando acabe el trabajo del infierno
podremos empezar a apreciar su misericordia*.

En medio de estas experiencias no lograba entender la importancia de
este pivote hacia la integración. Después de las comprensiones recibidas en
las dos últimas sesiones, pude asimilar mi viaje en su conjunto y comencé
a entender la importancia de este cambio. Las limpiezas y sanaciones a las
que fui sometido después de las sesiones 45 y 50 parecieron hacer posible
una experiencia más encarnada de la consciencia diamantina en las sesiones 60 y 66.

La sesión 60 empezó con una sanación profunda con mi padre, la cual
he abreviado aquí y luego me llevó a la experiencia con la luz diamantina
que estaba íntimamente ligada a mi existencia terrenal. Sin decir nada, me
estaban orientando sobre cómo absorber la luz en mi vida cotidiana.

◈ Sesión 60—Campo universal de luz

Al principio de la sesión sentí el olor a tabaco de mi padre, y casi
podía percibir el inconfundible sabor de su marca sureña de ciga-
rrillos: Picayune. Podía sentir los vellos punzantes de su rostro sin
afeitar cuando le abrazaba. Los rasgos táctiles de la experiencia eran
muy nítidos lo cual anunciaba un intenso encuentro con mi padre.
Me adentré en nuestra historia común y reviví los límites y frustra-
ciones de esta; continuaba con las comprensiones obtenidas de la
sesión 50. Aunque no tan emotiva como aquella sesión, la regresión
fue profunda y detallada.

---

*Para más información sobre qué es y qué no es el infierno, véase *Dark Night, Early*
Dawn, capítulo 4, "Solving the Riddle of Heaven's Fire" (Bache 2000).

Esto duró un buen tiempo, las sensaciones físicas se mezclaban con texturas emocionales que me llevaban a niveles cada vez más profundos de nuestra relación. De pronto todo cambió. Como ya había ocurrido antes, mi drama personal no se extinguió de forma gradual, sino que se desvaneció de golpe. Sin embargo, ahora comprendí el significado de tan rápida transición. Significaba que el mundo al que estaba entrando no era para nada una extensión o continuación de mi experiencia terrenal. No podía entrar a ese nuevo mundo refinando, ampliando o reparando esas otras experiencias. Al contrario, toda mi existencia histórica se deshizo de repente, como si fuera de una sola pieza.

En ese contexto pude ver claramente que los detalles de mi historia particular no eran importantes. Todo el mundo tiene una historia personal, algunas agradables y otras problemáticas. Pero por muy compleja que sea nuestra historia kármica, por muy agradable o desagradable que haya sido nuestra vida, es irrelevante ante el hecho común de que toda historia personal yace encima de este orden más profundo de realidad que se abría paso. Me sorprendí al entender la irrelevancia de los detalles de la historia personal. A este nivel los detalles no tenían importancia.

El círculo de la vida

Al desaparecer la relación con mi padre, entré en un campo extenso y extático de energía y luz. Al igual que en la sesión 45, me vi en medio de un colorido círculo giratorio de imágenes holográficas que contenían los detalles de toda mi vida. Volví a caer dentro del círculo, toqué una parte de mi vida y, al hacerlo, esta "se extinguió", lo que me dejó en un estado de muerte luminosa que trascendía la identidad individual. Entonces volvía al centro del círculo, mi vida se reconstituía a mi alrededor y el proceso se repetía, aclarando la misma lección anterior: que mi proceso de muerte había culminado y ya no quedaban apegos a ningún área de mi vida. Sin embargo, ahora había un mensaje adicional incluido en este ejercicio, una *nueva lección añadida a lo que se había comunicado antes. La reiterada disolución de mi vida en la luz me estaba demostrando que en esta transición la forma exterior de la vida permanece intacta, pero interiormente la vida que se experimenta es el propio campo de la luz. La forma exterior de mi vida se hacía transparente a un orden de realidad diferente. Vaciado de contenido personal me volví transparente a una luz que impregna toda la realidad. Una vez transmitida esta lección, entré y permanecí un buen tiempo en el estado de luminosidad, donde me empapaba de su espaciosa claridad.*

Apartado del presente

Tras un período de éxtasis trascendental, volví a la forma de mi vida cotidiana, pero ahora había una fina capa que me separaba de mi experiencia. Tenía la clara sensación de estar "separado" del flujo de mi propia experiencia, como si recibiera todo de segunda mano. Estaba ligeramente apartado del momento presente, recibía toda mi experiencia justo después de ocurrido el hecho. Mi experiencia era la de estar desenfocado, todo lucía borroso tanto en el espacio como en el tiempo.

Al principio esa sutil distorsión era un tanto irritante, pero cada vez me resultaba más problemática. Por mucho que lo intentara, no podía "regresar" a mi experiencia. Estaba siendo excluido de la inmediatez de mi propia vida. Era como un fantasma incapaz de volver a entrar a mi vida. Experiencias que antes eran agradables se estropeaban por ese leve desajuste que le restaba fuerza a la vida. Estaba atrapado en una distorsión generalizada que no podía resolverse si cambiaba una experiencia por otra, sino mediante un cambio hacia otro modo de experiencia completamente distinto.

De repente pasé a un modo de experiencia muy intenso, nítido y brillante. Volví a estar dentro de la experiencia concreta de Chris Bache, pero ahora en forma más intensa y luminosa. Entonces caí en cuenta de que el alejamiento de la inmediatez que había estado experimentando, en efecto era ¡mi modo normal de existir en el mundo! La claridad del estado de muerte iluminaba una distorsión generalizada propia de mi consciencia cotidiana. La inmediatez concentrada de esta nítida claridad convertía mi modo habitual de experiencia en algo sumamente aburrido. La mente ordinaria es muy diluida en comparación.

Durante mi vida siempre creí estar consciente, pero veo que solo a medias, atrapado en una niebla difusa y constante, como un miope sin anteojos. El resto de la sesión transcurrió en este estado de hiperclaridad, centrado en el aquí y ahora. Nada de exotismos transpersonales, solo hiperluminosidad enfocada en mi experiencia inmediata. Era la consciencia diamantina encarnada.

Claridad luminosa

Sentí un gran alivio cuando hice por primera vez la transición para volver a la claridad luminosa, y el alivio se convirtió en gratitud cuando me di cuenta de que se me iba a permitir permanecer en este estado. La gratitud se convirtió en éxtasis a medida que los minutos se convertían en horas y el estado no se cerraba.

El estado de hiperclaridad se manifestaba como un campo de luz que se extendía a unos tres centímetros alrededor de mi cuerpo. Era como si mi cuerpo brillara y esa envoltura luminosa fuera un reflejo visible de la iluminación extática que sentía en mi interior. Dondequiera que fuera (mentalmente), hiciera lo que hiciera, el resplandor diamantino me acompañaba.

A veces se abría una experiencia de luz mucho más profunda. Cuando esto ocurría, salía de mi campo individual de iluminación y entraba en un campo universal de luz. Experimentar lo primero fue maravilloso, pero abrirme a lo segundo fue mi mayor sueño hecho realidad. Entraba y salía de estos dos estados, entraba al campo universal desde diferentes situaciones de vida y, al parecer, desde diferentes vidas. Dondequiera que entraba siempre era lo mismo: un exquisito y perfecto campo de luz.

Poco después se disolvió una última membrana y entré, pasé y
me convertí en luz. La luz saturó mi vida por completo. No había
límites a su expansión y no había fragmento de mi vida que no abar-
cara. La experiencia fue como ser un pez que nadaba en el mar, pero
aquí el mar era de luz. La luz penetraba en cada célula de mi ser
y en todas las formas terrestres que me rodeaban. Todos respirába-
mos esa luz. Somos esa luz. Toda nuestra experiencia es luz perfecta.
Alegre y maravillado. Oraciones constantes de gratitud.

Las sesiones posteriores a esta última impregnada de luz siguieron
explorando mi interior. A medida que la luz pasaba con mayor intensidad hacia mi ser terrenal, cualquier actitud que estuviera bloqueando su
entrada quedaba expuesta y era abordada. Una sesión sacó a flote lo que
quizá sea mi miedo personal más profundo: el miedo a ser visto como un
incapaz. Alguien te mira, ve quién eres y qué eres y se decepciona. Lo ves
en sus ojos y en su rostro caído y no hay nada que puedas hacer para cam-
biarlo. Cuando esta herida fue llevada a su origen y sanada, la sesión se
transformó en una experiencia extática de la perfección del ser en medio
de un incompleto "querer llegar a ser". Otra sesión expuso sin piedad la
incoherencia de trabajar tan duro para cultivar la pureza celestial en mis
sesiones mientras seguía ensuciando mi consciencia viendo "*bardo* tv"
entre sesiones. Más trabajo por hacer. Una tercera sesión profundizó en
una persistente necesidad personal que tenía en torno a la pasión física.
Me mostró que la dicha radiante de la "imparcialidad inconmensurable"
está más allá de toda referencia personal y de toda esperanza y miedo
individual, incluso este. Abandonar mis miedos había sido bastante fácil,
pero renunciar a esta esperanza en particular me resultaba doloroso y
difícil. Lo mejor que podía hacer era entregarla a la infinita sabiduría de
la Amada.

La transparencia de la presencia encarnada

Al inicio de este libro dije que había dos trayectorias básicas en mi trabajo con sustancias psicodélicas. La primera era el despertar espiritual, y
la segunda, la exploración cósmica. Aunque nunca dejé de lado la libera-

ción personal como objetivo de base, el trabajo de liberación colectiva y la aventura de explorar el cosmos regían mis sesiones. No obstante, en estas últimas sesiones el curso del trabajo parecía retomar el objetivo original del despertar espiritual.

Después de experimentar todas las aventuras explorando distintos niveles de realidad, las sesiones eran cada vez más sencillas. Era como si después de disolverme en la estructura profunda de la realidad arquetípica y en la radical simplicidad del todo primordial, no hubiera dónde ir excepto donde ya estaba. Después de llevarme a la luz diamantina y mostrarme la profundidad infinita del cosmos, la consciencia que guiaba mis sesiones parecía devolverme hacia mi vida actual y hacia algo más cercano a la iluminación espiritual clásica. En una sesión escribí:

> *Las sesiones son cada vez más difíciles de describir, no por su exotismo, sino por su mundanidad. A diferencia de las sesiones anteriores, el marco de referencia de mi experiencia actual es mi vida inmediata. Han puesto patas arriba mi vida personal y la han reformado. Los fragmentos de mi pasado son sistemáticamente sacados a la luz y vaciados, como si sacáramos botellas de una estantería y las vaciáramos. Pero ahora, al vaciar cada botella, no me disuelvo en el místico resplandor diamantino del* dharmakaya, *sino en la mundanidad de mi existencia histórica, que se hace transparente en* sunyata *[el vacío]. El éxtasis de trascender el espacio-tiempo parece ceder ante la transparencia de la presencia encarnada dentro del espacio-tiempo. ¿Adónde conduce este proceso? (S65).*

Antes de presentar la última sesión de la luz diamantina, permítanme dar un ejemplo de ese anclaje al presente que tuvo lugar fuera de estas cuatro sesiones. En esta sesión me llevaron a una sorprendente experiencia de vacío en mi aula universitaria. Sentí como la experiencia de *sunyata* se introducía en el centro mismo de mi vida, se plantaba en el sitio donde paso tantas horas al día.

Enseñar sin que el "yo" esté presente (S63)

Mis fronteras se habían roto en la parte de la sesión dedicada a la limpieza, y ahora mi experiencia se derramaba más allá de sus fronteras habituales y fluía hacia las personas que veía a mi alrededor (en el ojo de mi mente). Lo sorprendente era lo concreta y "cercana" que resultaba la experiencia. Cada uno mantenía sus características distintivas y, sin embargo, al entrar en contacto con los demás, nuestras mentes fluían juntas como corrientes en el océano mental.

La gente se convertía en alumnos de mi clase de budismo. A estas alturas mi consciencia no estaba atada a mi cuerpo físico, sino que entraba y salía de sus vidas sin ningún impedimento y hasta podía incluir detalles de la historia del lugar donde nos encontrábamos. La dinámica danza que nos entrelazaba llegó a lo más profundo para disolver los restos del yo. El último vestigio del yo se disolvió en la mera inmediatez de la experiencia viva. Al impartir clases experimentaba el contacto entre mentes como un proceso completamente desprovisto del yo. No había ningún yo en mí que enseñaba, ni ningún yo en los alumnos que aprendía. Solo existía la inmediatez de la experiencia del contacto, una corriente pura de consciencia que fluía sin obstáculos cuando nos reuníamos.

Al estar temporalmente liberado del tedioso hábito de pensar en términos de un yo, la mera inmediatez de la consciencia me perforó. De nuevo se manifestó una comprensión y un ejercicio a poner en práctica para anclar dicha comprensión en mi vida diaria. La esencia de la práctica era la siguiente: recordar y hacer realidad en mí el hecho de que no hay "yos" encontrándose entre sí en mi aula de clases. La unión de dos corrientes de consciencia crea una chispa de experiencia que constituye una realidad primaria, no una realidad secundaria derivada de los "yos". Una y otra vez se hizo hincapié en que no existe más que el flujo inmediato de la experiencia. El flujo de la experiencia "compartida" posee la misma realidad absoluta que el flujo de la experiencia "personal".

*Durante esas breves horas comprendí lo que significa estar
despierto a la inmediatez de la experiencia presente. Esto distaba
mucho del exotismo transpersonal, del éxtasis de la realidad arquetípica o de la diáfana sutileza de la mente de la especie. Era entrar
en un presente que desaparece constantemente y cuya transparencia deshace los muros de los corazones y abre la experiencia a la
afluencia creativa del universo.*

He usado el lenguaje del budismo para enmarcar la experiencia de la
luz diamantina y seguiré haciéndolo en esta última sesión. El término que
usan los budistas para la consciencia pura, que es nuestra naturaleza esencial, es "naturaleza de la mente". Lo que algunas tradiciones religiosas llamarían nuestra propia naturaleza divina.

✦ Sesión 66—*La naturaleza de la mente*

*Lo ocurrido en la primera mitad de la sesión es algo que a estas
alturas me es familiar, aunque difícil de describir. La mejor descripción que puedo dar es que me involucro y purifico mi vida. Es como
si me aferrara a algún aspecto de mi vida y después luchara contra
él. No lo combato, simplemente no lo suelto. Adopto una postura de
entrega enfocada en la cual me permito experimentar todo lo que
surja, y empieza a brotar un malestar. Siento como si tiraran de un
hilo que deshace mi persona de adentro hacia afuera.*

*El proceso exige mucha concentración. Es como montar un potro
brioso, puedes salir despedido, como pasó varias veces hoy. Al salir
despedido aterricé en un estado de amplitud transpersonal, aunque
sin la hiperclaridad de la luz diamantina que tanto valoro. Sabía
que podría alcanzar esta claridad solo si regresaba al peculiar campo
sin nombre y sin más forma que la de ser una corriente de malestar
psicofísico. No quieres salir de este campo, quieres permanecer en él
hasta que todo se desmorone por sí mismo y solo haya luz. Así que
seguí buscando el malestar interior, y siempre que encontraba algo
me quedaba con eso hasta que se disolviera a mi alrededor. Pasé
una hora haciendo este trabajo, una hora bastante larga.*

La sensación más clara que tengo de mis últimas sesiones es que toda práctica con sustancias psicodélicas es básicamente una purificación. Al final se llega exactamente donde se estaba al principio, pero al principio la naturaleza prístina de la mente original está oculta por distorsiones y distracciones. El único valor duradero que tiene una sesión es la eliminación de dichas distorsiones y, por tanto, me centro solo en la limpieza, permanezco en ella el mayor tiempo posible, regreso a ella tanto como sea posible, y la asumo tan profundamente como sea posible.

Uno con mis hermanos

Con el tiempo me elevaron más allá de la limpieza hasta un punto de reconciliación. Experimenté la comunidad como no la había sentido en esta vida. En un momento tuve la experiencia de ser "uno con mis hermanos", juntos, triunfantes en una gran hazaña. He conocido antes la victoria personal, pero esta era la victoria de una comunidad, una experiencia de solidaridad total con la humanidad. Y sentí una clara reconciliación con el hombre. Los residuos de sentirme inferior o excluido de la camaradería entre los hombres habían sido removidos por completo. Sentí una sensación de orgullosa inclusión al estar en compañía de los hombres, todos capacitados, consumados y al servicio del bien colectivo.

El ser humano del futuro

Esos sentimientos de paz y armonía traspasaron los límites del tiempo y por minutos me elevaron de nuevo al punto más amplio de nuestro destino evolutivo. Sentí el gran plan para la humanidad más allá de la oscuridad que se avecina y hacia la dicha que viene después. El contexto de la experiencia humana había cambiado. En lugar del aislamiento existencial, la competición y el conflicto, ahora había un profundo sentido de inclusión y armonía. Una igualdad psicosocial lo saturaba todo. Aún me resulta difícil comprender la magnitud del cambio. Realmente había surgido un nuevo orden en la creación.

La naturaleza de la mente

Luego pusieron otra música y me sorprendí al ver que regresaba a la zona de malestar. Enseguida volví a centrarme en la tarea de purificación. Se sucedieron más ciclos de limpieza intensa. Finalmente empecé a experimentar la misma "separación de la experiencia" que había experimentado en la sesión 60. Esta vez era particularmente intensa. Me sentí separado de mi experiencia e incapaz de realinearme con la inmediatez de la realidad presente. Por mucho que lo intentara no podía volver al momento presente y permanecía atrapado en los ecos sutiles de mi experiencia. Estaba inmerso en este proceso cuando se produjo el salto definitivo.

Después de muchos ciclos de limpieza y esfuerzo, de repente apareció mi maestro, Chögyal Namkhai Norbu Rinpoche*. Vi su rostro y sentí su fuerte presencia. Entonces, sin decir nada, me introdujo en la naturaleza de la mente. Al instante y sin transición de ningún tipo, mi mente se abrió hacia una claridad pura e ilimitada. Sin contenido alguno, era tanto el contexto como el contenido de todos los pensamientos y sensaciones.

Cuando mi mente se abrió a sí misma, quedé atónito. Era diferente a la claridad extática del dharmakaya. *Era la claridad en el cuerpo, absolutamente incontenible. Era el contenedor de toda experiencia. Conforme el estado persistía, mi estupor se convirtió en asombro y luego en una alegría desbordante. Sentí que diversos pensamientos y sensaciones surgían y desaparecían en la espaciosa claridad, sin afectarla en lo más mínimo. Mi mente se movía más deprisa y abarcaba más, sin que la espaciosa claridad se viera afectada. Era la condición fundamental de mi existencia, la esencia de mi ser. Estaba muy agradecido. Lágrimas de alegría y gratitud.*

---

*Chögyal Namkhai Norbu Rinpoche (1938–2018) fue un maestro dzogchen considerado la emanación de la corriente mental de Adzom Drugpa (1842–1924) y Shabdrung Ngawang Namgyel (1594–1651). ¿Estuvo Norbu Rinpoche realmente presente conmigo ese día o alguna consciencia mayor se vistió de Rinpoche con mi historia para otorgarme esa transmisión? No lo sé. Cualquiera sea el vehículo, la transmisión fue auténtica. Supuso toda la gracia que deseaba recibir de mi maestro.

Qué bendición descubrir esto dentro de mi propia existencia; es como encontrar diamantes en los bolsillos de unos viejos pantalones.

Permanecí en ese estado por mucho tiempo. Por muchas vueltas y revueltas que diera mi mente, era imposible salir de ese estado. Sentí la increíble alegría extática de la liberación de la parcialidad. En esta pasmosa claridad podía experimentar una exquisita intimidad con los demás, conmigo mismo y con el tiempo; los tres emergían en momentos diferentes.

Con respecto a los demás, era la intimidad la que disolvía la separación y se derramaba con indescriptible compasión y esmero.

Con respecto a mí mismo, era la intimidad de descansar en mi propio ser.

Con respecto al tiempo, era la intimidad de vivir plenamente en el momento presente, y los momentos futuros se convertían en simples repeticiones de la invitación que se les hacía en el presente.

No puedo describir mi gratitud. ¡Gracias! ¡Gracias!

ONCE

Visión final
Sesiones 70–73

Cuando llega una visión de los seres del trueno de occidente, llega con terror como una tormenta, pero, cuando pasa la tormenta de la visión, el mundo es más verde y más feliz, porque dondequiera que la verdad de la visión llega al mundo es como una lluvia.

ALCE NEGRO, *ALCE NEGRO HABLA*

Nunca tuve control sobre lo que ocurría en mis sesiones. Pronto descubrí que podía tener todas las intenciones que quisiera, pero, cuando se trabaja con dosis tan altas de LSD, poco importaba. Desde el principio una inteligencia mayor controlaba mis sesiones. Aprendí que lo mejor era quitarme del medio y dejar que me llevara adonde quisiera. Y así ocurrió. La misma inteligencia que me había guiado todos estos años coreografió el final de nuestra unión, incluso antes de que yo supiera que nos estábamos separando.

Ha sido un viaje largo con más bendiciones de las que había soñado. Pero también ha sido un viaje más duro de lo que esperaba. A medida que me acercaba a mi quincuagésimo año de vida en la tierra empezaba a preguntarme cuánto tiempo más podría seguir así. Haber podido entrar al estado que más me importaba solo cuatro veces en veintiséis sesiones me hizo reflexionar profundamente. Años de trabajo por apenas unas horas de comunión es un precio muy alto a pagar por estos diamantes. Aun así, no estaba dispuesto a abandonar las sesiones. Todavía me impulsaba la maravilla de saber dónde me llevarían después y qué me enseñarían.

Pero una sabiduría más profunda estaba por imponerse.

En este capítulo compartiré tres de las cuatro sesiones del último año de mi viaje. Los nombres de estas sesiones son:

S70 Visión final
S72 Los frutos de mi trabajo
S73 Visión diamantina

Las dos últimas sesiones fueron una larga despedida. Yo las llamo las "sesiones del adiós". En ellas la inteligencia creadora puso fin a nuestro trabajo y me dio una última ronda de instrucciones personales antes de despedirme. Pero, antes de esta hermosa despedida, quedaba un trabajo muy serio por hacer.

La sesión 70 fue sumamente exigente, más de lo que hubiera pensado a estas alturas del viaje. En mi opinión el intenso despojo al que fui sometido era necesario para poder entrar a un horizonte temporal mucho más amplio. En esta sesión el universo me adentró en el tiempo profundo como nunca antes lo había hecho. Apoyado en sesiones anteriores, me dio una última ronda de enseñanzas sobre el ser humano del futuro. Era la última entrega de la historia maestra de la humanidad, la piedra angular de todo lo anterior. Fue la última gran visión de mi viaje.

✦ Sesión 70—La visión final

La sesión de hoy fue tan profunda que en medio de ella pensé que haría falta un pequeño libro para describirla. Se han abierto nuevas categorías de experiencia, nuevos elementos Gestalt. Una vez más me encuentro al límite, tratando de describir realidades insondables.

Tras los prolegómenos de la apertura, mi existencia fue cuestionada durante largo tiempo y estaba siendo desmembrado psicológicamente. Ya familiarizado con este ejercicio, me abrí y no me resistí a lo que estaba ocurriendo. Cuando vi que el proceso se dificultaba me alegré, porque, cuanto más profunda es la limpieza, más productiva es la sesión.

Mi existencia se desmoronaba por capas. En ocasiones las capas se desprendían fácilmente, en otras era como arrancar la corteza de un árbol. A veces algo en mí se aferraba cuando se me pedía que renunciara a una parte importante de mi vida, a algo que tenía muy asumido, entonces soltaba y ese "algo" se desprendía, y el proceso continuaba.

Seguí entregándome al proceso, nunca se detuvo. Superaba niveles que ya conocía, pero seguía adelante. Seguí entregándome, pero de vez en cuando sentía miedo. No es que hubiera un "yo" Chris Bache que tuviera miedo, pues Chris Bache ya estaba hecho pedazos, sino que algo debajo de mi identidad habitual empezaba a protestar.

El proceso era demasiado profundo. ¿Qué estaba pasando?

No entendía qué estaba pasando y por qué.

Surgió un profundo miedo existencial.

¿Dónde estaba yo?

¿Adónde iba todo esto?

Mi cordura estaba en riesgo.

Seguía esperando el alivio que se siente tras un gran avance, pero hoy los avances no vinieron acompañados de liberaciones, solo de más limpiezas.

Era implacable.

El miedo aumentó, pero no me agobió. Una parte de mí lo vio y entendió que aún podía elegir cómo afrontar lo que estaba pasando. En un punto crucial tomé la decisión consciente de entregarme aún más al proceso, de dejar que me llevara a lo más profundo en este nuevo territorio.

Cuando me entregué, el desmoronamiento no me liberó como yo esperaba, sino que se intensificó mucho más. Alcanzó niveles de intensidad que no podía entender. Se activaron fuerzas completamente nuevas para mí, incluso después de sesenta y nueve sesiones. Una vez que me rendí al miedo, este se desvaneció y no fue un factor importante a partir de ese momento. El miedo había sido simplemente una membrana divisoria.

En aquel caos de sonidos, en la cadencia que impulsaba la confusión disciplinada, me desmoronaba*. Partes no solo de mi ser

---

*La música era un tema intenso titulado "Anger" del álbum *Discord* de Ryuichi Sakamoto, que había puesto en modo de repetición.

personal, sino de la realidad tal y como yo la había conocido, se desprendían de forma repentina y dramática, como cuando se desprenden pedazos de un glaciar y caen al mar. Partes de mi vida se desmoronaban una tras otra, y luego se desmoronaban partes de la vida misma. Uno tras otro perdía los marcos de referencia y apenas me quedaba la coherencia suficiente para reconocer este hecho y entregarme a él una y otra vez, inmerso cada vez más en un territorio desconocido. No sé cómo describir este territorio más allá de repetir la palabra "desmoronamiento". Me estaban desmembrado, no de un miembro sino de la realidad, cada parte de mi mundo caía a pedazos que eran arrojados a un lado. Sumiéndome cada vez más en el caos.

Después de mucho tiempo empecé a comprender que el proceso se había llevado a cabo por sí solo. A veces estas cosas terminan de forma dramática con una clara señal. Otras veces, cuando la limpieza es tan profunda como hoy, cuando parece que hubieras realizado varias sesiones en una, te deja demasiado destrozado como para ese tipo de detalles. Después de semejante limpieza llega una sensación de agotamiento al cerrar. Aquello en lo que estabas trabajando, o que estaba trabajando en ti, ha seguido su curso. Lo has llevado hasta el fondo y ya no está.

Sin ningún punto de referencia, me puse a ver dónde me encontraba. Como en sesiones recientes sentí que estaba en mi mundo. No me sentía apartado del mundo físico, sino que formaba parte de él. Era consciente de lo que me rodeaba en la habitación y de mi existencia en ese entorno. Asimismo, en mi visión interior, veía un bosque verde y frondoso, con nubes que se movían sobre mí, el sol que se filtraba e iluminaba las hojas que bailaban al son del viento. Estas dos realidades ocupaban el mismo espacio sin complicaciones a pesar de sus diferencias en escala.

Todo parecía muy normal hasta que, de repente, sin el menor esfuerzo o movimiento de mi parte, experimenté el bosque y mi entorno inmediato de una forma muy diferente. Las formas del bosque adquirieron fluidez y todo empezó a brillar y a moverse. El tiempo se abrió y empecé a experimentar el mundo físico como el surgir y desaparecer de formas de vida. Otra manera de expresarlo es que el tiempo empezó a acelerarse. Primero meses y luego años que pasaron en segundos. No eran alucinaciones sino un intenso viaje a la forma en que se conoce el tiempo en dimensiones más profundas del universo.

Experimenté el mundo como un todo palpitante, dinámico y vivo que creaba generaciones tras generaciones de seres vivos y luego los reabsorbía en sí mismo, como las olas del mar. La expansión del tiempo era enorme. En los pocos segundos que tarda una ola en formarse y romper en la orilla, vi nacer a toda una generación de seres humanos, vivir toda su vida y morir, reabsorbidos por la totalidad, sus formas energéticas vueltas a asimilar y plegar en la siguiente ola que rompía en la orilla. Generación tras generación de seres reencarnados.

Fue una experiencia devastadora y trascendente al mismo tiempo. No hubo cuestionamientos ni dudas sobre lo que estaba ocurriendo. No era una representación simbólica o imaginaria de la vida, sino algo real: la vida experimentada desde un punto de vista temporal y espacial diferente. La realidad se abrió y el mundo de los puntos de referencia individuales se disolvió en los más amplios ritmos de esa vida que vive a través de nosotros.

De no haber estado preparado para esta experiencia por sesiones anteriores, habría quedado totalmente destruido. Experimentar interiormente la "vida mayor" compuesta por todas nuestras vidas individuales, tan superior a ellas que las minimiza en todo sentido, ser testigo del paso de diez generaciones de seres humanos en apenas un minuto en una tarde de domingo, me habría destruido si hubiera quedado algo de "mí" por destruir, pero después de todos estos años no quedaba nada y por ello percibí la vida tal como es.

Lo que estaba viendo y experimentando era el crudo samsara: todo el universo físico como un campo agitado de formas de vida efímeras. Así como el bosque que vive gracias al constante movimiento de árboles que aparecen y desaparecen, todo en nuestro universo está en constante cambio. Todo es temporal. Todo surge y desaparece una y otra vez. Una sucesión interminable de "nacimientos" y "muertes", finales que se mezclan con inicios, nada se desperdicia y todo se conserva. Raíces completamente enredadas. Sin vidas ni intenciones personales. Todo conectado en el tiempo y en el espacio. Un único flujo viviente que existe en un orden de realidad más profundo que el de nuestras vidas individuales.

El océano de existencia del que surgían y al que volvían a caer las formas temporales de vida, era un océano de luz. Esta luz no agobiaba ni borraba al universo físico como en sesiones anteriores. Al contrario, hoy observé cómo la luz se manifestaba como existencia física. El mundo físico surgía de la luz y regresaba a la luz en un constante movimiento dentro de múltiples marcos de tiempo simultáneos; algunos duraban segundos, otros duraban siglos. Desde el interior de cada marco de referencia posible, pude ver el mundo tal como es:

La luz manifestándose como materia,
Dharmakaya manifestándose como Nirmanakaya,
El cielo pariendo a la tierra continuamente.

Fue algo realmente hermoso de presenciar. Con este vasto telón de fondo, surgieron las tres experiencias siguientes.

Hecho para la velocidad

Primero estaba la entrega final de la historia maestra de la humanidad, un colofón a todo lo anterior.

Detrás del surgimiento y desaparición de las efímeras formas de vida de la existencia física, había FORMAS más profundas que asumían y estructuraban todo el proceso. Experimenté estas FORMAS como el lecho de río por donde fluye el río de la vida en ciclos cortos y turbulentos. Esa fue la metáfora dominante del proceso. Un lecho de río retiene y canaliza el agua que fluye a través de él. Asimismo, estas FORMAS canalizaban la energía vital que fluía a través de ellas. Las miniformas de corta vida (las vidas humanas) recibían su estructura y dirección de estas FORMAS superiores. El tema de toda la secuencia era: *"Las manifestaciones cambiantes de la vida surgen en FORMAS que cambian más lentamente"*. *Mi atención se centró en la FORMA que constituyó el canal de la raza humana, la FORMA del* Homo sapiens*.

Mis visiones previas sobre el futuro de la humanidad y el gran despertar fueron confirmadas contundentemente. Lo que se había visto en sesiones previas se corroboraba, y ahora se añadía una última pieza. Esta pieza me conmovió intensamente. Me pareció muy importante, una pieza vital que faltaba en lo que había visto antes.

La pieza faltante era apreciar el dinamismo de nuestra especie en un marco de tiempo mayor. La constante rotación de generaciones reencarnadas es de suma importancia. Desde mi horizonte temporal ampliado, vi que historiadores y teólogos nos han enseñado a pensar estáticamente sobre la "naturaleza humana". La rotación constante de generaciones reencarnadas, junto a la acumulación continua de experiencias en ese nivel tan profundo y centralizado, significa que llevamos por dentro el pasado colectivo de un estado de cambio dinámico. Toda nuestra historia está viva en nuestra FORMA viviente y está sujeta a rápidos cambios en las condiciones adecuadas.

Somos una especie muy dinámica, ya que cada generación tiene vidas relativamente cortas, mientras que nuestro aprendizaje como especie se acumula continuamente a niveles más profundos, dando lugar a cambios periódicos en nuestra FORMA subyacente. En este proceso dinámico a dos niveles, nuestra especie parecía estar diseñada para una rápida transformación.

El gran despertar que se avecina es un cambio de FORMA de nuestra especie, de nuestra arquitectura básica. El hecho de que llevemos nuestro pasado psicológico en nuestra FORMA actual es lo que nos hará trascender ese pasado rápido si crece significativamente nuestra atención. La carga de la historia lucía comparativamente ligera para semejante ser.

---

*Estas FORMAS se comportaban como los campos mórficos de Rupert Sheldrake. Recogían el aprendizaje de generaciones en un plano vivo de la especie, un plano que cambia y crece a medida que la especie aprende.

El resultado neto es que los seres humanos están hechos para la velocidad. Viajamos por la historia con una mochila mucho más ligera de lo que pensamos. La dificultad para ver esto se debe al hábito de pensar en un marco temporal muy pequeño. Si ampliamos el horizonte temporal a cien mil años, veremos que la humanidad está diseñada para un cambio acelerado.

Lo que surgía en la visión del bosque también se registraba en mi entorno inmediato. Lo que veía operar en el todo superior también operaba en mi propia vida. Yo era una forma transitoria rodeada de otras formas transitorias. Nuestras vidas colectivas se centraban en un proceso vital extendido en el tiempo y el espacio, sin un solo hilo de separación.

El creador de diamantes

En cierto punto vi a la humanidad en constante disolución en una especie de pantano que representaba la continua transformación de la experiencia humana que es una capa superficial del proceso de reencarnación. Luego vi chispas brillantes de luz diamantina salir disparadas del planeta hacia el espacio. Era el nacimiento de una individualidad brillante desde ese pantano. No una individualidad de ego, sino algo mayor y más brillante. En la agitación constante de la experiencia espacio-tiempo la vida desarrollaba una exquisita individualidad del alma en un marco de referencia único, capaz de integrar campos de experiencia cada vez mayores. Pude presenciar el nacimiento de almas diamantinas. ¡El universo es un hacedor de diamantes!

Hemos tratado de comprendernos a nosotros mismos dentro de un marco temporal muy estrecho. El verdadero marco temporal de la naturaleza nos desconcierta y rompe todos nuestros marcos de referencia. La vida es un agricultor que cultiva chispas de consciencia diamantina, y poco le importa si estas chispas tardan un millón o mil millones de años en brotar del caldero evolutivo que ha creado.

De todas las partes del cuerpo de nuestras tantas vidas históricas está emergiendo una individualidad que posee la fuerza suficiente como para mantener la continuidad de la consciencia con la transmisión de sus formas físicas en la reencarnación. Realmente no existe una individualidad permanente hasta este punto del proceso evolutivo. Solo a partir de este momento se invierte la fragmentación creada por tantas entradas y salidas del espacio-tiempo. Aquí las miniindividualidades de nuestras pequeñas vidas se integran en una "individualidad del alma" que abarca vastas extensiones de tiempo.

Una señal de la aparición de la individualidad del alma es que la gente empieza a interesarse en proyectos que no pueden realizarse en una sola vida. La gente se hace más "real" conforme más se involucra en proyectos que trascienden los límites de su vida actual. Un amor que se extiende más allá de la muerte, dar la vida por otros, volcar todo nuestro ser hacia una tarea que tardará generaciones, estos eran los síntomas del alma emergiendo en la historia. A medida que los individuos se hacen más conscientes comienzan a surgir relaciones que duran muchas vidas. La gente despierta en compañía de otras personas. Vi que esto era cierto en el caso de personas específicas de mi vida.

El ser humano del futuro

El marco temporal en el que todo esto ocurría era increíble. En una parte final y muy emotiva de la sesión, volví a entrar al futuro de la humanidad y estuve con esa "forma" del ser en el que nos estamos convirtiendo: el ser humano del futuro. ¡Qué criatura tan espléndida! ¡Qué gracia y nobleza! Fue un honor experimentar a este ser y muy útil para los difíciles años que nos esperan.

La gente necesita una visión de aquello en lo que nos estamos transformando, de la gran belleza que está emergiendo de nuestro enredado pasado.

Vi al ser humano del futuro de pie, lo cual me pareció significativo. De fondo había muchos budas sentados, y este ser estaba de pie. La importancia de la postura parecía estar en su dinamismo *y compromiso con la tierra. Era la "humanidad iluminada en acción". Preservaba todo nuestro conocimiento y logros históricos que plasmaba en una actividad iluminada. Esta visión me paralizó. Me conmovió su belleza, su grandeza y su sencillez. Vertió un delicioso néctar en mí y, a través de mí, en la humanidad.*

Comentario

Pasé la siguiente sesión asimilando la experiencia, absorbiendo sus enseñanzas y recuperándome de tal expansión temporal. Esta visión merece un mayor debate, pero cuando lo intento mis palabras se quedan cortas. Ahora hablo en términos de tiempo lineal, pero esta visión procede de una dimensión temporal muy profunda. Mejor no hablar y dejar que le hable directamente a tu corazón como lo hizo con el mío. Solo añadiré una cosa.

Se suele decir que nuestro futuro es abierto e incierto y que, por tanto, lo único que se nos pide es que pongamos todo nuestro empeño ahora y en los días venideros. La crisis histórica en la que estamos entrando es el trabajo de parto que dará a luz al ser que se ha estado gestando en nuestro interior por generaciones. El alma diamantina nacerá en la historia. Despertaremos, y cuando lo hagamos, veremos el universo como lo que realmente es. Es el cuerpo de Dios, la gran madre, el hacedor de diamantes. Con esto, todo comienza de nuevo.

Las sesiones del adiós

Una vez entregada y asimilada esta visión final, las sesiones dieron un giro hacia el cierre. La sesión 72 se dedicó a repasar toda mi odisea con sustancias psicodélicas. Me mostraron sus principales puntos de inflexión y cómo encajaban las piezas. Se unían todos los puntos. Experiencias del pasado se presentaban y se enmarcaban en el contexto de un todo completo. Sentí como si examinaran el trabajo de toda mi vida y lo pusieran en perspectiva. Aquel día fue como celebrar el "trabajo bien hecho". No he intentado reproducir todos los detalles de este panorama global, pero vale la pena señalar que parte de la organización estructural de este libro surgió de esta sesión. Mi breve reseña solo dará una idea de los detalles de esta revisión y de lo que significó para mí.

Sesión 72—Los frutos de mi trabajo

Comencé la sesión con un recuerdo de la luz diamantina de claridad pura. Sentí que, al pasar unos segundos en ese estado prístino, se deshacían siglos de estar deambulando perdido en el samsara. Sentí como si todas mis sesiones con sustancias psicodélicas hubieran sido un largo Ngöndro, que me preparaba para entrar en esa realidad. Recordé que en este viaje me había despojado de muchas rigideces y fijaciones y supe que no había atajos para la larga purificación que se requiere para el despertar.

Alineado con mi verdadera intención, comencé la sesión enfocándome en la tarea de retornar a la luz diamantina. Los reinos intermedios no me importaban para nada. Al cabo de un tiempo relativamente corto, empecé a perder mis límites conforme se abría la trascendencia. Al principio me resistía, buscaba extraer más impurezas de mi sistema, pero no había nada problemático que tratar y no había forma de detener el proceso. Me abrí. No entiendo cómo al desmoronamiento experimentado en la sesión 70 puede seguirle una sesión tan tranquila como esta, pero seguí adelante.

Hoy no ha sido un día de nuevas revelaciones, sino un día dedicado a digerir todo lo que ha ocurrido en mi viaje. Las lecciones asimiladas previamente se unieron para formar un entramado de comprensión más profunda. El tenor básico era de celebración y alegría. Me dijeron que me sentara y absorbiera los "frutos de mi trabajo". La atención se centró hoy en heredar la manifestación progresiva del trabajo que se había realizado.

La sesión de hoy tuvo un claro carácter físico. Me horneaban en un calor luminoso que me saturaba. Sentí como si estuviera integrando en mi cuerpo estados ya conocidos de reinos sutiles distantes de la realidad física. Recordé años anteriores y las fuertes purificaciones físicas que mi cuerpo había soportado para poder seguirme hacia estados mucho más puros del ser. Hoy albergaba esta energía depurada con un placer visceral. No tenía que hacer nada para que esto sucediera, todo se estaba haciendo por mí, para mí. Lo único que tenía que hacer era relajarme y dejar que sucediera.

La trayectoria general de mi trabajo se revisó con un comentario que ponía en perspectiva las distintas piezas. Esta "asimilación" se produjo a una escala tan cercana como trascendental. El siguiente escenario, ya visto en sesiones anteriores, se repasó y se reafirmó de manera contundente. Había encarnado con la tarea de drenar de la psique colectiva algunos de los venenos kármicos de nuestra turbulenta historia para ayudar así en la transformación que está experimentando la humanidad. Las fortalezas y los dolores de mi infancia habían sido elegidos deliberadamente como parte de este proyecto. Una vez cumplida esta tarea, dos cosas ocurrieron.

En primer lugar, fui llevado a niveles de realidad más profundos; primero al universo, luego a la realidad arquetípica y a la unidad causal, y finalmente a la luz diamantina. Estas iniciaciones fueron la consecuencia del trabajo colectivo de sanación, la recompensa kármica si se quiere. Todavía me cuesta entender la magnitud de la energía empleada en este intercambio. Al principio la luz diamantina estaba muy lejos de mi existencia histórica. Había una especie de "distancia" entre mi consciencia encarnada y esa brillante claridad. En segundo lugar, esa distancia se iba disolviendo conforme la luz entraba y transformaba mi ser encarnado "disolviendo el caparazón". Hoy simplemente hubo una continuación de este proceso, con un impulso que se había estado construyendo durante años.

Las experiencias de sesiones anteriores se repitieron y se unieron en torno a una historia mayor. El asesinato de niños en la sesión 10: un toque de atención para recordarme el propósito de mi alma. La lucha en vísperas de detener mi trabajo en la sesión 17: un empujón para comprometerme a reanudar mi trabajo más adelante con el fin de cumplir este propósito.

"¡Sí! Acepto la responsabilidad. Estaba aceptando la responsabilidad por la angustia y por intentar marcar la diferencia en las vidas que me rodeaban. Este cambio fue fundamental. Llegó a profundidades que ahora no puedo comprender y me impactó de *un modo que no puedo resumir. Parecía una elección libre sobre los cuestionamientos más básicos". (S17).*

La sensación de haber logrado el propósito de mi vida ocho años después, cuando el dolor colectivo se aclaró por fin en la sesión 24. Otras comprensiones que se habían filtrado durante años se afirmaron. La consciencia de que no había nada que pudiera impedirme heredar la luz diamantina cuando muriera, que no necesitaba hacer nada más en esta encarnación para asegurarla. La sensación de volver a empezar en esta vida, de comenzar mi "siguiente vida" a los cuarenta años, el estrés de combinar dos vidas en una encarnación, la compleja lógica del crecimiento acelerado. Todo esto ahora parecía obvio.

Con este panorama se repasaron mis sesiones más recientes de forma pragmática. La luminosidad del "reino celestial" se abría camino hacia la fuente de la existencia. Todas las dualidades de lugar (tierra pura y samsara) se disolvían en la total simplicidad del descubrimiento progresivo de la mente innata, la larga aventura evolutiva de atraer aquello que carece de forma hacia la forma y, finalmente, la liberación completa. El trabajo ya estaba hecho. Ahora todo son bendiciones, conforme las dos acumulaciones de mérito y sabiduría hacen su magia y ablandan mi terco corazón. No tenía que hacer nada más que abrirme y dejar que las cosas siguieran su curso natural. "Abre y recibe. Abre y recibe".

Nirvana en cada segundo

La parte más poderosa de la sesión llegó al final del día. Me encontraba en un estado de consciencia sumamente claro, inmerso en el aquí y el ahora. El mundo surgía y desaparecía a mi alrededor cuando, de repente, entré en un estado en el que comprendí el significado de la afirmación:

"Si pones toda tu atención, todo es nirvana, pero si pierdes la atención, aunque solo sea por un segundo, comienza de nuevo samsara".

¿Acaso era tan simple, que la diferencia entre nirvana y samsara fuese cuestión de la calidad y precisión de la atención? ¿Cómo es posible? Y, sin embargo, aquí estaba.

Hay un espacio que siempre está abierto en medio de cada instante, de cada acción. Aquí estaba. Inconfundible. Total libertad en medio de la acción. ¿Cómo se entra en ella? Hay una postura de atención interior que aporta libertad y dicha. En la que el mundo se mueve sin esfuerzo como uno solo. Si se abandona por un instante, el mundo vuelve a sus partes conocidas y se reanuda samsara. Un sabor. Otra lección para utilizar en el entrenamiento diario.

La siguiente sesión me pareció la segunda parte de la misma despedida. La última sesión de mi viaje comenzó llevándome a la luz y luego añadió cuatro experiencias, cada una impregnada de mi historia con sustancias psicodélicas y cargada de significado personal. Tal vez sea mejor decir algo sobre estas experiencias antes de presentar la sesión y no después.

Los sonidos del despertar de la humanidad parecían estar diseñados para asegurar que me aferrara al verdadero significado del convulso período de la historia al que estamos entrando, y así no sucumbir ante historias de catástrofes que proliferarán cuando se produzcan estos acontecimientos. Aunque en la sesión digo que esta visión es demasiado perturbadora como para compartirla con los demás, es evidente que he cambiado de opinión al respecto. He decidido que no me corresponde a mi retener lo que se me ha revelado, ni juzgar lo que la gente pueda o no asimilar.

Transparente a la divinidad rememoraba la experiencia del círculo de la vida en la sesión 60. Me produjo una experiencia más profunda de la misma dinámica, como si quisiera asegurarse de que comprendiera lo que me sucedería en los años venideros.

El vientre de la creación situó la historia maestra de la evolución humana en un contexto cosmológico más amplio. Era como si la consciencia que guiaba mis sesiones quisiera elevar mi línea de visión a un horizonte más amplio al final del viaje y darme un punto de vista más elevado desde donde ver todo lo que ocurre en nuestro planeta para recordarme que, por muy significativo y hermoso que sea todo el proyecto evolutivo, no es más que una gota en el océano infinito de la existencia.

Visión diamantina añadió una última pincelada al retrato del ser humano del futuro. Me mostró que el giro evolutivo que estamos dando se registrará no solo en nuestros corazones y mentes, sino en nuestros sentidos también. Fue un regalo tan grande que por eso la sesión lleva su nombre.

Sesión 73—Visión diamantina

Después de lo que pareció ser un tiempo muy largo, aunque solo fue una hora por reloj, la perturbación estática de fondo que estaba experimentando, de pronto dio paso a la luz. La luz resplandeciente se hizo presente y me acogió.

El resto de la sesión transcurrió en la luz, absorbiéndola y procesándola de un modo que no parecía tener proyecto ni intención, salvo las experiencias que se registran a continuación. Estaba allí para disfrutarla y empaparse de ella. Me saturó en los aspectos físico, emocional y mental. No fue tan intenso como en otras sesiones, menos abrumador, menos dicha, pero más cercano, más a la mano, de más fácil acceso. Describo torpemente estas cosas sin comprender el significado de mis distinciones. Dentro de esta absorción fluida, destacan las cuatro experiencias siguientes.

Los sonidos del despertar de la humanidad

Sonó una canción que era una compleja mezcla de música y sonidos de caos social. Mi mente tomó estos sonidos y multiplicó su amplificación por cien.

De pronto experimenté escenas de grandes calamidades humanas: edificios en llamas, explosiones, gente muriendo, un profundo caos social. Lo extraño, sin embargo, es que todo esto ocurría dentro del vasto éxtasis de la luz. Seguía experimentando oleadas de intensos trastornos sociales no como una tragedia, sino como el nacimiento de algo hermoso. Una y otra vez experimenté sucesos que normalmente me habrían hecho llorar y que aquí me producían una profunda dicha. Estos sonidos de dolor eran los sonidos del nacimiento de la humanidad. En esos sonidos no había más que dicha para mí.

Fue una experiencia conmovedora y, a la vez, problemática. Reforzó la sesión del Gran Despertar al no dejarme experimentar el sufrimiento de la humanidad sino alegría pura, al provocar un giro tan chocante en mi perspectiva normal que me horrorizaba. En el mundo normal suena algo enfermizo hablar del sufrimiento humano como una gran bendición, pero esta experiencia se produjo desde una perspectiva que trascendía el espacio-tiempo. Era ver el colapso que venía como lo que realmente es: el despertar de la humanidad. Desde esta realidad solo podía sentir alegría por esa transición. Esto me llevó a buscar otros ejemplos en los que la naturaleza obtiene un bien de una aparente tragedia, al sacrificar una parte de sí misma para dar paso a algo nuevo y hermoso. Me pareció importante comprender este principio ahora que la humanidad se acerca a la hora del gran sacrificio.

El precio de aceptar esta visión es mi aislamiento. Nunca podré compartir esta visión con otros porque ¿quién podría entenderla si no alguien que ha pasado por el fuego del infierno y ha experimentado el renacimiento que le sigue? Estoy condenado a guardármela para mí.

Transparente a la divinidad

Según me acercaba más a la luz desaparecían los sonidos de la discordia y mi experiencia cambiaba poco a poco, hasta que al fin entré en un modo de experiencia hermoso y difícil de describir.

Me vi rodeado de gente y actividades de mi mundo conocido y sin embargo estaba totalmente hueco, vaciado de todo contenido personal y finalmente transparente a una inteligencia fluida y dorada que impregnaba toda la realidad y fluía a través de mí hacia todo lo que tuviera enfrente. La imagen que surgió en mi mente fue la cuadratura Sol-Neptuno de mi carta natal. Era como si mi individualidad (Sol) se hubiera rendido ante la divinidad (Neptuno) y se hubiera hecho transparente a sus vastas energías.

Me hice transparente a la divinidad, me disolví en su acción intencionada. Se repetía la experiencia de ser yo, de vivir en mi mundo y hacer las cosas que suelo hacer, especialmente la docencia, pero, bajo este barniz, la sustancia del "yo" se había vaciado y ahora brotaba esta energía dorada y fluida que rodea e impregna todo.

¿Hacia allá se dirige todo? ¿Es esto lo que ocurre a medida que se acentúa la absorción de la luz? ¿Una inteligencia más profunda toma el control y persigue sus objetivos a través de nosotros? ¿O "toma el control" es una frase demasiado fuerte? Qué entrega tan deliciosa, qué relajación.

El vientre de la creación

Al poco tiempo me vi envuelto por un breve período en un estado muy profundo en el que parecía salirme por completo de la envoltura espacio-tiempo. Fue una experiencia difícil de retener, pero conservo fragmentos.

Por momentos fui elevado fuera de todo el proyecto evolutivo y experimenté el espacio-tiempo desde un horizonte mucho más amplio. Este horizonte estaba lleno de capas de luz brillante, y capté su intención. El espacio-tiempo aparecía como una esfera oblonga y oscura dentro de la luz y estaba cubierto de líneas que recordaban los gráficos informáticos topológicos, lo que daba la sensación de que el espacio-tiempo como tal era una realidad creada y diseñada.

Desde un horizonte de miles de millones de años pasados y futuros, experimenté cómo la luz trabaja metódicamente para impulsar su propia creación, a la vez que infunde partes de su brillo en el espacio-tiempo. Vi que lo que surgía en el futuro próximo de la humanidad era apenas un paso dentro de una progresión que continuaría durante eones. Esta breve muestra del alcance del proyecto divino confirmó y destrozó mis percepciones al mismo tiempo. La magnitud de donde me encontraba hacía lucir pequeña toda la historia de la tierra.

Algo en esta experiencia parecía autorizarme a dejar el espacio-tiempo cuando muera y no regresar, lo que me alivia de la culpa que he sentido por elegir esta opción.

Visión diamantina

He dejado para el final la experiencia más impactante del día. Fue el último regalo de mis veinte años de viaje.

Ya era tarde en la sesión, llevaba unas cinco horas. Estaba acostado, sin tapaojos, absorto en una corriente de consciencia que fluía libremente. De pronto mi visión cambió. Me di cuenta de que ahora veía de una manera distinta.

Veía las cosas con una claridad y detalle tan brillantes que no se parecían en nada a lo que había conocido antes. El sol entraba en la habitación y yo veía todo con una brillante nitidez, como si fuera un láser de alta intensidad. Veía con claridad diamantina cada detalle, cada matiz, cada inflexión. Me miré las manos y vi sin mucho esfuerzo las sombras en cada poro, los surcos de piel entre los poros, los pelos relucientes, los mil detalles que forman el conjunto, los miles de orbes brillantes de polvo que flotan en el aire y dan profundidad tridimensional al espacio que rodea mis manos. Y muy claro, tan claro que me dejó sin aliento y aún ahora me dan ganas de llorar. Mis manos eran tan claras que parecían brillar desde adentro.

Reconocí lo que estaba ocurriendo. La claridad diamantina que había experimentado antes en los mundos sutiles de la realidad transpersonal ahora había penetrado incluso en mis sentidos físicos. Por todas partes recibo indicios de una progresión mayor. La luz se ha ido abriendo paso con mayor intensidad en mi ser encarnado, lo que ha deconstruido mi condicionamiento psicológico, mi sistema de energía sutil y hasta mi percepción física. Esta era la visión diamantina. Era como si por primera vez en mi vida estuviera viendo de verdad, como si lo que antes pasaba como visión fuera solo una burda aproximación a lo real. ¿Cómo había podido aceptar aquella cortina de gasa como mi visión real?

A los diez minutos desapareció la claridad transfiguradora. Ahora al mirarme las manos, las veía como las veo habitualmente y a decir verdad lucían opacas. No se trataba de una oscura distorsión sino de mi visión habitual, intacta y perfectamente enfocada. ¿Cómo pude perder esa visión luminosa? ¿Cómo es posible ver con tanta claridad un minuto y con tanta opacidad después?

Fue entonces cuando comprendí el significado de esta bendición transitoria. Había estado viendo a través de los ojos del ser humano del futuro. Un día esta visión será la forma natural de ver de la humanidad. Los seres humanos verán algún día como yo he visto esta tarde. La percepción no es simplemente un proceso mecánico. Nuestros sentidos actuales son solo aproximaciones parciales de lo que serán en el futuro. Conforme nuestra consciencia se fortalezca con el tiempo, la base de la experiencia humana irá cambiando lentamente. Aún estamos en las primeras etapas de lo que será la humanidad. Qué espléndido ser está construyendo la naturaleza.

Por qué detuve mis sesiones

No me esperaba el fin de mis sesiones, pero al terminar esta sabía que había llegado el momento de parar. No fue una decisión calculada, supe que había llegado al punto de parar. Aunque en los años venideros haría viajes ligeros de una forma u otra, mi etapa de trabajo con altas dosis de LSD había terminado. Hubo dos razones detrás de esta decisión. Una era el dolor y la otra la tristeza.

Detuve mis sesiones porque, primero, sufría de un dolor crónico en mi sistema de energía sutil. Por mí pasó muchísima energía a lo largo de semanas y meses después de cada sesión, siempre sentí incomodidad. Las prácticas vajrayana me ayudaron, pero ni siquiera estas podían seguirle el paso al creciente flujo de energía que entraba en mí en estos últimos años. A pesar de tomar precauciones, a pesar de todo el yoga y la meditación, y a pesar de las purificaciones que se daban en las propias sesiones, el problema no desaparecía. Empeoraba. En estos últimos años, cuando mi cuerpo se reconciliaba con mi mente después de una sesión, me sentía como una bombilla brillante envuelta en ropa húmeda y pesada. Mi prana o chi corría con tanta fuerza que a mi sistema meridiano le costaba manejar la energía. Los chakras del corazón, el entrecejo y la coronilla latían todo el tiempo con la energía. Sentía una presión permanente en la cabeza que a veces podía mitigar con la meditación, pero solo temporalmente. Después de la sesión 70, sentí una vibración palpitante en el pecho que se prolongó por semanas. Después de desaparecer durante el día siguió apareciendo por las noches durante meses; a veces me despertaba de un sueño profundo.

En años anteriores había pensado que estos problemas energéticos eran una señal de que la muerte del ego estaba incompleta. Pensaba que, si me sometía a una "muerte completa del ego", desaparecerían. Con el tiempo sin embargo me di cuenta de que la causa no era morir demasiado poco, sino morir demasiado. Con cada ronda de muerte y renacimiento me sumergía más profundamente en el crisol de la creación. Aunque a corto plazo podía asimilar bien esa energía, mi cuerpo tenía cada vez más dificultades para manejarla a largo plazo. Mi sistema se estaba calentando demasiado. Finalmente me di cuenta de que tenía que dejar de sumergirme en el fuego de la luz pura, por más que deseara estar allí. Tenía que dejar que mi sistema se enfriara. Tenía que dejar que mi ser físico integrara mejor lo que ya había recibido. William Blake escribió: "Nunca sabrás cuánto es suficiente, a menos que sepas cuánto es más que suficiente". Mi cuerpo me decía que setenta y tres sesiones de altas dosis eran más que suficientes.

La segunda y más importante razón por la que detuve mis sesiones fue que ya no podía soportar la tristeza de separarme de mi Amada al terminar una sesión. Sencillamente me resultaba demasiado doloroso volver después de haberme disuelto tan profundamente en el cuerpo cristalino de Dios. Aquí es donde la crueldad de la naturaleza temporal del camino psicodélico me hirió en lo más profundo. Si hubiera tenido contacto con la divinidad una o dos veces, quizá habría sido diferente. Tal vez entonces la alegría del abrazo lo habría arrastrado todo y el recuerdo habría sido suficiente. Pero mi Amada me había acogido en ella tan profundamente y tantas veces que ya no podía soportar el dolor de separarme de ella al final del día. Mejor no volver a entrar que entrar y tener que salir. Una tercera razón para poner fin a mis sesiones entró en mi consciencia solo meses después de haberlas interrumpido. Una vez que la luz diamantina había comenzado a entrar de manera sistemática en mi cuerpo físico, todo cambió en las sesiones. Después de pasar años explorando el universo, todo en mis sesiones había empezado a volverse más simple. Estaba siendo guiado una y otra vez al presente inmediato, al aquí y ahora, a mi vida física. Empecé a darme cuenta de que para que este proceso de integración se completara por sí mismo, no tenía que amplificar

mi consciencia. Cualquier amplificación de mi consciencia natural per-
turbaría las condiciones necesarias para que sucediera algo que intentaba
suceder. Tenía que estar tranquilo y dejar que llegara a mí.

Si hubiera dependido de mí no creo que hubiera tenido la paciencia para esperar esta bendición. Habría seguido doblando la membrana
de mi consciencia y habría corrido a su encuentro. Pero las consecuencias de hacerlo eran demasiado dolorosas, tanto en mi cuerpo como en
mi corazón. Viniera lo que viniera después en mi vida, tenía que interrumpir las sesiones. Finalmente hice un pacto con mi Amada. Le rogué
que no volviera a acogerme en Ella hasta que pudiera quedarme allí para
siempre. Con este acuerdo mi viaje llegó a su fin, y no se reanudará hasta
que yo muera.

DOCE

Bajar de la montaña

A veces creemos que nuestro camino incluye dos grandes viajes —ascenso y descenso—, un viaje hacia la iluminación y un viaje para convertirnos en seres humanos completos. El viaje de ascenso es el de ir comprendiendo una dimensión tras otra hasta llegar a la dimensión absoluta. El camino de descenso es el de integrar nuestras vidas a nuestra comprensión.

A. H. ALMAAS, *RUNAWAY REALIZATION*

¿Qué somos para poder realizar excursiones tan profundas en el universo? ¿Quién diseñó esta exquisita criatura capaz de navegar por los vaivenes extremos de la consciencia? Al romper nuestra identidad terrenal, nuestra consciencia se expande hasta convertirnos en un ser diferente durante ocho horas seguidas. Un ser que puede hacer cosas que "nosotros" nunca podríamos hacer, saber cosas que "nosotros" nunca podríamos saber. Un ser que respira tiempo, que baila en la estratosfera de la consciencia planetaria, que se disuelve en el "uno" que todo lo acoge.

Y justo cuando hemos alcanzado nuestra máxima expansión se produce el segundo milagro. La consciencia se contrae lentamente y nos devuelve amablemente a nuestra forma y tamaño normales. Las puertas que habíamos abierto de par en par se cierran una a una mientras nos despedimos. En las últimas horas tomamos notas para recordar cada beso, cada secreto compartido, cada matiz de la vida no filtrado por el espacio-tiempo. Nos entretenemos en las sábanas desarregladas donde la pasión feroz nos mostró qué es posible, qué hace falta hacer, qué nos espera en el futuro.

Aquí, disfrutando, y nos guardamos todo para el amanecer de un mañana en esta vida extraordinaria y misteriosa.

Creo que aún estamos en las etapas iniciales de la comprensión de cómo nos afecta entrar en estos estados extremos de consciencia. Apenas estamos aprendiendo a absorber las posibilidades que generan. Nuestras sesiones se mantienen cerca de los límites del mundo conocido, y destapan los dolores de nuestro pasado; tenemos los modelos terapéuticos para trabajarlos. Si viajamos un poco más lejos para experimentar la inteligencia que recorre toda la existencia o la continuidad de la vida después de la muerte, seguiremos teniendo modelos espirituales para obtener estas bendiciones. Pero cuando nuestros viajes nos llevan a distancias más alejadas del mundo conocido, cuando nos adentremos en las aguas más profundas del cosmos, ¿cómo integramos estas aventuras? ¿Qué significa "integrar" en este contexto? ¿Cómo digiere sus incursiones en el infinito un ser finito que está sujeto a las condiciones del espacio-tiempo? ¿Cómo absorbe un ser limitado en el tiempo, las incursiones en el tiempo profundo? ¿Cuál es el impacto residual de la fusión con toda la existencia después de que hayamos vuelto a ser uno entre muchos? ¿Cómo gestiona nuestro yo cotidiano fluctuaciones tan extremas de la membrana de la consciencia, no una o dos veces, sino cuarenta, cincuenta, sesenta veces? Me hago más preguntas de las que puedo responder. Mi vida se ha convertido en un experimento vivo sobre esas preguntas cuyo resultado aún está por determinarse.

Poco después de concluido mi viaje, el espíritu me dijo durante mi meditación matutina: "Veinte años adentro, veinte años afuera". Quería decir que me tomaría veinte años más absorber mi viaje de veinte años. En aquel momento eso me consoló y pensé: "Me parece bien". Ahora que me acerco a la marca de los veinte años comienzo a pensar que aquel cálculo fue demasiado optimista. Siento que tardaré más de una vida en digerir por completo todas las experiencias recibidas y que estas no solo han cambiado mi vida actual sino la trayectoria completa de la evolución de mi alma.

En este capítulo no ofreceré ninguna reflexión sobre mi viaje o sus implicaciones. Las sesiones hablan por sí solas, y me quedaría corto si tratara de comprimirlas en una simple conclusión. Más bien quisiera hablar sobre algunos retos que tuve que enfrentar al bajar de la montaña psicodélica y hacia dónde me ha llevado este viaje de hoy.

Pero, antes de hacerlo, quiero hablar de un acontecimiento que tuvo lugar en mi vida personal poco después de que terminara mi viaje.

Un año después de interrumpir mis sesiones, Carol y yo decidimos divorciarnos. Justo cuando mi viaje psicodélico había llegado a una pacífica conclusión y *Dark Night, Early Dawn* estaba a punto de ser publicado, las tensiones que durante años estuvieron presentes en nuestra relación llegaron a un punto crítico y pusieron fin a nuestra larga relación de pareja. Llevábamos veinticuatro años casados. Un divorcio es un asunto muy personal y privado. Traigo el mío a esta historia solo porque es imposible hablar de los años posteriores al divorcio sin al menos mencionarlo.

Mi divorcio cambió todo el panorama de mi vida, aunque nunca lo vi venir en mis sesiones. En las primeras sesiones en las que había experimentado mi vida como un todo absoluto, se me había ocultado este importante punto de inflexión. En todos los años que pasé explorando el tiempo profundo, nunca se me mostró esta importante pieza de mi futuro personal, ni siquiera en mi última sesión. ¿Por qué? ¿Me había fallado la droga? ¿Me falló a mí, me desvié de mi verdadero rumbo en la vida? No era el caso. No creo que la inteligencia que experimenté en mis sesiones pudiera haber "pasado por alto" un evento tan importante en mi vida, sobre todo porque había analizado mi relación con Carol varias veces durante años. Si mis sesiones no me mostraron el divorcio, fue por algo.

Creo que en mis sesiones no me dejaron ver mi divorcio porque hay ciertas decisiones que debemos tomar por nuestra cuenta a nivel del yo encarnado si queremos enfrentarnos a retos específicos presentes en nuestro guion de vida. Esas duras decisiones deben tomarse sin la ayuda de una guía externa, si es que queremos interiorizar las lecciones que se nos presentan y convertirlas en parte de nuestra sabiduría terrenal. Sin entrar en detalles, pienso que la decisión de divorciarnos resultó ser un gran aprendizaje. Creo que se me ocultó la información del divorcio para dejarme llegar a este aprendizaje a mi manera y en mi propio tiempo. No recibí asesoría externa porque era algo que yo mismo debía hacer para revertir un patrón kármico muy arraigado en mi historia personal. Quiero dejar en claro que mi trabajo con sustancias psicodélicas no fue la causa de los problemas que condujeron a nuestra separación. Carol me apoyó en mi práctica psicodélica durante los últimos diez años, así como yo la apoyé en su práctica vajrayana. En todo caso mis sesiones profundizaron nuestro matrimonio y prolongaron su vida. Tampoco creo que el hecho de que nos separáramos poco después de que dejara mis sesiones signifique algo. Solo que las cosas que nos alejaban llegaron a su punto crítico en ese momento.

No diré más sobre mi divorcio salvo que fue muy doloroso para mi familia. La semana crítica en que las cosas llegaron a un punto crucial, una poderosa tormenta eléctrica azotó nuestro vecindario y partió por la mitad un árbol grande que había en nuestro jardín. Dos días después, una segunda tormenta arrancó otra rama enorme del mismo árbol. Así es como se sintió nuestra separación, como si nos partieran por la mitad. Tardé mucho tiempo en encontrar mi sitio en este nuevo panorama y en ayudar a mis hijos a encontrar el suyo, pero las cosas fueron mejorando con el tiempo. Cuando nos separamos, Carol quiso mudarse a Santa Fe para estar más cerca de Tara Mandala, así que trasladamos nuestro centro familiar hasta allá, y yo los visitaba tanto como podía. Uno a uno nuestros hijos se graduaron en la universidad y se abrieron camino en el mundo. Con el tiempo ambos nos volvimos a casar y nuestro círculo familiar creció. Carol continuó con su formación budista y luego completó su retiro solitario de tres años bajo la supervisión de su maestro, Tulku Sang Ngag Rinpoche. Publiqué *Dark Night, Early Dawn*, lo cual me llevó al Instituto de Ciencias Noéticas de California, donde trabajé durante dos años como director de aprendizaje transformativo, y conocí a mucha gente comprometida en la comunidad de la consciencia. Después regresé a Ohio para reanudar mi vida académica, y Christina Hardy, a quien conocí en el Instituto de Estudios Integrales de California, me acompañó. Tres años después nos casamos. La vida ha continuado. Cada vez que nuestra nueva familia se reúne para celebrar fechas especiales y fiestas, añadimos un nuevo capítulo a nuestra historia.

La profunda tristeza

En general creo que hice un buen trabajo al integrar mis sesiones sobre la marcha. Las grabé fielmente, pasé muchas horas reflexionando sobre su significado, seguí la orientación personal que me dieron e intenté incorporar sus enseñanzas a mi vida. Por ello pensé que dejar mis sesiones sería un proceso muy sencillo. Pensé que podría alejarme sin más y que me nutriría de todos los regalos que había recibido en esos veinte años. Pues esto no fue totalmente cierto. Aprendí que integrar todo un viaje es diferente a integrar sesiones individuales. Como había llevado mi viaje tan lejos y con tanta intensidad, bajar de la montaña psicodélica resultó ser todo un reto. En ese sentido mi historia personal es un cuento con moraleja. No es simplemente la historia del viaje del héroe contada por Joseph Campbell, en la que el héroe regresa triunfante con dones para compartir. En parte es así, pero también es la historia de un explorador herido por la belleza de lo que encontró y herido por tener que ocultar su viaje durante tanto tiempo.

Tras interrumpir mis sesiones, mi sistema de energía sutil tardó unos cinco años en calmarse y encontrar su nuevo equilibrio. La cantidad de energía que fluía por mi cuerpo disminuyó lentamente y volví a sentirme cómodo viviendo en mi piel. Durante ese período de enfriamiento empecé a notar que las sincronías con mis alumnos que describí en *The Living Classroom* ocurrían con menos frecuencia, lo que subraya el papel que desempeña la energía pura en el acceso a estos campos permanentes de información. Durante los años de apogeo me llegué a sentir como un pararrayos, al desencadenar percepciones y aperturas en mi entorno sobre lo cual no tenía control. Ahora descubrí que tenía que cooperar con este proceso para que se manifestaran esas conexiones. Los relámpagos siguen cayendo y las flechas siguen alcanzando objetivos invisibles, pero hoy se ha transformado en una danza más sutil.

La transición más importante tuvo lugar a un nivel más profundo. Con el paso de los años caí en una intensa tristeza. El divorcio produjo su propia tristeza, por supuesto, pero se trataba de algo más profundo. Había alegría en mi vida, especialmente la alegría por mis hijos y mi relación con Christina, pero mi entusiasmo por la vida se esfumaba. Empecé a sentirme abandonado, separado de mi Amada por las propias condiciones de mi existencia. Una vez que has conocido la alegría de convertirte en luz, de disolverte en el cuerpo cristalino de la divinidad, la vida en la tierra puede empezar a marchitarse.

Llegó un momento en que me di cuenta de que lo único que esperaba era morir. Hacía mi trabajo, me ocupaba de mi familia y daba mis conferencias, pero en el fondo estaba esperando la muerte para volver a mi Amada. Sufría por la pérdida de comunión con la divinidad.

Sabía que otros habían pasado por lo mismo, que no estaba solo. Entendí la noche oscura del alma que sufren los místicos. Supe que las personas que han tenido experiencias cercanas a la muerte a veces sienten un distanciamiento similar de la vida. Mientras sus familiares y amigos se alegran porque han "regresado de la muerte", anhelan en silencio la belleza celestial que tocaron y tuvieron que dejar. Carl Jung experimentó esa distanciación tras su experiencia cercana a la muerte en 1944. "Ahora debo regresar a este mundo gris", escribió en *Recuerdos, sueños, pensamientos*. "¡Ahora viene el mundo gris con sus cajas!"*. Supe exactamente a qué se refería.

La melancolía de Jung duró seis meses, pero la mía se hizo más profunda con el paso de los años. Había entrado tantas veces en la expansión divina, me había adentrado tanto en su belleza, que mi herida era muy honda. No es una herida fácil de entender para quienes no la han experimentado. ¿Cómo se puede estar herido por tener demasiado de Dios? Parece un contrasentido. Seguramente tener más de Dios es siempre mejor. Queremos creer que es así, que algo debe haber salido mal en alguna parte. Pero no, era precisamente esto. Me dolía el corazón por la pérdida de la comunión íntima con mi Amada, por saber que no volvería a sentir la dicha de disolverme por completo en la divinidad sino hasta el día de mi muerte.

Yo era el único culpable de mi estado. Sin calcular el precio me sumergí una y otra vez en el fuego cósmico, mendigando las experiencias que me daban. En mi meditación, el universo me dijo: "Heridas autoinfligidas, hijo mío. Eso es todo. Heridas autoinfligidas". Me aseguró que las cosas se arreglarían. También me dijo que existe el "morir del ver" y el "morir del mantener". En mis sesiones ya había hecho lo del morir del ver. Ahora era el momento del "morir del mantener".

Me sentía un tanto extraño. Todo lo que había aprendido en mi viaje psicodélico ahora formaba parte de mi ser, me daba paz interior y confianza en la sabiduría innata de la vida. Gracias a mis sesiones pude ver la belleza y la grandeza de nuestro universo viviente. Veía a seres

---

*Jung [1961] 1989.

humanos en todas partes que se desafiaban entre sí para llegar a ser más; sus vidas pasadas burbujeando dentro de los talentos y defectos que ellos daban por sentado. Sabía que su sufrimiento se sanaría en la dicha que surge tras cada muerte y en la pasión insaciable de sus almas por seguir transformándose. Sentí el pulso de nuestro corazón colectivo mientras luchábamos con nuestro pasado para dar a luz a nuestro futuro yo. Podía ver el genio de la inteligencia creadora manifestarse en todas partes a mi alrededor y, sin embargo, ya no quería estar aquí.

Sabía que el universo era el cuerpo de mi Amada, que era imposible alejarse de ella. Sabía que estaba inmerso en ella en todo momento, que ella era la raíz y la flor de mi existencia. Pero saber esto no me libró del dolor de estar separado de su intensa presencia. Supe de grandes seres capaces de vivir continuamente en la consciencia divina, pero también sabía que eso no estaba dentro de mi capacidad actual. Me llevaría toda una vida de práctica espiritual para poder permanecer de forma continuada en la consciencia que más valoraba, y ni siquiera podía imaginar cómo sería. ¿Cómo podría uno vivir día a día en ese estado de luminosidad suprema? No quería solo un poco de luz. Quería volver a disolverme en el brillo de la luz diamantina.

De vez en cuando realizaba sesiones de trabajo con psilocibina y ayahuasca. Estas medicinas me ayudaron a absorber los campos de conocimiento y energía que entonces me rodeaban gracias a mi trabajo con LSD. Me dieron un contacto más ligero con el universo que mis sesiones de LSD, pero también eran temporales y no satisfacían mi anhelo. Al final me desesperé con el ir y venir del camino temporal.

Con el paso de los años empecé a notar que tenía que aceptar mi estado. Vivir esperando la muerte no es una buena forma de vivir, y yo sabía que no era la forma en que debía terminar este trabajo. Alrededor de mi vida todo gritaba "falta de integración", pero había puesto tanto empeño en integrar cada sesión que no tenía claro dónde había fallado. Aun así, empecé a reconocer que debí haber cometido un error en alguna parte, y me puse a buscarlo.

A pesar de mis esfuerzos por mantener los pies sobre la tierra durante mi viaje, a pesar de las prácticas espirituales realizadas, de las reflexiones y de escribir, en qué punto del camino había perdido el equilibrio crítico entre trascendencia e inmanencia, entre trascender el universo físico y vivir en él. La ironía es que había replicado en mí la misma falla que había criticado en las religiones de la Era Axial. Estaba tan fascinado con el mundo fuera del espacio-tiempo que acabé por perder mi equilibrio dentro del espacio-tiempo. Me había adentrado tanto en la gran expansión que no sufría por exceso de Dios, porque todo es Dios, sino por exceso de trascendencia.

Qué equilibrio tan frágil. Un poco de trascendencia es bueno. Es sanadora, tranquilizante y esclarecedora. Puede recordarnos quiénes somos y qué somos. Puede enseñarnos qué hacemos aquí y qué significa eso de "aquí". Pero si bebemos demasiado del pozo de la trascendencia, se puede socavar nuestro sentido de pertenencia a la tierra, y esta es una verdad igualmente importante. La mayoría de los buscadores espirituales que conocí querían más trascendencia en sus vidas, y yo me estaba recuperando de demasiada trascendencia. La trascendencia profunda no es algo que puedas devolver una vez que la has tenido. No puedes devolver tu experiencia de la luz divina. Debes encontrar la manera de vivir con su belleza el resto de tu vida.

Todo se me vino encima en los años posteriores al cese de mis sesiones. Como volvía regularmente a esta realidad más profunda, no me percaté de lo profundo de mi desequilibrio. El ritmo constante de mis regresos me había protegido y amortiguado. Solo cuando detuve las sesiones me di cuenta de lo grave de mi desequilibrio. Entonces comprendí que, pese a mis mejores intenciones, me había excedido.

Es prudente decir que las pruebas que estoy describiendo no aparecen en protocolos terapéuticos de bajas dosis de sustancias psicodélicas, como la psilocibina, o un menor número de sesiones. Hay una cualidad autolimitante en relación al uso de estas sustancias con el fin de dejar más intacto el marco de nuestra vida terrenal. Solo cuando las sustancias más fuertes se utilizan con una mayor audacia surge este particular reto. La alegría de sumergirse en lo profundo de la divinidad es también el dolor de sumergirse en lo profundo, un dolor que no proviene del fracaso sino del éxito.

Tardé unos diez años en volver a sentir los pies sobre la tierra. Lo hice al retomar mi vida con firmeza, en parte con la acción y en parte con el compromiso. Atenué mis recuerdos de trascendencia al acoger más profundamente la divinidad inmanente. Tomé la decisión consciente de vivir donde estaba, tal como era. Renové mi práctica de meditación no con el fin de cambiar lo que ocurriría cuando muera, pues esa victoria está ganada, ni para intentar alcanzar metas tan lejanas en esta vida. Practico para cantar a mi Amada, para convertirme en un mejor recipiente de su creación en los años que me quedan en este planeta.

No sé si habría conseguido bajar completamente de la montaña de no ser por el amor de Christina. Como viajera que era, comprendió el reto al que me enfrentaba. Me apoyó en los años de tristeza, creyó en mí cuando dudaba de mí mismo, y me alivió cuando el todo lucía tan lejano. No tengo como pagarle. Amante de la tierra e hija de las estrellas, no se cansa de explorar la variedad que vierte el infinito en nuestras vidas, descubriendo los potentes destinos ocultos en nuestras cartas astrológicas.

Como parte de mi descenso tuve que enfrentarme al apego excesivo a la marihuana que había desarrollado durante esos años. Al suavizar mis límites, la marihuana me permitió flotar un poco sobre la tierra y no bajar del todo de la montaña. Alivió mi angustia, pero no resolvió el problema de fondo. Tenía que romper mi apego a ella y consolidarme por completo dentro de mi cuerpo físico si quería que la divinidad que había experimentado en mis sesiones despertara plenamente en mi vida. Y así lo hice.

Integrar la divinidad trascendente y la divinidad inmanente es un trabajo que aún está en marcha en mí. El anhelo de regresar no ha desaparecido, pero se ha vuelto manejable. Si el precio de haber tenido estas experiencias es ser perseguido por su belleza el resto de mi vida, es preferible a no haberlas tenido porque eso sí que sería una pérdida impensable. Sería vagar por las sombras lleno de dudas.

La enfermedad del silencio

Esto me lleva al segundo reto al que me enfrenté al bajar de la montaña. Parte de mi tristeza estaba causada no por separarme de la comunión divina, sino por no poder hablar de esta comunión con los demás, por vivir en el silencio que me imponía mi cultura psicodélico-fóbica. La carga de este silencio pesó durante todo mi viaje, pero se hizo particularmente difícil cuando el viaje se acercaba a su fin y después de concluido.

Cuando comencé mi experimento no autorizado, sabía que el precio de esta tarea sería mi silencio, y pagué este precio de buena gana porque era la única forma en que podía hacer este trabajo. Pero entonces no me daba cuenta de lo opresivo que llegaría a ser este silencio ni de su coste más profundo. No preví el daño que me haría a mí mismo al dividirme por la mitad de este modo. Cuando te divides para vivir en tu cultura, cuando puedes decir esto a uno, pero no a otro, creas compromisos en el exterior de tu vida que empiezan a abrirse camino en tu interior. La retención crónica crea grietas de consecuencias inciertas. Al final el secretismo que me permitió hacer este trabajo también me impidió integrarlo plenamente en mi vida.

En las culturas tradicionales, cuando alguien regresa de una búsqueda de visión, lo primero que hace es compartir su visión con los ancianos de su comunidad. Lo hacen, en primer lugar, para recibir su consejo sobre el significado de la visión y, en segundo lugar, porque su visión no les pertenece solo a ellos. Las visiones profundas no son asuntos personales. No están pensadas únicamente para nuestra edificación personal. En las visiones profundas, el universo nos habla a nosotros y a nuestra comunidad. Somos el portador de la visión, el primero de sus muchos destinatarios. Qué diferente era el mundo en el que vivía.

Debido a las restrictivas leyes de mi cultura en torno a las sustancias psicodélicas, no podía llevar mis experiencias visionarias a mi mundo. Integré mis sesiones lo mejor que pude, pero mi integración, como el propio trabajo, fue privada y subrepticia. Aunque me mantenía íntegro en mi vida personal, no se me permitía ser íntegro en mi vida pública, y si no eres íntegro en tu vida pública, ¿puedes llegar a serlo de verdad?

¿Cómo pueden la trascendencia y la inmanencia encontrar su justo equilibrio en medio de circunstancias tan comprometedoras?

La integración no es solo un proceso psicológico sino también social. Cuando realizas un trabajo intenso con sustancias psicodélicas en una cultura hostil a estas, o simplemente ingenua al respecto, inevitablemente te separas de tus amigos y vecinos. Al no poder compartir con ellos esa parte tan importante de tu vida, tus relaciones se diluyen. Puedes entrar en su mundo, pero ellos no pueden entrar en el tuyo. Incluso si están abiertos a conversar de sustancias psicodélicas, a menos que ellos mismos se hayan iniciado en ello, la discusión pronto se cae.

No es culpa de nadie, pero como resultado de este límite invisible te vuelves menos auténtico en su presencia, tu **yo** es menos pleno. Una vez más Carl Jung habló por mí cuando escribió: "La soledad no proviene de no tener gente a tu alrededor, sino de ser incapaz de comunicar las cosas que parecen importantes para uno o de sostener ciertos puntos de vista que los demás consideran inadmisibles"*. De las muchas cosas que había previsto al emprender este viaje, el precio personal de esta soledad fue la más inesperada.

No formaba parte de una subcultura psicodélica en Ohio, por lo que mi aislamiento se acentuó a medida que se profundizaba mi práctica psicodélica. Lo sentí en todas mis relaciones, pero se agudizó especialmente en mi vida profesional. Soy un profesor nato. Cada hueso de mi cuerpo quiere aprender cosas nuevas y compartir el aprendizaje con los demás. Y sin embargo en mi universidad tuve que guardar silencio sobre las experiencias filosóficamente más significativas de mi vida. Conocer de primera mano las verdades que la exploración psicodélica puede revelar, pero no poder compartirlas con mis alumnos y colegas me resultaba cada vez más doloroso. Como mi viaje duró tantos años y fue tan profundo, sabía que para compartir sus revelaciones tendría que empezar por el principio e irlas asimilando capa a capa, pero eso simplemente no era posible en mis circunstancias. Para conservar el trabajo que amaba tuve que posponer el relato de esta historia durante tantos años que acabó por enfermarme por dentro. Vivir en un armario psicodélico es tan perjudicial para el alma como vivir en cualquier otro armario en el que te obliguen a ocultar la verdad de tu ser.

En mi universidad anduve con cautela. Pude impartir cursos sobre investigación psicodélica y esto me ayudó un poco, pero también tuve que mantener una distancia personal con el tema. En mis cursos de psicología de la religión y estudios transpersonales, di conferencias sobre la investigación de Grof, pero nunca dejé que mis alumnos supieran que yo mismo estaba haciendo ese trabajo. En mi curso de budismo, discutía sobre la vacuidad y la no dualidad con mis alumnos, con base en mi experiencia psicodélica para darles vida a esos conceptos, pero nunca me apropié de esa experiencia. En consecuencia, no me sentía dueño de mí mismo en mi enseñanza. De hecho, me negaba a mí mismo una y otra vez al fingir ser algo distinto a lo que era.

*[1961] 1989, 282-83.

Claro que en una universidad das clases de tu materia, no de ti mismo. Hay una línea que no se cruza y es una buena línea. Si uno habla mucho sobre sí mismo en el aula puede resultar en una carga para los alumnos. Compromete la libertad que necesitan para participar y asimilar nuevas ideas. Pero no aportar nada de uno mismo puede restar relevancia y fundamento al curso. Es como dar un curso de poesía sin poder decir que uno escribe poesía, o un curso de pintura y fingir que nunca ha cogido un pincel. Hay un momento y un lugar para compartirlo, pero en mi mundo nunca hubo momento ni lugar. Todo tenía que hacerse de forma indirecta y encubierta, y nunca abierta y honesta. La verdad diluida de esta manera es una verdad comprometida, ¿y qué honor hay en eso?

Tener que guardar silencio sobre lo que había aprendido en mis sesiones se convirtió en una batalla que se libraba en mi cuerpo. A veces los alumnos me hacían una pregunta a la que solo podía responder gracias a mi experiencia psicodélica, y por esa razón no podía decir en voz alta lo que sabía. Para responder a su pregunta surgía en mí una respuesta inmediata, pero tenía que controlarme para mantener la conversación dentro de los límites de la discusión "apropiada". Este conflicto me resultaba muy difícil cuando veía que su pregunta provenía de un lugar profundo de su vida, que realmente buscaba una respuesta y que la misma era importante. Ante esas situaciones a veces perdía el control de mi voz por un segundo. Sentía un nudo en la garganta, un espasmo involuntario que salía como un pequeño ladrido. Era vergonzoso. Tenía que disculparme. La tensión entre lo que podía decir y lo que se me permitía decir me estrangulaba.

Vivir en este silencio fue difícil, sin embargo, no me considero una víctima en esto. Asumo responsabilidad por las decisiones tomadas y, a un nivel más profundo, de las circunstancias de mi vida, lo cual introduce un nuevo nivel en la historia. Durante mi proceso de autoindagación descubrí que arrastraba desde otras vidas el miedo a decir mi verdad. En previas encarnaciones había pagado un alto precio por hablar en contra de autoridades religiosas y políticas de la época. Hablar en público o crear arte que desafiara la religión convencional me había llevado a la tortura y la ejecución. En otras vidas había renunciado a mi verdad personal para sobrevivir y, como resultado, mis vidas fueron asfixiantes. Mi alma arrastró esas heridas hasta mi vida actual. En esta vida, ser un pensador poco ortodoxo en un entorno conservador, tener conocimientos prohibidos con sustancias ilegales y ser un conferencista público con secretos que no se atrevía a compartir, eran parte de un guion kármico diseñado para ayudarme a afrontar y sanar esas heridas del pasado. Así que, aunque este silencio culturalmente impuesto fue un proceso doloroso, a la vez constituyó la prueba de fuego en la que he trabajado para recuperar mi poder personal. No un poder vociferante, sino el poder firme de mantener las propias convicciones frente a una fuerte oposición.

Cada vez que me he atrevido a tomar posición sobre temas en los que creo, pese a la resistencia de mis compañeros, la vida me ha recompensado. Mi primer libro sobre reencarnación podría haber acabado con la carrera de un joven académico, pero en lugar de eso *Lifecycles* se tradujo a cinco idiomas y se convirtió en un elemento básico de mis cursos. *Dark Night, Early Dawn* suponía una amenaza mayor, porque en él empecé a ser el dueño de mi historia psicodélica, y también me ha recompensado. Además de llevarme al Instituto de Ciencias Noéticas, me llevó al Instituto de Estudios Integrales de California, donde me convertí en profesor adjunto del Departamento de Filosofía, Cosmología y Consciencia. Enseñar en este entorno progresista me permitió atraer a estudiantes de posgrado ávidos de hablar sobre sustancias psicodélicas, muchos de los cuales ya se habían iniciado en la psicodelia. Al regresar a Ohio, mi universidad incluso me otorgó el Premio al Profesor Distinguido por la publicación de *Dark Night, Early Dawn*, ¡quizá sea una indicación de que nuestros colegas sobrecargados de trabajo rara vez leen los libros que tienen que evaluar!

La oportunidad de compartir con otros lo que he aprendido en mis sesiones ha sido la pieza que faltaba en mi proceso de integración. Mi profunda tristeza se debía no solo a la pérdida de comunión, sino a no tener una comunidad con la cual compartir mis experiencias y recibir las suyas a cambio. Ahora que mis "crímenes" psicodélicos han prescrito, asumir esta faceta oculta de mi vida ha sido parte de mi camino personal para volver a ser una persona íntegra en la tierra.

Entrando al dulce valle

Este libro se publicará veinte años después de que terminé mi viaje. Ha sido un largo camino salir de la montaña psicodélica. Tal vez esto sea otro indicio de que no se debe hacer lo que yo hice. Quizá el camino más sabio sea siempre abrirse más amablemente, asimilar menos, pero conservar más, ser paciente en dar pequeños pasos hacia el infinito. Pero por fin he bajado de la montaña y he entrado el dulce valle de mi vida.

Una entrevistador me preguntó una vez qué era lo más importante que había aprendido de todas mis sesiones. Bajo la presión de tener que dar una respuesta en el acto, le ofrecí una lista y la invité a que escogiera:

Que el universo es el cuerpo manifestado de un ser divino de inimaginable inteligencia, compasión, claridad y poder, que todos somos aspectos de este ser, nunca apartados de él ni por un momento, que cada vez estamos más conscientes de esta conexión, que la realidad física emerge de la luz y regresa a la luz continuamente, que la luz es nuestra naturaleza esencial y nuestro destino, que toda la vida se mueve como una sola cosa, que la reencarnación es cierta, que las circunstancias de nuestras vidas tienen una lógica y un significado profundos, que cada cosa que hacemos contribuye a la evolución del todo, que nuestra consciencia continúa en un océano de tiempo y en un mar de dicha al morir, que somos infinitamente amados y que la humanidad está encaminada a dar un gran salto evolutivo que nos cambiará a todos y a la vida en este planeta al más profundo nivel (Bache 2017).

Se necesita tiempo para integrar esas experiencias y hacerlas realmente nuestras. Tiempo y poder compartir. En su bello libro sobre experiencias cercanas a la muerte, *Consciousness Beyond Life*, Pim van Lommel describe los retos a los que se enfrentan las personas que intentan integrar su experiencia de trascendencia en su vida cotidiana. En él escribe: "El proceso de integración no puede ponerse en marcha adecuadamente hasta que la experiencia se pueda compartir"*. Esto también se

*Lommel 2010, 51.

aplica a la experiencia psicodélica profunda. Al menos en mi caso hubo un nivel de integración que tuvo lugar antes de compartir mi historia con los demás y un nivel más profundo que se ha ido abriendo a medida que escribo este libro.

Conforme he ido trabajando con LSD y la mente del universo, la absorción de mis experiencias psicodélicas se ha profundizado de forma inesperada. Estas empiezan a vivir en mí de forma diferente a como lo hacían antes, y yo en ellas. Tengo la sensación de que los recuerdos de mis sesiones se han unido para formar un todo vivo mayor y que el interior y el exterior de mi vida avanzan hacia una nueva síntesis. Hay un dicho navajo que dice "Cuando pones algo en orden y le das un nombre, y todos están de acuerdo, llega a ser algo"*. Al contar mi historia, al darle un nombre y al apropiarme de mi experiencia, algo nuevo se ha puesto en marcha. Una nueva paz se ha instalado en mí. Al principio esta paz alivió mi soledad existencial e hizo más soportable la pérdida de la comunión, pero luego se profundizó aún más. A medida que terminaba el libro y empezaba a hablar de él públicamente, una nueva transparencia espiritual comenzó a abrirse en mi vida. A veces tengo la sensación de que la Amada no está esperando a que yo muera, sino que viene aquí a buscarme. No sé adónde me llevará esto. Todavía se está desarrollando, llevándome a nuevos lugares, pero sin duda este es el trabajo de la integración: poseer, interiorizar y manifestar tus experiencias tan profundamente como puedas. Dejar que fluyan a través de ti y den forma a tu presencia en esta tierra.

Al escribir y hablar desde mi verdadero centro, finalmente he entrado en el dulce valle donde puedo ser mi **yo** pleno y completo, sabiendo lo que sé y lo que no sé, capaz de hablar libremente de lo que he visto, con todos mis defectos y fallos visibles. El dulce valle es un tiempo para equilibrar: equilibrar mis recuerdos de disolución en la mente y el corazón del universo con el hecho de pisar nuestra rica tierra, equilibrar el tiempo profundo con el presente, equilibrar el yo y el entorno. Poco a poco, empiezo a comprender lo que el espíritu quiere decir con el "morir del mantener". Es la entrega reiterada al infinito aquí y ahora, momento a momento, en las circunstancias siempre cambiantes de mi vida. Con

---

* Waters 1970.

paciencia y práctica quizá algún día sea como dice la gran santa de la India Śrī Ānandamayī Mā:

*Entonces llega un momento
en que el Amado ya no te abandona,
dondequiera que uno vaya, siempre está a nuestro lado
y constantemente se siente su presencia...
Los árboles, las flores, el agua y la tierra,
todo es el Amado, y solo Él*.*

*Lipski 2007: 118.

APÉNDICE I

¿Qué muere y qué renace?

Mi viaje psicodélico generó un ciclo recurrente de muerte y renacimiento que me inició sistemáticamente en niveles de consciencia cada vez más profundos. Esto genera una pregunta que invita a pensar: ¿qué es exactamente morir y renacer en esta espiral de iniciación? A menudo existe una aguda sensación de morir en los niveles más profundos, pero ¿a qué se debe esta sensación? ¿Es simplemente el ego muriendo una y otra vez, o hay algo más? Quiero proponer brevemente cuatro respuestas superpuestas.

1. El ego

Al principio del viaje lo que está muriendo es nuestra identidad física, el ego cuerpo-mente. Lo que está muriendo es el conjunto de hábitos, creencias y aptitudes creados por nuestra historia terrenal. Debemos desprendernos de todo lo que nuestra existencia física nos ha dicho que somos para entrar en lo que hay más allá de la existencia física. Pero en sesiones posteriores, después de que el ego haya abandonado su control sobre nuestra consciencia, ¿qué es exactamente lo que está muriendo?

2. El ego de la especie

Cuando la rueda de muerte y renacimiento está girando en el nivel sutil de la consciencia donde las muertes son en gran parte colectivas, lo que está muriendo, creo, es una parte del ego de la especie. Si el paciente en estas sesiones se expande de la psique personal a la colectiva, entonces lo que se está comprometiendo, sanando y eventualmente trascendiendo, es alguna matriz de memorias mantenidas en el inconsciente colectivo que contribuye a nuestra propia identidad histórica como especie.

Aunque participemos y sintamos intensamente esas muertes, lo que "somos" en esta etapa ha cambiado. En estas sesiones, ya no somos nuestro yo privado, sino que nos hemos expandido para abarcar algún aspecto de la mente de la especie.

El pulso de la vida que estamos viviendo en estas horas es el pulso de la historia humana. Los sistemas COEX que se van resolviendo en estos ejercicios no son complejos personales, sino sistemas META-COEX dentro del inconsciente colectivo. La inteligencia que inicia y guía este renacimiento colectivo no es el yo superior del individuo sino el yo superior de la especie humana, la inteligencia arquetípica que nos conecta con la inteligencia creadora del universo.

Por la naturaleza terapéutica de mi trabajo en el océano de sufrimiento, mi descripción de la muerte del ego de la especie en *Dark Night, Early Dawn* y en este libro se ha inclinado hacia a la liberación del trauma del dolor y la violencia, pero muchos de los sistemas META-COEX que dan forma a nuestra identidad colectiva no implican un sufrimiento agudo. Muchos son solo hábitos culturalmente arraigados que limitan el sentido de lo que somos y de lo que podemos ser. Una parte del ego de la especie muere cada vez que tenemos una experiencia profunda de trascender las prohibiciones culturales o el pensamiento convencional. Abrirse a paisajes transpersonales extáticos puede ayudar a disolver sistemas de creencias colectivos que restringen nuestra sensación de conexión con los demás y con el universo. En la liberación de nuestra especie hay muchas partes en movimiento.

Cuando nuestro trabajo a nivel colectivo llega a su fin, ¿qué es morir si la rueda de muerte y renacimiento sigue girando? Por amplia que sea la realidad del ego de la especie, al final es un fenómeno inherente al ser humano. En el contexto del vasto cosmos, la consciencia de nuestra especie es algo muy pequeño. Tarde o temprano la experiencia transpersonal supera las proporciones humanas y debemos buscar otras respuestas sobre qué es lo que muere en estas últimas sesiones.

3. La persona chamánica

Para entender lo que ocurrió en mis sesiones en esta coyuntura, he introducido el concepto de *persona chamánica**. Creo que todo viajero psico-

---

* Bache 2014; 2015.

délico ha experimentado que, al término de una sesión, a veces no puede recordar todas las experiencias y conocimientos recibidos en la sesión. Y, sin embargo, al volver a entrar en el estado psicodélico en la siguiente sesión, ese "conocimiento perdido" vuelve a estar presente, como si estuviera esperándonos. Algo en nuestra psique ha recordado la experiencia a un nivel más profundo que nuestra consciencia de ego. Del mismo modo, cuando se inician las sesiones, a menudo tenemos la sensación de volver a nuestra "identidad psicodélica", una identidad transpersonal estable que conocemos de sesiones anteriores y es más profunda que la identidad del ego. Cuando entramos en el estado psicodélico, volvemos a "andar con lo anterior".

Quiero indicar que tras repetidas aperturas y cierres de la consciencia en nuestras sesiones se forma una consciencia semiautónoma, de estado específico, que retiene e integra todas nuestras experiencias psicodélicas, incluidas aquellas que nuestro yo-ego no puede retener. Esta consciencia no solo recuerda nuestras experiencias, sino que también conserva los conocimientos y capacidades que adquirimos en ellas. Llamo persona chamánica a esta autoconsciencia generada psicodélicamente. La persona chamánica refleja la función de agregación natural de la vida. La vida recuerda y retiene su experiencia en todos los niveles, como han argumentado Rupert Sheldrake y Ervin Laszlo*. Al llamar a esta entidad la persona chamánica, no estoy sugiriendo que tenga la función de enmascarar, simplemente estoy señalando el hecho de que es una identidad viva que cambia a medida que nuestra experiencia psicodélica se profundiza. También podría llamarse el yo chamánico†.

Cuanta más experiencia transpersonal hayamos acumulado en nuestras sesiones, más fuerte será nuestro yo chamánico. Si nuestras experiencias psicodélicas han sido caóticas y fragmentadas, nuestro yo chamánico será más débil. Si nuestras experiencias han estado bien enfocadas y claras, será

---

* Sheldrake 1981; 1988; 1991, y Laszlo 1995; 2003; 2004; 2014.
† La psicología del estado de ego ha demostrado que esta división de la experiencia es un rasgo común de nuestra estructura psicológica. Muchas áreas de nuestra vida interior tienen esta cualidad encapsulada y semiautónoma. Sin embargo, al establecer este paralelismo con los estados del yo, quiero añadir una salvedad. La psicología del estado de ego tiende a ver los estados de ego como una reacción al trauma. La persona chamánica, sin embargo, nace de un excedente de bendiciones, de la ampliación de nuestros horizontes experienciales en estados psicodélicos de consciencia. Sobre la psicología de los estados del yo, véase Emmerson (2007), Rowan (1990), Watkins (1987) y Zinser (2011).

más fuerte y estable. Cuanto más hayamos integrado con éxito nuestras experiencias psicodélicas en nuestra consciencia, más "cercano" y familiar se sentirá nuestro yo chamánico con nuestro sentido habitual del yo. Se sentirá más como "nosotros", una extensión natural de nuestra identidad terrenal. En cambio, cuanto menos integradas hayan estado nuestras experiencias —ya sea por una mala gestión de la sesión o porque el contenido de una sesión era particularmente profundo—, más "distante" y "ajeno" nos parecerá nuestro yo chamánico.

Puesto que la persona chamánica es una síntesis de un conjunto específico de experiencias, es una entidad específica con una identidad específica. No es un arquetipo. Es la memoria viva de nuestra historia psicodélica única, y como tal ha incorporado el carácter y las limitaciones de esa historia. Una persona chamánica que personifica la experiencia estabilizada del nivel psíquico, por ejemplo, es una entidad muy diferente a una persona chamánica que personifica la experiencia estabilizada del nivel sutil o la experiencia del nivel causal. Por "experiencia estabilizada" quiero decir que hemos entrado en un determinado nivel de consciencia con la suficiente frecuencia como para habernos aclimatado al territorio y familiarizado con el terreno. Nuestro sistema psicofísico ha sufrido las purificaciones y adaptaciones necesarias para que podamos mantener una consciencia coherente y una buena memoria en este nivel.

Creo que el concepto de persona chamánica añade un tercer nivel a la respuesta sobre qué es lo que muere y renace en este ciclo continuo de muerte y renacimiento. Cuando nuestra consciencia personal comienza a abrirse a niveles de consciencia más profundos que los niveles que hemos experimentado antes, toda nuestra historia psicodélica debe ceder ante este nuevo territorio. Así como nuestra identidad terrenal muere al morir el ego, nuestro conocimiento psicodélico acumulado y la identidad del yo basada en ese conocimiento, deben rendirse y morir antes de que un modo aún más profundo de consciencia transpersonal pueda emerger en nuestras sesiones. Lo que creo que está muriendo en estas últimas aperturas es nuestra persona chamánica, la memoria viva de nuestra historia psicodélica. Aunque la muerte de la persona chamánica pueda parecer una muerte personal, no es el ego quien muere sino una identidad más profunda que ha nacido en nuestras sesiones. Es una identidad híbrida que es tanto personal como transpersonal, con muchas experiencias transpersonales entrelazadas en ella.

En un régimen psicodélico sostenido, nuestra persona chamánica puede morir y renacer varias veces conforme se abren nuevos niveles de realidad. Con la muerte del ego surge una persona chamánica como la integración viva de nuestras primeras experiencias transpersonales. Conforme la experiencia se profundiza durante sesiones posteriores, esa primera persona chamánica eventualmente se rendirá y morirá, y nacerá así una segunda persona chamánica que integrará nuestras nuevas experiencias transpersonales. Esta segunda persona conservará los recuerdos y conocimientos de la primera persona y le añadirá los nuevos conocimientos y capacidades adquiridos en este segundo nivel. Si seguimos ampliando los límites de la experiencia, tarde o temprano esta segunda persona chamánica también tendrá que rendirse para que una dimensión aún más profunda de la consciencia se abra y se haga plenamente operativa.

Ese patrón de sucesivas muertes y renacimientos es el ritmo natural de toda identidad que surge en el camino psicodélico. La esencia de estas identidades, como toda identidad en el mundo del *samsara*, es el "absoluto", y la forma que adoptan esas identidades refleja la cambiante profundidad y amplitud de nuestra experiencia. Con el tiempo uno se siente cómodo con la fluidez de todos los puntos de referencia en nuestro universo autoconsciente.

4. Una dimensión del cosmos

Ahora voy a sugerir una cuarta respuesta a la pregunta de qué es lo que muere y renace en nuestras sesiones, para lo que recurriré a los conceptos de los niveles psíquico, sutil y causal de la experiencia.

Los hilos de experiencia que forman la persona chamánica en el nivel psíquico de la consciencia suelen ser personales y centrados en el alma, como vimos en el capítulo 5: "El tiempo profundo y el alma". En el nivel sutil inferior, donde los patrones colectivos empiezan a dominar, los hilos tienden a ser más colectivos a nivel de la especie. En niveles sutiles superiores, donde las corrientes de experiencia son más arquetípicas, los hilos de la persona chamánica también se vuelven arquetípicos. Si continuamos con esta progresión hacia los niveles causales de la consciencia, los hilos de experiencia alcanzan un nivel tan universal que la categoría de persona chamánica no basta para poder describir bien qué es lo que muere y renace en estos procesos.

Pienso que la categoría de persona chamánica siempre está teñida de ego, es una extensión y expansión de mi identidad individual. Por tanto, es una entidad muy limitada para poder describir la esencia experiencial de estas últimas muertes, al menos como yo las he experimentado. Quizá siga siendo pertinente, pero es una descripción incompleta *per se*. Es obvio que aquí estamos marcando etapas en un proceso continuo, pero al final es necesario tratar de conceptualizar esas transiciones avanzadas en un marco de referencia más amplio. Aquí termina el camino despejado, y todo se vuelve más incierto. En este punto solo puedo compartir las intuiciones que me he formado a lo largo de los años.

¿Cómo describir el curso superior de la vida que surge de estos colapsos avanzados? ¿Qué podemos saber sobre el papel que pueden jugar estas megamuertes en el tejido más profundo de la vida? ¿Qué necesidad de "renacimiento" tienen esos niveles de realidad? Realmente no tengo respuesta a estas preguntas, pero creo que deberíamos empezar por mirar qué ocurre en nuestra práctica con sustancias psicodélicas desde la perspectiva de la gran cadena del ser en su conjunto.

Empezaré con una observación que hice en las últimas páginas de *Dark Night, Early Dawn*:

> En palabras de Ken Wilber, si somos un holón que forma parte de una serie de "todos" cada vez mayores, la dinámica muerte y renacimiento puede resultar en diferentes acciones para distintos niveles de realidad, y se da simultáneamente. Desde la perspectiva del holón más pequeño, por ejemplo, el efecto de la muerte-renacimiento puede ser una liberación hacia algo mayor, mientras que el efecto de la misma transición desde la perspectiva del holón más grande podría ser un mayor acceso e integración con un campo menor. Un evento que funciona como "ascenso" espiritual desde abajo puede funcionar simultáneamente como "descenso" desde arriba (Bache 2000, 298).

Esta comprensión nos invita a pensar en la dinámica muerte y renacimiento de forma más multidimensional y se generaliza en múltiples niveles de realidad. A nivel sutil de la consciencia, por ejemplo, la muerte y el renacimiento pueden abrir un portal que sirva tanto para drenar energías destructivas de la mente de la especie como para infundir energías sanadoras en la mente de la especie desde una fuente superior, como demuestran las sesiones del capítulo 8. A niveles aún más profundos, tales portales pueden permitir que un gran número de bendiciones trascendentales se infundan a niveles de existencia inferiores. La pregunta es la siguiente: ¿cómo influye este principio de infusión desde arriba en el tema de cómo podemos entender lo que está muriendo y renaciendo en los niveles profundos de la experiencia psicodélica?

Quiero recurrir aquí a la cosmología involutiva/evolutiva de Sri Aurobindo porque guarda una estrecha relación con la cosmología que surge en el trabajo psicodélico, como ha demostrado Stan Grof en su hermoso libro *El juego cósmico*. Según Sri Aurobindo, en la involución en cascada de la divinidad se manifiestan muchos niveles de existencia. Si bien estos niveles pueden ser permeables desde "arriba", lo son menos desde "abajo". Como si se mirase a través de espejos unidireccionales, la divinidad que mira "abajo" puede ver en qué se ha convertido, pero, si mira "arriba" desde los niveles inferiores, la divinidad ve menos*. Cuando los que estamos abajo conseguimos acceder a estos niveles superiores, ya sea por esfuerzo o por gracia, a veces se produce una magia especial.

Supongamos que a través de los intensos ejercicios de exploración psicodélica hemos conseguido estabilizar la experiencia en el nivel sutil superior de la consciencia. Para acceder a este nivel, lo que "somos" ha cambiado. Ya no somos nuestro yo privado, nos hemos convertido temporalmente en algún aspecto de la realidad del nivel sutil. En nuestras sesiones vivimos como una forma de vida que respira un aire enrarecido. Cuando a través de ejercicios posteriores se abre una puerta a niveles aún más profundos de consciencia en el nivel causal, mi experiencia ha sido que se produce una comunión cósmica entre los mundos causal y sutil. Lo profundo comulga con lo profundo. Llevar diferentes niveles de realidad espiritual a una comunión consciente entre ellos, aunque solo sea por unas horas, parece nutrir y alegrar el tejido de existencia ya que el "abajo" recuerda al "arriba" y las bendiciones de "arriba" se derraman con mayor libertad hacia "abajo". Lo que se produce es una danza cósmica entre niveles profundos del tejido divino. Es Dios en comunión con Dios, nutriendo su ser automanifestado y autoemergente de maneras que podemos vislumbrar pero que quizá no lleguemos a comprender del todo.

---

* Grof 1998; Aurobindo 1987; Satprem 1993.

Entonces, ¿qué muere y renace en estos ciclos avanzados de muerte y renacimiento? Más allá del ego, más allá del ego de la especie, más allá de la persona chamánica, creo que lo que "muere" es algo de proporciones cósmicas. Algo en lo profundo del tejido del universo se rinde y en esa rendición se nutre desde arriba. Despierta a una dimensión de existencia extraordinariamente vasta y, para sorpresa nuestra, la divinidad parece apreciar nuestra colaboración en la facilitación de esta comunión.

APÉNDICE II

Llevar la correspondencia astrológica al límite

Stanislav Grof y Richard Tarnas han propuesto la audaz hipótesis de que existe una correspondencia entre las experiencias de personas en estados profundos de alteración de consciencia y los ritmos de nuestro sistema solar. Grof escribe:

> Este trabajo ha demostrado que la astrología, y en especial el estudio de los tránsitos planetarios, puede predecir y esclarecer tanto el contenido arquetípico de los estados alterados de consciencia como el momento en que ciertos estados pueden producirse (Grof 2009, 51).

Acepto esta propuesta, pero también me pregunto si existen condiciones limitantes aplicables. ¿Las correlaciones astrológicas que rigen las primeras etapas de nuestro viaje psicodélico se aplican con igual fuerza a las etapas posteriores, una vez que hemos pasado por el proceso perinatal y de muerte del ego? Nuestros tránsitos planetarios reflejan el momento de nuestro nacimiento y por lo tanto forman parte de la matriz del espacio-tiempo. Cuando nuestras sesiones nos llevan reiteradamente más allá del espacio-tiempo y más allá incluso de la propia realidad arquetípica, ¿se desvanece esta correspondencia planetaria? ¿Existe un efecto de atenuación a medida que nos adentramos en estados de consciencia cada vez más profundos? ¿O es que, mientras tengamos un cuerpo aquí en la tierra, nuestra inmersión en cualquier estado de consciencia, por muy expansivo o alejado que esté de la realidad física, siempre seguirá el ritmo de nuestros tránsitos personales y globales? Creo que son preguntas sin respuesta.

Para fomentar esta indagación, a continuación, facilito mis datos de nacimiento y las fechas de todas mis sesiones. Puesto que en este volumen solo he presentado algunas de estas sesiones, con más énfasis en las sesiones donde se producían avances que en las intermedias donde se procesan muchas cosas, quizá no sea suficiente para llegar a conclusiones definitivas, pero espero que contribuya al debate sobre este tema que invita a la reflexión.

Datos de nacimiento de Christopher Bache
Julio 4, 1949, 10:46 a. m., Vicksburg, Mississippi

Cruzando la frontera del nacimiento y la muerte
1. 24 de noviembre de 1979
2. 18 de diciembre de 1979
3. 17 de mayo de 1980
4. 1 de julio de 1980
5. 13 de diciembre de 1980
6. 27 de febrero de 1981
7. 3 de julio de 1981
8. 5 de septiembre de 1981
9. 26 de septiembre de 1981
10. 21 de mayo de 1982

El océano de sufrimiento y el tiempo profundo y el alma
11. 4 de agosto de 1982
12. 28 de diciembre de 1982
13. 26 de febrero de 1983
14. 25 de marzo 1983
15. 29 de abril de 1983
16. 29 de julio de 1983
17. 3 de septiembre de 1983

Iniciación al universo
18. 14 de julio de 1990
19. 29 de julio de 1990
20. 11 de agosto de 1990
21. 13 de enero de 1991
22. 17 de febrero de 1991

23. 27 de abril de 1991
24. 24 de julio de 1991

La gran realidad de la realidad arquetípica

25. 4 de agosto de 1991
26. 20 de octubre de 1991
27. 8 de diciembre de 1991
28. 28 de febrero de 1992
29. 29 de marzo de 1992
30. 5 de abril de 1992
31. 2 de mayo de 1992
32. 15 de junio de 1992
33. 18 de julio de 1992
34. 2 de enero de 1993
35. 16 de enero de 1993

Bendición de bendiciones

36. 20 de febrero de 1993
37. 3 de abril de 1993
38. 7 de mayo de 1993
39. 27 de junio de 1993
40. 6 de agosto de 1993
41. 30 de agosto de 1993
42. 1 de octubre de 1993
43. 11 de diciembre de 1993

El nacimiento del ser humano del futuro*

22. 17 de febrero de 1991
23. 27 de abril de 1991
24. 24 de julio de 1991
28. 28 de febrero de 1992
29. 29 de marzo de 1992
31. 2 de mayo de 1992
39. 27 de junio de 1993

---

*Las sesiones enumeradas aquí no siguen la secuencia lineal que se muestra en los demás capítulos, ya que en este capítulo reúno fragmentos de sesiones distribuidas a lo largo de cinco años. Por lo tanto, la secuencia cronológica real de las sesiones va del capítulo 8, "Bendición de bendiciones", al 10, "Luz diamantina".

43. 11 de diciembre de 1993

47. 15 de julio de 1994

55. 15 de diciembre de 1995

Luz diamantina

44. 15 de enero de 1994

45. 18 de febrero de 1994

46. 10 de junio de 1994

47. 15 de julio de 1994

48. 7 de agosto de 1994

49. 7 de octubre de 1994

50. 13 de enero de 1995

51. 24 de marzo de 1995

52. 2 de junio de 1995

53. Otoño de 1995 (fecha exacta no registrada)

54. 3 de noviembre de 1995

55. 15 de diciembre de 1995

56. 26 de enero de 1996

57. 9 de febrero de 1996

58. 6 de marzo de 1996

59. 20 de marzo de 1996

60. 21 de abril de 1996

61. 15 de junio de 1996

62. 6 de septiembre de 1996

63. 25 de octubre de 1996

64. 12 de enero de 1997

65. 15 de mayo de 1997

66. 20 de junio de 1997

67. 2 de agosto de 1997

68. 27 de diciembre de 1997

69. 10 de enero de 1998

Visión final

70. 16 de mayo de 1998

71. 13 de junio de 1998

72. 16 de octubre de 1998

73. 13 de febrero de 1999

Referencias

Alighieri, D., & Armour, P. (1995). *The Divine Comedy: Inferno; Purgatorio; Paradiso (in One Volume);* Introducción por Eugenio Montale. Everyman's Library.

Almaas, A. H. (2014). *Runaway Realization: Living a Life of Ceaseless Discovery.* Shambhala Publications.

Almeder, R. F. (1992). *Death and Personal Survival: The Evidence for Life After Death.* Rowman & Littlefield.

Alverga, Alex Polari de. (1999). *Forest of Visions.* Park Street Press.

Aurobindo, S. (1987). *The Essential Aurobindo.* (R. McDermott, Ed.). Lindisfarne Books.

Bache, C. (1998). *Lifecycles: Reincarnation and the Web of Life.* Paragon House Publishers.

Bache, C. M. (1981). On the Emergence of Perinatal Symptoms in Buddhist Meditation. *Journal for the Scientific Study of Religion, 20* (4), 339–350.

——— (1985). A Reappraisal of Teresa of Avila's Supposed Hysteria. *Journal of Religion and Health, 20,* 21–30.

——— (1991). Mysticism and Psychedelics: The Case of the Dark Night. *Journal of Religion & Health, 30* (3), 215–236.

——— (1994). A Perinatal Interpretation of Frightening NDEs: A Dialogue with Kenneth Ring. *Journal of Near Death Studies, 13* (1), 25–45.

——— (1996). Expanding Grof's Concept of the Perinatal: Deepening the Inquiry into Frightening NDEs. *Journal of Near Death Studies, 15* (2), 115–139.

——— (2006). Reincarnation and the Akashic Field: A Dialogue with Ervin Laszlo. *World Futures: The Journal of New Paradigm Research, 62* (1–2), 114–126.

——— (2008). *The Living Classroom: Teaching and Collective Consciousness.* SUNY Press.

——— (2011). The Collective Dynamics of Contemplative Practice. *Meditation and the Classroom,* 65–74.

——— (2012). Teaching in the New Paradigm. *Spanda Journal, III* (1), 173–179.

——— (2015). Death and Rebirth in LSD Therapy: An Autobiographical Study. *Journal of Transpersonal Research, 7* (1), 80–94.

——— (2017a). *Reflections on the Mystery of Death and Rebirth in LSD Therapy. Seeking the Sacred with Psychoactive Substances, 2,* 227–249.

———(2017b, septiembre 5). *Meet the Professor Who Self-Administered 73 High-Dose LSD Sessions* (Z. Biehl). Psymposia website.

——— (2020). A Response to Geoff Ward's review on *LSD and the Mind of the Universe*. *Medium*, 31 de julio de 2020.

Bache, C. M., & Grof, S. (2000). *Dark Night, Early Dawn: Steps to a Deep Ecology of Mind*. State University of New York Press.

Badiner, A. H. (2002). *Zig Zag Zen: Buddhism and Psychedelics* (A. Grey, Ed.). Chronicle Books.

Baring, A. (2013). *The Dream of the Cosmos: A Quest for the Soul*. Archive Publishing.

Berry, T. (1988). *The Dream of the Earth*. Sierra Club Books.

———(1999). *The Great Work: Our Way into the Future*. Bell Tower/Random House.

Blewett, D. B., & Chwelos, N. (1959). *Handbook for the Therapeutic Use of Lysergic Acid Diethylamide-25: Individual and Group Procedures* (Erowid, Ed.; 2002.a ed.). OCR by MAPS.

Bowman, C. (1997). *Children's Past Lives: How Past Life Memories Affect Your Child*. William Morrow Co.

——— (1999). *Return from Heaven: Beloved Relatives Reincarnated Within Your Family*. Harper Collins.

Carhart-Harris, R., Kaelen, M., Bolstridge, M., Williams, T. H., Williams, L. W., Underwood, R., Feilding, A., & Nutt, D. (2016). The Paradoxical Psychological Effects of Lysergic Acid Diethylamide (LSD). *Psychological Medicine, 46* (7), 1379–1390.

Clark, W. C. (1969). *Chemical Mysticism*. Sheed and Ward.

Cranston, S., & Williams, C. (1984). *Reincarnation*. JulianPress.

De Alverga, A. P. (1999). *Forest of Visions: Ayahuasca, Amazonian Spirituality, and the Santo Daime Tradition*. Inner Traditions / Bear & Co.

Devereux, P. (1997). *The Long Trip: A Prehistory of Psychedelia*. Penguin (No clásicos).

Diamond, J. (2020). *Colapso: Por qué unas sociedades perduran y otras desaparecen* (R. García Pérez, Trad.). DEBATE.

Edwards, P. (1988). The Case Against Reincarnation. *Free Inquiry, 6*, Parte I–Parte IV.

———(1996). *Reincarnation*. Prometheus Books.

Eisenstein, C. (2007). *The Ascent of Humanity*. Evolver Editions.

Elgin, D. (1993). *Awakening Earth: Exploring the Evolution of Human Culture and Consciousness*. William Morrow.

———(2001). *Promise Ahead: A Vision of Hope and Action for Humanity's Future*. Morrow.

Eliott, L. (2019, 21 enero). World's 26 Richest People Own as much as Poorest 50%, Says Oxfam. The Guardian.

Ellens, J. H. (2014). *Seeking the Sacred with Psychoactive Substances: Chemical Paths to Spirituality and to God*. (Vols. 1–2). Praeger.

Emmerson, G. (2007). *Ego State Therapy*. Crown House Publishing.

End the Ban on Psychoactive Drug Research. (2014). *Scientific American*.

Ferrer, J. N. (2002). *Revisioning Transpersonal Theory: A Participatory Vision of Human Spirituality*. SUNY Press.

—— (2011a). Participatory Spirituality and Transpersonal Theory: A Ten-Year Retrospective. *Journal of Transpersonal Psychology, 43* (1), 1–34.

—— (2011b). Participation, Metaphysics, and Enlightenment: Reflections on Ken Wilber's Recent Work. *Transpersonal Psychology Review, 14* (2), 3–24.

Ferrer, J. N., & Sherman, J. H. (2008). *The Participatory Turn: Spirituality, Mysticism, Religious Studies.* SUNY Press.

Fiore, E. (1979). *You Have Been Here Before.* Ballantine Books.

Forte, R. (1997). *Entheogens and the Future of Religion.* Council on Spiritual Practices.

Gilding, P. (2011). *The Great Disruption: How the Climate Crisis Will Transform the Global Economy.* Bloomsbury Press.

Grof, S. (1976). *Realms of the Human Unconsciousness: Observations from LSD Research.* Dutton.

—— (1988). *Psicología transpersonal: Nacimiento, muerte y trascendencia en psicoterapia.* Editorial Kairós SA.

—— (1988). *The Adventure of Self-Discovery: Dimensions of Consciousness and New Perspectives in Psychotherapy and Inner Exploration.* SUNY Press.

—— (2005). *Psicoterapia con LSD: el potencial curativo de la medicina psicodélica.* La liebre de marzo.

—— (2006a). *El viaje definitivo: la consciencia y el misterio de la muerte.* La liebre de marzo.

—— (2009). Holotropic Research and Archetypal Astrology. *The Journal of Archetypal Cosmology, 1,* 50–66.

—— (2009b). *El juego cósmico: exploraciones en las fronteras de la consciencia humana.* Editorial Kairos.

—— (2012). Two Case Studies: An Archetypal Astrological Analysis of Experiences in Psychedelic Sessions and Spiritual Emergencies. *Journal of Archetypal Cosmology, 4,* 111–126.

—— (2014). *Psicologia del Futuro: Lecciones de la investigación moderna de la consciencia.* La Liebre de Marzo.

Hames, R. (2010). *The Real Global Emergency—An Essay in Hope.*

Harvey, A. (2005). Servant of a Transformed Future: A Meeting with Bede Griffiths. *Alternatives Magazine, 33.*

Havens, J. (1964). Memo on the Religious Implications of Consciousness Changing Drugs. *Journal for the Scientific Study of Religion,* 216–226.

Hawken, P. (2007). *Blessed Unrest: How the Largest Social Movement in History Is Restoring Grace, Justice, and Beauty to the World.* Penguin.

—— (1950). *Negocio y ecología.* Flor del Viento Ediciones S.A.

Houston, J. (2004). *Jump Time: Shaping Your Future in a World of Radical Change.* Sentient Publications.

Hubbard, B. M. (1998). *Conscious Evolution: Awakening the Power of Our Social Potential.* New World Library.

—— (2001). *Emergence: The Shift from Ego to Essence.* Hampton Roads Publishing.

Husserl, E. (2014). *Ideas: General Introduction to Pure Phenomenology.* Routledge.

Huxley, A. (1977). *Moksha: Aldous Huxley's Classic Writings on Psychedelics and the Visionary Experience.* J. P. Tarcher.

———(2017). *Las puertas de la percepción* (M. De Hernani, Trad.). SUDAMERICANA.

James, W. (2002). *Las variedades de la experiencia religiosa.* Península.

Johnson, M., Richards, W., & Griffiths, R. (2008). Human Hallucinogen Research: Guidelines for Safety. *Journal of Psychopharmacology, 22*(6), 603–620.

Jung, C. G. (1989). *Recuerdos, sueños, pensamientos.* Seix Barral. (Obra original publicada en 1961).

Klein, A. C. (1995). *Meeting the Great Bliss Queen: Buddhists, Feminists, and the Art of the Self.* Beacon Press (MA).

Korten, D. C. (2001). *When Corporations Rule the World.* National Geographic Books. (Obra original publicada en 1995).

———(2006). *The Great Turning: From Empire to Earth Community.* Berrett-Koehler.

Lama, D. (2006). *The Universe in a Single Atom: The Convergence of Science and Spirituality.* Harmony.

Laszlo, E. (1994). *Macroshift: Navigating the Transformation to a Sustainable World.* Berrett-Koehler Publishers.

———(1995). *The Interconnected Universe.* World Scientific.

——— (2003). *The connectivity hypothesis: Foundations of an Integral Science of Quantum, Cosmos, Life, and Consciousness.* State University of New York Press.

——— (2004). *Science and the Akashic Field: An Integral Theory of Everything.* Inner Traditions.

———(2009). *The akashic experience: Science and the Cosmic Memory Field.* Inner Traditions.

——— (2010). *Chaos Point: Our Choices Between Global Disaster and a Sustainable Planet: Appointment with Destiny.* Piatkus/Little, Brown.

——— (2014). *The Self-Actualizing Cosmos: The Akasha Revolution in Science and Human Consciousness.* Simon and Schuster.

——— (2016). *What Is Reality?: The New Map of Cosmos, Consciousness, and Existence.* Select Books, Inc.

——— (2017). *The Intelligence of the Cosmos: Why Are We Here? New Answers from the Frontiers of Science.* Simon and Schuster.

Leary, T., Clark, W. H., & Collection, J. M. S. D. (1963). Religious Implications of Consciousness Expanding Drugs. *Religious Education, 58* (3), 251–256.

Leininger, A., Leininger, B., & Gross, K. (2009). *Soul Survivor: The Reincarnation of a World War II Fighter Pilot.* Grand Central Publishing.

Lipski, A. (2006). *Vida y enseñanzas de Sri Anandamayi Má.* Ediciones Obelisco.

Lucas, W. (1993). Regression Therapy. En *Regression Therapy: Vol. I y II.* Deep Forest Press.

Macy, J. (1991). *World As Lover, World As Self: 30th Anniversary Edition: Courage for Global Justice and Planetary Renewal.* New Society Publishers.

Meadows, D. H., Meadows, D. H., Randers, J., & Behrens, W. W. (1972). *The Limits to Growth.*

Meadows, D. H., Meadows, D. L., & Randers, J. (1992). *Beyond the Limits: Confronting Global Collapse, Envisioning a Sustainable Future*. Post Mills, Vt.: Chelsea Green Publishing Company.

Meadows, D., Randers, J., & Meadows, D. (2004). *Limits to Growth: The 30-Year Update*. Chelsea Green Publishing.

Metzner, R. (2015). *Allies for Awakening: Guidelines for Productive and Safe Experiences with Entheogens*. Regent Press.

────── PhD. (1997). *Sacred Vine of Spirits: Ayahuasca*. Park Street Press.

Monroe, R. A. (1985). *Far Journeys*. Doubleday.

Netherton, M., y Paul, T. (1978). *Past Lives Therapy*. William Morrow Co.

Newton, M. (1995). *Destiny of Souls: New Case Studies of Life Between Lives*. Llewellyn Worldwide.

────── (2010). *Memories of the Afterlife: Life Between Lives Stories of Personal Transformation*. Llewellyn Worldwide.

Nicol, D. (2015). *Subtle Activism: The Inner Dimension of Social and Planetary Transformation*. State University of New York Press.

Noguera Ferrer, J. (2011). Participatory Spirituality and Transpersonal Theory: A Ten-Year Retrospective. *Journal of Transpersonal Psychology*, 2011: 2.

Oroc, J. (2009). *Tryptamine Palace: 5-MeO-DMT and the Sonoran Desert Toad*. Park Street Press.

Osto, D. (2016). *Altered States*. Columbia University Press.

Ott, J. (1993). *Pharmacotheon: Entheogenic Drugs, Their Plant Sources and History*. Natural Products Co.

Pahnke, W. N., & Richards, W. A. (1966). Implications of LSD and Experimental Mysticism. *Journal of Religion & Health*, 5(3), 175–208.

Pollan, M. (2019). *Cómo cambiar tu mente: lo que la nueva ciencia de la psicodelia nos enseña sobre la conciencia, la muerte, la adicción, la depresión y la trascendencia*. Debate.

Puente, I., & Ferrer, J. N. (2013). Participation and Spirit: An Interview with Jorge N. Ferrer. *Journal of Transpersonal Research*, 5(2), 97–111.

Richards, W., & Barnard, G. W. (2016). *Sacred Knowledge: Psychedelics and Religious Experiences*. Columbia University Press.

Ring, K. (1980). *Life at death: A Scientific Investigation of the Near-Death Experience*. Coward Mc Cann.

────── (1984). *Heading Toward Omega: In Search of the Meaning of the Near-Death Experience*. William Morrow.

Ring, K., y Bache, C. (2020). Are Deep Psychedelic Experiences Trustable?: An Exchange between Ken Ring and Chris Bache. *Medium*, 10 de junio de 2020.

Ring, K., & Valarino, E. E. (1998). *Lessons from the Light: What We Can Learn from the Near-Death Experience*. Moment Point Press.

Rowan, J. (1990). *Subpersonalities: The People Inside Us*. Routledge.

Russell, P. (1995). *The Global Brain Awakens: Our Next Evolutionary Leap*. Global Brain Inc. (Obra original publicada en 1983).

—— (2009). *Waking Up in Time: Finding Inner Peace in Times of Accelerating Change*. Origins Press. (Obra original publicada en 1992).

Satprem. (1993). *Sri Aurobindo: Or the Adventure of Consciousness*. Sri Aurobindo Ashram.

Sheldrake, R. (1981). *A New Science of Life: The Hypothesis of Formative*. Causation. J. P. Tarcher.

—— (1989). *The Presence of the Past: Morphic Resonance and the Habits of Nature*. Vintage.

—— (1991). *The Rebirth of Nature: The Greening of Science and God*. Bantam.

Shroder, T. (2015). *Acid Test: LSD, Ecstasy, and the Power to Heal*. Penguin.

Shulgin, A., & Shulgin, A. (1997). *Tihkal: The Continuation*. Transform Press.

—— (1991). *Pihkal: A Chemical Love Story*. Transform Press.

Smith, H. (1964). Do Drugs Have Religious Import? *The Journal of Philosophy, 61* (18), 517–530.

—— (1967). Psychedelic Theophanies and the Religious Life. *Christianity and Crisis, 27* (1), 144–148.

—— (2000). *Cleansing the Doors of Perception: The Religious Significance of Entheogenic Plants and Chemicals*. Tarcher.

Snow, R. L. (1999). *Looking for Carroll Beckwith: The True Story of a Detective's Search for His Past Life*. Daybreak Books.

St John, G. (2015). *Mystery School in Hyperspace: A Cultural History of DMT*. Evolver Editions.

Stace, W. T. (1960). *Mysticism and Philosophy*. Macmillan Press.

Stevenson, I. (1974a). *Veinte casos que sugieren la reencarnación* (2.a ed.). Mirach.

—— (1974b). *Unlearned Language: New Studies in Xenoglossy*. University of Virginia Press.

—— (1975). Cases of the Reincarnation Type. En *University Press of Virginia eBooks*. University Press of Virginia.

—— (1997). *Reincarnation and Biology: A Contribution to the Etiology of Birthmarks and Birth Defects*. Praeger.

—— MD. (1987). *Children Who Remember Previous Lives: A Question of Reincarnation*, rev. ed. University Press of Virginia.

Stolaroff, M. J. (1999). Are Psychedelics Useful in the Practice of Buddhism? *Journal of Humanistic Psychology, 39* (1), 60–80.

Strassman, R., MD. (2014). *DMT: La molécula del espíritu*. Inner Traditions en Español.

Tarnas, R. (1991). *La pasión de la mente occidental*. Ediciones Atlanta.

—— (2006). *Cosmos y psique: Insinuaciones de una nueva visión del mundo*. Ediciones Atlanta.

Ten Dam, H. (1990). *Exploring Reincarnation*. Viking Press.

Trachsel, D. (2011). *Psychedelischechemie: Aspektepsychoaktiver Moleküle*. Nachtschatten Verlag.

Tucker, J. B. (2012). *Vida antes de la vida: Los niños que recuerdan vidas anteriores*. Arkano Books.

Underhill, E. (1991). *Mysticism: The Preeminent Study in the Nature and Development of Spiritual Consciousness*. E. P. Dutton. (Obra original publicada en 1911).

Van Lommel, P. (2017). *Consciencia más allá de la vida* (P. Gonzalo de Jesús, Trad.). Atlanta.

Von Franz, M. (1985). The Transformed Berserk: Unification of Psychic Opposites. *ReVision, 8* (1), 7–26.

Wallace-Wells, D. (2020). *El planeta inhóspito*. En *Columbia University Press eBooks* (pp. 271–294).

Walsh, R., & Grob, C. S. (2005). *Higher Wisdom: Eminent Elders Explore the Continuing Impact of Psychedelics*. University of New York Press.

Wambach, H. (1978b). *Reliving Past Lives: The Evidence Under Hypnosis*. Bantam Books.

——— (1991). *Vida antes de la vida* (A. M. Aznar, Trad.). Edaf S.A.

Ward, Geoff. (2019). The Agony and the Ecstasy: Through Hell to Get to Heaven on a Life-changing Psychedelic Odyssey. *Medium*.

Waters, F. (1970). *Masked Gods: Navaho and Pueblo Ceremonialism*. Ballantine Books.

Watkins, J. G. (1987). *Hypnotherapeutic Techniques*. Irvington Pub.

Weiss, B. (2014). *Muchas vidas, muchos maestros*. B de Bolsillo.

Whitton, J. L., & Fisher, J. (1993). *La vida entre la vida*. Planeta.

Wilber, K. (2001). *El proyecto Atman: Una visión transpersonal del desarrollo humano*. Editorial Kairós.

——— (1995). *Sex, Ecology, Spirituality: The Spirit of Evolution*. Shambhala Publications.

Woolger, R. J. (1988). *Other Lives, Other Selves: A Jungian Psychotherapist Discovers Past Lives*. Bantam.

Zaehner, R. C. (1961). *Mysticism Sacred and Profane*. Oxford University Press.

Zinser, T. J., & Zinser, E. D. T. (2011). *Soul-Centered Healing: A Psychologist's Extraordinary Journey into the Realms of Sub-Personalities, Spirits, and Past Lives*. Union Street Press.

Índice analítico

El **Psychedelic Literacy Fund** (Fondo de Alfabetización Psicodélica) es una iniciativa filantrópica con la misión de financiar la traducción de libros impresos, libros electrónicos y audiolibros sobre terapia psicodélica a varios idiomas. El fondo está gestionado por RSF Social Finance, una institución sin fines de lucro tipo 501(c)(3) con sede en San Francisco, California.

Jonas Di Gregorio y Kristina Soriano crearon este fondo por su amor y pasión por los libros y las terapias psicodélicas, después de darse cuenta de lo difícil que es encontrar información confiable sobre estos temas, especialmente para quienes no hablan inglés. Para muchas personas, estos libros son, de hecho, el único medio para obtener una mayor conciencia de los riesgos y beneficios potenciales de las terapias psicodélicas. Por eso, el fondo tiene como primer objetivo eliminar las barreras de idioma para que más personas en todo el mundo puedan tener acceso a este tipo de contenido.

Desde una perspectiva global, la integración en la sociedad de información confiable sobre el potencial de los psicodélicos como herramienta curativa es de suma importancia, especialmente en este momento de la historia, cuando la psicoterapia psicodélica finalmente se está volviendo legal.

Los fundadores del Psychedelic Literacy Fund están abiertos a construir nuevas asociaciones con editores, autores, agentes literarios y traductores que estén comprometidos a difundir este valioso contenido al público en general.

¿Por qué donar?

Su donación ayudará a personas de todo el mundo a obtener acceso a obras sobre terapias psicodélicas en su idioma nativo. Las donaciones son deducibles de impuestos, según lo permite la ley, y pueden realizarse mediante cheque, tarjeta de crédito o transferencia bancaria. RSF Social Finance acepta donaciones en todas las monedas, incluidas Bitcoin y otras criptomonedas.

RSF Social Finance, parte de la Fundación Rudolf Steiner, "ofrece oportunidades para que las personas alineen sus donaciones con sus valores" e "imagina un mundo en el que el dinero sirva a las intenciones más elevadas del espíritu humano y contribuya a una economía basada en la generosidad y la interconexión".

Para más información: https://psychedelicliteracy.org

Abuela ayahuasca

La medicina vegetal y el cerebro psicodélico

por Christian Funder

Al revelar cómo la Abuela Ayahuasca es una sanadora profunda, maestra sabia y guía que cambia vidas, Christian Funder examina cómo la ayahuasca afecta el cerebro desde una perspectiva neurocientífica. Además de explorar el inmenso potencial terapéutico de la ayahuasca, comparte entrevistas con personas que han experimentado los poderosos efectos del "médico espiritual" de la ayahuasca y detalla su propio viaje revolucionario de curación.

Cannabis y espiritualidad

Una guía para el explorador de un antiguo aliado del espíritu vegetal

editado por Stephen Gray

En esta guía, el editor Stephen Gray y otras 17 voces influyentes del movimiento cannábico moderno revelan el potencial de "la planta del pueblo" para mejorar una amplia gama de prácticas espirituales. Gray muestra cómo el cannabis es un aliado eficaz en el viaje de despertar, ya que desbloquea la energía receptiva que todos llevamos dentro.

DMT: La molécula del espíritu

Las revolucionarias investigaciones de un médico sobre la biología de las experiencias místicas y cercanas a la muerte

por Rick Strassman, M.D.

Las investigaciones de Strassman conecta DMT con la glándula pineal, considerada por Hindús la ubicación del séptimo chakra y por Rene Descartes la sede del alma. El libro argumenta que DMT, naturalmente liberado por la glándula pineal, facilita la entrada y salida del alma del cuerpo físico y es una parte integral de las experiencias de nacimiento y muerte.

El gran libro de cannabis
Guía completa de los usos medicinales, comerciales y ambientales de la planta más extraordinaria del mundo
por Rowan Robinson

Esta guía amplia e ilustrada es la más completa escrita sobre la Cannabis sativa. Rowan Robinson muestra la historia, usos actuales, organizaciones involucradas en la legalización, suplidores de producto, bibliografía y mucho más.

El mundo es como uno lo sueña
Enseñanzas chamánicas del Amazonas y los Andes
por John Perkins

Mediante su música, mitología, medicina botánica, y la ceremonia sagrada con la planta alucinógena ayahuasca, los Shuaras nos invitan dentro de un sueño que han hecho realidad—uno de fomentación vital en el cual el gran privilegio de ser humano está en aceptar nuestro papel de cuidadores de la Madre Naturaleza.

Espejos Sagrados
El arte visionario de Alex Grey
por Alex Grey con Ken Wilber y Carlo McCormick

El arte de Grey nos lleva a través la anatomía del yo físico, metafísico y spiritual, mostrando el corazón de la existencia humana cuando nos coloca cara a cara con nosotros mismos.

La medicina de ayahuasca
El mundo chamánico de la sanación con plantas sagradas de la Amazonía
por Alan Shoemaker

Por más de 20 años, Alan Shoemaker fue aprendiz de chamanes en Ecuador y Perú, donde conoció los métodos tradicionales para la preparación de la ayahuasca, las ceremonias rituales para su uso y cómo comunicarse con el espíritu sanador de plantas sagradas, además del espíritu de San Pedro cactus y otras plantas aliadas.

La mente inmortal
La ciencia y la continuidad de la conciencia más allá del cerebro
por Ervin Laszlo con Anthony Peake

La conciencia puede existir sin estar vinculada con un organismo vivo. Esto es afirmado por evidencia de experiencias cercanas a la muerte, comunicación post-muerte e información neurosensorial recibida en estados alterados. Adelantos en física postulan que cosas en nuestro plano espacio-temporal no son intrínsecamente reales sino manifestaciones de una dimensión velada en la que existen en forma de supercuerdas, campos de información y matrices energéticas.

Los diarios del ácido
La guía de un psiconauta sobre la historia y el uso del LSD
por Christopher Gray

Los numerosos viajes en LDS de Christopher Gray durante un periodo de tres años pasan por tres etapas distintas. Los diarios del ácido expone el potencial del LSD desde el punto de vista del crecimiento transpersonal y el desarrollo espiritual.

Los nexos del ser
por Alex Grey con Allyson Grey

Los nexos del ser, primer libro de Grey en diez años, contiene más de 200 imágenes a todo color, incluyendo pinturas nunca antes reproducidas. Este libro documenta el arte de la pintura en vivo del autor, la "Capilla de los espejos sagrados", y las formas en que sus obras han permeado los nexos del ser en nuestra cultura, desde vestuario y joyería hasta tatuajes y videos musicales.

Transfiguraciones
por Alex Grey

Transfiguraciones es una continuación de *Espejos sagrados*, uno de los libros de arte más exitosos de los noventa. El arte de Grey mezcla detalles científicos con visionarias representaciones de energía universal, que nos conduce a un viaje transformativo a través de la oscuridad del mundo material hacia la recuperación de nuestro corazón, divinamente iluminado.